証券会社がなくなる日

IFAが「株式投資」を変える

浪川 攻

講談社現代新書

2585

序章　証券ビジネスを変える「ＩＦＡ」とは何か

これまでとは異なる人材流出の動き

「野村證券の優秀な若手社員二人が、退職して新たな事業を立ち上げている」

そんな話を聞いたのは、２０１９年晩秋のことだった。証券業界からの人材流出がトレンドとなっている――。ここ数年、業界最大手の野村證券ですら、その手の話は珍しくなかった。したがって聞き流そうともしたのだが、「新たな事業の立ち上げ」という言葉に何かが引っかかった。

新事業とは何か。こう尋ねると、情報を提供した人物はニヤリと笑って答えた。

あらためて言うまでもなく、もともと中途退職が日常的に発生するのが、証券業界の特徴である。外資系金融会社をクライアントとする、優秀な人材獲得を狙う複数のヘッドハンティング会社が金融業界を徘徊している、という話にも事欠かない。

「大手証券を辞める20代後半から40代半ばのトップセールス層の営業社員を対象とした、転職ナビゲーションサイトです」

しかし、「大手証券を辞めた社員が、これから辞めようとする個人向け営業マンを手助けするための転職サイトを立ち上げる」という話は初耳である。率直に言って驚かされた。

そして、こう直感した。証券業界からの人材流出は新たな段階に切り上がっている、と。

一挙に興味がわいてきた。

いま一度繰り返すが、かねてこの業界では「何年入社組の歩留まり率は高い」などと言われるほど中途退職は恒常化していて、多くの退職者が生ずることを織り込んだ大量採用方式がとられてきた。退職組の中にはヘッドハンティング会社ルートで、外資系を含む別のライバル会社に転職するパターンも少なくない。

ただし、そうした証券業界において、営業社員が「担当する顧客を引き連れて転職すること」は、裏切り行為として長く御法度とされてきた。これは裏返せば、「その業界慣習を守りさえすれば、ご自由にどうぞ」という、転職に対する寛容なカルチャーの表れとも言える。

いや、ここで「寛容」という表現は適さないかもしれない。厳しい営業ノルマに押しつぶされ、篩《ふるい》から落とされる社員が一定比率、存在することをあらかじめ想定しているからこそ、退職、転職をネガティブに捉えない風土が醸成された、と言ったほうが妥当だからだ。

相次いで辞めていくエリートたち

もっとも、2013年以降はアベノミクスで株式相場が回復するに伴い、一時、証券業界の中途退職は激減していた。

「最近、営業社員に対するプレッシャーが甘いのではないか」

かつてハードセールスで鳴らした証券OBの中には、保有する自社株が大幅な含み損を抱えていることへの不満もあってか、いまは幹部に出世している元部下たちにねじ込んだ人もいるという、〝いかにも〟な笑い話が流布されるほどに、営業社員が定着化した局面が続いていた。

ところが、である。ここ数年、再び若手社員の退職が増え出していた。それも過去にはなかった形での再燃である。ノルマに押しつぶされた脱落パターンに代わって、近年は優秀な営業実績を上げ続けてきた若手社員の退職が相次いでいる。いわば、「会社に見切りをつけた」といえる新たな展開である。大手証券ではエリートコースの代名詞ともいえる労働組合の委員長経験者が辞表を出したり、営業成績で社長表彰を受ける常連社員も退職したり、とにかく、話題は尽きない。

したがって、いかにトップ証券を舞台とした「優秀な若手の退職」といえども、それだけでは興味はそそられなかったのだが、気分は変わった。さっそく、野村を退職した若手二人の話を提供してくれた知人に依頼して、当事者たちに話を聞くことにした。

証券ビジネスの場合、優秀な人材という言葉からは百戦錬磨の「凄腕営業マン」という姿を思い浮かべやすい。脂ぎった押しの強さ、なりふり構わぬ〝爺殺し〟ぶり、相手の事情など頓着しない図太さ等々である。実際にはそのようなタイプはかつてほど多くはなくなったが、それでも、財務大臣がいまだに証券会社を「株屋」と蔑《さげす》む程度には存在していて、そのイメージを払拭し切れてはいない。

ただし、利害得失がない限り、彼らはきわめて観察甲斐のある面白い傑物で、自然とその話術に引き込まれがちになる。はたして、これから会う二人はどのような人物なのか。「新たなファンドを組成し、わが国にも投資の革命を起こす」というような大言壮語タイプなのか、それとも、ベンチャー経営者のようにラフな普段着に身を包んだいまどきの若者なのか。

想像を膨らませながら待ち合わせ場所に向かった。

退社を決断した理由

東京・大手町のカフェに時間通りに着くと、すでに二人の若者が待ち構えていた。きちんとした身なりで、さわやかな笑顔。それはあれこれと頭に浮かべた人物像のどれにも当てはまらないタイプだった。

この日、出会ったのは平行秀、松岡隼士の両氏である。大学の同じゼミで1年次違いの両氏は2011年、2012年に相次いで野村證券に入社。平氏は新宿野村ビル支店、松岡氏は横浜支店を振り出しに優秀な実績を上げ、その証として、平氏は海外修練生としてロンドンに派遣され、松岡氏は本社ソリューション・アンド・サポート部に異動した。将来を嘱望されている社員の典型的なエリートコースといえる。

ちなみに海外修練生は、優秀な営業実績を上げ続けた若手社員の中から選りすぐられた者にだけ与えられる、1年間の海外研修制度である。一般的な留学制度ではなく、自分の興味ある分野の知見を高めることを目的としている。一方、ソリューション・アンド・サポート部は全国の営業拠点で汗を流す営業社員たちを支援する本部セクションだ。やはり、すぐれた実績を築いて社内で高い評価を得なければ、その部署には配属されない。

したがって、2019年春、入社9年目の平氏と8年目の松岡氏が揃って辞表を提出するとは、おそらく社内の誰もが予想していなかったにちがいない。しかし、退職するまでの間、悩みを深めていた彼らは、しばしば電話で相談していた。当初は「野村をこういうようにつくり変えたいね」という会話だったが、次第にその内容は変わっていった。会社任せではなく、「自分たちの力で新たな証券ビジネスが生まれるプラットフォームをつくろう」と。

会社を変えるのではなく、「証券ビジネスの根幹を自分たちが変える」という、途方もない決断をしたのだ。

その出発点はどこにあったのか。実は「営業目標の達成はさほど難しいことではない」と言い切る彼らが、日々の営業活動の中で浮かんだ疑問からだった。それはきわめてベーシックであり、したがって、本質的な問題への疑問でもあった。

「私たちの職場では、なぜ、顧客が担当者を選べないのか」

「なぜ、私たちは職場で自分たちの転勤、キャリア、実績数字の話しかしないのか」

職場では「顧客が主語となるような会話はまったくなかった」と二人は振り返る。

IFA＝証券リテール営業の新たな担い手

これは、言い得て妙なほどに、金融ビジネスのいまの病巣を抉り出した表現と評していい。

近年、金融庁は「フィデューシャリー・デューティー（受託者責任）」を打ち出し、その和訳である「顧客本位の業務」を提唱していた。そんな概念的なニュアンスより、彼ら二人の言う「顧客が主語となって、顧客が選ぶ」のほうが、圧倒的にわかりやすくてリアリティがある。逆にいうと、

「証券会社が顧客を選び、顧客に何を買わせるか」

「顧客をどう誘導し投資させるのか」

という発想に未だ固執し続けているのが、証券業界の生々しい現実ということになる。

自社の事業計画に基づいて営業計画が策定され、それを達成すべく、本部から営業店、そして、営業店から個々の営業担当者へと「営業目標」が課されている。多くの場合、月次単位で細分化され、さらには週次、日次の営業成績が集計されて、最終ゴールまでのラップレコードの順位付けで営業担当者の尻叩きが行われる。

同じ金融ジャンルの中でも、とりわけ証券ビジネスでは厳しいノルマが業界風土のように定着していて、根性や人情をフル活用した、浪花節的なセールス活動を展開してきた。上司は「なんとか、顧客にはめてこい」と檄を飛ばし、担当者は「今日は何人の顧客に売り込みました」という表層的な会話が職場に充満する。確かに、そこには顧客を主語とする会話はない。「顧客」は「を」「に」が後につく目的語と化している。

そのような営業スタイルからの脱却を目指して模索する動きは、これまでまったくないわけではなかった。かの二人が在籍した野村證券も、前時代的な営業姿勢を改めようとしてきた一社である。実際、平均的に見れば、かつてほど顧客無視のセールスはひどくない。「問題を引き起こすようなセールスは厳禁」というルールを掲げる証券会社も現れてきていた。

だが、その一方で、株式の委託手数料、投信の募集・販売手数料で構成される営業目標は厳然として設定されている。その達成へのプレッシャーは、上司のチェックから始まり、人事評価にまで及んでいる。結局、顧客無視、軽視のセールスは会社が命じたわけではなく、あくまでも「営業社員が勝手にやり過ぎたことである」という体裁へと変わっただけに過ぎず、その内実はまったく変わらない。いわゆる「押し売りセールス」「お願いセールス」「おべっかセールス」であり、顧客からの不平、不満、苦情を誘発しやすいという意味では、以前と同様のままなのである。

そもそも、こうした努力は時代の変化を先取りするものではない。典型的な後追いパターンであり、結果として時代の変化とのギャップを埋めることはできず、むしろ広がり続けていた。

だからこそ、営業現場の優秀な若手社員ほど、こうした事態に対して疑問を抱き、不信感を募らせた。それに拍車を掛けたのが、金融商品取引法上に規定されている金融商品仲介業、英語だとＩＦＡ（Independent Financial Adviser＝独立系ファイナンシャル・アドバイザー）という、証券リテール営業の新たな担い手の存在である。

米国ではＩＦＡ＝巨大証券会社の社員に比肩する存在

ＩＦＡについては後段で詳述するのでここでは簡単な説明で済ませるが、証券会社には属さず、自分の考え方に基づいて顧客（個人投資家）に資産形成のアドバイスを行う一方、

日本におけるIFAのビジネスモデル（例）

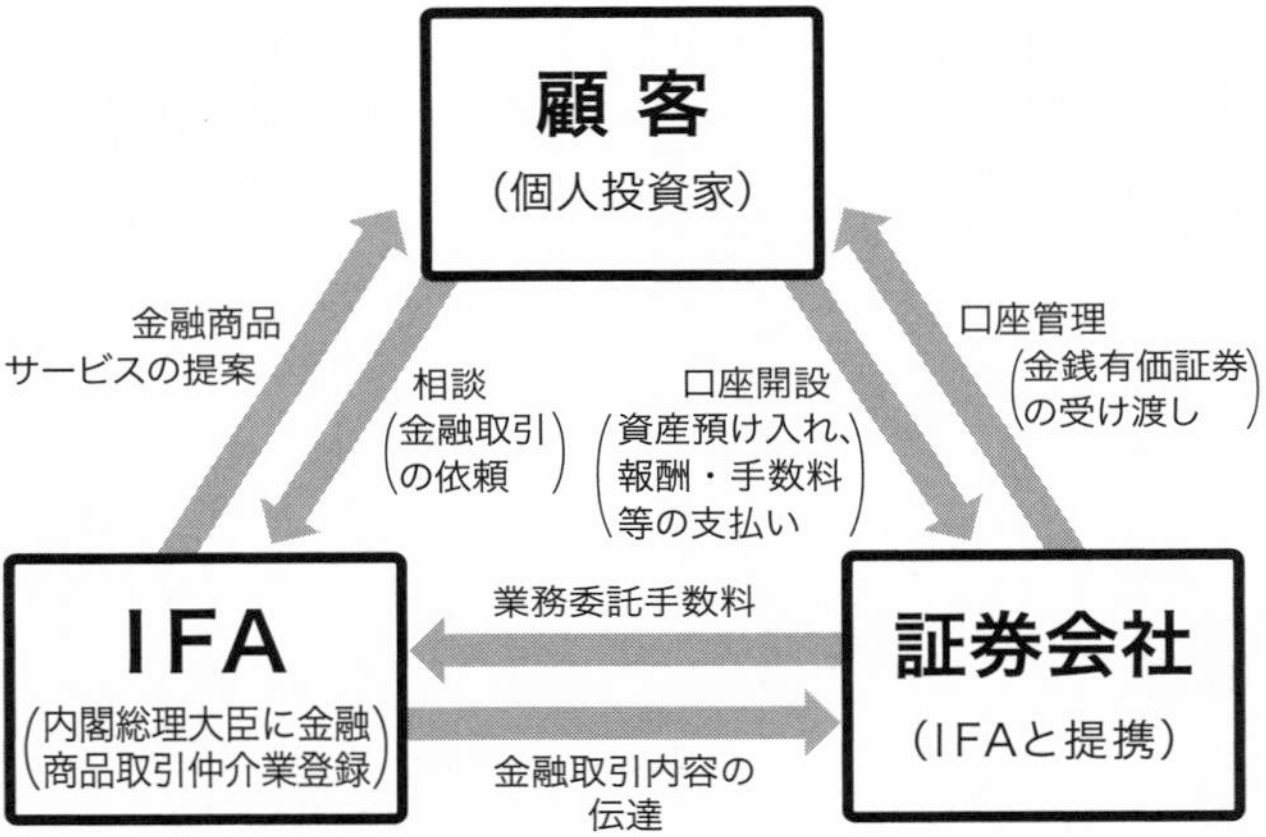

特定の金融機関の営業方針に縛られないため、
顧客にとって最適な資産運用の提案が可能

提携する証券会社から業務委託手数料を得る職業のことである（上図参照）。いうなれば、平、松岡の両氏が表現した「顧客が主語になる」可能性を秘めたビジネスモデル、と解釈してもらってかまわない。

組織のあり方に疑問を抱く多くの優秀な営業社員がＩＦＡへの関心を高めるにつれ、ＩＦＡに転職する動きが強まった。ＩＦＡこそ、「優秀な社員が辞表を提出」という新たなパターンを証券業界にもたらしたともいえる。現に野村證券でも平氏と同様、海外修練生に選出・体験した若手社員の中から、退社してＩＦＡに転ずる人たちが現れている。

証券分野の専門家であれば、いまや、米国ではＩＦＡが巨大証券会社に所属する社員と比肩する存在になっていることを知っている。そして、わが国でもＩＦＡはこの10年間、先駆的な人たちの努力によって、少しずつではあるが徐々に知名度を上げてきた。この5年ほどの間、良質なサービスを提供する一部のすぐれたＩＦＡたちの努力が実りつつあることもまちがいない。

だが、株式投資にあまり関心のない人には、「ＩＦＡって何？」と首を傾げる向きのほうが圧倒的に多い。依然としてその社会的な位置は「どこの馬の骨かもわからない新参者」というレベルから抜け切れていない。

おまけに、わが国では「ビッグネームの巨大企業のほうが信用できる」という高度経済成長期の残滓のような観念が根強く残っている。巨大な看板を店先に掲げる「カンバン効果」はやや弱まってきたとはいえ、それでも未だ「カンバンの大きさが知名度の高さ」であり、それを「信用力」と誤解している人が多い。「ウチのカンバンに傷がつく」などと古典的な発想を曲解しながら捨てきれずにいる、証券会社の経営者もまた多く存在している。

証券リテールビジネスの主役を目指す

当初は二人もＩＦＡへの転身を考えていたが、いろいろと調べていくうちに、構造的な問題があることに気がつく。ＩＦＡ法人（個々のＩＦＡが所属するファーム）は２０２０年６月現在、登録ベースで８８４社あり、そこで働くＩＦＡは４０００人近い。しかし、その事実すら一般には知られていない。世の中にはＩＦＡに関する情報が行きわたっていないというギャップがあった。そこで二人は進路を変えて、ＩＦＡが成長し証券リテールビジネスの主役級に躍り出るべく、情報ギャップを解消する枠組みづくりに乗り出すことを決断する。ＩＦＡに転ずるより、「顧客が主語になる」という理想の証券リテール営業に進化するためのビジネスインフラの必要性を痛感したからだった。

まず両氏が考案したのが、ＩＦＡと個人投資家を結び付けるプラットフォームの構築だった。野村證券を退社すると、新会社「アドバイザーナビ」を登記、設立した。現在制作中のテスト画面を見せてもらったが、ずらりと並ぶＩＦＡをクリックすると、それぞれの投資アドバイスの基本哲学、具体的な考え方などがチェックできる。それらの情報に基づいて、あなた（個人投資家）は気になったＩＦＡに連絡を取り、投資の相談相手とするかどうかを決めていくという仕組みである。

二人はこのビジネスモデルの構築に向けて、いくつものＩＦＡ法人のオフィスを訪ね歩いた。あいさつを兼ねたマーケティングである。多くのＩＦＡたちが期待を寄せ、協力を約束してくれた。ヒアリングを続ける中で、手ごたえを摑むことができたという。

しかしここで、二人はまるで予期していなかった事態に直面する。

それは、彼らのビジネスの前提が狂ってしまうほど、予想外の出来事だった。

ＩＦＡ転職支援サイトを立ち上げた意図

ひとつは、一口にＩＦＡ法人といっても「商売の仕方は千差万別」だったことであり、もうひとつは証券会社を退職しようと考えているＩＦＡ予備軍たち自身が、「どのＩＦＡ法人が自分の考え方に適しているか」をわかっていないことだった。

最近でこそ、大手メディアもＩＦＡに関する記事を掲載するようになって、「ＩＦＡは次の証券リテールビジネスの旗手」と持て囃す向きも出ている。そんな記事を見れば、なんとなく興味をそそられる。ノルマ漬けのようないまの状況よりはいいかもしれない――多くの場合、その程度の思いでＩＦＡへの転職を目指している。

そして証券会社を退職後、一般的な転職サイトに登録してＩＦＡ法人との出会いの機会を探るのだが、転職サイトでは待遇など条件が示されているだけで、肝心の顧客へのアドバイスに関する基本的な考え方――言ってみれば、経営理念といったレベルまでを紹介しているわけではない。そんな中で転職先を決めるというのは、和食、洋食、中華の区別もわからないまま飲食店の暖簾をくぐるに等しい。

はたしてＩＦＡ業界で起きていたのは、「こんなはずではなかったのに」と後悔する人が後を絶たないという状況なのだ。これは証券会社などからのＩＦＡ転職者が増えるにつれ、深刻化していたという。

顧客に短期売買を繰り返させて我田引水の手数料獲得に明け暮れる、ミニ証券会社のようなＩＦＡ法人もないわけではない。しかしこれは、ＩＦＡが「証券会社などの組織に属さず、個人顧客の中長期的な資産形成に資するアドバイスを提供する」というＩＦＡの教科書的な定義とは一致しない。「和製ＩＦＡ」の世界はその歴史の浅さもあって、未熟な構造から昇華しているわけではなかった。

その現実を目の当たりにした二人は、再びビジネスモデルの軌道修正に動く。「顧客が主語となってアドバイザーを選択する」サイトの提供に先立ち、証券会社を退職してＩＦＡを目指そうとする人材が、自身の理想に適うＩＦＡ法人を選ぶための情報サイトを開設することにした。つまり、証券営業パーソン専用の転職支援サービスの立ち上げである。

かくして、二人の元野村マンが設立したベンチャー企業「アドバイザーナビ」による職業紹介サイト「ＩＦＡ転職」は２０２０年３月、正式に事業を開始した。その詳細は後述したい。

ＩＦＡの取り込みを狙うネット証券

自ら変わろうとする証券業界の胎動は、ほかにもあった。

東京都と神奈川県を隔てる多摩川――その東京側の川べり近くの世田谷区玉川に、高層の商業ビル、オフィスビルが立ち並ぶ一角がある。日本最大のｅコマース、楽天グループが新興ビジネス集団に相応しく、この新たな商業エリアに本拠地を移転させたのは数年前のことだった。

２０２０年1月中旬の土曜日、朝から小雪まじりの悪天候の中を、東急田園都市線二子玉川駅から楽天グループ本社に向かう人たちがいた。グループ企業の一社、ネット専業証券大手の「楽天証券」が開催する「ＩＦＡ説明会」に参加する人たちである。

楽天証券は「ネット証券事業」に並ぶもう一つの柱として、ＩＦＡに対して証券発注システムなどを貸与する「ＩＦＡ支援サービス」を行っている。優秀で志の高いＩＦＡ予備軍を発掘し、自社と提携するＩＦＡを育成していくことは、同社の事業発展のカギを握っている。その一環として注力する取り組みの一つが、この「ＩＦＡ説明会」なのだ。

参加者は、ＩＦＡに関心を抱き、転身を考えている証券会社などの現役社員である。楽天証券ホームページのお知らせや人づての情報などから説明会の開催を知り、参加の申し込みをした上で訪れる。

これらの人たちに対して、同社は「ＩＦＡとは何ぞや」というそもそも論から、そのビジネスの仕組み、さらには同社が描いている理想のＩＦＡ像まで、さまざまな情報を提供する。実際にＩＦＡに転じた元証券会社社員たちも登壇し、日々の仕事ぶりやそこから得られた実感などを説明する。

ＩＦＡに関しては証券ビジネスの専門書などにも米国の事例などが記載されているが、リアルな情報は乏しい。同じ職場からＩＦＡに転じた元同僚に話を聞けても、それは一例に過ぎない。日本における、いわば、和製ＩＦＡの実情と全体像をリアルに知る機会は決して多くはない。その意味で、こうした説明会は貴重な機会といえるだろう。

実は筆者が同説明会を見学するのは、この日が初めてではなかった。２０１４年ごろにも数回、参加者に交じってその雰囲気を直接、肌で感じ取ったことがある。当時、ＩＦＡはまだ現在ほど知られる存在ではなく、経済メディアの記事に登場することもあまりなかった。参加してみると、平日の夕刻、仕事帰りの時間帯に、東京・丸の内のオフィス街からも徒歩圏内の有楽町駅前に立つオフィスビルの一室で開いていた説明会には、毎回20～30人ほどの人たちが参加していた。

しかし、今回は年明けから半月ほどしか経過していない休日の開催である。仕事帰りの片手間に「ちょっと立ち寄ってみようか」というような軽い動機で参加できるものではない。しかも二子玉川は東京の中心地から離れており、お世辞にも立地に恵まれたエリアとは言えない。おまけにこの悪天候である。率直に言って、「参加者はいるのだろうか」と訝っていたのだが、その予想は大きく外れた。

ＩＦＡ説明会の実態

説明会会場の会議室に入ると、そこには普段着に身を包んだ20名ほどの人たちが集まっていた。20代から50代までとさまざまである。中には、キャリーバッグを引いている人もいる。前夜に上京してきた、遠隔地からの参加者なのだろう。全員が配布された説明冊子を熱心に見入っている。その後ろ姿からは、彼らが決して軽い気持ちで参加しているわけではない印象が伝わってきた。

説明会では、「楽天証券ＩＦＡビジネスについて」と題する説明冊子の内容に合わせて、同社社員がＩＦＡと組織に属する営業社員との違いや米国の事例、わが国におけるＩＦＡの制度的バックボーンである金融商品仲介業の仕組み、そして、実際の報酬体系などを説明し、さらにＩＦＡに転身する場合に欠かせない法的な手続きを具体的に話していく。参加者は話のポイントを走り書きしている。

一連のレクチャーが現役ＩＦＡの体験談で締めくくられると、最後に参加者たちの質問を受け付けた。担当者が「ご質問は？」と問いかけるやいなや、すかさず一人の参加者が手を挙げて、次々と質問を浴びせた。それらは証券ビジネスのきわめて基本部分に関するものであり、彼が証券会社に所属していない、いわば、素人であることがわかった。

次いで、30代と思しき男性が手を挙げて「報酬体系をもう少し詳しく聞きたい」と尋ねた。担当者の回答を受け、さらに細かい質問を重ねる。彼が現役の証券会社社員であるのは明らかだった。

証券外務員資格に関わる質問をする人もいた。彼は金融業界に属しているが、証券ビジネスの経験は乏しい印象である。かなり専門的な疑問を呈する人もいて、彼とは担当者のみならず、楽天証券の幹部社員までもが加わり、熱を帯びて議論する光景もみられた。真剣さが肌に伝わってくるようである。

1時間30分程度に及ぶ説明会は、質問が出尽くしたところで終わった。まさに「あっという間」であり、熱心な参加者数人は、終了後も担当者などと話し合っている。その輪に加わっていた二人に話を聞いた。

金融業界に蔓延する深刻なギャップ

大手証券で異動のないFA（ファイナンシャル・アドバイザー）職から異動のある総合職の

営業担当に転じたという男性は、「まだ（転職を）決めたわけではないが、ＩＦＡにはかなり興味はある」と話してくれた。

「ＦＡ職から総合職に替わったのは、さまざまな職場を経験することで、いままでと違った視点が見つけられるかもしれないと思ったから。しかし、転じてみても、結局、高い営業目標を与えられるだけで、それに追いまくられる日々に変わりはなかった」

一方、大手証券地方支店の中核として働いている30代の男性は、「ＩＦＡへの転身は、自分の中ではほぼ決めている」と真剣な面持ちで心のうちを明かしてくれた。

「いまは支店の課長職にある。支店長は珍しく理解のある方で、私があえて部下に営業目標を課さないやり方を貫いていることを認めてくれている。しかし、会社はそうではない。実際、本部からはいろいろとプレッシャーをかけられる」

おそらく、彼は優秀な営業社員なのだろう。話はきわめて理路整然としていて、説得力のある話しぶりである。

昔の価値観から脱却できないでいる経営者とその取り巻き的な本社エリートたち、そして、「ノルマがすべての原動力」という旧態依然とした営業スタイルで成功してきた営業部門の幹部たちと、日々の仕事の中で伝統的なノルマ営業に疑問を深め、その限界を感じている営業現場の若手社員たち――。彼の話からは、証券ビジネスのみならず、日本の金融業界のリテールビジネス領域で蔓延している世代間ギャップ、本部と営業現場との深刻な認識ギャップが浮かび上がってくる。

顧客にリスクを強いるのに自らはリスクを取らない証券会社

楽天証券はＩＦＡ説明会を基本的に毎月開催している。場所は東京に限らない。関西や中京地域の月もあるし、オンライン開催も行っている。平均すると、毎回30名ほどの参加者があるという。証券会社の社員だけではなく、銀行や保険会社の社員たちも集まってきて、多い時は業種別に部屋を分けることもある。

主催者側のこの説明に誇張は感じられない。とすれば、数年前に見学、取材した時よりも、ＩＦＡへの転身に意欲を高める証券会社社員たちの数は確実に増えている。裏返していえば、証券業界などの営業現場では若手の外部流出がとめどもなく広がっていることになる。

しかも、この日の参加者たちの熱心さ、真剣さは、以前のそれとは比べ物にならなかった。人的規模もテンションもレベルアップしているように感じられた。

「デジタル革命によって、証券業界の営業現場に人的資源は不要になる」

金融とＩＴ技術を融合させた「フィンテック革命」の信奉者は、対面証券の危機を予想し、「証券会社は大規模なリストラが避けられない」と煽り立てるメディアもあるが、それ以前に、証券業界の水面下では「営業現場のメルトダウン」という強烈な危機が静かに進展していたのだ。はたして、その真相はどこにあるのか。そして、次の時代を迎えた時、証券会社という伝統的な枠組みは存続しているのか。

米国ではさまざまな証券会社が新たな時代に適応して勝ち残るべく、経営改革に走り続けている。それは、自らの既存ビジネスを捨て去ることも辞さない壮絶な戦いであり、そこからは誰も予想できなかったような進化の足取りが生まれてきている。

翻って、わが国の証券業界はどうだろう。

危機を察知した一部の革新的な人たちを除いては、まだまだ旧態依然としたビジネスと既得権益にしがみつき、自らを変えていこうという意欲が薄いようにみえる。

証券業は「リスクテイクのビジネス」といわれる。確かに、証券会社は顧客に「投資ではリスクを取らないと、リターンは得られない」と説いている。ところが、そんな証券会社自身や社員は過去の世界に安住し、最もリスクを取らない生き方を続けてきている。変化こそ根源である証券ビジネスの中で最も変化することを忌避し続け、惰性の利益にしがみ付いてきた。そんな惰眠の日々を貪ってきたのが証券業界だった。

次の時代に存続する証券会社とは

２０２０年初頭、世界経済は予期せぬ深刻な事態に直面した。新型コロナウイルスの世界的感染《パンデミック》である。これを受けて、一時、資本市場も混乱が極まった。株式市場が不安定化し、世界的な暴落の連鎖に発展した。わが国も例外ではなかった。まさに「相場の底割れ」的な様相が深まった。

大規模な経済的危機を経験すると、その後、資本市場における価値観が大きく変わることがある。１９３０年代の世界恐慌後もそうだったし、２００８年、リーマンショックを経たあともそうだった。これらに共通するのは大衆価値の重視である。

エコノミストの三國陽夫氏は、その著書『市場《マーケット》に聞く！ 日本経済・金融の変革』（東洋経済新報社、１９９１年）の冒頭で、米国の金融街・ウォールストリートで活躍してきた古老が大恐慌後に発したとされる次の言葉を紹介している。

〈清濁併せ呑むという「業者の世界」から生真面目に正邪に黒白をつける「大衆の世界」へ時代が変わったのだ。〉

リーマンショック後、米国の商業銀行では、まさにこの言葉が示す変化の再来のような出来事が起きた。それは拙著『銀行員はどう生きるか』（講談社現代新書、２０１８年）で詳しく取り上げているように、資産の目減りや職業の喪失などによって大衆は怒りとともに覚醒し、大衆利益を軽視し利益収奪に明け暮れた業者の論理を排斥するパワーを生んだ。大衆による金融資本市場改革である。

大衆の「金融リテラシーの向上」という、平時における緩慢な改善努力の効果をはるかに超えた、変革へのインパクトがあることはまちがいない。〝勉強代〟はきわめて高くつくが、金融リテラシー向上の原動力にもなっていく。

今回のコロナ禍は、少しずつではあったが、変化の兆しが見え始めていたわが国の証券業に、さらなる価値観の転換を迫ることになるだろう。その原動力となるのは証券営業改革路線の金融行政だけではない。これまで、業者本位のビジネスに翻弄されてきた一般投資家たち――つまり、大衆の覚醒である。今後、覚醒した大衆が品質の劣る商品、サービスの提供者たちの責任を厳しく問うようになれば、株式を中心とする投資世界の風景は一変するはずだ。

はたして、日本の証券業界はどのように変わっていくのか。

本書は、いまや2兆円規模ともされる日本のIFAビジネスを補助線としながら、国内外の証券業界における最前線の動きを追ったものである。

第1章「証券業界が固執する「儲けのカラクリ」」では、改革に取り組もうとしない同業界の実態をお伝えする。なぜ彼らがいまも旧来型のビジネスモデルに拘泥しているのか、わかりやすく整理したつもりだ。続く第2章「米国の証券業界で「いま起きていること」」では、常に日本の一歩先をリードする米国の動きを詳細にレポートする。米国では支店長が「どぶ板営業」している実態、買収や合併が相次ぐ躍動感、日本の証券業界との大きな差異に、驚かれる読者も多いと思う。

そんな海外の状況に影響を受けて、新たなビジネス構築のために走り出している4人の証券パーソンに迫ったのが、第3章「誰が信頼できる「IFA」なのか」だ。思いもよらず起こったコロナ禍をものともせず、「相場の話はしない」「売れる商品でも売らない」などという従来の業界慣習とは大きく異なる姿勢は、読者諸氏の今後の投資行動を考える上で参考になるだろう。

第4章「進化を止めた絶対王者・野村の苦悩」では、2018年に金融業界が色めきたった「野村買収」情報や、ソフトバンクの株式上場時に起きた「厳しい結末」などを提示しながら、日本の証券業界の象徴ともいえる野村が抱えている課題を指摘した。

さらに近年、その野村證券を凌ぐほどの勢いで、飛躍的な成長を遂げているネット専業証券業界については、終章「いまの証券会社がなくなる日」で取り上げている。現状、SBI証券と楽天証券が勝ち、マネックス証券と松井証券、auカブコム証券（旧カブドットコム証券）が負けた理由に迫るとともに、だが、それは決着ではないという事実と、ネット専業証券とIFA法人の密接な関係に内在する問題点を記した。

次の時代に存続する証券会社の姿を考える一助となれば幸いである。

目次

序章　証券ビジネスを変える「ＩＦＡ」とは何か――3

第1章　証券業界が固執する「儲けのカラクリ」――39

第2章　米国の証券業界で「いま起きていること」

第３章　誰が信頼できる「ＩＦＡ」なのか――153

むやみに数は追わない　「ＧＡＩＡ」中桐啓貴

売れる商品でも売らない 「いちよし証券」武樋政司

第4章 進化を止めた絶対王者・野村の苦悩 229

終章　いまの証券会社がなくなる日

第1章　証券業界が固執する「儲けのカラクリ」

販売手数料無料化の衝撃

日本の証券業界に衝撃が走ったのは、2019年秋のことだった。「戦慄」と表現したほうがリアルかもしれない。「存亡の危機」を予感させたからである。それも株式相場に不調から脱する気配が漂い始め、ようやく安堵のため息を漏らしていた矢先のことだった。

国内外で予想もしなかった出来事が立て続けに起きる。まず10月1日、米国発の衝撃波が日本を直撃した。インターネット、コールセンター、対面という多様な顧客チャネルを駆使する米国最大手級のリテール証券会社「チャールズ・シュワブ」が投信の販売手数料を引き下げるどころか、無料にするというニュースがもたらされたのだ。

たしかにこのころ、米国のみならず、わが国でも投信の販売手数料には引き下げ圧力が強まっていた。各社ともじりじりと手数料率を引き下げ、あるいは、販売時に顧客から得るフロントエンドと呼ばれる手数料がタダというノーロード型の商品も増え出した。

とはいえ、米国証券業界における手数料無料化の動きは、これが初めてのことではない。2013年に創業した新勢力のディスカウントブローカー（ネット証券会社）「ロビンフッド」が手数料無料化を打ち出して本格参入し、2019年までに1000万人を超える利用者を獲得した。株式市場の評価も高まって同社の時価総額は76億ドルにまで達し、傑出したベンチャー企業の一群である「ユニコーン」に上り詰めた。

もっとも、まだユニコーンに過ぎなかったからこそ、ビジネスへの影響力には自ずと限界があった。実際、比較的小規模のディスカウントブローカーが同社の動きに追随したものの、大手クラスに顕著な動きは見られなかった。

しかし、だからといって漫然とやり過ごしていたわけではなかった。


圧倒的な力を誇るチャールズ・シュワブが、ついに動いたのだ。それが先の「販売手数料無料化」である。価格支配力がある巨人が見せた、まさに満を持しての劇的な発表だった。米国のリテール証券ビジネスが手数料無料化時代に本格突入したことを明確に示す出来事といえ、もはや、リテール証券ビジネスの競争の軸は販売手数料率の高低ではなくったのだ。

これについてはのちほど詳述するとして、まずは、そのころのわが国の状況に目を転じてみよう。

ネット専業の〝自爆テロ〟

もちろん、日本の証券業界が慌てふためいたことはいうまでもない。販売手数料が極端に下がり続けている米国の事情は把握していたし、わが国でも手数料の引き下げ圧力は強まり続けていた。この先のさらなる引き下げも覚悟していたが、足元ではリテール分野における収益の主柱は依然として販売手数料である。その中で、手数料無料化のダメ押しとなる出来事が米国で生じたのだから、まさに歴史を画するような一大事である。

かねて日本は、米国証券ビジネスの進化から周回遅れのような状況にあり、幸か不幸か、それは販売手数料の分野では料率引き下げ速度の遅さとなって現れていた。とはいえ、米国での大きな変化がやがて日本にも上陸してくることは避けられない。

過去の経緯をたどってみても、その波はタイムラグをもってわが国に必ず押し寄せてきた。したがって、ある中堅証券のトップはこの時も「いずれ、わが国もそうなる」と瞬間的に思ったが、「まだ先のこと」とも考えていた。

ところが、である。

波及は思いのほか早かった。「ａｕカブコム証券」や「ＳＢＩ証券」などのネット専業証券が２０１９年12月、信用取引の手数料撤廃や投信の販売手数料無料化などを相次いで打ち出したからだ。ただでさえ、すでにネット専業証券が提供している手数料水準の低さによって、水が高いところから低いところへと流れるように、伝統的な対面証券会社からネット専業証券会社へと小口の投資家層は流出し続けていた。その流出先であるネット専業が、先んじて動き出したのだ。

もともと、日銀によるゼロ金利政策、マイナス金利政策などの影響を受けて、信用取引の金利水準は低く、金利収入は乏しい。ネット専業証券もその事情は変わらない。にもかかわらず、米国の動きに追随して手数料まで大幅引き下げに踏み切ったのだ。手数料無料化によって、信用取引のニーズを喚起できると算段したのだろうが、それは一見、自殺行為のようにも思えた。

しかし、たとえそうであっても、「我々にも手数料引き下げのプレッシャーが格段に強まってくる」と対面証券会社は戦々恐々とした。ある大手証券の幹部は、米国発の出来事はネット専業会社を経由して、手数料依存体質の日本の証券業界の土台を揺るがすという意味で「自殺行為というよりも、ネット専業の〝自爆テロ〟」と吐き捨てた。

まさに超ド級の出来事が起きたのである。

信頼の失墜と業績の悪化

この出来事の少し手前のタイミングを振り返ってみると、「証券会社の存在価値が失われかけているのではないか」と思えるような出来事がすでに生じていた。

2019年晩夏のことである。

業界トップの野村證券で、インサイダー事件まがいのマル秘情報漏洩事件や、元社員による架空投資詐欺事件などの不祥事が相次いで発覚し、同社の信頼が失墜したことは言うまでもない（詳細については第4章で触れる）。インサイダー事件まがいの一件について、金融庁は「個々の規制に反したというよりも、善悪の道徳律に背いた」プリンシプル（原理・原則）違反として、強く断罪した。証券会社が財務大臣に公式の場で蔑称的に「株屋」と言い放たれても、甘受せざるを得ない事件の数々だった。

株式相場も不調で投信販売も伸び悩み、当然、証券会社の業績は悪化した。中でも対面営業方式の伝統的な証券各社は独立系、銀行系を問わず旗色が悪く、赤字決算を余儀なくされたところもあった。

その一方で、一部ネット専業証券の新規口座開設数は激増し、「マス・リテール分野では対面証券会社の時代は終焉の時を迎えた」という見方がジワジワと強まっていた。

こうした厳しい局面の証券会社を起死回生に導くものといえば、大型の新規上場案件である。主幹事証券のポストを得れば、新規株式の大量引き受けと個人向け販売のリテールビジネスを一体化させた、日本特有の「新規株式のはめ込みセールス」で幹事報酬、募集手数料が一石二鳥のようにして稼ぎ出せるからだ。

ところが、２０１９年前半期はそのような案件も乏しかった。

バブル崩壊以後、２０１２年まで長引いた証券不況下において、各社は経費削減や固定費の変動費化というコスト構造改革を徹底的に行った経緯がある。その後、アベノミクスの発動に伴う株式相場の回復によって苦境の局面から脱却したものの、人件費などは再び増加に転じて採算分岐ラインが上昇していた。株式相場が悪化し個人投資家たちが遠ざかれば、当然、手数料収入への依存度が高い証券各社は営業収益（売り上げ）が落ち込み、利益は一挙に吹き飛ばざるを得ない。

おまけに、日銀によるマイナス金利政策の長期化によって、債券相場では金利水準が極端に低下するとともに、保有債券を売却したくても思うように売れなくなる市場流動性の低下が生じており、自己勘定の売買で利ザヤを儲ける債券トレーディングも絶不調に陥った。リテール分野のみならず、証券会社は収益部門が総崩れに近い事態に瀕していたと言っていい。

かくして、経営環境の悪化がボディーブローのように証券各社にじわじわとダメージを深め、「証券業界はリストラ必至」という見通しが強まった。

しかし、２０１９年初秋はその局面から抜け出せるかもしれないという一筋の光明が見えかけていた——その時のことだった。米国発とほぼ同時に、国内からも強烈なパンチのような衝撃が襲ってきたのは。

金融庁が醸す〝微妙な気配〟

金融庁が毎年夏ごろに発表している〝金融行政の基本方針〟という厳《いか》めしい異名を持つ公表資料をご存じだろうか。

霞が関の中央官庁は毎年7月に人事異動のシーズンを迎えると、以後、新体制に変わる。したがって、中央官庁は7月から始まる1年間を「新事務年度」と呼んでいる。〝金融行政の基本方針〟は、その新事務年度入りのタイミングで、金融庁が先行き1年間に力点を置く行政上のテーマを明示するものだ。したがって証券はもちろん、銀行、保険といった金融業界の経営者や戦略を立案する基幹部門の担当者は、各業界を監督するポストに就いた官僚の考え方をいち早く確認するためにも、基本方針の内容をチェックすることが欠かせない。

2019年も8月下旬に〝金融行政の基本方針〟が公表された。正式名称は「利用者を中心とした新時代の金融サービス～金融行政のこれまでの実践と今後の方針（令和元事務年度）」である。同資料は年々、厚みを増す傾向にあり、今回はA4サイズで135ページにも及んだ。もはや、単なる資料という域を超えた分量である。

この〝金融行政の基本方針〟の中に漂う〝微妙な気配〟を感じ取った証券業界の経営者や本部エリートたちは決して多くなかったが、察知した向きはシリアスに受け止めざるを得なかった。こう書くと〝金融行政の基本方針〟の中に、さぞかし厳しい証券規制の導入がねっちりと盛り込まれたのだろうと思われるかもしれない。

ところが、現実はそれとは逆だった。

内容は素っ気なかった。

あまりにも素っ気なさ過ぎたのだ。

傷つけられたプライド

135ページという膨大な分量であるにもかかわらず、証券業界に関する部分はたったの3ページ。同業界で圧倒的なプレゼンスを誇る野村證券、大和証券、そしてメガバンク系証券会社を対象とする大手証券会社に関する表記でさえ、以下のように分量的には1ページにすら満たなかった。

まず、「昨事務年度の実績」の部分には、このような手厳しい内容が手短に記されただけである。

〈大手証券会社に対しては、国内業務における「顧客本位の業務運営」の実践・定着状況等や、それらを支えるガバナンスについて、社外役員を含め、経営陣等との深度ある対話を行うとともに、海外業務の特性を踏まえたリスク管理の強化に向けた取組状況についてもモニタリングを実施した。

各社とも、引き続き資産管理型営業への転換が重要と位置づけ、従前のフロー収益中心のビジネスモデルからストック収益を重視する戦略に転換を図ろうとしているが、営業現場において顧客本位の業務運営やコンプライアンスの定着に向けた施策の本質的な趣旨の理解や浸透が依然として十分ではない状況が認められた。具体的には、顧客本位の趣旨に反する収益獲得優先の業務運営が行われている事例や、過去に発生した事案を踏まえた施策や教訓が営業現場において風化していた事例等、内部管理に緩みが生じている実態が明らかとなった。

また、証券会社の引受審査の状況については、ビジネスの特性を考慮せず従来と同様の方法で審査を実施している事例等、不十分な点が見受けられたものの、社内外の専門家を活用する審査態勢を整備する等、改善に向けた取組事例も見られた。〉

その上で、「本事務年度の方針」として明記されたのは次のような文面である。

〈以下の課題への対応を含め、適切な経営戦略の策定・推進を支えるガバナンス機能の発揮について、社外役員を含めた経営陣や支店長、営業担当者などの営業現場との深度ある対話を中心にモニタリングを継続する。

・金融ビジネス環境の変化を踏まえた、持続可能なビジネスモデルの構築

・形式的なルールに留まらないプリンシプルに即した実効性のあるコンプライアンス態勢及び顧客の利益を尊重した業務態勢の構築

また、グローバルな業務展開をしている証券会社については、それを支える経営管理態勢及びリスク管理態勢の整備状況や危機時の対応策等について、海外当局とも連携しつつ、モニタリングを継続する。〉

一般には聞きなれない専門用語が用いられているので、わかりにくい部分があるかもしれない。しかし、主旨はきわめて簡単明瞭である。要するに「きちんと商売し、ルールを守るような経営をしましょうね」という話だ。それだけである。

金融庁は証券業界に関する分量の少なさについて、「資本市場という切り口で問題点を盛り込む様式にしており、市場の課題として記載している」と説明し、意図をもって証券業界に関する記載を減らしたわけではないと説明した。だが、少なくとも、監督される立場である証券業界で〝金融行政の基本方針〟の内容をチェックした者は分量、内容の両面

で愕然とせざるを得なかった。

かつて証券会社といえば、銀行と並ぶ金融業界の双璧として位置づけられ、自身も金融の担い手として、銀行と互角であるという自負を抱き続けていた。ところが〝金融行政の基本方針〟では、あたかも吹けば飛ぶような扱いである。

「金融庁は、証券業界を完全に軽視している」（大手証券幹部）という怒りの声もあがったが、むしろ、「もはや金融行政上、証券会社の機能を重視しなくなったのではないか」という恐れを抱く者もいた。

しかし、これは当たらずとも遠からずの受け止め方だったといえる。なぜなら、その後の事情が事情だったからである。

突き付けられた三行半

「なぜ、これほど金融庁は我々に淡泊なのか」

悪事がバレたにもかかわらず、親から叱られなかったいたずら坊主のように、金融庁のパッシングに戸惑うムードが業界内に漂ったその矢先、今度は次のような情報が兜町を駆け巡った。

「金融庁は今年度の態勢作りを議論している中で、証券課を廃止するという案が出ていた」

金融庁組織図（一部）

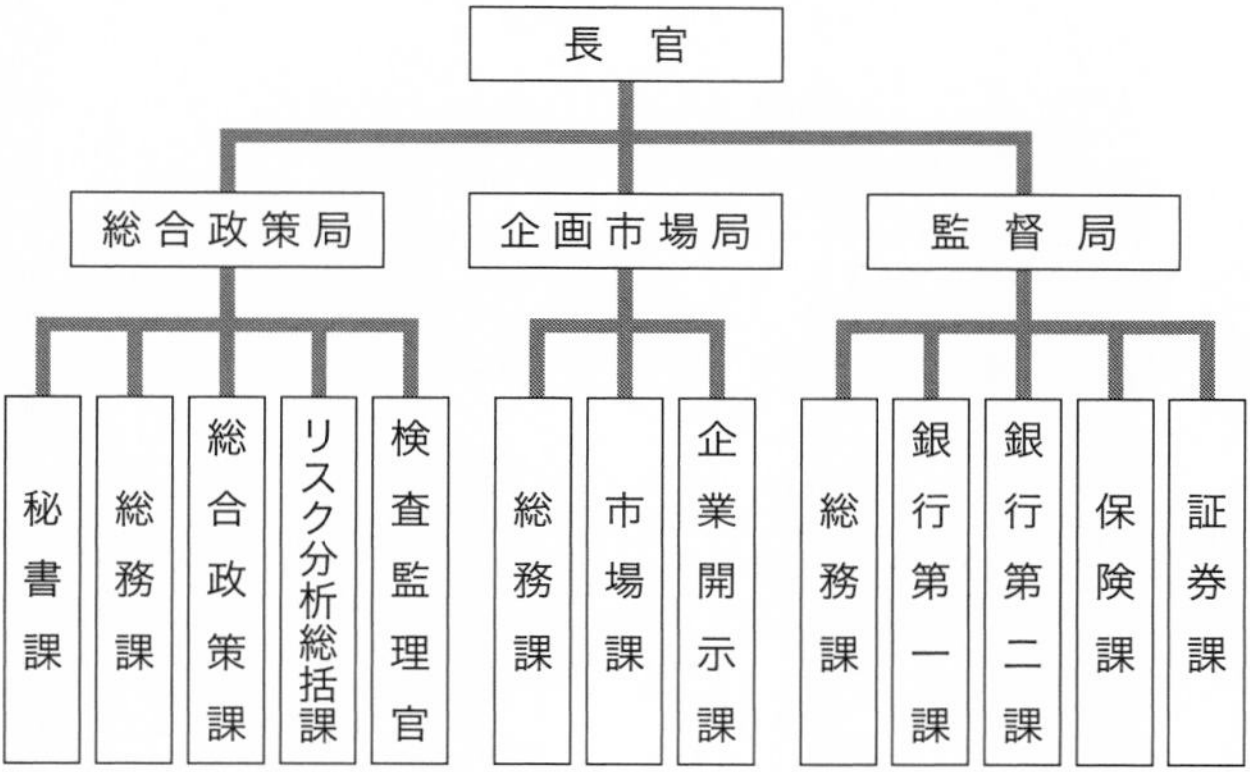

金融庁の組織はいくつかの局に分かれ、そのひとつに監督局がある（上図参照）。文字通り、被監督の業界や企業を監督するセクションであり、局内には大手銀行を担当する銀行第一課、地銀などを担当する同二課、保険業界を管轄する保険課などのほか、証券業界を担当する証券課がある。その中で、証券課のみが廃止対象の俎上に載せられたという話である。

「（監督局とは別の）企画市場局には、資本市場を担当する市場課がある。あとは証券各社をモニタリングするチームを作れば、証券課を設置し続ける必要は乏しい」というのがその理由とされている。少なくとも、証券業界に流れた情報はこのような内容だった。

真偽はともかく、金融庁が業者行政から市

場行政に転換していることはまちがいない。この基本路線からすれば、市場行政を司る市場課と証券各社の経営状況をチェックするモニタリングチームがあって、さらにインサイダー取引などの不正事件を暴き出して処分を決定する証券取引等監視委員会が機能すれば、それで行政機能は充足できる。強いて付け足すなら、あとは証券取引等監視委員会の決定に即して行政処分する窓口があればよい。

そもそも、もはや「手取り足取り」の業者行政の時代は過去の遺物と化しており、本来、資本市場を貫いているのは、うまくいけばそれが正しいとされる「プラグマティズム」(現実主義)である。被監督側としても、法律に抵触しない正当な経営、ビジネスについては「原則自由」のほうが喜ばしいはずだ。

2008年に発生したリーマンショックのような、金融危機を引き起こしたでたらめなビジネスが許されないことは言うまでもないが、そうではない限り、果敢に新たな発想のビジネスや投資行為が編み出されていいのではないか。

とすれば「原則自由」は、資本市場の担い手を自負するプレーヤーたちには適した環境だろう。その意味では理想的ともいえるはずなのだが、証券業界は「金融庁から突き放された」とネガティブな心境にとらわれた。前項で紹介した〝金融行政の基本方針〟の内容は、そのような悲観的な思いに駆られる伏線にもなっていた。

確かに読みようによっては、金融庁が証券業界に突き付けた、三行半《みくだりはん》のようでもある。平たい言葉で意訳すると、こうなるだろう。

「もう幾度となく注意してきたが、あなたたちはきちんと変わることができていない。だから、もういい。私たちは、君たちが世の中に迷惑をかけることをしないかどうかだけをみていく」

いま一度、〝金融行政の基本方針〟に明記された文面を読み返すと、その行間からは怒りを通り越した、行政当局の諦観にも似た心情が伝わってくる。そして、噂の域は出ないにせよ、自分たちの行政窓口の存廃に関わる情報が伝わってきたのだから、やはり、証券業界は「突き放された」という思いを抱かざるを得なかったと言える。

だが、それすらも序の口の出来事にすぎなかった――。

「新たな仲介業の導入」という恐怖

秋も深まってきた10月30日。先行きを憂慮していた証券業界の経営陣の前に、さらなるシリアスな局面が訪れた。この日、金融庁はデジタル革命を踏まえて議論をしてきた「決済法制及び金融サービス仲介法制に関するワーキング・グループ」(金融審議会の下部組織)の会合の場に、事務局資料を提出した。これはワーキング・グループがデジタルマネー

（電子マネー）の活用に関する決済法制に向けた議論の山を越えて、金融サービス仲介法制のほうに議論の軸足が変わるタイミングを迎えたことを意味するものだった。

提出資料には、こう記されていた。

〈・オンラインを念頭に、複数業種かつ多数の金融機関が提供する多種多様な商品・サービスをワンストップで提供する仲介業者に適した業種類型の新設を検討。

・業界ごとの複数の登録等を受けずとも、新たな仲介業への参入により、複数業種をまたいだ商品・サービスの仲介を行うことを可能とすることを検討。〉

一見よくわからない内容だが、少なくとも金融業界にとっては驚天動地の内容だった。なぜなら、業者行政から市場重視の行政に転換して相当の歳月が経過したとはいえ、それでも業種ごとの縦割りという部分は残っている。縦割りは各業種が無制限に他の業種との境界線を越えてビジネスを広げていくことを阻んできたが、逆にいえば、各業態の本業を守る防御壁にもなっていたからだ。

ところが、金融庁が提示した先の資料によれば、仲介業者という間接的な形態ではあるものの、その縦割りの仕切りを取っ払うオールラウンドプレーヤーを新たに誕生させるという。既存の金融業界にとって、仲介業者は自身と顧客の間に立つ存在であり、仲介業者をうまく味方につければ、新たな顧客発掘のツールに活用できるにちがいない。場合によっては、自前の店舗などに代替させれば、コスト削減を加速させることもできるかもしれない。決して悪いことばかりではないと思うのだが、それ以前の問題として金融業界は大いに戸惑った。

というのも、銀行、証券、保険の各業界には、仲介業の制度がすでに存在していたからである。銀行では銀行法上の銀行代理業制度がそうだし、証券では金融商品取引法で規定された金融商品仲介業がある。同様に、保険では保険業法上の保険募集人や保険仲立人がそれに該当する。これらは銀行、証券会社、保険会社の商品を最終顧客に販売する仲介機能を担って、独自のビジネスを展開している。

にもかかわらず、さらに新たな仲介業を導入するという意図はどこにあるのかという戸惑いである。とりわけ証券業界は戦々恐々とした。プラス思考は働かず、一挙に神経を尖らせた。

それはなぜか。

「金融庁は我々を壊滅させようとしている」

理由はふたつある。

まずひとつは、証券会社が独占してきた投資商品が、銀行窓口販売という方式で銀行など預金取扱金融機関に開放されて久しい、という点だ。また、金融商品仲介業の登録をはたした和製ＩＦＡもプレゼンスを高めてきている。証券業界には「証券商品の販売チャネルは十分すぎるほどに整っている」という思いがあった。

したがって、新たな仲介業者の導入は「屋上屋を重ねる」ように見えた上、その直前には〝金融行政の基本方針〟で軽く扱われ、さらに監督官庁の中に設置されている自らの監督部門の存廃に関わる噂までもが駆け巡った。その裏には、証券業界は「監督するに足りない」という当局の判断があるようにさえ感じられた。そのような流れの中での新たな出来事は、「脅威」にほかならなかった。

ふたつめは、新たな仲介業者にはｅコマースなどのネット業者を主な対象としており、彼らに証券業務の一部を開放するという点だ。コスト競争という面に限れば、とうてい、互角に戦える相手ではない。日頃、営業社員によるプッシュ型営業のリレーションの価値を強調してきた地場証券クラスの経営者は、恐怖感を抱きながらこう言い放った。

「金融庁は我々を壊滅させようとしているのか」

仲介業者の活動領域はリテール分野である。富裕層、非富裕層という資産階層の違いはあっても、個人向け営業をほぼ専業のようにしている自分たちとバッティングする。そこに大手証券のみならず、法人取引しかやっていない外資系証券が仲介業者を通じて参戦してくれれば、ダメージが及ぶのは当然だろう。

大手証券クラスも同様である。彼らは「新たな仲介業の法的責任が不明確」であることなどを理由に、慎重な姿勢を示した。確かに、「斡旋」という法的性格で位置付けられる新たな仲介業者と顧客との間に不測の事態が生じた場合、いまのところ責任の所在は判然としない。正鵠を射た冷静な慎重論ともいえるが、程度の差こそあれ、その背後には恐怖心が見え隠れしていた。大手証券で個人営業部門を担当する幹部はこうぼやく。

「最新のデジタル技術を駆使し、すでに膨大なバーチャルマーケットを構築しているオンライン業者が仲介業に乗り出せば、投資家たちにとって我々（証券会社）の存在感は薄れ、主導権は仲介業者が握るようになりかねない」

新たな仲介業者は「斡旋」というビジネスに過ぎず、オンライン業者であれば商品説明も限られる。非対面なので、自ずと取り扱う商品は積み立て型投信の一部などに限定され、競合関係による悪影響は少ないだろう。

しかし——。顧客と直接的に接するのはオンライン業者だ。自分たちはその後方に控え、商品を提供する立場になる。顧客が存在を意識するのはあくまでもオンライン業者であって、いわば「自分たちは顧客からは見えない〝商品卸し業〟に成り下がってしまうのではないか」という懸念も、わからないことはない。

いずれにしても、大手証券幹部が事ここに及んで、ようやくフィンテック（金融と最新IT技術の融合）の荒波が自身に押し寄せてきたことを実感し始めたのは確かだった。

「新たな時代の波」が読めない人たち

フィンテック旋風が日本の金融業界に本格上陸したのは、2015年ごろのことだった。当初、デジタル技術を武器にフィンテック・ベンチャーなどが標的にしていると囁かれていたのは、銀行業界だった。決済・送金、融資などの個々の機能をアンバンドリング（特化）し、デジタル技術の活用によって精緻化、低コスト化を図るビジョンが具体的に浮上。やがて家計管理、デジタルマネーなどが現実化していった。

動揺した銀行業界は生き残りをはかるべく、自らデジタル革命に身を投じざるを得なくなった。以後、金融庁が銀行業界のデジタル化を促進するための法改正を相次いで行ったこともあり、取り組みの巧拙や速さに差異はあっても、銀行業界では大手銀行を中心に、デジタル技術を導入したビジネスモデルの改革を徐々に本格化させている。

それに比べて、証券業界は新たに生じたイノベーションをシリアスに感じることは乏しく、安穏と過ごしながら力を入れていたのは、この最新の話題を商材に変えて儲けを生み出すことだった。

そのひとつが、お得意芸ともいえるテーマ型投信の組成だ。「フィンテック銘柄ファンド」「AI（人工知能）厳選ファンド」というように、流行に乗った投信商品を次々と作り上げては売りさばいた。系列、あるいは親密な関係にある投信会社に組成を急がせ、さまざまな投信会社が組成した同種類のファンドをいち早く販売のラインアップに加えて目新しさを打ち出す、相変わらずのセールスに熱を上げていた。

顧客企業へのサービスの一環として「フィンテックセミナー」を開催し、「AIなどの積極導入で人的パワーを40％削減」などと謳って「デジタル技術導入の新時代に乗り遅れてはいけない」とアピールする大手証券もあった。

とまれ、社会現象を刹那的なビジネスに仕立て上げ、目先の利益に変えていく証券業の本能がここでも働いていたわけである。その過程で彼らは、「新たな時代の波に乗るマーケット・サーファー」のような誤った気分に陥り、自身はその荒波に打たれる存在であることを忘れていたともいえる。

実際、「フィンテックセミナー」に招待された、ある大手製造業幹部に感想を尋ねると、彼は「別に目新しい話はなかったが」と前置きした上でクールにこう語った。

「証券会社の社員は〝幸せ〟な人たちだね。我々のような製造業より、証券業のほうがよほどデジタル技術の導入に適している。いずれデジタル証券が出現し、ネット専業証券よりも格安のコスト体質で挑んでくるかもしれない。そうなれば、各社は未曾有のリストラをせざるを得なくなる。人員削減を迫られるのは彼らのほうなのにね」

多分に皮肉が込められたこの幹部の予想は的中した。間もなくして、証券業界に大きな波が押し寄せてきたからである。その前兆が「新たな仲介業」にほかならなかった。

そこで証券業界は初めて恐怖感を募らせたのだ。

目先の利益ばかりを優先させてきたツケ

「新たな仲介業」の導入が2019年末に決まったその直後、金融庁の幹部はある会合の席でこう語った。

「(金融業界は)デジタライゼーション(デジタル革命)に伴って生じつつある金融サービスの変容に対応しなければならない。そのためには縦割りの業法を打ち破り、利用者にとってより良い金融サービスを提供する仕組みを創設する必要があったのです。もちろん、十分に利用者保護は図るが、金融サービスの利用者がデジタライゼーションという技術進化の果実を得られるようにしないといけない。金融サービスは利用者のためにあるのであって、その提供者のためにあるのではないのですから」

この発言を演繹的に咀嚼すると、デジタライゼーションを取り込んで自身のビジネスの質的向上に挑もうとしない既存の証券会社だけでは、顧客により良いサービスを提供する態勢はできない、という判断が働いたようにも受け止められる。

金融庁はかなり以前から、金融業が自身の利益優先のビジネスに傾倒しすぎている実情を問題視していた。それを是正する施策のひとつが「製・販」分離だった。

金融商品を製造している金融機関と、販売する金融機関を別々にすれば、販売会社は顧客のニーズを吸収して製造側にそのプレッシャーをかけ、より良い商品の開発・提供に動くのではないかと考えていた。銀行や証券会社による保険商品の取り扱いがその典型だが、結局その狙い通りにはならず、銀行や証券会社は顧客のニーズは棚上げして販売手数料の高い保険商品を優先し、集中的に販売した。

つまり、ここでも自らの利益を優先しただけだった。

「製・販」分離でいえば、投信の販売は元来、そのスタイルである。投信会社が製造し、証券会社――いまは銀行など預金取扱金融機関も――がおもに販売してきたからだ。

しかし、往々にして、製造会社は販売会社の子会社であり、したがって両者はそれぞれの利益のためのビジネスに向かった。子会社は親会社の手数料稼ぎが絶え間なくできるようにテーマ型投信を組成し続け、親会社は他社商品よりも子会社商品を優先して販売した。

顧客利益重視のための布石である「製・販」分離は、理念倒れになりかけている――そんな金融庁のもどかしささえ、新たな仲介業導入の背後にあると想像する余裕が証券業界にはなかった。証券業界はこの金融行政の発想を斟酌できず、自分の身の上に降りかかってきた圧倒的な時代の変化を真正面から見据えられなかった。

旧態依然としたビジネスモデルをフル稼働させ、目先の利益ばかりを追い続けた。「変化の先取り」は売り込む商品の謳い文句であっても、自らの体質の中には埋め込んでこなかった。だからこそ、ようやく眼前に制度的な激変を提示されるや、証券業界は慌てふためき、恐怖に震え上がった。

証券業界が時代の変化をいち早く察知して、デジタル革命の旗手たちと手を携えて画期的なビジネスモデルを構築し、その実現に必要な法改正を監督官庁に迫るような動きをしていれば、これほど惨憺たる後追い劇は生じなかっただろう。

ところが、現実には、明らかに経年劣化してさび付き始めた老朽ビジネスモデルの維持に汲々として、経営陣は短期的な視野でしか物事を考えることができなかった。時として稼働率が下がれば営業ノルマ必達の大号令を放ち、株式相場が好調な局面では営業社員たちへの法外な賞与という油を注ぎ込んでキャパシティを超える稼働を煽る。ここに市場の改革者としてのダイナミズムは微塵も見られない。２０１９年の出来事は、そのはての結果にすぎなかった——。

ここで、証券業界がリテール営業分野で連綿と踏襲してきたビジネス手法をあらためて整理しておきたい。それらが証券業界の改革を阻む「最大の障壁」であり、その改善こそが改革の一歩となるからだ。

「ハードセールス」のワケ

個人向け証券営業といえば、ノルマ主義に貫かれたハードセールスがまず思い浮かぶ。以前ほどではないにせよ、いまも営業ノルマを背負ってセールスする方式は変わっていない。証券業界ではいまだに「営業担当者の押しがなければ、お客様は最後の決断ができない」という、投資に向けて顧客の背中を一押しするスタイルが得々と語られている。

それを支えるのが、営業目標とその達成度合いに応じた実績主義の評価体系である。実績はボーナス支給額に如実に反映される（株式相場の変動による業績の浮き沈みが激しいため、ベース給料には反映されない）。したがって好調な実績を挙げるとボーナスは跳ね上がるが、株式相場が不調に陥ると一挙に減額される。たとえば２０１９年の夏のように、大手証券の一角を占める銀行系証券会社ですら「ボーナスはないも同然だった」と中堅社員がぼやくような事態も発生する。

証券会社は、株式の委託手数料、投信の募集・販売手数料というコミッションに依存する収益構造になっていて、株式相場が不調に陥り、個人投資家の投資意欲が減退すると、一挙に収益が悪化を来すからだ。そのため、営業目標も株式、投資信託などの手数料収入ベースという形式が続いてきた。目標額を達成できるかどうかで年収は大きく変わり、昇進にも差が生じてくる。

だからこそ、「数字がすべて」という過度なハードセールスが繰り広げられてきたわけだが、かつてはそこにパワーハラスメントが常態化していた。営業店には鬼のような支店長が君臨して実績の上がらない社員たちに厳しく迫り、支店長デスクの上に置いてある灰皿や会社四季報が宙を飛ぶこともあった。もっとも、これはかなり古い話であり、いまや笑い話のネタに使われる程度だが、それでも「数字がすべて」というカルチャーは根強く残っている。

「回転売買」と「はめ込み営業」

ノルマは過酷だが、それでも、毎月のようにクリアする凄腕社員がいる。彼らに言わせれば、ノルマ達成はそれほど難しくないという。その秘訣は小金持ちの上得意客を5〜6人持つことであり、それらの顧客に絶えずあれこれと買わせては売らせ、売らせては買わせると手数料収入があっという間に積み上がり、ノルマは達成できるのだそうである。俗に「回転売買」と呼ばれてきたものだ。

そんな営業社員ですら転落の憂き目をみることがある。かなり危ないのは、特定の新規上場株式などに対して、いつになく思い入れが入ってしまう「はめ込み営業」だという。この話をある大手証券の営業社員に伝えると、「その通り」と強く頷いた。なぜか。

「思い入れが強いと、知らず知らずのうちにセールスに力が入って、いつも以上に強気ですすめてしまう。それで新規上場して予想通りに値上がりすればいいが、予想外の展開になると顧客が大損してしまう」

新規上場の銘柄は、上場前の売り出し期間が限定されている。したがって、会社のプレッシャーはひとしお強い。割り当てられた販売ノルマの額も大きい。そこに思い入れが加わると「もっと買わせる」という行動を誘発しがちだ。新規上場の株式は、上場直後に人気が高まって買い注文が殺到し、値上がりしていくというシナリオが伝統的に描かれてきたこともある。

ところが、上場後の価格が予想外に売り出し価格を下回ると、顧客には相当な損失が生じ、顧客が抱いた「新規上場銘柄で一儲け」という夢は一挙に瓦壊する。そして、営業担当者は出入り禁止を食らう。

「上得意客は、我々にとっていわば〝打ち出の小槌〟のような貴重な人たちであり、その顧客を失ったとたん、翌月から営業ノルマの達成が困難になる」という。そうなるとその落ち込みを穴埋めするべく、飛び込みセールスなどに向かわざるを得なくなるが、それは一からの顧客作りを意味し、相当な時間を要する。彼は、「毎月ノルマ達成」という優秀社員の戦列から脱落せざるを得ない。

実際、優秀な営業社員として社長表彰などを受けた経験のある元大手証券パーソンは「私は、ジャパンディスプレイの新規上場案件で地獄に落ちました」と振り返る。2014年3月に新規上場したジャパンディスプレイの公募価格は、900円だった。会社の号令の下、営業社員は得意客に新規公開株式の「はめ込み営業」に奔走した。彼も当たり前のように得意客たちのもとに走った。

そして、運命の3月19日——新規上場日を迎え、上場初値がついた。なんと、初値は公募価格から約15%も安い769円だった。その後、同銘柄は下げ続けて、3月31日には711円まで低迷。得意客たちは怒り、嘆き、そして保有株式を売却した。もちろん、相当な損失が発生したことは言うまでもない。

「大きな損失を与えてしまって、私は『二度と来るな』という言葉を浴びせられました」

もちろん、この人物の営業成績はしばらくの間、振るわなかった。そうした状況下において脱落し、辞表を提出するパターンは決して少なくない。しかし、彼は踏ん張った。そして、再び小金持ちの得意客を見出して成績優秀社員に返り咲いたのだが、結局その数年後、退職した。

「冷静に振り返ってみると、特定の顧客にしがみ付いて数字を上げるために、あれこれ入れ替えて売買させることの繰り返しであり、お客さんの裾野が広がっていないことに気づいた。そう思って仲間たちをみると、みんな同じ。『これでは将来はないな』と思わざるを得なかった」

得意客に対して、次から次へと新たな株式銘柄や投信商品を勧誘し、頻繁に入れ替え売買させて売買手数料や販売手数料を稼ぎ出す――顧客は儲かっても薄利でしかないが、金額を積めばそれなりの利益が得られる。「利が乗っているいまのうちに乗り換えましょう」という営業トークに乗せられて、それで満足できればいいが、冷静に考えると、顧客は手数料支払いの山を築いている。

顧客リストは「ペーパーベース」

近年、金融庁は「回転売買」を顧客本位の営業ではないという理由から厳しく戒め続けている。正しい姿勢と言えるだろう。もっとも、この戒め以前から「回転売買」を取りやめて、顧客に長期投資を促す営業に転換した証券会社もある。中堅証券のいちよし証券や丸三証券がその代表格だが、それは少数派である。

むしろ、激しい回転を利かせて手数料収入を荒稼ぎするほうが圧倒的に多かった。しかも、金融庁の厳しい指導が始まって以降、抜け穴的に「回転売買」を繰り広げてきた悪質な証券会社もある。投信と株式を交互に入れ替えるセールス手法がそのひとつだ。

金融庁のチェック対象が長期投資に適しているはずの投信であることに着目して、投信と投信の間に株式投資をかませるのだ。すると、投信から投信への乗り換えとはみられない。ある証券会社の社員は「極秘なのですけど」と前置きして明かす。

「最近まで乗り換え営業にあたる対象顧客リストが上司からペーパーベースで手渡されていました」

一定期間、同一の投信を保有し続けている顧客をピックアップしたリストである。それにしても、メールやビジネスチャットツールなどで社内の業務情報が飛び交う時代なのに、なぜわざわざペーパーベースにしているのかと尋ねると、「証拠を残さないためです」

という答えが返ってきた。

金融庁が営業体制の検査に入った場合、パソコンを調べられてその形跡が把握されかねない。したがって、ペーパーベースなのだという。もちろん、配布されてチェックした後は、直ちに廃棄している。

そんな乗り換え営業に最適なのが、テーマ型ファンドにほかならない。


テーマ型ファンドを保有していない投信会社の元役員

前述したように、テーマ型ファンドは、その時々、世の中で話題になっている事象を題材に、関連する株式銘柄などを組み込んだ投信である。新興国の経済成長が期待できるという論調が強まった局面では、そのような国々の国債などを組み入れた新興国ファンドを売り出し、環境問題への対策が国際的な議論になると、環境関連の株式を組み入れたエコファンドが組成されている。いまなら環境（Environment）や社会（Social）、統治（Governance）に注目したＥＳＧ投信や、持続可能な世界の実現に向けて貢献しそうな銘柄を組み合わせたＳＤＧｓ投信がその典型だ。

こうした実情について、かつて証券会社で営業企画を任されていた人物は次のように説明する。

「投資に熱心な人たちの多くがじっくりとパフォーマンスを上げていくことよりも、短期で値上がりすることを狙っている。そこで、世の中に浮上した新たな話題に応じて投信を組成していく。これがテーマ型であり、そこに『世の中の新たな波に乗り遅れないように』というようなセールストークを組み合わせれば、投資ファンたちの興味を引いて保有する商品を売却し、その資金で新たな商品を買うという流れができる」

そこで重要となるのが、顧客の興味がわくようなネーミングである。その意味での代表的なヒット商品として多くの証券関係者が挙げるのが、2000年に売り出された「ノムラ日本株戦略ファンド」である。当時、世界中で新技術であるITが注目され、「ITが世の中を変える」ともてはやされていた。それを株式相場は如実に反映し、IT関連企業の株式が大幅に値上がりした。世にいう、ITバブルである。

「ノムラ日本株戦略ファンド」はその絶頂期に生み出されたわけだが、その愛称も目を引いた。「Big Project-N」——心憎いほど見事なネーミングである。もちろん、IT関連の株式銘柄を組み込んだ株式投信であり、多くの個人投資家たちがその宣伝文句に惹かれて保有投信を売却し、この商品に投資を乗り換えた。結果として同商品の規模は膨張し、「1兆円ファンド」としても注目を集めた。

いまはどうか。商品はいまだに存在しているが、基準価額（時価）で換算した規模は5

00億円程度である。もちろん、大幅に値上がりして投資家たちが次々に売却した結果として規模が縮小することもあるが、残念ながらこのケースはそうとは言えない。同ファンドは誕生からほどなくして、ITバブルの崩壊という憂き目を見たからである。もちろん、同ファンドの価値も大幅に下落したことは言うまでもない。

「テーマ型ファンドの足取りをみていくと、まさに兵《つわもの》どもの〝夢の跡〟です」

元大手証券会社幹部で、系列子会社の投信会社の役員を務めた人物は苦笑いを浮かべながら自嘲気味にこう話している。ちなみにこの元幹部は退職後、投信は「MMFしか保有していない」。MMF（マネー・マーケット・ファンド）はお財布代わりといえる安定的な投信である。

顧客に株や投信を売っておきながら、証券会社社員に厳しいインサイダー規制が設けられていることもあって自らは買わず、貯蓄に励んでいる証券マンは意外に多いとも言う。

放置されたままの「残骸ファンド」

これまで述べてきたように、テーマ型ファンドはその時々の旬な話題に応じて、関連する銘柄の株式を組み入れている。特徴としては、積極的に価値の値上がりを狙っていく「アクティブファンド」であり、相対的に安定的な運用を旨とする「パッシブファンド」

よりも販売手数料は高い。理由としては「組成のための費用が大きい」と言われているが、いずれにせよ販売会社にしてみれば、同じセールスをするならテーマ型ファンドのほうが儲かることになる。

テーマ型ファンドはいまも続々と世に生み出されている。証券会社や銀行の営業店を訪れれば、毎月のように新たなテーマ型投信のポスターが張り替えられている。証券会社の乗り換え営業、相次いで生み出されるテーマ型ファンド、相対的に高い販売手数料……。

そして、後日談として語られるのが、急速な勢いで広がる解約（売却）の動きである。たとえわずかであっても売却益が出る場合もあれば、売却損を余儀なくされる場合もある。とにかく、テーマ型ファンドの多くはあっという間に残高規模が縮小し、最後は設定時の価格を大きく割り込んだまま放置されがちである。これらの投信は「残骸ファンド」と呼ばれている。

ならば、顧客に解約を促して整理すればいいとも思うのだが、そうはなっていない。金融庁が法改正によって類似投信との併合による処理の道を開いても、併合の動きはないに等しい。なぜか。ある投信会社の役員はこうぼやく。

「残骸化した投信でも、日々、時価評価するためのシステム費用や顧客への運用状況報告書の送付などのコストがかかっており、我々としては併合などで整理したい。しかし、販売会社がそれに応じてくれない」

他の投信への併合は時価で行われる。したがって併合時には顧客に対して、いかに損失が生じているのかを説明しなければならない。保有していることすら半ば忘れかけ、あるいは価値の回復を諦めかけている人でも、多大な損失を被っているという現実を改めて突きつけられれば、当然、怒りは再燃し、厳しいクレームが殺到することが予想される。そうなれば、次の営業に支障を来しかねない。要するに販売会社は、寝た子を起こすような併合などによる整理を避け続けているという話である。

時折、「わが国も投信の本数が6000本台に達した」などと投信市場の成長が喧伝されるが、実は、その中にはテーマ型ファンドの〝夢の跡〟である残骸ファンドがかなり含まれており、投信商品の数の多さは決して褒められる話ではない。

もちろん、いかなる商品も、選択するのは買い手の自由である。テーマ型ファンドをこよなく愛好する向きもいるにちがいない。一等賞が出現した宝くじ売り場の前にマニアの長蛇の列ができるように、自分なりの「科学」に基づいて、成功の可能性を追求することに至上の喜びを感じる人がいてもいい。

しかし、「ノムラ日本株戦略ファンド」が典型であるように、テーマ型ファンドは往々にして、その話題が絶頂期を迎えたタイミングで売り出されがちである。そうであれば、間もなく話題がトーンダウンしていくのは必然で、場合によっては、話題止まりで実態が伴っていないこともある。だからこそ、証券会社や銀行の営業担当者は、新たなテーマ型ファンドのパンフレットを客の前にスッと差し出して「次の商品」を売ろうとする。

そんな証券営業担当者たちはしばしば、こう弁明する。

「それが好きなお客様がいるのだから」

仕組債「早期償還条項」の罠

実は、この言葉がいちばん向けられる金融商品が「仕組債」である。文字通り、オプション（将来、ある値段で取引できる権利）などデリバティブ（金融派生商品）を仕組んで作り上げられた、ハイリスク・ハイリターンの投資商品だ。債券というケーキの上に、デリバティブでゴテゴテと飾り立てた商品と考えればいい。時と場合によって、債券の淡泊な味わいは、飾りつけの機能による甘さ、苦さで消し飛ばされる。

「日経平均リンク債」は代表的な仕組債である。その名の通り、投資結果が日経平均株価の動きにリンクする債券だが、そのリンクの仕方が極端である。

日本証券業協会のホームページには同商品の説明コーナーが設けられており、そこにはこのような一節がある。

〈日経平均株価が下落し続けた場合、投資額を大幅に下回る金額にて償還されるため損失が拡大します。また、債券に設定された仕組みによっては元金がゼロになってしまう場合もあります。〉

つまり、複雑な仕組みによって設定された条件次第で、投資したおカネの全額が失われることもあるということだ。通常、債券は「安全資産のひとつ」とされているが、「日経平均リンク債」は債券という形式をとりながら、実質は株式をはるかに超えるハイリスク・ハイリターン商品にほかならない。

この「日経平均リンク債」が初めて世の注目を集めたのは、1990年代の前半だった。株式バブルが崩壊した過程で、農協の上部組織である農林系金融機関が「日経平均リンク債」投資に失敗し、巨額損失を抱え込んで経営危機を来したからだ。すでに投資マニアの間では投資対象として広まっていた「日経平均リンク債」は、この一件で「コワイ商品」として一挙にクローズアップされるようになった。

「コワイ商品」と十分に理解した上で、それでも仕組債投資を好むのであれば、確かに「好きなお客様がいるのだから」ということになるだろう。いかなる結果についても自己責任が貫かれるべきである。

そこで効果を発揮するのが、同商品に埋め込まれた「早期償還条項」である。あらかじめ設定した時点で価格が一定水準を超えると投資は終了となり、前倒しで償還となる。しかし、手元に戻るわずかな利息収入と元本に満足できない投資家は、早期償還のたびに新たな仕組債に挑戦することになるのだが、それが証券会社の〝思う壺〟になっている面もある。

投資マニアの欲求不満に付け込むビジネス

そもそも仕組債は、債券をベースに組成された商品である。株式とは異なり、債券の売買は、あらかじめ一定水準の委託手数料が定まっているわけではない。投信のように販売手数料が明示されているわけでもない。だからといって、「では債券の販売で証券会社は儲けていないのか」と早合点してはいけない。債券売買は「仕切り値方式」といって、売り手は仕入れ価格に一定の金額を上乗せして販売している。だが、この「一定の金額」はそのとき次第と言えるほどまちまちであり、しかもそれに関する情報は一切、明らかにされていない。

この商売を手掛けてきたある外資系証券マンはこう説明する。

「商品を組成する会社はいろいろなコストを乗せて儲ける上に、自ら組成せず販売するだけの証券会社に利益を上乗せして卸売りし、それを購入した証券会社は本社の担当セクションでまた金額を上乗せして営業店に商品を分配する。営業店がさらに利益を上乗せして顧客に販売するという極端なケースもある」

結果として、最終的に購入する投資家にとって、きわめて高い買い物になってしまっているわけである。それを「早期償還条項」に抵触するたびに投資家に繰り返し販売するのだから、投信の回転売買をはるかに超える収益が証券会社にはもたらされる。早期償還によって誘発される投資マニアの欲求不満を生かした、「濡れ手で粟」的なビジネスである。

しかも、この仕組債の販売実態は、証券会社の決算内容からは見えにくい。通常、株式や投信の販売による収益は、ＰＬ（損益計算書）上に記載された営業収益の細目である「受入手数料」の各項目を確認すればわかるのだが、仕組債に関連する収益はそこにはない。では、どこにあるのかといえば、「トレーディング損益」の項目に盛り込まれている。

「トレーディング損益」とは、証券会社が自己勘定で債券、株式を売買して得られる、いわゆる「サヤ抜き利益」である。そこに紛れさせているため、仕組債の販売の実態は外部の者にはわからないようになっている。

「トレーディング損益」という隠れ蓑

２０１９年度の前半期にかけて、証券業界は株式相場の不調から苦戦を強いられた。リテール部門の不振を反映して、受け入れ手数料（株式や投信の販売による収益）が落ち込んだ。しかも、一部の証券会社では債券トレーディング収益もガタ減りした。日銀によるマイナス金利政策の長期化で国債などの市場金利が極端に低下すると、債券売買が激減し、市場の流動性も失われて債券市場の値動きが鈍った結果、さらに売買量は細っていくという悪循環にハマっていたのだ。

だが、債券トレーディングの不調には、もうひとつの要因があった。株式相場の値動きが乏しい展開が続いた結果、購入から数ヵ月で早期償還期限のタイミングが訪れる「日経平均リンク債」に、「早期償還条項の抵触→投資家による償還資金の再投資→販売会社が高水準の手数料獲得」という錬金術的な環境が途絶えがちになってしまったからだ。裏返すと、仕組債を大々的に扱う証券会社にとって、仕組債は重要な糧となっているのだ。

先述の通り、外部からはその実態がよくわからないが、推測できることがある。たとえば、債券トレーディング部門が小規模であるにもかかわらず、損益計算書上に「債券トレーディング損益」が相当額計上されているようなケースである。もちろん、そのようなケースでは仕組債の売買とそれによる儲けの結果という推測が成り立つ。

一方、近年、自己勘定のトレーディングを取りやめ、損益計算書の「トレーディング損益」がないも同然のようになっている中堅証券もある。「仕組債は販売しません」と明確に宣言している、いちよし証券などである。

「どちらのほうが正しいか」という決め打ちをするつもりはないが、少なくとも、「やる、やらない」を明確に示して、「やっている」のであれば、その実質手数料のレベルと収益を堂々と開示すべきだろう。「好きなお客様がいるから」ということと、儲け方をウヤムヤにすることとは話が違う。実際、欧米では仕組債を巡っては、実質手数料の水準を開示することを義務付けている。もちろん、わが国もその方向に向かっているといえる。早晩、仕組債は〝打ち出の小槌〟ではなくなるだろう。

「関係修復人事」の弊害

いずれにしても、仕組債に限らず、投資商品の価格変動によって顧客は投資の果実を得るだけではなく、予想外の損失を被ることもある。証券会社の営業担当者を信じて行った投資で大失敗することすらある。そこで、顧客とのトラブルが発生するという話は後を絶たない。

そのようなケースにおいてしばしば行われるのが、「関係修復人事」である。トラブルが生じた担当者を配置換えや転勤させた後、新たな担当者が顧客のもとに通って「前任はご迷惑を掛けたそうですが、心機一転、私は頑張りますので、お付き合いください」というやつだ。

また、別にトラブルが発生していなくとも、証券会社では3年程度のサイクルで人事異動が繰り返されるのが一般的だ。投資資金を現金で営業担当者に手渡す「現金商売」だった時代の名残として、顧客と営業担当者の癒着、あるいは、顧客からの信用を逆手に取った投資資金の横領事件の発生などを予防するために行われるものだ。

しかし率直に言って、こうした人事システムこそが、証券のビジネスモデルが老朽化している象徴であるともいえる。

高度経済成長期はマクロ経済の急激な伸長を反映して、株式相場全体が上昇し続けた。投資が成功する確率もきわめて高かった。したがって投資をすすめる営業社員は、顧客が保有する資産の課題などを把握し、それに応ずるための専門的な知識やスキルをきちんと身に付ける必要はなかった。それよりはむしろ、「この銘柄で行きましょう」「投資額を上乗せすべきです」といった気合の営業が求められた。

つまり営業社員たちは、顧客の問題を解決するアドバイザーとしてのプロフェッショナリズムなどは求められず、押しの一手と泣き落としによって、顧客から資産を引き出して手数料収入を稼ぎまくるプロ根性が備わっていればよかった。どこでも誰にでも強く押し出せる図太さと無神経さこそが重要であり、時として発生する顧客とのトラブル対策も含めて、2〜3年程度の人事異動がそれに適していた。

このままでは「限界業種」

ところが、そのシステムが成立する前提はとうに失われている。成熟経済へと移行したからだ。株式市場ではバブル局面を除けば、総体的に株価が上昇するケースはほとんどなくなった。成熟経済と同時進行した人口の高齢化によって、多くの国民が老後生活をつつがなく暮らせるよう、貯蓄をいかに運用するのかを考えざるを得なくなった。

そのような社会環境の中で、現在、証券会社の営業社員は投資に関する専門知識によって顧客が抱えた課題とニーズにきちんと応えることが求められる。そのためには、じっくり腰を落ち着けて顧客と向き合い、なかなか漏らそうとしないホンネまで聞き取れるようにならなければならない。にもかかわらず、証券会社の多くは、旧態依然とした根性営業モデルの人事制度を続けている。

それを助長しているのが、手数料収入を屋台骨としている収益構造にほかならない。3年程度という限られた任期の中で即効的にノルマ達成の実績を上げようとすれば、担当エリアで地道に新規開拓する「面の営業」に徹する余裕はない。じっくりと顧客と向き合うには、相当の取引が期待できる相手を絞り込むしかない。前述したような、「優秀な営業社員」の典型的なパターンである。結果としてノルマは達成され、営業店の実績が上がり、会社としても収益計画を実現するかもしれない。

しかし、本当にこれでいいのだろうか。

証券会社にとって、将来の成長の基盤である顧客層の裾野は一向に広がらない。しかも、得意客は小金持ちであり、年齢層は高い。実際、証券会社の顧客年齢は著しく高齢化してきている。このままでは、いずれ顧客数は減少するだろう。裾野の広がりどころではない。これでは限界集落ならぬ、限界市場、限界業種である。

一例を紹介しよう。顧客の本格的な資産形成の手段として、近年、「ファンドラップ」が証券会社などの主力商品になりつつある。ファンドラップとは、投信と異なり、証券会社が顧客になり代わり、時々に応じて運用商品を入れ替える「一任運用商品」である。したがって、販売手数料という仕組みはなく、証券会社は運用残高に一定の利率を掛けて算出される「ラップ報酬」を得る。ラップ商品を個別に見るとさまざまな問題があるが、販売手数料に過度に依存した収益構造を変革する上で、証券会社には重要な商品といえる。

このラップにまつわる話を提供してくれたのは大手証券の若手営業社員である。

手数料収入目的で解約されたラップ残高100億円

彼が勤める大手証券は九州に営業店がある。そこで優秀な若手営業社員が熱心にファンドラップを顧客に提案し続けていた。ファンドラップの販売には、顧客の資産構成や顧客の将来設計、さらには「高いリターンを得たい」のか、それとも「安定的なリターンを望むのか」等々、丁寧な顧客ヒアリングが必要となる。彼はそれを熱心にこなし、任期中に100億円ほどのラップ残高を築いた。これは大変な努力である。そして、3年目に例によって転勤となった。

その後、どうなったのか。

彼の異動後、3人の営業社員がファンドラップの顧客を引き継いだものの、約1年後、100億円あった残高はゼロになってしまったという。後任の営業社員たちがラップを解約させて投信に乗り換えさせたり、あるいは、定期訪問を怠ったため顧客に嫌われ、解約されたりした結果である。

手数料収入で稼げればそれでいいのか。

かりに、努力した当初の営業社員が3年おきの人事異動などではなく、その営業店にさらに5年配属されていたら、おそらく、その担当エリアにおいて彼の評判は広がり、あるいは、顧客から知人や親戚の紹介を受けて、ラップ残高をさらに伸ばしていたに違いない。

このような虚しい一幕が、ノルマ営業にしがみ付く経営陣のもと、営業現場では日々演じられている。怒りを隠せないという表情で同僚たちの悲喜劇を語った若手社員は「笑い話にもならない」と言葉を吐き捨てた。その後、同社内でもこの一件は一時的に問題視されたが、結局、何も変わらなかったと言う。

これがいま、証券業界に成長不全をもたらしているメカニズムである。

このまま何も手立てを講じなければ、今後も成長不全と苦境が増し続けることはまちがいない。なぜなら、本章の冒頭に記したように、収益の主柱となってきた株式、投信の販売手数料（フロントエンドのコミッション）には引き下げ圧力が加わり続けている。顧客の投信保有に伴って得られるストック収入である信託報酬にもその圧力は増してくる。

つまり、手数料ゼロになるまで収益率は悪化の一途をたどらざるを得ない。

その上、世の中の要請である顧客本位のビジネスに移行するに伴って、コンプライアンス（法令遵守）体制の構築・運営コストは重たくなる。

これは顧客本位に向かうかどうかの問題ではない。

証券ビジネスを存続させるための必要条件である。つまり、証券会社は今後、収益構造を一変させない限り、「入りは減り、出は増える」という台所事情が強まっていく。

社員を「消費財」としか考えていない経営者

そもそも、金融業が装置産業化して久しい。その中で、基幹系システムや受発注システムなど、証券会社は莫大なシステムコストを費やしてきた。その上、本社の間接部門が異様に巨大化したこととあいまって、人件費も巨額である。証券業界は決算上、営業収益から自社の金融費用を差し引いた「純営業収益」を実質的なトップラインと位置付けている。これは、他の産業と比較して金融費用が莫大な額に上るからである。

ところが、その金融費用を除いた売上高である「純営業収益」と、そこから「販売管理費（販管費）・一般経費」を差し引いた「営業利益」を比較すると、営業利益の水準はきわめて低い。一般的に、対売上営業利益率が低いと言われる流通サービス業を下回っている。これは、「販管費・一般経費」、中でもシステムコストと人件費という経常コストが異常に重たいからである。

それにもかかわらず、この異常に高いコスト構造を抜本的に改善する経営努力は乏しかった。たとえば、基幹系システムのうち、事務系システムを業界で共同化したり、クラウド化したりといった発想は希薄であり、「一社一システム」というワンセット主義にしがみ付いている。

その代わり、未練がましくも持続させているのが、異常に高い損益分岐点を超えて利益を掻き出すための「過剰なノルマ営業」にほかならない。時代の要請に背いても、社会がいかに変わろうとも、頑なにノルマ営業に固執している。

今後株式市場が冷え込めば、瞬く間に損益分岐点近くまで「純営業収益」は下がり、収益悪化を来してしまう。そこに手数料率の低下と「コンプライアンスコスト」の増大が襲い掛かったら、もう目も当てられない。

もはや、構造不況以外の何物でもないのが、「証券業界のいま」なのである。

勢い、一部マスコミは「リストラ必至」と騒ぎ立て始めた。「店舗統合、デジタル化で人員の大幅削減」という見立てである。この先の手数料率低下による収益率悪化を考えると、リストラは避けられない結末というシナリオだ。

しかし、あえて言うと、それは半分正解だが、半分間違っている。証券業界がこのままでいる限り、訪れる悲劇のストーリーはちょっと違う。リストラなど不要なほどに、社員たちが退職していくだろうからだ。すでにその動きは激しさを増している。大手証券クラスでは直近1年間で400人、500人という規模で退職者が出現するとも言われている。結果として、「入社6年目で同期入社の半数近くが消えた」という話もある。

しかもそれは、営業現場の第一線で起きている。合理性に欠ける時代遅れのビジネスモデルに愛想を尽かした優秀な営業社員たちが、続々と去っているのだ。この動きは一過性のものにとどまらないだろう。

序章で紹介したように、優秀な若者たちの中には「こんないい加減なモデルで商売が成り立つのであれば、自分たちが辞めて新しいビジネスを一から作り上げる」と意欲を高める人たちも少なくない。要するに、無念ながらも会社が社員を切り捨てるリストラ以前の問題として、社員が会社を見限ってきているのだ。会社という表現が抽象的であるならば、抜本的な経営改革を断行せずにいる経営者と、それに唯々諾々と従っている本部エリートたちに愛想を尽かしたと換言してもいい。

ところが、証券業界の経営者の中には、いまだに「最近、若手の歩留まり率が……」などと品格も革新性も感じさせない言葉を口にして安穏としている向きもいる。あたかも社員を「消費財」として捉えているかのような口ぶりである。今後、日本の労働人口は減り続け、人材確保の困難化が避けられない情勢であるにもかかわらず、である。

すでに労働現場が溶け始めた中で、ビジネスモデルの抜本的な改革を果敢に実行しなければ、リストラの意味も効果もない局面が必ず訪れるだろう。

それはいまの証券業、そして、証券業という名称が消え去る時である。

第2章　米国の証券業界で「いま起きていること」

日本の証券業界は何を誤ったのか

わが国の証券業の成長不全はいつから始まったのか。おそらく、意見は分かれるにちがいない。しかし、このような視点があるとは思う――証券業のみならず、金融業全般にいえる論点として、幾度かの金融危機がもたらした合併症的な経緯がある、と。

相次ぐ危機の中で生き残るのに必死で、そのたびに対症療法的な処置しか施せなかった。そうこうしているうちに、ビジネスの屋台骨があちこち歪み、時代の流れに即した根治療法に取り組めなかった、ということである。

１９９０年代に発生した金融危機が収束した時期はあやふやだが、発生したタイミングは明確である。１９９０年代の初頭場面で生じた、バブル崩壊である。株式と不動産の価格が弾けた後、政府がその解決法を誤り手間取ったこともあって、金融危機はむしろ深刻化し拡大していった。そして、危機解消といわれるまでに費やされた歳月は10年を超えてしまった。

これは、その長さだけが問題ではない。わが国経済の成長ステージが移行を遂げる真っただ中にあって、それに対応するための変革がおざなりにされてしまったことの痛手は計り知れないものがある。

バブル経済は、高度経済成長期が終幕し、成熟経済に移行しかけた矢先に発生した。伸び盛りを過ぎたにもかかわらず、相変わらず旺盛な食欲があると誤解し、消化不良となるほどの量の食事をとりすぎた経済に贅肉だけが付きまくったような話である。高度経済成長を前提にした政策と経営が無駄に持続され、マクロ的には経済の、そして、ミクロ的には企業経営の質的転換を図ることができなかった。しかも対症療法的な解決策に追われ、高度経済成長から成熟経済成長への移行に適う新たなモデルの構築が棚上げされた。

資本市場の対応も後手に回った。

かつて、高度経済成長の局面では、企業は成長のために資金需要を募らせ、資本市場もそれにスムーズに応ずることが迫られていた。株式上場、増資、社債発行などによる資本・資金調達である。それらを円滑に進めるために重要とされたのが、株価の安定的な上昇と企業の資金調達を充足させるための「資金導入」だった。

そこで盤石化したのが、個人マネーを企業に流し込む仕組みである。そのためにも個人マネーと企業の資金調達を密接につなげる「仲介者」が必要とされた。個人リテール部門と法人部門を兼ね備える「総合証券モデル」である。この体制下において象徴的に機能したのが、新規公開（ＩＰＯ）だった。企業が新たに自社株式を市場に上場させるＩＰＯに際して、総合証券会社は自社のリテール部門をフル稼働させた。募集期間中の新規公開株式の募集行為——前章でも触れた、新規株式の「はめ込み営業」だ。

そこで編み出されたのが、「ＩＰＯ銘柄は上場後に値上がりする」というストーリーだった。証券会社の営業社員たちは、日頃、損をさせてしまった顧客へのリカバリーショットの意味も込めて、ＩＰＯ銘柄を個人投資家に売り込んでいった。新規公開株の売り出し価格が妥当な水準かどうかという議論はなく、そこに存在したのは「新規公開株は値上がりする」というストーリーだけだった。

値上がり確率の高い価格設定がこのストーリーを支えた面もあったが、マクロ経済の高い成長性も株式相場を底上げした。制度的に「結果オーライ」が是認されがちだったこともある。いずれにせよ、企業が相互に株を持ち合う「法人資本主義」に立脚した、資本市場が全盛だったころの話である。

跋扈した「にわかファンドマネジャー」

ところが、高度経済成長に陰りが見えると、企業の資金需要も後退し始めた。

企業の財務部門では設備投資計画が下火となって、むしろ余裕資金が生じてきた。その結果、「余裕資金を効率的に運用する」財テクが前面に押し出され、そこに「法人資本主義」が絡んだ。企業優先の「余資運用時代」である。やがて証券業界や資産運用業界では、それまで営業担当だった社員たちが突如、ファンドマネジャーとして駆り出されるようになった。

促成栽培された、何の素養もない「にわかファンドマネジャー」たちは巨額の法人マネーで頻繁に売買（ディーリング）を行い、それによって株価が何の根拠もなく値上がりする「ディーリング相場」が形成された。しかし、そんな相場はいずれ崩壊する運命にあってしかるべきだった――。

株式相場におけるバブルの浮沈は、おおよそこんな話である。バブル破裂によって膨大な損失が発生したことはいうまでもない。深刻な事態だったが、いま、あらためて振り返ってみると、時代の変化に則さない仕組みやビジネスを温存してきた結果として、バブルが生じたにもかかわらず、バブル崩壊以後、目先の問題に追われて時代の流れをキャッチアップする努力が棚上げされてしまった面は無視できない。資本市場は常に変化を続けているのに、見直しの遅れが新たな変化への対応にも遅れをもたらしたのだ。

先述のように、時代の変化の根底にあったのは、高度経済成長から成熟経済へという「成長ステージの移行」にほかならない。それに伴って、資本市場では法人資本主義的なビジネスから大衆主義へと潮目の変化も訪れ、すでに将来的な少子高齢化も展望できていた。そうした流れを受けて、米国の企業年金制度である確定拠出年金、４０１ｋが注目されるようにもなっていた。

1930年代の大恐慌後、米国の資本市場では、それまでの業者主義から善悪を明確に識別する大衆主義の価値観が芽生えたように、巨大な経済・金融危機は往々にして社会の価値観を変える。2007年前後のサブプライム・ローン危機からリーマンショックに至る過程においても、いつの間にか再び業者利益の追求に傾いていた資本市場に鉄槌が下され、価値観が大きく是正された。

その状況は後述するとして、ここであらためて考えたいことがある。

金融危機はその都度多大な社会的損失を生じさせてきたにもかかわらず、わが国の場合、それに見合うだけの価値観の刷新が資本市場という空間で行われたのか、ということである。胃が痛むほどのシリアスさをもってそれがなされていたら、資本市場とそのプレーヤーである証券会社のビジネスモデルはすでに根底から変わっていたにちがいない。

しかし残念ながら、そうはなっていない。

成長不全とは社会の変化に追いつかないことである。日本の証券業界は明らかに成長不全を来しているといわざるを得ない。米国証券ビジネスのダイナミックな変貌ぶりをみると、そんな実感がなおさら強まってくる。そこで本章では、米国の証券業の実態に目を向けてみたい。日本との違いの大きさに、あなたは驚くだろう。

注目すべきはチャールズ・シュワブの「変貌ぶり」

第1章に記したように、2019年10月、わが国の証券業界に衝撃をもたらしたのは、株式の委託売買手数料の無料化を打ち出した「チャールズ・シュワブ」にほかならない。正確には、米国、カナダにおける上場株式、ETF（上場投資信託）のオンライン、モバイルアプリ経由での売買手数料を無料化したのだが、ここで私たちが注目すべきは、「手数料ゼロ化」そのものではない。それを打ち出した、チャールズ・シュワブという企業の変貌ぶりにこそ、目を向けてしかるべきだ。

ところが、わが国の証券業は落ち込み続ける手数料収入に苦悩している境遇もあって、「ゼロ」という自由化の終着点を眼前に突き付けられると、わが身の運命を見るような思いに駆られて凍り付いた。しかも、一部のネット専業証券が信用取引などの手数料ゼロをいち早く打ち出すという追随劇まで飛び出して、同年の暮れまで火に油を注ぐような騒ぎに発展しかけた。これが〝シュワブ宣言〟から数ヵ月間の出来事である。

もっとも、これもまたすでに触れたように、米国では株式の売買手数料を無料化する動きはかなり早い時期から起きていた。たとえば1990年代、新興ネット証券会社「ゼッコ」は、株式売買手数料の無料化を最初に打ち出した証券会社として記録されている。同社の戦略は、売買手数料の無料化によって信用取引の顧客層を呼び込んでその資金収益を稼ぎ出し、あわせて注文回送のキックバック収益の極大化を狙ったものだった。ちょうど2019年末に日本のネット専業証券が打ち出した、信用取引の手数料無料化の先駆け的な動きといっていい。つまり、同社の顚末はわが国のネット専業証券が打ち出した戦略の成否を考える上でも参考になるはずである。結論を急げば、この戦略は空振りに終わった。ゼッコは2012年に身売りし、同社も無料化サービスもこの世から消えている。

一方、2013年に創業され、手数料無料化を旗頭にして参入してきたベンチャー・ネット証券の「ロビンフッド」はいまのところ、成功を収めている。2019年までに1000万を超える利用者を獲得して時価総額76億ドルまで成長し、傑出したベンチャー企業(ユニコーン)の仲間入りを果たしている。

両社の明暗を分けたものは何か。おそらく、時代とそのときの株式相場だろう。ゼッコは早すぎて、かつ、相場が味方しなかった。片やロビンフッドは成功し、より規模の小さなディスカウントブローカー(通常よりも割安な手数料で注文を集めるリテール証券会社であり、1990年代以降、ネット証券に進化)であるインタラクティブ・ブローカーが追随した。大手クラスも事業分野を限って無料化に走ったが、市場の主導権を握るまでには成長しておらず、新興勢力の波及効果は限定的なものにとどまったといえそうだ。

だが、米国の証券業界におけるチャールズ・シュワブの存在感は、それらとはまったく比較にならない。

米国を代表する証・銀一体の巨大金融グループ

チャールズ・シュワブ氏が1971年に創業したチャールズ・シュワブは、株式手数料の自由化を追い風に、ディスカウントブローカーとして躍進を遂げてきた。そのため、日本ではいまだに同社をディスカウントブローカー視している向きも少なくないが、これは大いなる誤解である。その後、進化を続けて、いまや米国を代表する巨大なリテール金融グループへと変貌を遂げているからである（それほどに、日本の証券業は変化と進化への欲求、願望、そして、関心すらも乏しかったといえるかもしれないが）。

1986年に持ち株会社形態に移行済みで、その下には証券会社のチャールズ・シュワブのほか、アセットマネジメント関連子会社2社が連なっている。続けて2003年にはチャールズ・シュワブ・バンクという銀行も加わり、証・銀一体モデルのリテール金融グループへと生まれ変わった。グループの中核をなすチャールズ・シュワブ・カンパニーは、対面、コールセンター、デジタル（ネット、モバイルアプリ）という多様な顧客チャネルを有するハイブリッドな証券会社である。

「少なくともリテール金融に限れば、もはや、米国では日本のような銀・証の垣根問題など誰も論じていない」と在米の金融アナリストが語るように、日本の感覚からすると「劇的な構造変化」を自身で体現したのがチャールズ・シュワブなのだ。

ちなみに、チャールズ・シュワブは1983年に一度、バンク・オブ・アメリカ（バンカメ）に買収されている。これは1981年、証券と銀行の垣根を厳格に定めていたグラス・スティーガル法に事実上の規制緩和がなされ、それに乗じてバンカメが動いたものだった。

しかしその後、バンカメが経営悪化したこともあって、1987年、創業者のC・シュワブ氏は被買収金額の5倍もの価格で自ら創業した会社を買い戻した。しかもその後、緩和された制度環境を逆に生かして銀行機能をグループ傘下に加えた——なんとも、ダイナミックな沿革である。

なぜ、C・シュワブ氏はやられたことをやり返したのか。もちろん、目的は報復などではない。リテール金融分野における顧客サービス向上のためにエンティティ（企業・実体）を充実させる必要があったからである。

同社の経営理念「"Through Clients' Eyes" Strategy」を和訳すると、「顧客の目線に立脚した経営戦略」ということになる。日本の証券会社がお題目のように掲げる「顧客第一主義」とまるで異なることは、チャールズ・シュワブがその経営理念を実現するために手を打ってきた経緯から確認できる。銀行子会社（チャールズ・シュワブ・バンク）の設立もまさにその一環なのだが、それを具体的に紹介する前に、同社の規模について触れておきたい。

規模は野村證券の4倍！

証券会社の実力を示す概念として「顧客預かり資産」がある。文字通り、投信や株式などを購入するために、顧客が証券会社に預け入れた資産である。具体的にはキャッシュ（現金）だけでなく、株式、投信、債券などの金融商品も含まれる。その規模からは証券会社の顧客層の厚さ、そして、その資産から生み出される潜在利益の多寡を推し量ることが可能だ。

2020年6月末時点において、チャールズ・シュワブの預かり資産総額はじつに約4兆1000億ドルである。1ドル＝100円で換算すると、約410兆円。わが国のGDP（約500兆円）の82％に相当するといえば、同社の規模がいかに圧倒的であるか実感できるだろう。ちなみに野村證券の顧客預かり資産は、2020年6月末時点で112兆円。国内ではダントツの数字だが、その規模はチャールズ・シュワブの4分の1に過ぎない。

もちろん、両社を単純比較することはできない。というのも、個人金融資産の総額、その総額に占める直接金融資産の割合には、日米に著しい格差が生じているからだ。

悲しいほどにわが国の個人金融資産の増加率は低い一方、米国はきわめて順調に増え続けている。日銀の統計によると2019年3月末現在、日本の1835兆円に対して、米国は8890兆円。投信、株式の比率もわが国の約14％に対して、米国は約46％と顕著な違いがある。

それらを踏まえていえば、野村の顧客預かり資産は巨大ではある。依然としてガリバー証券と呼ばれておかしくないという結論も導き出せよう。

だが、収益力、時価総額に直結する絶対規模と成長率という面からとらえると、やはり、チャールズ・シュワブに軍配は上がる。2009年から2019年までの10年間における顧客預かり資産の増加率はチャールズ・シュワブの約2・6倍に対して、野村は約1・6倍にとどまっているからだ。

これほどの成長を遂げることができた秘訣は何か。もちろん、マクロ経済、あるいは資本市場の成長を着実に吸収してきたといってしまえばそれまでだが、それが実現できたのは、やはり、同社が掲げる経営理念「顧客の目線に立脚した経営戦略」の着実な実践にあると見ている。

「顧客に選ばれる」ためにしたこと

同社の経営理念を端的に表現すれば、「すべての人に投資へのアクセスを提供する」「顧客の負担を軽減する」ということにほかならない。その足取りをたどっていくと、このふたつの課題の実現に向けて着々と粘り強く布石を打ち続けてきた姿が浮かび上がってくる。

前者の「すべての人に対する投資へのアクセス提供」は、多くのライバル他社が取り続けてきた顧客セグメント戦略と一線を画す発想である。たとえば対面型の巨大証券会社の場合、往々にして顧客は富裕層に絞り込んでいるし、オンライン・ブローカー（ネット専業証券）は庶民、つまり、マス・リテール層をターゲットにしている。こうしたセグメント戦略は典型的な米国スタイルであり、この手法によって米国では大小の金融業がマーケットを棲み分けて生き残ってきた面がある。

ところが、チャールズ・シュワブは違う。目指したのはあくまでも「すべての人に対する投資アクセスの提供」だ。換言すれば、他社は「顧客を選んだ」のに対して、チャールズ・シュワブは「顧客に選ばれる」道を選択したといえる。もっとも、それはむやみやたらと営業店の店先を広げて、すべての来店客を待つ無策経営とはまったく異なっている。緻密なプラットフォームとチャネルの戦略なのだ。

それが「デジタル、コールセンター、対面」という多面的なチャネルの構築である。その上で、同社は別のチャネルも作り上げた。独立系ファイナンシャル・アドバイザー（ＩＦＡ）のうち、登録投資顧問業者となって、サービスの対価として顧客から預かり資産残高連動のフィー（報酬）を得るＲＩＡ（Registered Investment Adviser）と提携し、その顧客資産を管理するプラットフォーム事業である。

ＲＩＡについては後述するので、ここでは概要だけを紹介する。

そもそも証券会社など組織に属さない米国のＩＦＡには、ふたつのパターンがある。ひとつは投資アドバイスを提供しながら、株式、投信などの売買を顧客に代わって証券会社に発注するビジネスにとどまっている一群であり、これはＩＢＤ（Independent Broker-Dealers）と呼ばれている。その収益の主柱は販売・売買などの手数料（発注先の証券会社と分けあっている）なので、自らの収益を優先すると、顧客は頻繁に売買しないといけなくなる。そのような顧客との関係性は希薄化しがちで、仮に信頼関係を構築することができて顧客に長期的に保有してもらうと、今度は自らの収益拡大は見込みにくくなる。収益構造上、ウィン・ウィンの関係を構築するのが容易ではないのがＩＢＤの特徴だ。

一方、もうひとつの様式であるＲＩＡは、顧客の人生設計に合わせた資産形成のポートフォリオを提案し、そのための投資を取り次ぐことはあっても、収益体系は顧客が預け入れた資産の残高に連動するフィーである。したがって顧客の資産が増えればその分、ＲＩ

Aの収入も増えるという共存関係を顧客との間に築くことができる。

チャールズ・シュワブ「儲けのカラクリ」

チャールズ・シュワブのIFAプラットフォームにつながっているのは、RIAである。「つながっている」という意味は、同社のカストディ（資産の保管・管理）事業を活用しているということであり、チャールズ・シュワブはその対価として、RIAから資産残高連動のフィーの一定率を安定的なストック収入として得ている。

RIAは、SEC（米国証券取引委員会）の登録ベースでは1万7000社ほどを数えるが、このうち、7500を超える社がチャールズ・シュワブのプラットフォームにつながっている。すなわち、同社ではネット（モバイルを含むデジタルチャネル）、コールセンター、対面という複数の直接チャネルに加えて、IFA（RIA）を経由する間接チャネルを併せ持つオールアラウンドチャネルで「すべての人に投資へのアクセスを提供する」体制を築いたわけだ。

その上で同社は、資産運用子会社2社の機能をそれぞれのチャネルに結びつけた。資産運用会社は、チャールズ・シュワブが顧客に提供する投信・ETFを運用しているアセットマネジメント子会社と、チャールズ・シュワブが提供しているラップなどの投資サービスについて、その組み入れ商品の選定や運用を担っているインベストメント・アドバイザリー子会社である（組み入れ対象にはグループ外の資産運用会社のファンドも入る）。

このような体制の下で、たとえば１９９２年以降、ウェブサイトを通じて２０００本超のファンドを顧客が自由に購入し、あるいはスイッチングできる「投信スーパーマーケット」サービスを提供している。スイッチングは乗り換えの意であり、この表現から日本の「回転売買」を連想するかもしれない。しかし、それは完全なミスリードである。というのも、スイッチングに際しては、販売や期限前の早期解約に関する手数料は一切とらない。無料である以上、売り手側には手数料収入狙いの商品乗り換えを促そうとする「回転売買」の動機は生まれようがない。

では、同社の「投信スーパーマーケット」サービスは、どのようにして利潤を得ているのか。その仕組みは次のようになっている。

まず、ウェブサイト上の「投信スーパーマーケット」を構成する商品群を選定するのは、資産運用関連のインベストメント・アドバイザリー子会社である。選定対象は自社系列商品と他社商品で、そこから厳選している。そして、自社系列商品の場合、顧客資産の保有・管理の対価である信託報酬（預かり資産残高に一定料率を乗じて算出される残高連動フィー）を顧客から得ている。一方、他社商品の場合は顧客が投資・保有している資産残高に一定料率を乗じたフィーを資産運用会社から得ている。いずれも資産残高見合いのストック収入である。

この「投信スーパーマーケット」を土台として、コールセンター、対面のチャネルでアドバイス提供しており、より質の高いアドバイスを得たい顧客はコールセンター→対面にチャネルを替えることになる。その場合、顧客は最低投資金額の取引条件を満たし、資産ポートフォリオを初めて組んだ際の初期手数料と、その後、毎月、一定の手数料を支払う。これが収益源であり、その代わりに投信などの売買手数料は無料化しているのだが、それを円滑に機能させるための社員の動かし方が「圧巻」なのである。

すべてが「顧客の預かり資産額」に連動

それを克明に解説しているレポートがある。野村資本市場研究所がまとめた2019年8月29日付『海外駐在員レポート』だ。「チャールズ・シュワブの経営理念と事業戦略」と題した同レポートには、次のように記されている。

〈チャールズ・シュワブは、「米国リテール資産」を獲得すべく、多面的な営業体制を構築している。第一に、インベスター・サービス部門に所属する355支店に在籍する常勤の営業員である。具体的には、電話対応に特化するインベスター・デベロップメント・スペシャリスト（ＩＤＳ）や、対面及び電話にて顧客の運用プランを策定するファイナンシャル・コンサルタント（ＦＣ）等である。２０１９年第１四半期、ＦＣによる顧客との運用プラン策定に関する会話件数が５万件に達していた。

第二に、インベスター・サービス部門に所属するインデペンデント・ブランチ・リーダー（ＩＢＬ）である。ＩＢＬは常勤の営業員でなく、チャールズ・シュワブとフランチャイズ契約を締結し、支店経営の責任を負って、自身の予算と裁量でＦＣやアシスタントを採用している。つまり、ＩＢＬとは、自身の意向と責任をもって独立した支店を経営したいと願っている営業担当者に適した制度である。チャールズ・シュワブは、２０１１年にＩＢＬを導入し、ニューハンプシャー州ナシュアに初の独立店舗を開設した。現在、同社は、ＩＢＬによる独立店舗を61店有している。〉

日本の銀行業界や証券業界では、支店長＝「一国一城の主」と称されているが、社員の採用権限はなく、支店運営の裁量余地も限られている。その上、本部からノルマが降りてくる立場である。これに比べて、チャールズ・シュワブのＩＢＬこそが正真正銘の「一国一城の主」と思えてくる。

評価体系も巧みだ。同レポートの内容を要約すると、こうなっている。

ＦＣ、ＩＢＬは顧客にアドバイスを提供し、新規の預かり資産が増えるほど高い評価が得られる報酬体系になっている。また、電話対応のＩＤＳはその業務中に優良顧客が見つかれば、それをＦＣやＩＢＬに紹介する。ＦＣやＩＢＬのアドバイスによって顧客の資産が増えれば、その金額に応じてＩＤＳも社内の評価が高まる仕組みだという。

そうなるとＩＤＳは、顧客の預かり資産を最も増加させてくれそうなＦＣ、ＩＢＬを顧客に紹介するというメカニズムが働きだす。通常、どのアドバイザーが優秀であるかどうかは、顧客、それも新規顧客は知ることができない。だが、より良いアドバイスを提供してくれるであろうＦＣ、ＩＢＬの選定を、ＩＤＳは社内の共有情報に基づき、顧客の代わりに行うことになる。

しかも、である。同レポートはこう強調している。

〈チャールズ・シュワブは、ウェブサイトにおいて各営業担当者の報酬体系の概要を一般公開しており、高い透明性を保持している。〉

同社のホームページを探してみると確かに公開されており、顧客が預け入れた資産を増強させる工夫が徹底されている。

以上、概略的な話に過ぎないが、収益モデル、雇用形態、評価体系に至るまで、販売手数料などの手数料収入に依存せず、顧客の預かり資産額に連動するフィーに基づいて運営されていることがご理解いただけたのではないだろうか。ちなみにこのモデルは、一朝一夕に構築したものではない。法的規制の変更など変化に順次即応していった結果といえる。いわば、顧客の幸福が自社、そして、社員の幸福に繋がるという利害一致の事業体系を強化し続けてきたのが同社の歴史なのだ。

日本のトップにはない胆力と覚悟

２０１９年10月、チャールズ・シュワブが米国、カナダの上場株式、ＥＴＦのオンライン、モバイル経由での売買手数料を無料化したのも、こうした顧客と自社・社員の幸福を目指す延長線上にある。野村資本市場研究所の執行役員である関雄太氏はこう語る。

「投資家向け資料などを見る限り、当のシュワブ自身に緊迫感はまったくなく、むしろ、創業者が掲げた理念『すべての人に投資へのアクセスを』にようやく到達できるという高揚感に満ち溢れている。シュワブの『ゼロ・コミッション宣言（手数料ゼロ化）』は２０１９年に起こした改革ではなく、10〜20年に及んだ長い構造改革の完了宣言と解釈すべきだろう」

販売手数料というフロー収入のビジネスからの脱却を目指し続けてきた、チャールズ・シュワブの道のりを総括する的確な指摘である。

実は、ゼロ化宣言の直後、株式市場ではネガティブな反応が見られた。発表するや、チャールズ・シュワブの株価は一時、前日比10％という大幅な下落を来したのだが、そのあと、こんな話を耳にした。

同社のベッティンガー社長が名誉会長のC・シュワブ氏に「コミッションを無料化したが……」とあらためて感想を求めたところ、シュワブ氏はこう答えたという。

「まったくためらいはない。1975年の手数料自由化の時、（破格に安い手数料を提示する）ディスカウントブローカーは『愚か者だ』と言われたが、それでもやってきた」

手数料自由化という劇的変化の中で躍り出て、ゼロ水準に至る手数料引き下げの流れを作り上げてきた人物に相応しい逸話である。日本の証券業界のトップが見習うべき胆力と覚悟がうかがえる。少なくとも、手数料引き下げの波に飲み込まれ、生存が脅かされかねないと狼狽《うろた》える気配は微塵もない。

それはなぜか。手数料引き下げという流れを主導しつつ、その一方で手数料に依存しない体質、収益構造を着々と作り上げてきたからである。前述したような残高連動フィー体系の強化策、RIA向けのカストディ事業等々のすべてが、その具体的な戦略である。

世界中を驚愕させた巨人のさらなる一手

そこで手数料無料化宣言の前年、２０１８年において米国の主要証券会社が計上したリテール部門の純営業収益（営業収益から自社の資金調達費用を除した収益）の内訳をみると、それは明らかになる。全体の純営業収益に占めるコミッション収益の割合が大幅に縮小しているからである。

たとえば、モルガン・スタンレー・ウェルス・マネジメントが10％、エドワード・ジョーンズも16％とウェートは低いのだが、チャールズ・シュワブはその水準を下回る７％にすぎない。手数料稼ぎに汲々としているわが国の証券業界とはまったく異なる世界を作り上げているのだ。

ちなみに、野村證券と大和証券のコミッション収益比率をディスクローズ資料から算出してみよう。野村でリテール業務を担う国内営業部門は２０２０年３月期に約３３５４億円の純営業収益を計上している。このうち、株式委託・投信募集手数料、債券の販売報酬、投資銀行業務手数料等（ＩＰＯ、ＰＯの株式売り出しに関して発行体から得られる手数料）をコミッション収益として合計すると約２３３２億円。同様に、大和ではリテール部門の純営業収益は約１６６４億円であり、このうち、コミッション収益の合計額は約１０３１億円である。

つまり、野村ではリテール収益全体の約69％を、大和でも約62％をコミッション収益が占めている。チャールズ・シュワブなどがいかに低いコミッション収益率であるのかが実感できるだろう。日本の場合、超低金利政策の下でストック収益を構成する金融収益の貢献度がきわめて低くならざるを得ない点を考慮しても、コミッション収益依存の構造であることは明らかと言える。

チャールズ・シュワブの話に戻すと、その純営業収益の過半は、残高連動フィー収入と純金利収入である。前者は顧客の預かり資産額の増加に連動するストック収入であり、全体の32％を占めている。後者はおもに銀行子会社による証券担保ローンや住宅ローン、あるいは流入した預金をインターバンクで運用することによって得られるスプレッド（利ザヤ）収入で構成され、同じく全体の純営業収益の57％である。

この収益構造を見る限り、手数料無料化は収益にほとんど痛痒をもたらさない。むしろ、チャールズ・シュワブらしさのアピールとなってプラスに働くにちがいない。加えて、米国証券業界における圧倒的な存在であることを踏まえると、同社による無料化が市場に影響を与えないわけがない。手数料収入に依存しているライバル他社は過酷な事態に陥り、生存レースからの脱落の動きすら促してもおかしくない。

収益構造を圧倒的に変革した上での同社の決断は、「手数料ゼロ化」という新たな時代の本格的な幕開けを告げただけではない。新時代における同社の「勝ちレースの方程式」を示唆しているのだ。

それを裏付ける場面は、思いのほか早く訪れた。そして米国のみならず、わが国でも証券業界関係者が息をのむことになった。「手数料ゼロ化」宣言からわずか2ヵ月後――「巨人」チャールズ・シュワブが大手ディスカウントブローカー「TDアメリトレード」の買収を発表したからだ。2019年11月25日のことである。

GSとモルスタを凌ぐ「世界ナンバーワン」へ

もともとTDアメリトレードは、カナダの大手銀行グループ「トロント・ドミニオン」の傘下にあり、「チャールズ・シュワブのビジネスモデルのコピー」と言われるほど、チャールズ・シュワブと似通ったモデルで事業を拡大してきた。2017年には同業の「スコットレード・フィナンシャル・サービス」の買収によって規模を拡大。一時、口座数ではチャールズ・シュワブを上回る場面もあった。

自身のライバル会社とも言えるTDアメリトレードに対する260億ドル（約2兆6000億円）規模という巨額買収を巡っては、「独占禁止法に抵触するのではないか」と成立を危ぶむ声もあがったが、それほどに圧倒的な存在を生み出す買収劇といえる。

TDアメリトレードはビジネス手法同様、収益構造もチャールズ・シュワブと似通っていた。2018年の純営業収益は54億5200万ドル、税引前利益は18億8700万ドルと、チャールズ・シュワブの半分程度だが、収益構造をみると、販売・売買手数料収入が純営業収益全体に占める比率はゼロ水準であり、顧客資産残高連動のフィー収入は同10%、純金利収益は同52%を占めている。IFAプラットフォームが主力事業の一翼を担っている点でも、チャールズ・シュワブと同じ路線を走っている。

ビジネスの性格や顧客資産残高フィーを中核とした収益体系モデル、さらにはIFAプラットフォーマーでもあるという立場を踏まえると、二つの企業グループは同じ証券リテール事業の中でも顧客の重複は乏しく、大きな合併効果が見込まれている。

直近のデータをみても、それは推測可能だ。顧客口座数は両社ともに1200万口座程度であり、統合すると2400万口座という途方もない口座数のリテール証券グループに進化する。預かり資産も同様である。チャールズ・シュワブの3兆7000億ドルにTDアメリトレードの1兆3400億ドルを加えると、じつに5兆ドルという規模になる。もはやこのままでは、他社が絶対に追い付けないレベルである。

合併は当初、2020年6月に株式交換方式で実現させるというスケジュールだった。ところが、その準備作業のさなかに新型コロナウイルス問題が深刻化した。これによって資本市場では株式相場が暴落するなど、一時、大混乱を来し、合併作業にもその影響は避けられなかった。スケジュールは遅れがちとなったが、「凍結」となったわけではない。いずれ、当初の枠組み通りの合併が実現するにちがいない。

新型コロナ問題が深刻化する直前において、証券関係者が語っていた「両社の株価と時価総額を踏まえると、9兆ドル規模の証券会社になってもおかしくない」という展望も変わらないだろう。とすれば、有力投資銀行の「ゴールドマン・サックス」「モルガン・スタンレー」を超えてもおかしくない。

1971年にカリフォルニアで産声を上げて以降、株式売買手数料自由化など時代の変化に適応してきた新興証券会社「チャールズ・シュワブ」は誕生から50年の歳月を経て、ついに世界ナンバーワンの証券グループへと上り詰めることになる。その時、証券リテール分野では、おそらく、販売・売買手数料というフロー収益を主軸とするビジネスモデルが急速に化石化していく局面に突入するにちがいない。

チャールズ・シュワブの凄みについては、後段で日本の証券業との相違という観点から再び考察する。次項からは米国証券業の変化を彩る他のプレーヤーの動きを追ってみたい。

蛇蝎のごとく嫌われたモルスタとGS

時代の変化を的確に読み取って、ビジネスモデルを変革している証券会社は、チャールズ・シュワブに限らない。言うなれば、現在、あるいは過去も、米国の証券業は単純な収益積み上げのレースではなく、「来るべき時代の経営環境にいかにいち早く適合するか」という闘いを繰り広げてきたといえる。そのレースのプレーヤーとして、チャールズ・シュワブの疾走ぶりが圧巻であることはいうまでもないが、目を見張らされるプレーヤーはほかにもいる。

その1社がモルガン・スタンレーである。本書は証券リテールビジネスに目を向けているが、同じ証券業にはリテール分野を領域としてこなかった投資銀行（インベストメントバンク）という巨人も存在している。その代表格がモルガン・スタンレー、ゴールドマン・サックスである。わが国では、チャールズ・シュワブより両社のほうが人々に膾炙《かいしゃ》している。チャールズ・シュワブが日本に進出していないという事情もあるし、投資銀行が「有力企業」として知名度が高いということもあるだろうが、日常生活上、ほぼ無関係であるにもかかわらず、米国巨大投資銀行の名が一般市民レベルにまで知れわたっている。

2008年9月に発生した世界的な金融危機、リーマンショックがその理由だろう。

リーマンショックは低所得者向けの住宅ローンであるサブプライム・ローンの債権を素材にデリバティブを駆使して組成した商品の数々が、市場価値を失ったことに端を発した金融危機である。その影響は多大な損失を抱え込んだ金融業のみならず、世界中の金融・資本市場を機能不全に陥らせた。やがて被害は実体経済にも及び、世界中で失業者を増大させた。

その商品を組成し売りさばいて巨利を貪り、最終的には危機を招来したのが、ゴールドマン・サックス、モルガン・スタンレーなどの巨大投資銀行などだった。両社も巨額の損失を計上し、一時、深刻な経営危機に陥った。

そして未曾有の危機を引き起こした張本人という理由から社会的な指弾を受け、一躍、その名は一般市民にも知れわたった。ウォールストリートといえば金融・証券ビジネスで財を築いた成功者たちを象徴する街として、かつては尊敬を集めていたが、この危機をきっかけに彼らの名声は地に落ちた。

少なくとも一般市民は彼らを「カネの亡者」として蛇蝎《だかつ》のごとく嫌い、軽蔑した。

モルスタが演じた予想外の買収劇

リーマンショックの原因となったハイリスクの荒唐無稽な金融商品などは論外だが、元来、投資銀行はレバレッジ（変動率）の高いマーケットを逆手にとって収益性の高い投資を行ってきた。その活躍の場は、資本市場そのものであり、主要顧客は大企業などである。裏返せば、細かい利益を丹念に積み上げていくようなリテールビジネスには露ほどの関心も示してこなかったのが投資銀行だ。

一方、金融経済危機はその規模が巨大であるほど、その後さまざまな変化をもたらすことはすでに指摘した通りである。リーマンショック後の投資銀行もその例外ではなかった。市民の怒りは凄まじく、それを無視できなかった欧米の政府は投資銀行に対して厳しい規制を導入し、ゴールドマン・サックス、モルガン・スタンレーという巨大投資銀行には金融システム上の対応を迫った。２００８年９月、両社が銀行持ち株会社に経営形態を移行したのもそのひとつである。銀行持ち株会社になれば、仮に破綻の危機に瀕した場合、中央銀行などを通じて破綻処理資金を注入し、危機の拡散を防止できるからだ。

しかし、それでは脆弱化した資本を修復し回復することはできない。投資銀行は自らのための資本増強策を迫られた。

その結果として実現したのが、「三菱ＵＦＪフィナンシャル・グループ（ＭＵＦＧ）」によるモルガン・スタンレーへの総額90億ドルの出資だった。２００８年10月のことである。この巨額出資を伝えるニュースは予想外の出来事として、驚きをもって世界を駆け巡った。そして、巨額出資によって危機脱出の可能性がもたらされたことに、世界が安堵したことはいうまでもない。実際、リーマンショックの動揺はその後、収束に向かって世界の資本市場に平穏な日々が舞い戻ってきた。

ところが、そのモルガン・スタンレーを巡っては、再び、米国の証券業界を驚かせる出来事が起きた。MUFGによる巨額出資はモルガン・スタンレーの資本不足を埋めるものにほかならなかった。つまり、巨額出資を受け入れたモルガン・スタンレーは危機の淵から脱出したが、その際どい瞬間からわずか1年後の2009年9月、モルガン・スタンレーは突如、リテール証券会社の買収に動いたのだ。予想外の買収劇とその買収規模の巨大さに、証券関係者は目を見張った。

これまで、投資銀行業務とリテール業務を併せ持つ巨大証券会社がまったく存在しなかったわけではない。「メリルリンチ」がその例外的な存在として、事業を展開し続けてきている。

しかし、純粋な投資銀行が新たにリテール領域に参入することなど、誰一人として予想していなかった。そうした中、モルガン・スタンレーはリテール証券の買収に動いたのだ。

なぜ「スミス・バーニー」を買収したのか

被買収会社は当時、「シティグループ」の傘下にあった「スミス・バーニー」である。シティグループはモルガン・スタンレーと同様、リーマンショックで深傷《ふかで》を負い、事業の再編に努めていた。そこで動き出していたのが傘下証券会社、スミス・バーニーの売却だった。

もっともこの時、モルガン・スタンレーはまだ病み上がりの状態にあった。巨額投資となる買収を一挙に果たすことはできず、段階的にスミス・バーニーの株式を買い増して3年がかりでスミス・バーニーを完全子会社化した。2012年6月のことである。結局、買収総額はMUFGからの出資総額を大幅に上回る、130億ドル程度に達した。

この劇的な買収を立案・実行したのが、モルガン・スタンレーの最高経営責任者(CEO)のジェームズ・ゴーマン会長(当時は共同社長)である。スミス・バーニーは個人富裕層向けの一任勘定商品で名を馳せた米国の老舗証券で、1990年代の日本にファンドラップの仕組みを広めたのも、当時の日興証券と組んだスミス・バーニーだった。

話は逸れるが、スミス・バーニーの沿革をたどると、米国証券業のダイナミックな歴史の一面がみえてくる。同社は大恐慌による大不況の中、1938年にフィラデルフィアの二つの証券会社が合併して誕生した。その後、長らく老舗証券として存続した同社は、ブラックマンデーが発生した1987年、保険会社「プライメリカ」に買収された。さらにプライメリカは1993年に同業の「トラベラーズ」に買収されると、同社の下で大手証券会社「ソロモン・ブラザーズ」と合併し、全米最大規模の証券会社へとのしあがった。

そして1998年、トラベラーズと「シティコープ」が経営統合すると、スミス・バーニーはシティグループの傘下証券へと立場を変えた。その間、同社は1995年、マルチ・ディシプリン・アカウントという一任商品を開発し、個人顧客層の裾野を拡大。全米に900店近くもの多店舗を展開する対面型のリテール証券として、販売手数料などのフロントエンドの手数料収入と顧客が預け入れた資産残高に連動したフィー収入の2本柱で収益構造を確立していた。

当時、モルガン・スタンレーの共同社長だったゴーマン氏がそのようなスミス・バーニーに着目し、買収に動いたのはなぜか。それを考える際に欠かせないのは、ゴーマン氏の経歴である。

リテール顧客基盤と「ウェルス・マネジメント戦略」の融合

コンサルタント会社「マッキンゼー」出身の同氏は、モルガン・スタンレーの経営陣に加わる以前、メリルリンチで経営の一角を任されていた。その時、同氏が成功を収めたのが、個人富裕層の資産運用などを手掛ける「ウェルス・マネジメント戦略」だった。この戦略はその後、日本にも波及し、2005年、メリルリンチと東京三菱銀行がウェルス・マネジメントの合弁会社設立で合意。2006年5月、三菱UFJメリルリンチPB証券会社を設立している。

それほどまでにウェルス・マネジメント事業に精通していた人物が、あえてスミス・バーニーというリテール顧客基盤を生かして富裕層ビジネスを展開し、モルガン・スタンレーの収益上の新たな安定基盤に育てようと考えたのである。その思いの強さは完全子会社にするまで3年もの歳月を粘り強く費やしたことからもうかがえる。完全子会社化後、スミス・バーニーは社名変更し、現在のモルガン・スタンレー・ウェルス・マネジメント（MSWM）に変わった。

結論を急げば、ゴーマン氏のこの決断は正しかった。少なくとも、その後のモルガン・スタンレーの業績がそれを如実に物語っている。投資銀行業務の回復も重なって収益力が向上しただけではない。投資銀行業務だけの時にはなかった収益の安定化が得られたからである。買収後、モルガン・スタンレーはウェルス・マネジメントの安定的な収益力を土台とする成長路線を走り続けている。

それはモルガン・スタンレー関係者のこの発言でも明らかである。

「投資銀行業務の一つの柱であるセールス＆トレーディングはボラタイル（動きが激しい）であり、良い局面では収益が大きいが、逆の局面では厳しい状況になりかねない。そうした状況に対してウェルス・マネジメントの安定的収益でそこに安定性が加わっただけではなく、セールス&トレーディング業務はしっかりとリスクをとれるという効果ももたらしている」

モルガン・スタンレーの収益構造は、スミス・バーニー買収前には投資銀行部門の収益で成り立っていたことは言うまでもない。しかし、買収後、その構造は近年までに激変した。全体の収益のうち、投資銀行部門の貢献度は半分以下となる45%程度まで低下した。これは投資銀行部門が縮小したわけではなく、ウェルス・マネジメントの貢献度が全体の45%に達したからである。ウェルス・マネジメントは収益の屋台骨のひとつに成長し、同社の収益は安定的に増強された。

米国の大手金融業の世界では長らく、「バンカメ」「シティ」「JPモルガン」という3大銀行グループのあとを、投資銀行のゴールドマン・サックス、さらにそのあとをモルガン・スタンレーが追うという序列が出来上がっていた。

しかし、ウェルス・マネジメントを傘下に収めて以降、収益力が強化されたモルガン・スタンレーがゴールドマン・サックスを凌ぎ、3大銀行に接近する勢いを見せている。これをみても、ゴーマン氏の買収戦略が的中したことは明らかである。

米国で主流の「ゴールベース・アプローチ」とは

もっとも、いかに価値ある原石を掘り当てたとしても、それを磨き上げなければ光は放たれない。モルガン・スタンレーがスミス・バーニーの買収劇でそれを見事に果たしたことも見逃せない。徹底したウェルス・マネジメント戦略に基づく、旧スミス・バーニー時代からの収益構造の改革である。

元来、旧スミス・バーニーは、リテール分野の総合証券のような企業であり、顧客から資金を預かって一任勘定で運用するスタイルもあれば、株式、投信などの取引を一本ずつ受けて販売手数料、売買手数料を稼ぐようなスタイルのビジネスも多かった。

前者のスタイルはウェルス・マネジメントとの親和性があっても、後者の場合、必ずしもそうとは限らない。収益面からみても、前者のスタイルは安定的だが、後者は相場の動きに伴って浮き沈みが激しい。そこでモルガン・スタンレーは自身の価値観に基づいて、事業の選択と集中を進めていった。

そこで編み出された手法のひとつが、ライフステージに合わせた人生設計を顧客とともに考え、実現のための資金ポートフォリオを提案し、その対価を得るモデルだった。近年、日本の証券業界でも新たな資産管理アプローチとして話題を集めた、「ゴールベース・アプローチ（ゴールベース資産管理）」と呼ばれるものである。

「ゴールベース・アプローチ」は顧客とともに顧客の人生設計を立て、その設定したゴー

「ゴールベース・アプローチ」の概念

■顧客の人生や死後も通じて、自分や家族、社会等のためにしたいこと（資産の形成や取り崩しが必要になること）
■「いくら貯めたい」はゴールではない
■ゴールがあらかじめ整然としている人、金融機関の担当者に語りたい人は少ない

具体例
●教育（子どもに留学させたい／将来は○○になってほしい）
●引退時期と生活（○歳で引退したい。その後も現在の生活水準を維持し、子どもや孫と毎年海外旅行をしたい／田舎暮らしをしたい）
●老親や、障害を持つ子どもの一生の介護
●相続（子どもや孫に○○を残してあげたい）
●夢の買い物（高級外車や別荘のオーナーになりたい）

↓

●ゴールごとに、実現に必要な将来金額を推定提示
●ゴールが非現実的なほど高すぎたり、逆に低すぎたりする場合は、再調整を提案
●既存ゴールの進捗状況を確認しつつ、顧客状況の変化に伴ってゴールの見直し等アップデートを行う

ルに向けた資産運用を実現していくという、コンサルティング手法だ（上図参照）。ここでは、証券会社の社員FA（独立していないファイナンシャル・アドバイザー）やIFAはセールスではなく、「顧客のパートナー」という立場になる。

その受け皿となったのが、一任勘定のラップ商品にほかならない。ラップは一任勘定の運用の対価として、顧客が預け入れた資産残高に連動したフィー（報酬）を得る仕組みである。資産運用によって資産が増えれば、その分、資産残高連動のフ

ィーも増える。つまり、顧客と証券会社にはウィン・ウィンの関係が成立する。

モルガン・スタンレーの個人部門の預かり資産残高を時系列でみていくと、手数料収入型の証券口座資産は2009年以降、1兆2000億ドル〜1兆3000億ドルあたりのレンジで漸増トレンドにとどまっている一方、2009年には5000億ドル以下だったラップ資産は2018年には1兆2000億ドル超と、倍増以上の伸び率を遂げている。また、2009年当時は24％だったラップ比率（全体の資産に占めるラップ資産の比率）も2019年には47％にまで拡大している。

2019年のリテール収益の構成に着目すると、この変化の果実がよくわかる。

同年の純営業収益177億3700万ドルのうち、手数料収入は18億4000万ドル、資産残高連動のフィー収入は101億9900万ドルである。純営業収益総額に占める比率は手数料収入がわずか10％に過ぎず、反対に資産残高連動のフィー収入は同58％にも達している。これに加えて、純金利収入（銀行によるローン業務などの収益）も42億7700万ドルに上っている。安定的なストック収入の比率が82％に達しているというのが、モルガン・スタンレーのリテール部門収益の構造なのだ。

日本にはなかった「発想の転換」

投資銀行であれ、リテール証券であれ、いずれも浮き沈みの激しい業種のように捉えられがちである。マーケットに対峙しているビジネスである以上、その傾向は避けられないが、証券業自らが相場を張ってきたような時代の名残という面もある。

取引の仲介業（ブローカレッジ）として、手数料というフロー収益だけを追求してきた過去のビジネスモデルでは、株式相場が隆盛すれば投資家の取引量が拡大し、手数料収入も跳ね上がる一方、相場が冷え込むと取引量は激減して証券業は一挙に冷や飯食いに転落するという歴史を繰り返してきた。自己勘定のトレーディング業務での失敗が加わり、冷や飯すら食えなくなった過去もある。

また彼ら自身、証券業とは「そのようなものだ」と規定し続けてきた。そこで注力してきたのが、失敗確率を低めるためのマーケット分析能力の向上であり、リスクをコントロールする手法の導入だった。リスクを取らなければ利益を極大化できない以上、リスクテイクは必要であり、だからこそリスクコントロールとリスクヘッジの手法を発展させた経緯がある。

しかしある時、それだけが「自らの生きる道とは限らない」ことに気づく。不安定なマーケットに向き合う以上、新たに「安定的な収益構造の基盤を構築すべきだ」という発想の転換である。それを促したのが「社会の大きな変化」だった。

技術革新や高齢化が進み、社会構造が大きく変化するタイミングでは、過去のデータに基づくリスク管理手法に頼っていても、期待された効果を発揮しないことがあるだろう。伝統的な収益構造のまま、これまでの経験や勘に頼りきっているだけでは、あたかも視界不良の外洋を手探りで航行しているようなものだ。

実際、個人投資家の中には「一発勝負の投資で儲けたい」という冒険心に富んだ向きだけではなく、長期的な資産形成を通じて老後生活、あるいは、家族の生活を豊かにしたいと願う人たちが増えてきた。これは平均寿命が延び続けて、多くの人が長い老後を考えなければならなくなったという事情がある。

そこに、ベビーブーマー層という、わが国の団塊の世代と同様の大きな世代の塊が定年退職を迎えるというタイミングが訪れた。定年退職を迎えると、それまで企業年金プランで運用されていたおカネを各人が運用することになる。この巨大マネーをいかにして取り込んでいくのか。これは、証券会社にとって大きなビジネスイベントだった。

その変化の流れをいち早く察知し、着実に捉えたのが、チャールズ・シュワブであり、モルガン・スタンレーである。彼らは、顧客の長期的な資産形成に資するビジネスへと舵を切って、ビジネスモデルを変革し自らの収益構造の安定基盤を構築したといえる。

ただし、その具体的なアプローチは決して同じではない。

顧客は「はめる」対象ではなく「パートナー」

第一に、両社の基本的な考え方が異なっている。チャールズ・シュワブは「すべての人に投資へのアクセスを」という経営理念でも明らかなように、顧客セグメントを働かせて顧客を選ぶようなことはしていない。もちろん、顧客チャネルには相応の運営コストが発生するので、すべての人に一律のチャネルを提供するわけにはいかないが、ネット（モバイルアプリ）、コールセンター、対面、そしてIFAというように、チャネルを多様化させている。これは顧客の絞り込みが先にある発想ではない。

一方、モルガン・スタンレーは顧客セグメントを利かせ、対象を富裕層に絞り込んでいる。初期には10万ドル以下の預かり資産の顧客が相当なシェアを占めていたが、その後、10万ドル台の資産層のシェアは減り続けている。これは、より資産額が大きい階層をおもなターゲットにしてきているからである。

第二に、富裕層に対応するチャネルの態勢が際立って相違している。チャールズ・シュワブのそれは前述したように、IFAチャネル（7500社を数えるRIA）である。

これに対して、モルガン・スタンレーは完璧な〝内製〟である。2017年末、日本の営業担当者に相当するＦＡはすべて社員である。ちなみにその数は、１万８１３５名（２００９年末）から１万５７１２名（２０１７年末）に約14％絞り込まれている。これは、社員ＦＡをより高度な集団に変えてきていることが理由と見ている。

興味深いのは、モルガン・スタンレーの一顧客（世帯）あたりの預かり資産額の変化である。２０１３年以降２０１８年まで顧客（世帯）数は減少トレンドにあるのに、54万５４２９ドル（２０１３年）から67万７３５３ドル（２０１８年）へと増加しているのだ。

これらの推移から垣間見えるのは、モルガン・スタンレーによるウェルス・マネジメント戦略のあり方である。社員ＦＡ数を絞り込み、一世帯あたりの預かり資産の集中化を誘導し営業収益を高めることによって、生産性向上を目指しているといえるからである。実際、顧客数は減少しても、同社のラップ資産残高は伸び続けている。そのメカニズムを働かせるためにも、より優秀なＦＡを社員として抱え、高品質のアドバイスを提供していくことに集中する戦略を実行しているようにみえる。

チャールズ・シュワブにせよ、モルガン・スタンレーにせよ、もはや、顧客に対応している担当者を「セールス担当者」と呼んではいない。顧客の資産形成に資するアドバイザー（ＦＡ）である（事実、組織から離れて独立した人たちは、独立系ファイナンシャル・アドバイザー〈ＩＦＡ〉という呼称がつけられている）。

「セールス担当者」から「FA」への名称変化は、株式や投信を単発で売買する手数料ビジネスから、預かり資産残高に連動するフィービジネスへの移行と無関係ではないだろう。その背景には「ゴールベース・アプローチ」という提案行為による、「顧客のパートナー化」という立場の進化があるといえる。

日本ではありえない米国の地方証券会社

実は米国には、モルガン・スタンレーと同じ規模の社員FAを擁している、地方証券が存在する。それも、きわめてユニークな経営モデルで成長を遂げている企業だ。

証券会社でありながら、経営形態は株式会社ではない。リミテッド・パートナーシップ（有限責任組合）である。

株式を上場していないので、資本市場特有の、外部からの収益バイアスは加わらない。理想主義的な言い方が許されるなら、株式会社形態ではない組織のFAは顧客利益のために尽くすことがより期待できるともいえる。

証券会社に限らず、米国では株主資本主義の徹底から株主還元の強化が過度に迫られていて、「上場企業はより稼ぐことを過剰に強いられている」という弊害めいた話を耳にすることがある。その是非はともかく、資本市場の中枢でビジネスを行っている証券会社が、市場のプレッシャーからは無縁というのは、きわめて興味をかきたてられる。

しかし、この企業の特徴はその経営形態だけではない。

それがよくわかる一例を紹介したい。

早い時期からこの企業のビジネスモデルに関心を高めていた日本のある証券会社のトップは、訪米して同社を訪れたことがある。実際に自分の眼でこの証券会社の実像を見て、経営者から話を聞くためだった。

その時の様子を「いまでも昨日のことのように新鮮に思い出す」と振り返る。

「ある営業店を案内された時、どう見ても70代の白髪の老人がいた。『やはり高齢者が顧客層なのですか』と尋ねると、案内してくれた経営者は『いいや』と真顔で否定して、こう説明した。『彼こそ、当社のすぐれたアドバイザーですよ』と」

日本の証券業界の発想では、営業店にいる高齢者＝顧客と考えるのが一般的だろう。営業店で働く担当者たちは30代前半で、支店長でも40代前半である。逆に店頭に訪れるのは、投資するだけの金銭的余裕と、店頭を訪れる時間的余裕がある高齢者――この固定観念からすれば、店内にいる人物は得意客としか思えない。しかし、そうではなかった。

しかも、日本ならとうに定年退職していてもおかしくない年代なのに、現役ＦＡとして高い評価を受けているという。

日本政府が「定年退職年齢の延長」「高齢者雇用」を打ち出している現在でも、そのような光景を証券会社の営業店でみることはまずない。レポート等で間接的に得ていた情報の通り、日本的な枠組みには到底収まらないビジネスモデルの証券会社だったという話である。

常勝軍団「エドワード・ジョーンズ」の独創性

この証券会社こそ、知る人ぞ知る「エドワード・ジョーンズ」にほかならない。ユニークな企業が多い米国証券業の中でも、ビジネスモデルの独創性は際立っている。日本の証券会社社員が予備知識もなくいきなりこの証券会社の存在を知ったら、昆虫学者が新種を発見した時のような興奮を覚えるかもしれない。それほど類例を見ない証券会社である。

その上、同社の評価はきわめて高い。たとえば、顧客満足度調査で世界的な信用を得ているJ・D・パワー社は毎年、業種別に顧客満足度調査の結果をランキング方式で公表している。そのひとつである「全米フルサービスの投資家満足度」に関する調査ランキングによれば、常にトップクラスを維持しているのがエドワード・ジョーンズである。

最近のランキング結果をみても、2018年発表ベースで1位はチャールズ・シュワブであり、2位がエドワード・ジョーンズだった。2019年発表では、エドワード・ジョーンズがトップを奪い、チャールズ・シュワブは5位に転落、前年の16位から一挙に4位に急浮上したのがモルガン・スタンレー・ウェルス・マネジメントである。これらから明らかなように、常勝軍団の名にふさわしいのはエドワード・ジョーンズなのだ。

ミズーリ州セントルイスに本社を構えるエドワード・ジョーンズは、対面チャネルのリテール証券である。地方証券という定義づけゆえに、限界的な姿がイメージされやすいが、実像はそれと大きくかけ離れている。強大なパワーを誇り、成長し続けている。

同社の最大の特徴は、多店舗展開にある。米国、カナダに1万4000店舗を超えるネットワークを張り巡らせている上に、その形態も独特である。基本的に、1店舗に1人の社員FAを配置するというコンパクトな仕様だからだ。FAには基本的に1人のアシスタントが配されるので、厳密にいえば1店舗2名態勢なのだが、顧客にサービスを提供するのはFAなので、やはり1店舗1名の店舗形態と見るのが妥当である。

その採用も独特で、「基本的に証券会社出身者は採用しない」ともいわれている。地方の街に新規出店する際は、それに先立ってFA候補者を採用することになり、その地域の名士など、地元の信頼が厚い人物を対象にするケースがあるという。つまり、言葉は悪いが「ズブの素人」のような人材にさまざまな研修を提供して18ヵ月で店長、つまり、FAに育成していく仕組みである。

米国では支店長が「どぶ板営業」

ＦＡの仕事は「ドアノック方式」と呼ばれるものがメインだ。日本的な言い方に直せばさしずめ「どぶ板営業」である。丹念に一軒一軒回って会話の糸口を見出し、資産運用のアドバイスを提供しながら顧客を作っていく。そんな地味な仕事に嫌気がさして退職するＦＡもいるが、長期にわたってその活動を持続させ顧客層を拡大していけば、かなりの高収入が得られる。

この仕組みはなかなかすぐれたモデルである。なぜなら、もともとその地域で信頼されているから信用してくれる人が多くてビジネスがしやすい。それとともに、その信頼を裏切るようなこと（評判を落とす行為）ができないので、自身の実績作りのために顧客に無理な投資を提案することを防げるからだ。

しかも、同社はＦＡのサービス内容をパッケージ化している。18ヵ月の研修プログラムを経たとはいえ、元々は素人である。そのような人材が容易に活動できるような仕組みがパッケージ仕掛けにされていて、その取り組みを支えているのが、顧客の預かり資産残高に連動するフィー収入ベースの評価体系である。それはまた、顧客のライフステージに合わせてその人生設計の一環としての資産ポートフォリオを提案する「ゴールベース・アプローチ」にほかならない。

同社のホームページには、こんな一文が書かれてある。

〈We care deeply about knowing your financial goal——and knowing you〉

（私たちはお客様の資産形成の目標とお客様を知ることに傾注しています）

まさに「ゴールベース・アプローチ」の理念なのだが、これは同社の純営業収益の構成を見ても明らかである。２０１８年リテール純営業収益の内訳は、株式売買手数料、投信の販売手数料などのコミッション収益が全体の16％なのに対して、預かり資産残高に連動するフィー収入は同80％を占めている。つまり、伝統的なリテール証券でありながら、フロービジネスからストックビジネスへの進化を加速させているわけだ。

証券業にもデジタル化の波が押し寄せて「人からＡＩへ」という風潮は強まっているのだが、同社の戦略を見ると、その手の話は意に介さず、というムードすら伝わってくる。

現に、同社の営業形態はチャールズ・シュワブのような社外のＩＦＡ（ＲＩＡ）とつながるプラットフォーマーではなく、営業員はすべて社員であり、かつ、モルガン・スタンレーとは異なり、社員ＦＡ数は増え続けている。象徴的なのが２０１４年に打ち出した、俗にいう「20・20」計画である。当時、1万4000名程度だった社員FAを2020年までに2万人に増強するというのだ。

その後、社員FA数は1万5347名（2017年末）、1万7830名（2019年末）と着実に推移している。目標年次の2020年には2万人態勢に及ばない可能性があるというのが2020年初頭の状況だった。

ところが、そこに突如巻き起こったのが新型コロナ禍である。この影響は証券業界全体に及んでいるが、中でもエドワード・ジョーンズには厳しい試練になっている可能性がある。というのも、同社のビジネスモデルである対面による「ドアノック方式」が困難化し、新たに採用したFAたちの退職が拡大する懸念が出始めているからである。結果として、「20・20」計画の達成時期は延びてしまったようだ。

これはエドワード・ジョーンズに限らない。新型コロナ禍のリモート営業では、新規開拓が総じて困難化していると言ったほうが妥当だろう。その一方、ゴールベース・アプローチで顧客との関係性を強めた社員FA、IFAは既存顧客との面談のリモート化がスムーズに進んでいるとも言う。このような事態を誘発した新型コロナ禍が長期化すると、米国のリテール証券モデルにどのような変化が起きてくるのか。これは、わが国にとっても大きな注目点となる。

「顧客本位」が米国で浸透したわけ

米国の証券業が多様化、進化し続けてきた過程においては、同じ対面形態でありながら、アッパー富裕層に照準を合わせて社員FAの絞り込みに向かっているモルガン・スタンレーもあれば、社員FAを増強し続けるリアルベースのネットワークの巨大化によって、顧客を広範囲に取り込むエドワード・ジョーンズもあった。

これらは「一例にすぎない」と断言できるほど、米国では証券ビジネス革命と多様化が絶えない流れとなって続いている。その起点をたどると、1975年の手数料自由化に行きつく。

手数料自由化は第一段階でふたつの潮流を生み出した。

ひとつは、相場や投資商品の魅力をアピールすることで投資ニーズを深掘りしていくという、伝統的な対面証券におけるコミッション型セールスの時代の到来。もうひとつは、相対的に低い手数料水準と簡便さを武器にするコミッション型セールスの新たな集団＝ディスカウントブローカーの誕生とその成長である。

もし、自由化後の世界がこのふたつの動きを生み出しただけで終わっていれば、おそらくその後は、終わりのない消耗戦が繰り広げられたに違いない。

しかし、そうはならなかった。新たな商品・サービスの提供につながったのだ。

そのひとつは、当時の最大手証券メリルリンチが１９７７年に挑んだ、ディスインターミディエーション（仲介機能外し）加速の戦略である。その頃、米国では預金金利規制（レギュレーションQ）が厳しく運営されており、銀行預金には上限が定められていた。結果として、きわめて安全資産で運用するＭＭＦのほうが利回りは高く、預金からＭＭＦへのシフトが起きやすい環境が生まれていた。

そこでさらにその流れを加速させるべく、証券業界では銀行口座から個人マネーが自身の証券口座へと流れ込む仕組みを考案した。ＭＭＦに創設した「スウィープ」という疑似決済機能である。これによって、銀行預金からの資金シフトは激増したのだ。

銀行の三大機能のひとつが仲介機能である。たとえば個人マネーが預金されると、そのマネーを銀行が企業への融資に振り向ける。これは、銀行が個人と企業との間で仲介機能を果たしているということになる。ところが銀行口座からＭＭＦなどの証券口座に流入したマネーは、銀行を介さずに企業の株式や社債に投資される。つまり、銀行抜きの仕組みである。それを米国ではインターミディエーション（仲介機能）を抜いた「ディスインターミディエーション」と呼び、一躍、それが話題の言葉になる時代が到来した。

ちなみに近年、日本でしばしば唱えられている「貯蓄から投資へ」あるいは「貯蓄から資産形成へ」という標語は、このディスインターミディエーションに由来したと見ている。この標語が初めて公式ベースで唱えられたのは、橋本龍太郎内閣が１９９６年に打ち出した資本市場改革「日本版ビッグバン」の時である。

つまり、米国のディスインターミディエーションの動きから20年ほど遅れて、日本にもその発想に基づく制度の創設が行われたわけである。ところがその後、米国のように、日本でも預金から投信へという個人マネーの流れが巨大化したかといえば、答えは「ノー」である。デフレ環境の長期化で預金の相対的な魅力が維持されてしまったことや、預金への安心感がきわめて高い国民性も影響したかもしれない。しかし、それだけではないだろう。投信を国民的な商品に定着化させる努力を怠り、乱造・乱売による利益追求に走り続けた売り手の姿勢も大きな理由と考えられるからだ。

さて、米国に話を戻すと、手数料自由化は商品・サービスの変革をもたらした。そのエポックと言えるのが個人向けのマネジドアカウント、つまり、ラップ商品の登場とその成長だった。顧客の資産を証券会社が一任勘定の運用で請け負い、その対価として運用報酬を得るモデルである。商品からサービスへの転換といっていい。

それまでは、株式・投信という単品商品を売り込んで、その対価として手数料を得てきたのに対して、ラップ商品は顧客が行う資産運用を証券会社が請け負うサービスの対価として報酬を得るという点が画期的だった。当然のことながら、請け負った証券会社は常に顧客本位にきちんと運用しているのかどうかが問われる。以後、証券会社はブローカーとしての最良執行義務（顧客の注文を正しく最良の方法で取り次ぐ義務）の履行のみならず、「顧客本位の立場を堅持しているかどうか」が求められるようになっていく。

IBDとRIAの違い

それに伴い、きちんと履行していることを示すべく、ラップ商品に関与する運用会社やファンドの内容に関するデューディリジェンス（適正評価手続き）や、顧客の希望に沿った運営に関する情報開示などの充実が迫られ続けたことはいうまでもない。

その一方、ますます重要となったのが、証券会社に運用を任せる顧客の考え方である。まとまった金額の資金であればあるほど、顧客の人生設計にも関わってくる。そこで、運用に関する顧客の考え方、顧客が描く人生設計などをきちんとヒアリングして、顧客と価値観を共有化していくプロセスが編み出されていった。それは先に紹介した、顧客のゴールを設定して、それに相応しい中長期の分散投資のポートフォリオを組成する「ゴールベース・アプローチ」にほかならない。

この取り組みは富裕層を顧客とする大手総合証券から始まって、次第に準大手クラスや地方証券など対面形式のリテールビジネス全域に広がり、そして、もうひとつの新たな領域にも及んでいった。独立系ファイナンシャル・アドバイザー（ＩＦＡ）の世界である。

これまで指摘してきたように、日本でも近年、ＩＦＡと呼ばれる人たちが注目度を高めつつある。しかし、米国との比較では誤解も生じやすくなっている。

その象徴が「ＩＦＡ」という表現である。

日本では独立系のＦＡをすべてＩＦＡと呼びがちだが、米国ではそもそも、ＩＦＡという言葉はほとんど使われていない。実態面から言って、日本のＩＦＡに相当する米国の職種はＩＢＤである。彼らは個別商品の売買を行い、それを契約している証券会社に取り次いで、顧客から得る手数料を証券会社と分け合っている。

これに対して、米国の対面形式の証券会社に属して富裕層取引を担当している社員ＦＡと同様、顧客資産を一任運用商品で預かっている独立系の職種がＲＩＡである。同じ独立系ではあるものの、ＩＢＤが取り次ぎのブローカーであるのに対して、ＲＩＡは登録投資顧問業者という立場にある（１０２頁参照）。顧客に投資のアドバイスを提供し、顧客の考え方に基づいてポートフォリオを組成し資産運用を行う。その対価として預かり資産残高に連動するフィーを顧客から得るというビジネスだ。

したがって、このビジネスの内容からしても、「ゴールベース・アプローチ」を先に取り入れたのはＲＩＡであり、次いで、ＩＢＤにも波及していったというプロセスは容易に想像できる。

独立系ファイナンシャル・アドバイザーの起原

日本ではＩＦＡの歴史が浅いこともあって、このような厳密な区分けはない。米国ではすでにかなりの歳月を積み重ねてきた中で、ＩＢＤがＲＩＡに転身するパターンや、大手証券会社の社員ＦＡが組織を離れて独立するパターンもあって、ＲＩＡを中核とするＩＦＡの層は厚くなっている。

そもそも、米国のリテール営業の歴史をみると、第二次世界大戦以前から証券営業を担っていた人たちは、ＦＣ（Financial Consultant）と呼ばれた社員営業員だった。彼らは１９９０年代に入ってＦＡ（Financial Adviser）に変わり、ＩＢＤが登場したのはいまから50年ほど前のことという。当時のＩＢＤは保険会社がグループの商品である年金保険、生命保険、投信を販売するために出資して設立したものが過半だった。

製造会社がその販売ルートとして社外に設立したというこの起原の通り、その名称の冒頭にある「Ｉ」、つまり、Independentの意味は、商品の製造元からの独立、中立という意味ではなく、個人事業主、業務委託先という意味での「独立」にすぎなかった。

その後、時代は大きく変わっていく。大きな転機はやはり、1975年の株式売買手数料の自由化にほかならない。

手数料自由化を受けて、証券会社の「EFハットン」がラップ商品を個人版の年金運用コンサルティングの商品のように扱って中長期分散投資を積極展開し始めた。それを皮切りに、1990年代半ば以降、大手証券、中堅証券の社員FAチャネルを中心に、顧客と設定する資産運用のゴールに紐づけて、ラップで運用するスタイルが広がったとされている。

これに伴い、証券会社の収益構造がコミッション(手数料)型からフィー(報酬)型へ移行し始めたことは言うまでもない。なお、先鞭をつけたEFハットンはその後、「シェアソン・リーマン」に買収されて「シェアソン・リーマン・ハットン」となった。さらにリーマンから切り離されて後に残った部分が別の証券会社となったのだが、それがのちに数奇な運命をたどって、いまのモルガン・スタンレー・ウェルス・マネジメントに行きついた、旧スミス・バーニーだった。

米国の大手証券クラスは2010年ごろまで、毎年2000名ほどの未経験者が入社しても、入社3年間で全体の10%程度しか生き残らなかった。脱落した者の多くはそのまま業界を去ったが、そこからIBDに転身する人たちも相応に現れた。また、脱落したわけではなく、平均以上の預かり資産や純営業収益を稼ぎ出していた者がIBDに転身したりした。そのような人たちの中にはＲＩＡを設立する向きも現れた。

ＲＩＡにせよ、ＩＢＤにせよ、独立を目指す者は、オフィスマネジメントやコンプライアンスの管理、アシスタントの採用など、どこまで自分でやりたいのかを考えて判断する。その一方で、ＩＢＤのほうが社員ＦＡに比べてコミッション型ビジネスへの依存度が高く、また、保険商品からのコミッションの依存度も大きい。この傾向は現在も変わらない。

つまり、同じ独立系でも、投資顧問業者として預かり資産残高に連動するフィービジネスを行っているＲＩＡとＩＢＤとでは、やはりビジネスモデルが基本的に異なるわけである。

このようなＩＢＤ、ＲＩＡと社員ＦＡを合計した証券リテール分野の営業（ファイナンシャル・アドバイザー）職員数は、全米で30万人程度といわれているが、社員、独立系で大別すると、その割合は6対4となる。さらに最近の傾向は、前述のモルガン・スタンレーのように証券会社で営業社員数を絞り込む動きが継続していることもあって、「社員対独立」比率の拮抗が鮮明化しているという。顧客預かり資産額も同様の傾向があり、やはり6対4のバランスに近づきつつある。

激化する買収合戦の中心的存在

この比率に基づくと、米国のＩＦＡは証券リテール分野において、証券会社に所属する伝統的な営業スタイルと勢力を二分するほどのメインプレーヤーに成長していることになる。とりわけＲＩＡの存在感は、増し続けているといっていい。

ＲＩＡはＩＦＡの数の半分程度を占めており、最近だと１万７０００社程度に達し、預かり資産は年率6～10％程度で増えている。一社当たりの預かり資産額は何十億ドル規模から１０００億ドル規模とかなり開きがあるが、著しく巨大化したＲＩＡも存在するということだ。

ただし、これは新規資金の流入と投資効果としての資産増という、オーガニック・グロース（自前の成長）だけによる成長とは限らない。合併統合、業界再編によって、規模の大きい先はさらに巨大化するというプロセスが作られているからだ。

この買収戦略による業界再編の流れを作り上げているＲＩＡの一群は、「アグリゲーター」と呼ばれている。ＲＩＡ市場では２０１３年は年間90件だった買収件数が２０１８年には１８１件と倍増し、「ＲＩＡ上位１００社のうち、80％は買収で巨大化したアグリゲーター」（在米証券関係者）だという。

この買収合戦ともいえる事態がＲＩＡ成長の原動力になるとともに、証券業界におけるＲＩＡのプレゼンスも高めているというわけだ。

アグリゲーターのＲＩＡの中でも、被買収先の取り込み方（対応）に違いが見られる。

ひとつは、プラットフォーム型と呼ばれるグループ。被買収先に対してビジネスのやり方などの独自性を認める一方、効率性の向上を重視してシステムのインフラ等を被買収先に貸与している。いわゆる、緩やかなグループ化である。実際、買収後も被買収先は買収前のブランドを使用し続けている。

もうひとつが、ロールアップ型と呼ばれるグループで、こちらは被買収先の独自性を認めていない。営業のやり方から運用スタイルまで徹底的に自社方式に一元化する。もちろん、ブランドも一本化する。

どちらの方式がすぐれているか、いまはまだ判然としていないが、そこで働くアドバイザーたちに対する管理や外部インフラの共通化によるコスト削減効果などを考慮すると、ロールアップ型のほうが競争力の面では分があると見ている。

巨大化したアグリゲーター「ユナイテッド・キャピタル」

ここで、ロールアップ型の代表格である「ユナイテッド・キャピタル」というＲＩＡ企業を紹介したい。同社は、Ｊ・デュラン氏が２００４年に創業し、以後、「ゴールベース・アプローチ」の神髄のような取り組みによって富裕層顧客を増やし続けて成長してきた。それと同時に買収も積極的に行った結果、もはや、その業容は独立系という言葉のイメージとはかけ離れるほど巨大化した。

２０１９年時点において預かり資産額２５７億ドル、店舗数１００店、顧客数2万３０００世帯、アドバイザー数２３０人。２０１１年当時の業容（預かり資産額１４０億ドル、店舗数40店、顧客数約1万９０００世帯、アドバイザー数１０５人）と比べると、その成長率の高さがよくわかる。

アグリゲーターではあるものの、その力の源泉はオーガニックな成長力である。ユナイテッド・キャピタルがデジタルテクノロジーを活用し所属するアドバイザーたちをサポートすることによって「ゴールベース・アプローチ」「一任運用」「フィー収入体系」という自社のビジネスモデルを成功させている。所属アドバイザーたちはより精緻に、より効果的に対面方式のアドバイザリー業務を果たすためにデジタルテクノロジーをうまく利用している。時代の先端を走る成功者なのである。

GSの意外な方針転換

米国の証券事情を紹介する本章も最後に差し掛かった。ここでラストにふさわしいプレーヤーを紹介したい。モルガン・スタンレーと双璧をなす世界的な投資銀行、ゴールドマン・サックスだ。

前述したように、元来、投資銀行はホールセールといわれる大企業取引、市場取引に経営資源の過半を集中投下してきた。また、リテール分野においては、とてつもない大金持ちを相手とするプライベートバンキングか、それに匹敵するようなアッパー富裕層を対象とするウェルス・マネジメントに限られていた。

投資銀行のうち、先に動いたのはモルガン・スタンレーだった。先に紹介した通り、2009年、モルガン・スタンレーはスミス・バーニーを買収。その後、スミス・バーニーはモルガン・スタンレー・ウェルス・マネジメントと社名を変えて、富裕層ビジネスに特化しながら、モルガン・スタンレーの収益の安定的増加トレンドに貢献していた。

その買収劇から10年後——ゴールドマン・サックスが動いたのだ。個人向け分野の強化戦略の一環として、2019年5月、有力RIAの買収を発表。その相手こそ、RIA市場のアグリゲーター、ユナイテッド・キャピタルにほかならなかった。

話は本筋からやや逸れるが、ゴールドマン・サックスは世界中で顧客企業のM&Aの仲介ビジネスを展開してきている。大型のクロスボーダーM&Aの舞台裏では、ゴールドマン・サックスが動いているケースが少なくない。しかし、それはあくまでも顧客による企業、事業の買収をサポートするビジネスであって、ゴールドマン・サックス自身が企業買収に向かった事例は思いのほか乏しい。そのゴールドマン・サックスが久方ぶりに動いたのである。

7億5000万ドル規模ともいわれるユナイテッド・キャピタル買収は2019年秋に完了すると、ゴールドマン・サックスは満を持して、個人向け事業のラインアップを急ピッチで築き上げた。個人向け事業に関するゴールドマン・サックスの公開資料には、次のような態勢が描かれている。

あのGSが個人向け無担保ローン事業に進出

まず、富裕層ビジネスであるウェルス・マネジメントでは預かり資産額に応じて、次のような資産階層別に、顧客セグメントを明確化した。

- 1000万ドル超＝「ウルトラハイ・ネット・ワース（UHNW）」層
- 100万ドル以上1000万ドル未満＝「ハイ・ネット・ワース（HNW）」層
- 100万ドル未満＝「マス・アフルエンス」層

その上で傘下の各ヴィークルが各分野を担当する。
超富裕層である「UHNW」をカバーするのは、プライベート・ウェルス・マネジメント（ＰＷＭ）である。ＰＷＭはかねて、自社の株式公開に成功して大金を得たＩＰＯ（新規公開）長者や投資銀行部門の顧客企業の経営幹部を主要顧客としてきた。アドバイザー５００名程度の態勢で米国のみならず、イギリス、ドイツで事業を拡大。預かり資産は約５０００億ドルに達している。この規模の巨大さは、ライバル他社の撤退、破綻などが相次いだ中で、同社が事業を継続してきた結果でもある。

一方、預かり資産１００万ドル未満の「マス・アフルエンス」層に対面ビジネスで応じるのが、「アグリゲーター」のユナイテッド・キャピタルである。同社の創業者で、「ゴールベース・アプローチ」による資産管理の主導者でもあるＪ・デュラン氏が買収後も同社の経営を担い続ける。

「ＵＨＮＷ」と「マス・アフルエンス」の間に位置する「ＨＮＷ」層は、ゴールドマン・サックスが２００３年に買収した証券会社を兼営するＲＩＡの「Ａｙｃｏ」が担う。同社は投資銀行部門の顧客企業の幹部向けファイナンシャルプランを提供・資産運用しており、日本的な表現を用いれば、一流企業のエリート社員たちへの職域営業モデルといえる。２０１７年時点で、８８４名のＦＡ態勢で預かり資産は約３４５億ドル。近年、同社は職域の裾野を広げており、それに伴って対面モデルからデジタルへのチャネルの多様化を果たしている。

こうして見てくると、「投資銀行はしょせん、個人向けビジネスも富裕層を対象にしているだけじゃないか」という結論になる。確かに、その見方は間違っていないのだが、その一方で今後の関心事としては、「どこまで個人向けビジネスを広げていくのか」という点が残る。その試金石といえるのが、同社が開始したオンライン銀行「Ｍａｒｃｕｓ」である。現状、同銀行は預金とローンを中核事業に据えていて、預金の主な役割はゴールドマン・サックス自身の資金調達のパイプだという。

これらと並行して、ロボアドバイザーやファイナンシャルウェルネスツールなどといったデジタルテクノロジーを活用しながら、同銀行をマス・リテール（庶民）層への投資チャネルとして展開していく構えを見せている。たとえばＭａｒｃｕｓは無担保ローンもラインアップ化している。個人向けのクレジット債務など借り換えローンや小規模事業者向けの運転資金ローンである。今後は住宅ローンへの参入も視野に入れているという。だが、いまのところ話題にのぼることは少なく、「当面の収益貢献度は低い」というのが、在米の金融調査関係者の見立てだ。確かに、ビッグディールで巨億の利益を稼ぎ出してきた投資銀行としては、血湧き肉躍る分野ではないかもしれない。

ただし、米国の証券革命は今後も進展し、証券業は流動物体のように姿を変えながら進化し続けていく。デジタルテクノロジーの進歩がそれに拍車をかけるだろう。その流れが途絶えない限り、何が起こっても不思議ではない。なにしろ、小さな規模のディスカウントブローカーから発したチャールズ・シュワブが、「すべての人に投資へのアクセスを」という経営理念を貫き通してデジタル、コールセンター、対面、銀行、そして、ＩＦＡプラットフォームという多面的なチャネルを擁する有力金融グループにのし上がってきたのが、米国証券業の現代史である。

ここから見えてくるのは、従来の常識や既存の観念にとらわれない、あくなき進化への欲求だろう。

第3章　誰が信頼できる「IFA」なのか

顧客層の溶解が止まらない

一瞬すらも現状にとどまろうとしない米国証券業界の動きに比して、わが国の証券業界の動きは総じて鈍い。第1章で指摘した通り、旧態依然としたビジネスモデルに拘泥し続けた結果として、いまや変化を遂げた社会からポツンと取り残されてしまったといえる。

中には、新規業務を派手に打ち出しアピールする向きもあるが、その裏側では稼ぎ頭である伝統的な業務分野を古臭い構造のまま、動かしている。体質改善に腐心しているという姿はごくまれにしか見られず、結果的に若年世代まで顧客層を広げることができたのは、一部のネット専業証券のみに限られる。多くの証券会社は既存の顧客基盤が急速に高齢化している状況を放置しているが、それはまるで、老朽化した船で大海をさまよっているかのようである。

現在、日本の個人金融資産の60％以上は高齢層に偏在している。その世代は株式・投信など証券商品を保有しているケースが多く、いまも既存の対面証券会社が鎬《しのぎ》を削る〝主戦場〟である。

ところが相続のタイミングが訪れると、資産は証券運用に関心が乏しい次の世代に引き継がれるため、このままではその多くの資産が現金化され、預貯金に吸収される可能性がきわめて高い。世代替わりとともに進む、証券業界の顧客基盤の崩壊である。

証券業界が証券・資本市場の課題をまとめたレポートにも、その問題は指摘されている(『令和2年度税制改正に関する要望』)。それによれば、「個人が保有する上場株式等は120兆9000億円」であり、そのうち、「60歳以上の高齢者の保有額は91兆4000億円」と算出。「1年間で3兆4000億円が相続の対象となりうる」ため、それらのほとんどが売却される可能性があると警鐘を鳴らしている。「リスクマネーの供給量が先細る」という、市場論としての危機意識だ。

これはまた、「顧客層の先細り」という証券業界の危惧でもある。もちろん、そこには証券税制の改正による改善余地があるとしても、それだけが問題というわけではない。このような危機感を多くの関係者が認識・共有しているはずなのに、証券業界の主要プレイヤーである対面証券各社は、日々繰り広げているビジネスによって、むしろ問題を深刻化させているからだ。

すなわち、目先的な利益を確保するために営業活動を高齢層の既存顧客に集中させ、少額投資とならざるを得ないためにわずかの手数料収入しか見込めない若年世代には「コスト倒れ」を理由に見向きもしない。だからこそ、若者たちの証券市場離れが際立ってしまったのだ。

同レポートが前提に置いている少子高齢化は、社会現象的な与件だろう。しかし、それに伴って生じる顧客層の溶解は、証券業界が長年にわたって変革を怠ってきたための必然的な結果という面もある。

この桎梏を産んだ最大の要因は、人件費とシステムコストで構成される証券会社の膨大な経費構造にある。この過重な業務経費によって高止まりした損益分岐点を超えるべく、その月、その年の収益確保に汲々としてきた中で、長期的なビジョンを抱く余裕がなかった。伝統的な営業モデルに拘泥し、手数料収益依存のフロー体質からの脱却が大いに遅れた――というのが、いまの日本の証券業界の実態である。

マーケットの変動に依存したビジネスである以上、収益が左右されがちなのはある程度やむを得ないものの、それにしても浮き沈みが激しいのは構造的な面が多分に影響している。株式市場が不況局面に入った途端、不振にあえぎ、市場が回復基調に向かい手数料収入主体の売り上げが損益分岐点を超えると、一挙に業績は好転する……。その繰り返しをフロー商売の醍醐味のように語る証券業界の年配者もいるが、これは幾度もの証券不況をなんとかかいくぐり、もはや、〝逃げ切れそう〟な世代だからこその感想である。

しかし、これからは違う。証券業界の構造問題はいよいよ深刻化していくからだ。

誰を信頼して資産運用すればいいのか

多くの証券会社が主要収益として依存し続けている手数料には、国内外からこれまでよりも数段厳しい低下バイアスが加わり、粗利益に対する営業利益率は悪化の一途をたどるだろう。顧客本位のビジネスを展開すればするほど、コンプライアンスコストの増大は避けられない。マネーロンダリング（不正資金の洗浄行為）防止の観点から、システム、業務運営のコストは必然的に押し上げられよう。このままのビジネスモデルを続ける限り、資産収益率（顧客預かり資金から得られる収益の比率）の悪化と業務運営コストの増大が同時進行して、証券各社は収益力悪化を避けられない。

もっとも、これらは以前から予見されていたことにすぎない。

ところが、不況期に余裕を失っていた証券業界は、好況期に入ると一転してその果実を最大化すべく既存モデルのアクセルを踏み込み続けるだけで、肝心の課題であるビジネスモデルの刷新を怠ってきた。非競争領域でありながら、各社で個別に構築している事務フローのシステムを業界共同インフラに変えたり、クラウド化したりといった取り組みによって、コスト構造を軽量化すべきだった。そうすれば損益分岐点は下がり、伝統的なビジネスモデルへの依存度が多少なりとも低下していたかもしれない。

しかし、何度も繰り返すが、収益安定化のモデルへの意識は総じて乏しく、顧客層の厚みを増すための戦略転換に舵を切るわけでもなかった。第2章で紹介した米国証券業のダイナミックな動きをみると、その印象はますます深まる。

日本の証券業が「このままでも生き続けられる」という環境は今後、急速に失われかねない。それを敏感に察知したかのように、いま、証券業界では実力ある若手営業社員たちが相次いで退職している。序章でも少し触れたように、彼らは自己変革できずに旧態依然としたビジネスモデルに執着する古巣に見切りをつけたといえる。それだけではない。既存の証券業の一部では、次の時代に生き残るべくビジネスモデルの改革を断行する動きも出てきている。

そこで本章では、わが国でもようやく頭をもたげてきた革新的な動きをすくい上げ、資産形成、資産運用する人たちにとって信頼しうるパートナーの実像を探ってみた。

IFAと歩合外務員の違い

2020年初頭の午後、東京・日本橋兜町近くの一角にあるビルの会議場に、続々と人が集まり始めていた。そのほとんどは、金融商品取引法で定められている金融商品仲介業者である。近年、少しずつメディアでも取り上げられている、既存の証券会社を退職してIFAに転身した人たちだ。

金融商品仲介業は投資のアドバイスを提供する職種だが、証券会社に所属していない。証券外務員資格を取得し、金融商品取引法で定められた手続きを経て登録業者となればよい。

ただし、顧客からの株式・投信など売買の受発注に対応する際には、証券会社に「取り次ぎ」という手続きをしなければならない。取り次ぐ先の証券会社とは仲介業の契約を締結し、その証券会社の受発注システムが利用可能な端末の貸与を受ける。つまり、仲介業者は証券会社が採用しているような、巨額の費用を投下して構築せざるを得ないシステムを自前で保有する必要はない（新規参入の大きな壁として立ち塞がる膨大なシステムコストから解放されている）。

従来、証券業界には営業職である歩合外務員（最近ではＦＡと呼ばれる）がいる。彼らは証券会社の正社員ではないものの、証券会社という組織に属していることに変わりはない。通常の社員と異なるのは転勤がないことや、実績給比率が高いことなどである。この点が金融商品仲介業＝ＩＦＡとは異なる（ＩＦＡが「Independent Financial Adviser」、つまり「独立した」投資アドバイザーと呼ばれている理由はここにある）。

兜町といえば、かつては証券会社の本社が軒を並べる証券業の聖地のような街だったが、多くが本社移転してこの町から去った。いまや、かつての面影は薄れ切っている。その街に、証券会社を飛び出した人たちが続々と集結していたのはなぜか。

いいIFA法人ばかりではない

彼らは、IFAの協会である「ファイナンシャル・アドバイザー協会」の設立説明会に参加するためにやってきていた。金融商品仲介業（当初は証券仲介業）の導入に向けた証券取引法改正が行われたのは2003年のこと。それから17年を経て、ようやく、協会を立ち上げる機運が起きるまでに、金融商品仲介業者＝IFAの存在感が増したともいえる。

協会設立の準備はその1年以上前から始まっていた。IFA法人数とそこに所属する証券外務員数の増加がそれを後押しした面もあったが、それだけが理由ではない。「顧客利益こそ優先すべし」という、本来の商道徳の確立が証券ビジネスにも強く迫られるようになった中、IFAの業界が成長を遂げるには、サービスの品質を底上げする必要性が増してきたからである。

また、IFAが増えてきたとはいえ、世の中の認知度が高まったとは到底言い切れない。評価が定まったわけでもない。むしろ、その層の厚みが増すにつれて、既存の証券業のコピーとしかいいようがない、カビ臭い商法も垣間見られるようになってきている。米国のIFA（RIA、IBD）のように「新たな証券業界の旗手」として期待される一方、単なる既存勢力のコピーにすぎなければ、リテール証券業の新境地を切り拓く集団とはいえないのではないかという疑問符も投げかけられていた。その玉石混交の状態を反映して、評価が分かれ始めたといっていい。

これは、個々のＩＦＡ法人が「経営理念は何か」と強く問われていることと同義である。なにしろ、一般的な証券会社と比べて人件費等を含むコスト構造が格段に軽いとはいえ、「金融商品の売買に関わる」という意味で、ビジネスの基本的な枠組みはほとんど変わらない。枠組みが同様であれば、いかなる経営理念に基づいてビジネスを展開しているのかの問題である。具体的にいえば、過剰に重たいコスト構造が桎梏になって既存の証券会社が脱却できない壁を打ち破り、新たなビジネスモデルに挑むのか。それとも、コピー商売を展開してコスト構造の軽量化を自身の利益に取り込むだけなのか——。

もちろん、証券会社も仲介業も違反行為を犯さない限り、その商法が法的に裁かれるわけではない。しかし、既存勢力と何ら変わらないのであれば、ニューフロンティアという位置付けには値しない。

そうした中で、ＩＦＡが自身の存在意義を再認識し、自らの意識や技量を高め合う場として迫られたのが協会設立だった。換言すれば、日本のＩＦＡが米国のように広く社会に認められる存在にテイクオフできるかどうかの試金石でもあった。

むやみに数は追わない　「ＧＡＩＡ」中桐啓貴

山一とメリルを経て独立した「和製ＩＦＡの草分け」

協会設立の中心にいるのは、ＩＦＡ法人「ＧＡＩＡ」社長の中桐啓貴氏――「和製ＩＦＡの草分け的な存在」といわれる人物である。確かに中桐氏がいなければ、ＩＦＡのいまはなく、協会設立という段階も訪れなかったかもしれない。

１９７３年生まれ。大学卒業後、１９９７年に山一證券に入社以来、長らく証券ビジネスに携わってきたが、その経緯は決して平坦ではなかった。まず、入社からわずか８ヵ月で山一が倒産。その後、米国大手証券「メリルリンチ」が山一の事業を引き継いで誕生したメリルリンチ日本証券に移籍し、５年間在籍した。

同氏が話す。

「メリルリンチ時代が私の原点です」

当時、株式・投信の手数料稼ぎであるコミッション型セールスから、顧客資産の適切な運用をアドバイスしてその報酬（フィー）を対価として得るビジネスモデルへの転換を図ったメリルリンチは、米国でリテール分野の改革に奔走していた。同様のモデルを持ち込むべく、メリル日本法人も資産積み上げ型ビジネスを打ち出した。

しかし、日本では唐突感を持って受け止められ、かつ、戦略的にも中途半端だった。

「給与は当初2年間保証された後、手数料収入の20％程度が営業担当者にペイバック（割り戻し）される歩合制に変わり、1年間、所定の実績が上がらないと解雇という仕組みでした」

残高積み上げを重視する一方、営業担当者には手数料稼ぎのプレッシャーがかかるという評価体系である。中桐氏は2年間で80億円ほどの顧客預かり資産残高を築いた。その一部を短期売買しているだけで、給与は増え続けたという。当時はＩＴバブルの真っ盛り。売買はさかんに行われた。1日に50万円の手数料収入を稼ぐと、手元には15万円が入ってくる。20代の中桐氏は年齢不相応な生活を送るようになった。

ところが2000年3月、事態は一変する。ＩＴバブルが弾けたのだ。同氏の顧客の中にも大損する投資家がいた。そこに浮かび上がったのは、儲けた証券マンと、損失を余儀なくされた顧客という、明暗がくっきりと分かれる構図だった。

「本当にこれでいいのか」

当の中桐氏もさすがに疑問を抱き、解決策を見出すことはできないまま、悩みを深めたという。これが現在の中桐氏に至る「原点」だ。

その後、メリル日本法人が不振に陥り、社員の大幅削減に乗り出すと、2003年、ビジネスの限界を感じていた中桐氏は希望退職に応じて退社。そして、証券革命が加速していた米国への留学を決断する。

そこで彼は、運命的ともいえる出会いをはたした。学友の一人がインターンとして働いていた会社に見学に訪れたところ、そこはIFAにシステムなどを貸与するプラットフォーマー証券の「コモン・ウェルス」だった。大手証券を退職して独立・転身したIFAという存在と、彼らにプラットフォームを提供するプラットフォーマーという仕組みを、中桐氏ははじめて知ったのだ。

「証券会社に身を置かなければ証券ビジネスはできない」と考えていた同氏にとって、それはあまりにも新鮮な出来事だった。

「回転売買だけは絶対にやりたくなかった」

以来、中桐氏は「日本でも独立系ビジネスができないものか」と考えるようになる。日本の個人投資家が既存の証券セールスに満足していない事実を、痛いほど知っていたからである。

２００５年に帰国すると、わが国でも変化は起きていた。２００３年の証券取引法改正で証券仲介業（現在の金融商品仲介業）が導入されたのを機に、メリル日本法人を退社した人たちが仲介業登録を済ませ、プラットフォーマーモデルを開始していた日興コーディアル証券と契約して事業をスタートさせていた。さっそく、中桐氏は彼らが共同で運営している日本橋の事務所の片隅にブースを借りた。仲介業者としての中桐氏のスタートである。半年後には日本橋の賃貸マンションに移り、２００６年2月、ＩＦＡ法人「ＧＡＩＡ」を立ち上げた。

「社名は、グローバル・アセット・インデックス・アロケーションにちなんだものです。基本的に長期分散投資して、そこから顧客の資産残高連動のフィーベースのモデルを作ろうと考えていましたから」

しかし、夢は一朝一夕には果たせない。とにかく新規開拓の仕組み作りが必要で、前職時代の何人かの顧客が取引に応じてくれたが、それは少数に過ぎない。早晩、特定少数の顧客に依存する「回転売買」に走らざるを得なくなる。「それだけは絶対にやりたくない」という思いが強烈にあった。

試行錯誤の末に行きついたのが、セミナーを企画して参加者を顧客化する戦略だった。だが、それも順風満帆というわけにはいかない。当初1年間の売上は１００万円足らず。

1000万円の資本金は瞬く間に100万円まで減った。

「もう断念するしかない」

そう思い始めた矢先のことである。一緒に事業をしていたフリーデザイナーの提案に基づき、投資の考え方をまとめた書籍を発刊したところ、これが思いのほか売れた。そして、読者からの問い合わせが来て、顧客も増えた。2年目は売上高が1000万円ほどに跳ね上がった。

しかし、それでもまだ、ほっと一息つく余裕はなかった。

セミナーのタイトル「投信の見直し」が奏功

翌年の2008年9月、リーマンショックが発生すると、再び事態は悪化した。扱っていたインデックスファンドが、日経平均株価やNYダウ平均株価などと連動する商品性の通り、マーケットの暴落を反映して3割、4割の減価を来すと、顧客には多大な含み損が発生した。さぞかし、顧客は激怒したにちがいない。ところが、そうでもなかった。

「当時から私は年間契約していただき、必ず年2回は面談して顧客と話し合うようにしていました。有料制のアドバイザリーを提供したいと思っていたからです。そこで、大きく下落したことをお知らせするメール情報とは別に、実際にお会いして、いろいろと説明し続けました。すると、それほどお怒りになる方はいなかったのです」

損を被るやいなや、突如、連絡が途絶えるという証券会社や銀行の営業担当者にしばしば遭遇してきた顧客たちにとって、丁寧な説明に終始する中桐氏は激怒の対象にはならなかったのかもしれない。もちろん、相場の激しさに怖くなって解約する人も少なからずいたが、多くの顧客は中桐氏と面談することで冷静さを保ち、保有し続けてくれたという。

ただし、追加投資の話は断られるケースが多発した。新たな投資を受けることができなければ、手数料収入は生じない。たちまち同社の収入は先細っていった。

「試行錯誤を続けるうちに、まず、インデックスファンドに対する疑問を抱きました。マーケットの下落に歩調を合わせて下落してしまうからです。下落を抑えられないものかと。そこで、マーケット全体の動きとは必ずしも連動しないアクティブファンドも、提案するポートフォリオの中に組み入れることにしました。組み入れ商品の選定幅を広げたわけです。それから、セミナーのタイトルに『投信の見直し』という表現を前面に打ち出しました」

セミナーのタイトル戦術は的中した。リーマンショック、その後の欧州債務危機問題などで保有資産に多大な含み損を抱え込んだ人たちへの訴求力があったのだ。新聞広告などで知った人たちでセミナー会場は満員状態になった。

「年齢は60代で、退職金を含む金融資産は3000万円から5000万円、というような方たちです。『資産が減り続けて困っているから見直したい』という話ばかりでした」

手数料ビジネスの限界と自社専用ラップサービスの導入

苦境に立たされる中、中桐氏がもうひとつ考えていたのは、「手数料ビジネスの限界」だった。それはメリル日本法人時代の原体験、「自分は利益を得る一方で、顧客は損失を被る」という構造にもつながっていた。その解決策は、手数料収入ではなく、顧客資産額に連動した年間報酬を得るというフィーベースのビジネスモデルを実現することだった。

「株式売買手数料や投信の販売手数料というコミッション収入のビジネスでは、顧客の利益と私の利益が利益相反関係になる。加えて、ひとつの商品ではなく、きちんと分散投資しないといけないという思いもありました」

とはいえ、わが国では個人による投資顧問会社の設立は容易ではない。顧客から投資を任せてもらう投資一任業務も難しい。収益的にも、年間報酬に該当する唯一のストック収入である投信の代行報酬（信託報酬）はわずかである。信託報酬の年率は、顧客が預けた資産額の40～50ベーシスポイント（0・4～0・5％）程度にすぎず、それだけではビジネスは到底、成立しない。

これらの課題をいかにして解決するか。中桐氏が考え抜いてたどり着いたのが、実質一任運用となるラップアカウントの導入だった。さっそくＩＦＡ契約を結んでいる楽天証券とともに、米国視察など導入準備に動き出し、２年ほど歳月を費やした２０１６年、楽天証券は仲介業向けのラップを開発し、中桐氏は自社専用のラップサービス「ＧＭＡ（GAIA Monitored Account）」を導入した。資産構成のリバランスが可能な一任運用商品で、その対価は顧客預かり資産残高に連動する年間報酬である。つまり、これによって中桐氏は顧客と利益相反せず、ウィン・ウィンの関係を築くことができるようになったのだ。

ＧＭＡの商品性には、独自性を取り入れた。

たとえば、ラップ商品をすでに扱っている他社は、ラップ内に組み入れる商品の選定などを担うアドバイザー機能をグループ内に置いている。しかしＧＭＡは、サードパーティー（外部機関）との連携方式によって、資産運用面の客観性と透明性を高めた。顧客が負担する報酬率も特徴的だ。対面証券など他社の報酬率（年間２・５〜３・５％）を大幅に下回る年間１・８％に抑えた。仕組みの透明性、顧客負担の軽減という面で競争力のある商品性といっていい。

ところが、またしても新たな苦難が襲い掛かる。「ＧＭＡ」を正式にリリースする直前の２０１６年７月以降、ＧＡＩＡは月間赤字が続いたのだ。

「従来、顧客のリスク許容量を踏まえて5～6本の投信でポートフォリオを組むようにして、それによって2～3％の手数料がフロントで入っていました。しかし、ラップは報酬率が1・8％です。顧客負担が低いサービスを開始しようとしているにもかかわらず、それよりも高い手数料のビジネスを続けるということはできません」

ラップの場合、投信と異なり、顧客が購入したからといって手数料がすぐに入るものではない。年間報酬は年間分の月割り方式であり、しかもその金額はわずかである。既存顧客がラップを気に入り、保有投信からラップに資産を移し替えたとしても、投信には売却時の手数料は発生しない。やはり、月割り報酬のみである。

しかも年間報酬率1・8％のうち、運用会社などの取り分を除くと、GAIAの報酬率はその半分程度しかない。それでもラップ資産を積み上げてコストを賄える規模に同残高が達するまで月間赤字は続かざるを得なかった。

あらかじめ、そのようなシミュレーションを重ねた上での覚悟の赤字とはいえ、一時、月間赤字は500万円に膨らんだ。ようやく黒字回復したのは13ヵ月連続赤字を経た2017年11月のこと。まさに理想の実現に向けた臥薪嘗胆《がしんしょうたん》の日々だった。

給与体系に歩合制は入れない

２０２０年1月時点でラップ残高は１５０億円超に達した。このほか、従来型の投信や外国債券などで預かり資産は合計３５０億円と過去最高レベルにある。顧客のニーズに合わせて、保険、不動産を紹介するクロスセルも効果を発揮しつつあり、２０１９年末は口座保有者の94％が運用損益でプラスになった。これを年間顧問契約数としてみると、契約先は７５０世帯であり、過去からの口座保有者と合算すると総合口座数は１４００件に達した。とはいえ、このスピードはマイルドである。

「当社はむやみに顧客数を増やしているわけではありません。きめ細かい面談などを徹底するためにも、社員には担当顧客数の上限を設けています。したがって、現有勢力である限り、それほど急成長はしません。新規採用して育成して顧客対応できる社員が独り立ちするのに伴って顧客数、つまり、口座数は増えていきます」

現状、ＧＡＩＡは２０１９年採用した5人（うち、営業職３人）を入れて役職員30人の態勢だ。陣容の拡大に伴って顧客数も増える――着実な歩みを重ねてきた中桐氏らしい、じっくり型の成長モデルといえる。しかも、同社は給与体系に歩合制は入れていない。歩合制は顧客対応の担当者に「稼ぐインセンティブ」をいたずらに働かせるからだ。あくまでも顧客とともに着実に成長していくことを目指すモデルに徹している。

特筆すべきはその収益構成である。ＧＡＩＡは現在、証券仲介事業の全収入に占める顧客預かり資産連動型のフィー（報酬）ベースが比率を高め続けている。いうまでもなく、顧客の資産増に伴って収益も増える構造であり、手数料依存に比べてはるかに安定性にもすぐれている。

そんなＧＡＩＡを襲ったのが、２０２０年3月の新型コロナウイルス問題だった。同月初頭には2万１０００円台という水準にあった日経平均株価は大幅な下落を来し、３月19日には1万６３５８円となった。その間、顧客に動揺が広がらないわけはない。

しかし、長期投資をアドバイスし続けてきた同社の社員たちはここで「底力を発揮した」（中桐氏）と言う。すでに在宅勤務になっている中、社員たちは顧客に対して電話などの方法で事態を説明し、落ち着いた対応を取るように説得し続けた。結果として、同社では顧客による解約の動きはほとんどなかった。

むろん、影響がまったくなかったわけではない。３月下旬からオンラインセミナーを開催したが、4月から5月にかけて新規顧客の動きは鈍かった。しかし6月に入って、状況が変わった。既存顧客との定期面談も直接会う方式からＺｏｏｍによるウェブ会議サービス方式に切り替えたが、いまは違和感をもたれずに広がっている。

「いろいろな意味でマインドセットが変わってきた」

中桐氏がこう指摘するように、オンラインによる面談件数は増え続けている。

8月現在、口座数は1900件となり、預かり資産残高は360億円という水準をキープしている。そして、2019年の実績ベースでは、証券仲介ビジネスに占めるフィー収入の割合は78％となった。

依然として、販売手数料収入に依存しがちである伝統的な証券会社はもちろん、IFA法人の中にあっても、78％というレベルはダントツに高い比率である。メリル日本法人時代にぶち当たって呻吟し、立ち止まらざるを得なかった「自分は儲けて、顧客は損をする」という利益相反の壁を、中桐氏がいち早く乗り越えつつあることは、この数字からも明確に読み取ることができる。

相場の話はしない 「ファイナンシャルスタンダード」福田 猛

平日の午後なのに40代の男性が参加するセミナー

和製IFAのフロントランナー、中桐氏の後ろ姿を追い続けている金融商品仲介業者は少なくない。その一人が、IFA法人「ファイナンシャルスタンダード」（以下、FS）代表取締役の福田猛氏である。

新型コロナウイルスがまだ「対岸の火事」だった2020年1月、福田氏は東京・千代田区にある帝国ホテルの会議室で、訪れる大勢の人たちを出迎えていた。まもなく「投資信託選びの新常識」と銘打ったセミナーが始まるからだ。

福田氏のセミナーを取材するのはこの時が初めてではなかった。以前にも彼が何を話すのかに興味を抱き、足を運んだことがある。実は、福田氏を追いかけ出して6年ほどになっている。

和製IFAの存在がいまよりも認知されていなかったある日、仲介業者に証券取引システムなどを貸与しているプラットフォーマーの一社「楽天証券」が「IFA説明会というイベントを開催している」と聞いて取材に向かった。その時、若手IFAの一人として登壇し、事業を説明していたのが福田氏だった。会場に集まった人たちに対して、福田氏はなぜ、自分が仲介業に転じたのか丁寧に語っていた。その様子は、「狩猟民族のようなヤリ手証券マンが独立して稼いでいるにちがいない」という勝手な思い込みとはまるで異なっていた。以来、継続的に〝観察〟し続けている。

6年ぶりに訪れたセミナーは興味深かった。かつてとは大きく変わっていたからである。そのひとつが福田氏の説明内容の変化だった。よりわかりやすく、話術が巧みになっていた。しかし、それにも増して際立っていたのは、参加者の年齢層の変化だった。

6年前は70代以上の世代が圧倒的多数を占めていたのに、この日、会場を埋め尽くした参加者の世代は多様だった。平日の午後という日時設定だったにもかかわらず、働き盛りの40代から定年退職世代の70代までと幅広く、しかも全員が熱心に話を聞きながら、持参したノートにメモを書き込んでいた。

対面証券ではありえない盛況ぶり

この6年間で起きた社会的変化の影響も大きいだろう。セミナーが開催される半年前には、「国民は年金だけでは老後は暮らせず、平均2000万円は不足している」という話が世間を賑わしていた。年金支給年齢の引き上げ、年金支給額の引き下げ等により、「年金だけでは老後は暮らせない」という見通しがすでに定説化し、政府はかなり以前から「国民による自助努力の重要性」を訴えてきた経緯もある。しかし、具体的に「平均2000万円不足」と言われれば、浮き足立ってしまうのも当然だろう。老後に向けた資産形成への関心が高まった時期でもあった。

とにかくセミナーの光景は、資産運用への関心が国民の間に広まり、深まっていることを印象付けるには十分といえるほどの盛況ぶりだった。福田氏もそれを実感している。F

Sは毎月数度の頻度でセミナーを開催しているが、コロナ禍以前は「土曜、日曜のセミナーはホームページなどにお知らせを掲載すると、瞬く間に申し込みが来て満員になっていた」からだ（ちなみにコロナ禍が深刻化した4月以降、ウェブセミナーに切り替えている。その影響は後述するとして、ここではまず、従来行ってきた会場形式のセミナーの説明を続けたい）。

セミナーは最後、FSのアドバイザーとの面談を希望する人が「個別相談」の希望日時を所定用紙に記入・提出して終わる。

「セミナーにご参加になった方のうち、個別面談を申し込まれるのは60％程度です。実際に面談する方はその80％ほどでしょう。したがって、セミナー参加者の50％を少し欠けたほどの方々と面談します」

対面証券会社でもさまざまなセミナーを企画・開催しているが、率直にいって出席状況はそれほど芳しくないのが実情である。集客に苦労する営業現場に対し、「日常業務のノルマに加え、セミナーの参加人数まで目標を与えられる」という悲喜劇すら語られる始末だ。FSとの差はあまりにも激しいといわざるを得ない。

セミナーの集客力だけではない。参加者の半分近くが個別面談となるというFSでは口座開設率も高い。「面談した方の50％近くが口座開設となる」と言う。結果として、同社は2020年5月31日時点で顧客数が31192人、預かり資産残高は578億円に達した。

２０１９年10月に大阪に出店した効果も徐々に発揮されて、預かり資産は着実に積み上がっている。

同社は福田氏をはじめとする役職員30人態勢（アドバイザー18人）というわずかな陣容で前述のような顧客数、預かり資産の規模を達成しているという事実について、証券関係者は一様に驚く。しかも、対面証券が新規資金の獲得に苦戦している中で、いまもそれは伸び続けている。

コロナ禍においてもそうである。具体的には、３月は口座数が１００超の増加となり、導入額（新たな獲得資金額）も18億円と、ともに過去最高を記録。その後、コロナ禍の深刻化に伴って増加ペースは鈍化を余儀なくされたものの、それでも、口座数、預かり資産残高は増えている。

もっとも、好調なのはここ１～２年の話である。中桐氏と同様、福田氏も悪戦苦闘の日々を経験していた。

「証券業界は相場に助けられているだけ」

福田氏は２００３年、大手証券の一角である大和証券に入社した。研修を経て配属されたのは銀座支店。決して好調な滑り出しではなかったという。

「1年目はまったくダメでした。飛び込み営業は連日の空振り。2年目は営業目標を与えられて『頑張れ』と言われるものの、顧客ができず叱られる毎日でした」

そこに突然、転機が訪れる。資生堂の社債販売だ。年率0・4％という低い利率なので魅力に乏しいとは思ったが、ノルマが与えられている。なんとかしなければならない。思案した挙げ句、思いついたのは資生堂に仕事上、関係がある人たちをターゲットにする戦略だった。社債には抽選で資生堂パーラーでの食事ができるという特典もあり、いろいろと同社の商品を調べていった。そして、資生堂の化粧品やコスメを販売している調剤薬局などに電話をかけ回った。

調べているうちに、いつの間にか、自らが資生堂のファンになっていた。気持ちも乗った。それが顧客にも伝わったらしく、ある日、相手の社員が社長を紹介してくれて受注した。「これが私にとってのブレイクスルーでした」と振り返るように、以後、成績は上がって仕事は面白くなったのだが、その一方で毎日、「来月はどう生きていくのか」ということばかりを考えていた。

その後、新入社員研修のインストラクターを経て横浜駅西口支店に異動すると、そこで福田氏はいよいよ本格開花する。投信・株式・新規発行の募集物などの販売をこなして、収益目標も達成するなど、優秀な営業実績を築いて社長賞も獲得するトップセールスに上り詰めた。前途洋々だったといっていい。

しかし、証券ビジネスへの理解が進むにつれ、次第にある思いが頭をよぎり始めた。証券会社という企業の骨組みに対する次のような疑問である。

「証券業界は結局、常に相場に助けられているだけではないか」

投信の「回転売買」、手数料の高い新興国債券やハイイールドファンドの売り込み等によって、それを購入した顧客は結局損をする。そのうち、もはや、取り換える商品はないと思うようになる。商売が行き詰まり「もう終わりか」と観念しかけたころになると、なぜか相場が上昇。再びビジネスは活況を呈して証券業界は息を吹き返す……。その繰り返しで生き永らえてきたにすぎないのではないか。

与えられる営業ノルマがなぜ、これほど高いのかということまで考えるようになった。あまりにも重たいコスト構造は顧客の新規購入による手数料収益だけでは賄い切れないという、証券会社の「深刻な台所事情」にも思いが及んだ。したがって、特定顧客に次々と商品を紹介して乗り換えさせる営業とならざるを得ない。それにもかかわらず、なぜ、コスト構造を変えないのか、あるいは、変えられないのか。だから、結局、相場に助けられるだけなのか。

そんな思いを抱えながら営業していた時、ある人物と出会った。

既存の証券業の限界が見えた

「2011年に住宅ローンを組もうとした際、FP（ファイナンシャルプランナー）を紹介されて保険の見直しも教えてもらいました。すると、その人は証券ビジネスもやっていると。その時、はじめて金融商品仲介業という職種の存在を知りました」

興味を抱いた福田氏はIFAを兼業しているFP法人の社長に面会を乞うと、その半年後、欧米のIFAの事情や、わが国では業界縦割りで分断されている金融ビジネスを総合的に提供できるという話を聞いた。日本の証券業界とはまるで違う――。この国の金融商品仲介業は固定費が低く抑えられていることもわかった途端、既存の証券業の限界が見えた。

「仲介業にならないといけない」

そう直感すると、すぐに動き出した。2012年7月にはプラットフォーマーの証券会社を訪問し、後日あらためて楽天証券に電話連絡を入れると、IFA事業の責任者である大嶋広康氏がすぐに横浜までやってきた。仲介業の役割の必要性などを熱く論ずる大嶋氏とたちまち意気投合すると、夏季休暇のうちに退社する準備を整えた。休暇明けの辞表を提出する日の朝、「本当に辞めてしまっていいのか」と迷いも生じたが、妻の叱咤に背中を押されて出勤した。

その後は大わらわである。10月31日の正式退社に先立ち、10月1日には法人登記を済ませた。退社の翌日から活動を開始し、12月に保険代理店登録して開業。翌年1月に金融商品仲介業の登録が完了すると、直ちに仲介業を始めた。

ここまでは順調だったが、肝心の本業には苦戦した。

「当初は、保険を元同僚たちに懸命に売って、その販売手数料で食いつなぐ状態が続きました」

その後、平日の日中は不動産会社を訪問し顧客を紹介してもらい、夜になると元同僚に時間を作ってもらって保険を販売。そして、週末は連携する税理士事務所から紹介された顧客を訪ねて証券投資を説明するという、休みなしの日々を続けた。

相場など本来わからない

ようやく顧客が増え始め、ＩＦＡ法人としてテイクオフできたと思えたのは、開業から3年が経過したころだった。しかし顧客からの預かり資産が１００億円に近づいていた矢先、突然、逆風が吹きつけた。２０１５年夏、日経平均株価が２万円の水準から一挙に１万５０００円台まで暴落した、チャイナショックである。

「損失を抱えた顧客から呼び出されて叱られました。そこで米国のＩＦＡも同様に叱られているかと思い、いろいろと調査したところ、わかったのです。米国のIFAは顧客に対して、マーケットの見通しなどの話はせず、ファイナンシャルプランニングを提案していると」

初めはピンと来なかったという。なにしろ、相場見通しを軸とするセールスを行い、実績を上げてきた証券会社時代の経験が身についている。

「知識があまりない人たちに対して、マーケットの先行きを予測して、それに適した商品を案内することが正しいと思っていました。しかし、次第に理解しました。相場は読み切れないし、結局、その方式では顧客の信頼は得られないということが、です。このままでは営業ノルマがないだけで、結局、証券会社時代と何も変わらない。相場ベースの提案は、いずれ失敗する。顧客も本当には信頼してくれません」

その後、株式市場は回復したものの、2016年2月、原油価格の暴落を機に、日経平均株価は1万5000円台まで下げた。いわゆる二番底である。またも顧客のもとを訪れては頭を下げる毎日となった。

ここで福田氏は「二度と相場見通しの話はしない」と決意した。休日、社員たちを集めると、「相場の話はしない投資ビジネス」を宣言した。

「その代わり、オルタナティブ運用という異なる値動きをする商品を組み合わせる手法を取り入れた分散投資を行うようにしました。相場の激しい変動がそのまま運用成果に直結しない工夫です。それに加えて、一定金額の積み立て投資であるドルコスト平均法の活用です」

顧客も次第に、福田氏のモデルチェンジを理解してくれるようになった。理解が増すにつれて、顧客の間では投資への安心感が広がったという。当然、「相場など本来わからない。だから、話をしない。自分の価値は相場の話をせずに提案する」という、新たな方式に対する自身の確信はいよいよ深まった。

「とはいえ、顧客の中には株式投資が好きな人もいたので、いきなり転換はできません。ですから、まず、新規顧客にはいっさい相場見通しの話はせず、徐々に既存の顧客層に広げていくことにしました。社員は全員、証券会社出身です。したがって、私の話に耳を傾けてはくれても、自分の成功体験からなかなか抜けられない人がいました。もちろん、去る顧客もいたし、社員もベテランの人は退社しました」

こうして福田氏が決断した「相場の話はしない」路線は職場に定着していく。同時に、主力サービスである複数の投信を組み入れたポートフォリオ運用の品質を維持・向上させるために、彼は独特の手法を取り入れた。

顧客のポートフォリオに組み入れた、個別投信へのチェックである。

柔軟な資産運用を実現するための〝結論〟

そのために、まずは投資顧問会社など資産運用会社を訪問し、運用担当者へのヒアリングを定期的に行うようにした。運用方針通りに運用しているのか、あるいは、変更したとすれば、なぜ、そのようにしているのか等を入念にチェックする。組み入れる個別投信を選定する際、運用方針をひとつの決め手としているが、実際にその通り運用されていなければ選定した意味がないからだ。

日本では、投信を販売する会社とそれを運用する会社は同一グループであり、実質的には親子関係にあるケースが多い。もちろん、その関係だけで販売会社が売り筋商品を選定するという行動は以前よりも減ったものの、それでも、一部ではまだ続いている。さらにいえば、販売会社が資産運用会社に対し、適切な運用を行っているかどうかを厳格にチェックしているという話はあまり耳にしない。販売会社は、運用会社を代理しているという伝統的な位置づけがなされ、結局、販売会社は売りっぱなしが慣習化してしまったからだ(この点については後で詳述したい)。

「顧客の代理としてチェックする」という福田氏の行動は、従来の商習慣とは真逆のものである。大きな変革といえるが、それでも自らのモデルが完成したとは思えなかった。間もなく、顧客資産の預かり方の理想形を追求する、新たな挑戦を開始した。

「顧客のライフプランニングにふさわしい資産運用として、個別投信を複数組み入れたポートフォリオを提案し、顧客の了解を得た上でその買い付けをする方式でした。ところがこれは、プラン変更などの際、資産の構成比率を変えるリバランスがとても難しかった。なぜかというと、入れ替える時は、往々にして相場が悪化しています。そのようなタイミングに新たな投資を提案すると、顧客の不安感を助長しがちで実行しにくい。それに顧客の了解を得ても、組み入れ比率の変更には売買コストが発生します」

売買コストの発生は、運用成果を押し下げる要因にもなる。結果としてリバランスが実行できず、その運用構成のまま保有し続けるバイ&ホールドのスタイルにならざるを得なかった。

これでは柔軟な資産運用にはならない――。再び思案を重ねる福田氏が到達したのは、「ラップしかない」という結論だった。ＦＳのプラットフォーマーである楽天証券と協議を重ねて、独自の専用ラップ商品の仕組みを開発した。

手数料収入狙いの助言ではないことを明確化

できあがったのは、ＦＳがアドバイスしている顧客と楽天証券が投資一任契約を締結して運用する一方、楽天証券と投資顧問契約を締結したＦＳが楽天証券に対して、運用上の投資助言を行うというものだった。このスキームを実現するには、ＦＳが投資顧問業法上で定められた投資助言の業者登録をはたすとともに、精緻な銘柄選定ができるプロフェッショナル人材を採用する必要があった。それらの条件を満たして晴れてラップ商品を誕生させたのは、２０１８年10月１日のこと。２年の準備期間を費やしたことになる。

同スキームを説明すると、顧客の負担額は、固定報酬型では最大で資産額の年間１・４８５％、成功報酬型は同１・３２０％プラス成功報酬額（運用益×８・２５％）。これに、組み入れ投信の信託報酬などのファンド費用が間接費用として加わる。顧客はこれらの費用を楽天証券に支払い、楽天証券はその中から投資顧問料などをＦＳに払うという流れである。

ラップ商品には、往々にして「組み入れる投資信託からも運用側は手数料を得ているのではないか」という疑問が投げかけられている。顧客にとって手数料はコストである一方、運用側には収益になる。つまり、利益相反である。

そこでＦＳの専用ラップでは、組み入れ投信の信託報酬について販売会社分はゼロとした。さらに銘柄入れ替えなどを助言しても売買による手数料は発生しない。収入ゼロであれば、それを目当てにした不必要な銘柄入れ替え策は封印できる。また、投資一任契約の下でＦＳが行うリバランスのための銘柄入れ替えの助言が、自らの手数料収入狙いの、我田引水的な行為ではないことが明確になる。

かくして、顧客とともに目標を設定した上で、それに基づく戦略を策定・実行し、定期的にフォロー、メンテナンスする「ＰＤＣＡサイクル」を回し続けるという同社のモデルが、リバランスによる臨機応変な運用につながるようになった。

その運用を堅持するために、顧客の現状、将来の計画、資産バランスなどを丹念にヒアリングして「ＦＳカルテ」「キャッシュフロー表」を策定し、それの内容を踏まえて社内のメンバー全員で顧客への提案内容を精査する会議を繰り返している。顧客との定期面談は基本的に半年に1回だが、投資に不慣れな顧客には安心感を高めてもらうよう、2ヵ月に1回行っている。

ＧＡＩＡの中桐氏はアドバイスの対価としてＦＰ料を得るモデルを確立したが、ＦＳはそれとは異なるモデルである。ラップであれば運用の対価である報酬だけである。資産残高に連動したストック収入での基盤構築で利益相反リスクを排除するスタイルでは共通しているものの、両社には違いがある。

ウェブセミナーの盲点

このように福田氏は独自のモデルに挑戦し続けた結果、2020年3月に株価の暴落とその回復という不安定な局面においても新規資金が流入し、月間の実績は過去最高となった。もちろん、暴落場面で一部の顧客は解約に動いたが、ほとんどの顧客は心情的に不安になっても解約には動かなかった。これは定期的な面談の効果と、過去の暴落局面の分析などを会員サイトに公表するなど、丁寧な顧客フォローを行ったからである。

「ラップは3月にリバランスを掛けました。株価が暴落し、債券価格が上昇したため、株式の配分比率が下がったので、3月中旬に株式の配分を増やしました。その後、株価の回復は早かった。それをお客様には報告しました」

3月の相場動揺は巧みに対応できたわけだが、今回のコロナ禍は福田氏に大きな変化をもたらした。たとえば、FSの代名詞ともいえるセミナーも4月以降、ウェブ化した。ウェブセミナー（30〜40分）は毎週土・日曜日に行っている。参加者は会場でのリアルのセミナー（50〜80人）に比べ、ウェブセミナーのほうが圧倒的に多い（300〜400人）が、そこに意外な盲点があったという。

「集客数は多いのですが、実際に個別面談につなげていくことが非常に難しい。セミナー申込者のうち、個別面談を申し込まれるのは数パーセントにすぎない。しかも、実際に個別面談をしても、ウェブ面談ではお客様は自分の個人情報を出しにくい。したがって、成約率は下がりました」

悪戦苦闘という様子だが、決して悪いことばかりではない。

「リアルのセミナーと比べると、ウェブセミナーの参加者は平均で10～15歳ほど若い。実際、20代の方々から積み立て投資の申し込みが増えました。また、ウェブだと地方の方々も申し込んでいただけます。地方のお客様が着実に増加しています」

アドバイザーたちも在宅勤務方式に徐々に慣れてきていて、「全体的には逆風の面があるものの、新たな試みによるプラス効果は着実に表れている」ともいう。今後の在宅方式の定着化に向けた準備も進めている。確実に逆風を打ち返して、ウィズ・コロナの態勢を目指しつつあるようだ。

ちなみに、ＦＳはコロナ禍の真っただ中にあった5月、6月に新たな態勢作りに動いている。不動産鑑定士、税理士という専門家の採用である。相続など、お客様に対して包括的な資産相談を受けられるようにするための強化策だという。

資産運用会社は本当に適切に運用しているのか

いま、ＦＳの預かり資産残高（２０２０年8月中旬時点で６０８億円、顧客数３３４４人）のうち、ラップ残高は約１７０億円超を占める。ポートフォリオ型、積み立て型の投信の預かり資産残高は１００億円であり、残りは富裕層向けの債券や株式、外貨ＭＭＦ、運用待機の預かり金（キャッシュ）で構成されている。最近は、資産形成層と目される30代、40代による投信積み立てが増え続けていると言う。

一方、仲介業の収益全体に占める預かり資産連動のフィー（年間報酬）などのストック収入比率は40％台まで高まった。ストック収入の基盤は着実にでき上がってきている。しかし、それでも福田氏は、「まだ課題はあります」と語気を強める。

「たとえば、ラップ内で銘柄を売却して実現益が発生すると、税負担が発生します。とくに法人顧客の場合にはそれが厄介な問題です」

大手証券のトップセールスのポジションを投げ打ち、金融商品仲介業に転身してから8年目を迎えた時点での課題認識である。その間、個別銘柄の投信→複数銘柄の投信ポートフォリオ→ラップへとビジネスを進化させてきたのだが、それでもなお、相場の話をしない証券パーソンの理想のあくなき追求は続いている。


最後に触れておきたいのは、ポートフォリオ型にせよ、ラップ型にせよ、組み入れ投信に関する運用側に向けたチェックである。先ほども指摘したように、少なくとも日本ではこのチェック行為が著しく欠けていたと思えるからだ。

その背景にあるのは、資産運用業の誕生の経緯とその立ち位置である。

日本には証券会社や銀行の系列子会社として資産運用会社が誕生したという歴史があ

り、親会社が子会社に代わって販売しているという構図が続いている。したがって、製造と販売が一蓮托生のように結合して、親会社が売りやすい、あるいは、利益が上がる商品を組成することを親会社は子会社に対して求めがちである。しかも身内同士の甘えからか、親会社はその後、子会社が適切に運用しているかチェックする役割をほとんどはたしてこなかった。

しかし、福田氏の行動はそれとは異なる。証券会社でも資産運用会社でもなく、あくまでも顧客の代理として、約束通りに運用されていることを確認している。もちろん、この行動は資産運用会社にとっては運用方針通りに適切な運用に徹せよという「最善の努力」を促すプレッシャーになる。

民法上の責任概念は「善管注意義務」（善良な管理者の注意義務）である。一方、英国や米国の年金運用の領域において、それを超える責任概念として位置付けられてきたのは、受託者責任（FD：フィデューシャリー・デューティー）である。いまや、FD徹底の要請は、年金運用にとどまらず、金融取引全般に及びつつある。日本でも近年、FDの徹底が問われるようになり、その徹底を促す仕組みとして、証券業界などは「フィデューシャリー宣言」を掲げ始めた。もちろん、重要なのはその宣言が遵守されているかどうかだ。単なる美辞麗句にとどまらず、宣言内容をきちんとはたすことを促すメカニズムが必要となる。

ＦＳの取り組みは、金融商品仲介業、つまり、和製ＩＦＡの期待される役割のひとつを形に示しているだけではない。証券ビジネス全体の品質を向上させるためのメカニズムという視点からも、注目すべき存在なのである。

投信はやらない　「Japan Asset Management」堀江智生

野村の逸材がＩＦＡに転身

本書の冒頭でも紹介したように、近年、証券業界からは優秀な若手人材の流出が続いている。その状況が語られる際、象徴的なフレーズとして用いられるのが「あの野村でも……」という言葉である。業界最大手として圧倒的なポジションを築いているのが野村證券であり、給与水準、手当などの待遇もいい。「ハードな仕事を要求されるので、その分、見返りも大きい」といえばそれまでの話だが、いまも昔も業界内で図抜けた存在であり続けている。

２０１８年、ＩＦＡ法人「Japan Asset Management」（以下、ＪＡＭ）を立ち上げた堀江

智生氏も、元野村ホールディングスの一人だった（2010年入社、2017年退社）。

堀江氏に初めて会って話を聞いたのは、まだ彼が起業して間もない時期のこと。一緒に退職した後輩（2013年入社）の長谷川学氏も同席した。二人とも、野村が2013年に導入した、成績優秀者を選抜して海外に1年間送り込む海外修練生で、堀江氏はその第1期生、長谷川氏は第4期生だったというから、いずれも逸材だったことは間違いない（現に堀江氏は2015年にCEO表彰を、長谷川氏は役員表彰を4度受賞している）。

取材時、JAMのオフィスは東京・品川にあった。堀江氏の実家が家業を営む社屋の一部で開業していたのだ。会食しながら、「仲介業としてどのようなビジネスをするのか」と問いかけた。間髪を容れず返ってきた堀江氏の回答は予想外の内容だった。

「投信はやらない。債券と株式です」

それから2年――次に堀江氏と会ったのは、2020年1月に開催された「ファイナンシャル・アドバイザー協会」設立の説明会場だった。すかさず声をかけ、あらためて取材を申し込んだ。そして、後日、彼が語ってくれた〝空白の2年間〟の日々もまた、予想外の内容だった。その話に入る前に、堀江氏の野村時代を振り返っておきたい。

「証券業はヒト次第」

堀江氏は野村入社後、まず、なんば支店（大阪）に配属となった。同社の中でも有数の大店《おおだな》で、優秀な営業社員が多い「恵まれた環境」。商品ごとの販売目標があるわけではなく、数字を上げればいいだけだったので、相当に自由な職場だったという。

「毎日のように優良法人を訪問して、オーナーを人情で開拓するというスタイルでずっとやっていました。入社半年の間に『この方をお客様にしたい』という10人のリストを作りました。ほぼ同じエリアにいる方々なので、そのエリアに通い続けていればいつかお客様になってもらえ、営業成績トップになれるというプランを描いてやっていました」

もっとも1～2年の間はプラン実現ならず、それ以外の新規開拓の顧客からの注文でなんとか手数料ノルマを凌ぎ、ときに「数字が足りない」と上司に叱られる日々を送った。

そして3年目。入社1年目にリストアップした10人の人たちが次々と彼の顧客になると、期待通り高額の資産を預けてくれ、手数料は積み上がっていった。4年目に営業成績が同期ベースでトップランクに躍り出ると、海外修練生に選抜された。同制度は、同社の拠点ネットワークがある地域で1年間、大学でも、あるいは特定の企業で学んでもいいという、柔軟な研修システムである。

「僕はサンフランシスコを希望し、金融から離れた世界に入りました。シリコンバレーのスタートアップ企業でアプリケーションなどを作っていたのです。1年後、現地に残ってその会社に居続けるのか、それとも、帰国して営業に戻るのかという二者択一を迫られたのですが、帰国して、再び営業をやるという選択をしました」

帰国して配属となったのは東京都内の支店だった。やはり大店だったが、なんば支店とはまったく様相が異なっていた。証券会社の場合、支店単位のノルマはいくら大きくても人材が揃っているとクリアできるが、人材に乏しいとノルマがそれほどでなくても達成に苦労しがちだという。「証券業はヒト次第」と言われるゆえんである。

ノルマ達成が厳しいと、商品やマーケットについて勉強する余裕が失われ、結局、投信の乗り換え営業や「これ、買ってください」というお願いセールスに明け暮れ、商売は荒れ果てる。残念ながら、今度の支店はその後者のパターンだった。

全社的な雰囲気も1年間で変わっていた。かつては手数料収入を稼いでいればよかったが、戻ってみると、「ファンドラップはいくら」「保険は何件」「新規開拓でヒアリングシートは一日何件」等々、営業目標が多岐にわたって設定されるようになっていた。

野村が直面している苦悩

ここに、ストック営業に舵を切った当時の野村ならではの葛藤がうかがえる。

ファンドラップの報酬フィー積み上げによるストック収入基盤の拡充、そのための新規開拓の必要性、さらには収益源の多様化……。2012年、増資インサイダー事件に対する金融庁の厳罰により、収益悪化に直面した同社にとって、その温床となった旧来の構造を断ち切り、収益力を回復することは喫緊の課題だった。結果としてその経営判断は正しくても、営業現場の負担は著しく増していたといえる。

ノルマ達成の圧力が激しくなる中、月末日には一日で達成することなど到底不可能な目標不足額を埋めるために営業社員が顧客の元に走り、「損はしないので、この保険を買ってください」と頭を下げ続けるしかなかった。

「僕の中では、『これは証券マンの仕事ではないだろう』という思いが鬱積しました。経営が目指したことはコンサルタント営業の確立であり、確かにこれは正しい。株屋的な体質から脱却して、お客様の深い悩みを聞いて相続対策や安全な資産運用などソリューションを提供する。そのために保険もファンドラップもある。ここまでは十分に理解できたのですが、その考え方を現場に具体的な数字としておろしてしまう。それは絶対におかしいと思いました。結局、しわ寄せが現場にきたということです」

「営業体質の転換」と「収益確保」——同時に二兎を追わざるを得なかった当時の、そして、いまも野村が直面している苦悩がここにある。

理解できないことは受け入れられず、これまでのやり方に自信もあった堀江氏は、海外優良銘柄の積み上げ営業を貫き通した。しかも、それを社内で発信し続けた。

「ある意味、僕は好き放題にやっていましたので、目上の人たちからはよく思われなかった。支店内ではお互いに不満がたまってケンカにもなりました」

堀江氏は反乱児にほかならなかった。自分の考え方を上司などに進言すると、「お前が言っていることは正しいが、ウチの会社は大きすぎて変えることはできない」と一蹴された。諭されもしたが、もはや〝水と油〟だった。

「『もうこの会社にいる意味はないな』と思いました。頑張ってきて、現場では主導権をもってやらせてもらっていましたが、地域(支店)、会社と(話が)広がっていくと、何の力も及ばない。結局、自分が役員にでもならないと変えられそうもない。そのために30年間待ち続けるという気持ちはないなと。辞めようと思いました」

退社の思いを強めた理由はもうひとつあった。米国での1年である。

シリコンバレーで、さまざまな産業がテクノロジーに置き換えられていく光景を目の当たりにする中、何も変わらない日本の金融業界の姿を冷静に見ることができるようになっていた。このままでは、いずれ産業として立ち行かなくなるだろうと感じていた。

帰国後の経験が、その予感を確信に高めた。「むしろ、これは大きなチャンスである」と。

「お客様のためにきちんと情報提供でき、お客様と真正面から顔を合わせられる手数料体系の会社であれば、大きなシェアを獲得できるのではないか。そこではじめて、金融で起業しようと思ったのです」

「日本の金融業界を変える」

伏線もあった。同期入社組の退社である。

その人物は2012年にIFAに転じ、かなり成功しているという話を耳にした。その時、堀江氏ははじめて金融商品仲介業という職種があることを認識した。詳しく聞いてみると、どうやら資本金の多寡にかかわらず、金融ビジネスができるらしい。制度的にも面白いと感じた。以後、「IFAをやりながら、次の展開を考えるか」とも思っていた。

ただし、すぐに退社したわけではなかった。かねて希望していた海外勤務の機会が与えられたからだ。香港拠点での機関投資家向け営業である。

「1年半、香港で働きました。とても勉強になりましたね。ヘッジファンドが顧客でした。彼らの優秀さと仕事への熱心さは半端ではなかった。一日20時間も働いている。他人の資金を預かる上では、このような厳しい姿勢で仕事に臨まなければいけないのだと痛感しました」

これまで自分がやってきたリテール営業が、いかに適当だったか、思い知らされた。

「このシビアさを日本に持ち帰りたいと思いました。知見さえあれば日本の金融業界で勝ち残れるという思いもありました」

帰国後、あらためて金融商品仲介業者としてIFAに転じる決意を固める。海外修練生としてベトナムで人材紹介会社の創業に携わっていた長谷川学氏に声を掛けると意気投合した。2017年夏、堀江氏が30歳の時である。

余談だが、野村證券を辞めた若手エリートたちに共通するのは、野村に対する敬愛、感謝の念を抱いている点である。堀江氏もその例に漏れず、いまでも「野村はいい会社です」と言い切る。それでも退職を決意したのは、「いま、やりたいことがある」という思いに突き動かされたからだった。

そして2018年、IFA法人JAMを長谷川氏と立ち上げた。「日本の金融業界を変える」という経営理念を掲げ、ゴールとしては「日本で最も大きな金融機関になることを目指そう」と考えた。しかし、事業を始めて間もなく、難題に直面する。

「人員を急拡大させるために、業務委託契約方式で手数料収入のペイバック（担当者への割り戻し）率を少し高めに設定し、みんなが高収入でやっていくというモデルを導入しました。そうすれば、やる気がある人材が集まると考えたからです」

人を集めるという意味では正しい判断で、優秀な人たちが野村から来るなど、人材採用には成功したという。

だが、堀江氏は「安易な気持ちでのスタートだった」と反省する。

堀江氏が社長、6人が業務委託契約社員という態勢での船出により、確かにIFAの利点を訴求していくだけの営業スタイルで顧客数は増えた。顧客が知人を紹介してくれるパターンである。一見、順調な滑り出しのように思えたが、その後、問題が噴出する。全員、証券会社での営業経験があり、かつ、自分流の営業スタイルに自信を持っている。「回転売買」で手数料収入を叩き出す者もいた。もめごとも多く、社員同士の関係はギスギスした。各メンバーがそれぞれ勝手に動き始めたことが原因だった。

「結局、小さい証券会社ができただけで、僕が掲げた理想とは異なってしまいました」

まさに同床異夢。このままでは、経営理念に掲げた改革者に進化することは望めない――。事業開始から半年後、堀江氏は軌道修正を決断した。業務委託契約方式を捨て、社員契約に変えることで会社としての統制力を働かせる――会社の経営理念を全員に浸透させるためだった。

2020年2月期のスタートと同時に変更する旨を伝えると、強い反発を食らった。業務委託契約での高収入を目的としていた社員が少なくなかったからだ。独立して離れる人や、ペイバック率の高い別のＩＦＡ法人に業務委託契約形態で引き抜かれて去る人も出た。

それでも、堀江氏は断行した。

「ここまでが大変でした。以後、正社員としてきちんと育成して、僕がお客様のところに帯同訪問する機会を増やすようにもしました。朝は必ず職場に集まって、みんなで成長するための勉強会を開くルールも定めました」

その後、社員として入社してきたのは前職で活躍してきた若者たちで、いずれも優秀である。ただし、金融パーソンとして正しい知識をきちんと完璧に身につけているかといえば、そうではなかったため、研修や朝の勉強会の準備などに相当の負荷をかけながら、堀江社長、長谷川取締役の下、11人のファイナンシャル・アドバイザーが顧客資産の積み上げに努めている。

同じモデルの会社がないからこそ資産残高は増えている

２０１８年２月時点で40億円だったＪＡＭの顧客預かり資産は、２０２０年１月には１２０億円程度まで増大した。口座数も増えたが、それを上回るテンポで顧客一人あたりの預かり資産が増えているという。追加投資が拡大しているのだ。

ここまで順調に拡大したとはいえ、新規資金の流入が途絶えるとこれまでと同じスピードでの成長は難しい。なぜならJAMのビジネスモデルは、中桐氏のGAIAや福田氏のFSのように、資産残高連動で毎年一定率のフィー（報酬）が得られるものとは異なるからだ。

JAMは、債券、ETFを買ってもらった際の手数料だけを収益源とする、一本足打法のようなビジネスモデルである。しかも20～30年後まで見据えた長期プランを組んで顧客に提案しているので、基本的には投資後、資産は大きく組み替えないことが多い。したがって、同一資産からの再度の収入は当然期待できない。投信の預かり資産残高は1億円もなく、信託報酬もわずかにすぎない。新規資金が流入しない限り、収入はないに等しい。

「めちゃめちゃつらいです。新規のお客様を開拓し続けないと食えなくなる。それはみんながわかって危機感を共有しています。したがって、同じモデルをやる会社もない。だからこそ、資産残高は増えました」

確かにブルーオーシャンである。

「僕はグローバルな景気については一貫して弱気でした。金利は低下すると考えて2年間、株式よりも債券の比率を高めるようにしてきました。とくに30年債というような超長期でダブルA以上の高格付けの国債や社債などです。金利低下で大きく利益が乗るので、その一部を売却して、株式投資に回すということはあるかもしれませんが、とりあえずお客様には『インカムゲイン（利子・配当の収益）で利回り3％、そして、プラスアルファでキャピタルゲイン（売却益）がとれるかもしれません』という言い方で、『30年間保有し続ける気持ちでやってください』と話しています」

２０１９年、ＪＡＭの運用パフォーマンス（コストを除いた平均ベース）は４・４％だった。言葉通りの実績である。

では、なぜ、投信やラップなどのフィー型に向かわないのか。そう尋ねると、明確な答えが返ってきた。

「すでに世界中の金利が下がってしまった中で、フィー型のモデルをやることは難しいと思っているからです。つまり、投資一任運用モデルで最低2％の年間フィーを取ることは可能なのか。投信も同様ですけど、２％以上のパフォーマンスで運用していくことはかなり高いハードルだと思います。すると、安全な運用では難しく、リスクをとらないといけなくなる。それはお客様が本当に望んでいることなのでしょうか。多くの場合、そうではありません。したがって、僕たちは、自分の収入源である手数料を下げてお客様に利益を得てもらい、信用を得て他のお客様をご紹介いただいて、事業を成立させるのです」

ＪＡＭの場合、既存顧客から知人を紹介されて面談し、新たな顧客を得るというパターンでの顧客開拓が、なんと全体の９割を超えている。

顧客は人生設計のための大切な相当額のおカネの運用を任せている。そこには、人柄、そして、資産運用の成果など任せる相手への絶大な信頼が必要であり、この信頼こそが知人に「彼は信頼できるよ」という紹介の動機となる。言葉にすると簡単だが、これはとてつもなく重い。運用を失敗すると、知人に不利益が及んで、人間関係にひびが入りかねない話だからだ。したがって、顧客による新規顧客の紹介は、信頼を旨とする商売を行っている者の良し悪しを判断する重要なファクターでもある。

新型コロナ問題の深刻化という環境下で顧客との面談が困難化した。これは、当初、JAMにはかなり逆風になったと言える。それをいかに打ち返したのかについては後述するとして、ここではJAMのビジネスモデルの話を進める。

米国の金融緩和策の先を見据えた戦略

仕組債などのように、どう考えても投機趣味以外の何物でもない、形式だけの債券を自身の利益のために売り込む証券会社や仲介業者はいるが、「真の債券」への投資をモデルの中枢に据えている仲介業者はおそらく、JAMだけにちがいない。その薄利さを資産規模の追求でカバーするという考え方である。

「新規開拓をやり続けるという覚悟と自信がないと、このやり方はできない。しかし、僕はこのスタイルを基本的に変えません」

しかし、金利が下がり続ければ、いずれ、債券投資の意味は消えてしまうだろう。

「僕は米ドルに関しても金利はなくなると思っています。ドル債券を買う意味はなくなります。その時、どうするのかという問題は常にあります。僕たちがやっていることは債券投資ではなく、ポートフォリオ提案と呼んでいます。お客様の資産のすべてをお聞きして、そのうち、いくらを運用できるのか、さらに運用資産では、ある程度のリスクをとれる部分と安全に運用する部分に分けて、安全に運用する部分を外債中心にやっている。この金額が大きくなるのですが、つまり、この部分をどうするのかは課題です」

米ドルの金利もなくなっていく――。この読みは新型コロナウイルス問題によって経済的な打撃が深刻化した中、現実味を帯びている。米国でも中央銀行による金融緩和策が打ち出され、市場金利は一段と低下してきたからだ。それを受けて、堀江氏が打ち出そうとしている新機軸はＡＩを搭載したロボアドバイザーの活用である。

「いまの金利水準であれば、まだ金利運用はできる。それを引き続きやりながら、ロボアドバイザーの開発企業との提携を本格的に開始する。商品区分としては投信や一任商品となるが、顧客が負担する最終的なコストが年間１％以下に抑えられるような仕組みで、中身に何をどの程度の比率で組み入れるかを僕らが助言業で行っていきます。安全資産を多めに組み入れてマーケットの情勢に合わせて組み入れ比率を変えるわけです」

それはビジネスモデルの変更なのか。そう尋ねると、堀江氏は強く否定する。

「ビジネスモデルの基本を変えるつもりはありませんが、やはり、ストック収入ゼロは変える必要があると思っています。ただし、新規開拓の旗は絶対におろしません。

安いフィー、つまり、お客様の負担が軽い投資一任勘定のようなビジネスを導入しようと考えています。いま、念頭にあるのはロボアドバイザーの活用です。できれば自分たちで開発したいのですが、それはまだ先のことです。とりあえず、他社のロボアドを活用した資産運用モデルを販売して、お客様から得られるフィーを提携先と按分するという考え方です。これは、米国の金利までなくなった時のことも展望して、そのような商品を事前に考えておこうということです」

一般的に、ＡＩを活用して投資のアドバイスを提供する「ロボアド」は、人手による作業よりもはるかに低いコストだろう。コストを極力抑えて、安いフィー体系でも利益が残るように工夫するということであり、やはり、基本的には薄利である。必然的に新規開拓による資産積み上げという基本方針が続く。いずれにせよ、類いまれなビジネスモデルであることには変わりない。

一方、新型コロナという未曾有の環境にはどう対応してきたのか。

「3月は好調でしたが、4月以降、対面方式ができず、新規開拓がキモである僕らは当初、とてもやりにくかった。しかし、社員が各自、工夫した。たとえば若い人たちを集めてウェブ上で金融セミナーをしたり、スポーツ選手たちが暇になったので、サッカーチームに働きかけて選手を集めてもらい、オンラインで金融セミナーを提供したりした。それを通じて、次第にリアルでやっていく必要性が大きく減じてプラスに働きだした。出張などのコストは下がり、顧客の新しい広がりがもてるようになった。これは当社にとって、とても良いことです」

これは強がりではない。というのも、新型コロナのさなかでJAMは黒字化が定着してきたからだ。

「昨年までの段階では年間ベースでは黒字でも、2ヵ月に1回は月間赤字という状況でした。しかし、今年度は一貫して黒字をキープしています」

実際、預かり資産は2020年1月の120億円から6月下旬には155億円に積み上がってきている。

寄付イベントを行う理由

JAMの独自性は人材採用面にも表れている。一般的に金融商品仲介業で働いているのは、証券営業に必要な証券外務員資格を持つ、証券会社や銀行などからの転職組である。それ以外のケースは寡聞にして知らない。即戦力として、前職で身に付けた自分流のスタイルで顧客に接している。良きにつけ悪しきにつけ、和製ＩＦＡ市場が証券関係者の転職先市場として脚光を浴びたのもそれが理由であり、ＩＦＡ法人も「転職者歓迎」を打ち出している。

だが、堀江氏は違う。新卒者の採用に切り替えようとしているからだ。実際、２０２０年上期、堀江氏は全国を飛び回り、就職予定の学生６００人ほどと会ってきた。その中から30人ほどを3回に分けてインターンとして招いた。結果、２０２１年卒業予定者10名に内定を出している。その理由は明快である。

「証券会社に5年勤めても、大した知識が積み上がるわけではない。優秀といわれる人材を採用し育成してわかったのですが、その優秀さの理由は、知識面ではなく、元々、その人が持っている好かれる性格にあります。そうであれば、やる気のある新卒者を1～2年かけて教育して一人前にしたほうがいい。しかも、証券会社からの中途人材は、前職での待遇が良すぎます。したがって、証券会社からの人材では僕が考えているベースでの人材増強はできない。

とにかく、僕たちは当社を急拡大させたいのです。そのために中途採用は10人ほどに抑え、新卒者を毎年10人、20人と増やして育成する仕組みをきちんと作ります。金融志望に限らず、たとえば『起業したい』とか『世の中をこうしたい』とか、成長できる環境で働きたいと願っている学生を採用したいのです」

ＪＡＭにはもうひとつ、独自性が光る取り組みがある。それは顧客に向けた寄付イベントの開催である。具体的には提携先のＮＰＯ法人との対談イベントや現場体験会にＪＡＭの顧客を招待し、当事者意識を持って寄付を検討してもらうというものだ。

「お客様の中には『正しいことをやっている』と賛同してくださり、アドバイザーが訪問すると、１００万円単位の寄付をしてくださる方もいらっしゃいます」

堀江氏はこの取り組みは同社のブランディングになっているという。会社の価値が増す一方で、同社の絶対的なファンと言える顧客が増えているからだ。

「お客様から感謝され社員も喜ぶ。みんながハッピーになる。これはすごいことです。とにかく、当社は後発組で急拡大しなければいけない。そのためには、他社と同じことをしているわけにはいかないのです」

これほど成長にアグレッシブなＩＦＡ法人はないかもしれない。堀江氏も「僕たちの戦略は尖っている。他社とは違う。このペースで預かり資産を増やし続けて、まずはＩＦＡ業界のトップになりたい」と言い切る。しかも、である。

「それが僕らのゴールというわけではありません。とにかく、日本の金融業界を変えたいのです。だから、僕は当社がＩＦＡ業者といわれるのもあまり好まない」

強気発言の背景には、この1年間の経験と手応えがあった。

「お客様の家族の会に呼ばれます。野村時代に僕はかなり頑張ったつもりでしたが、そんな経験は一度もなかった。そんなことがあるとも思わなかった。しかし、ご家族全員を担当していると、『全員が集まるから、堀江さんも来て』と言ってもらえる。とてもうれしい瞬間です。社員にはお客様との関係をもっと深めている者もいます。『養子になってほしい』と言われている者もいれば、1円の収益にもならないのに、独居老人のお客様が引っ越したいと聞けば、遠方の転居先まで足を運んでマンションを探し、引っ越し当日には手伝っています。その後も四半期に一度は会いに行っています。普通の会社であれば怒られる行為かもしれないけど、僕はそんな気持ちこそ大切なのだと思います。それが当社の強みになっているし、当社の社員が去らない理由にもなっているのです」

確かに尖っている。しかし、尖っているからこそ錐のように壁に風穴を開けて、金融関係者が誰一人として見たことのない世界を見ることができるかもしれない。

ここまで、中桐氏、福田氏、そして堀江氏と日本の証券業界の挑戦者たち3人の取り組みを紹介してきたが、ここでいう挑戦とは「大手企業を飛び出した」ことを指しているわけではない。新たなビジネスモデルに挑んでいるという意味である。

次項では、既存の証券会社に身を置きながら改革に挑む挑戦者を紹介したい。

売れる商品でも売らない　「いちよし証券」武樋政司

確実な資産形成に資する証券会社を目指す

中堅の一角「いちよし証券」。「顧客のために」と唱えながら、不透明な手数料体系の商品を自社収益の増強のために追い続けている証券会社が目立つ中、顧客本位のビジネスを追求している貴重な存在だ。

金融庁が手数料の荒稼ぎである投信の「回転売買」を改めて強く戒めだしたのは、2014年ごろからである。当時は大半の証券会社で、顧客の投信保有の平均期間が3ヵ月ほどだった。以後、次第に長期化していまは3年程度となっているが、金融庁がそのように動き出す以前から、いちよしの場合は長期保有だった。顧客の平均保有年数は6年ほどである。同社がいかに先進的な動きをしていたかがわかるだろう。

そんな同社の姿勢が端的に示されているのが、「7つのいちよし基準」である。2000年に策定した、個人顧客向け商品に関する原理原則だ。

冒頭で「売れる商品でも、売らない信念」を宣言している。たとえ顧客が「ほしい」といっても、自社が「顧客のためにならない」と判断する商品は「売らない」という決意表明にほかならない。そして、次のような7つの商品と基本姿勢が並ぶ。


「公募仕組債は取り扱いません」

「債券は高格付けのみとし、不適格債は取り扱いません」

「私募ファンドを取り扱いません」

「個別外国株は、勧誘しません。外国株は投信での保有をお勧めします」

「投信運用会社は、信頼性と継続性で選びます」

「先物・オプションは勧誘しません」

「FX（外為証拠金取引）は取り扱いません」


同社が改革路線を走り続けてきたのは、個人の確実な資産形成に資する証券会社を目指しているからだ。そのために中長期の資産運用を提案するとともに、潜在的なリスクの高い商品は取り扱わない。それを明確化したのが「7つのいちよし基準」なのだ。証券業界にあって、これほど自社の営業姿勢を明確化し、それを守り続けてきたところはない。

たとえば、かねて仕組債は、そのハイリスク・ハイリターンな商品性と販売手数料の不明朗さが指摘されてきた。そのため、多くの証券会社は「5000万円以上の資産を保有している方にしかすすめない」などと条件を設定して販売している。だが、それは善悪を程度の問題にすり替えたに等しい。各社は収益的に苦しくなると、往々にしてその条件を引き下げがちだし、「お客様だけは特別に……」などと甘いセールストークで売り込んだりしている。不明朗な手数料体系を透明化する努力も払われていない。「程度の問題へのすり替え」とは、こういうことを生む土壌でしかない。

しかし、いちよしは違う。「やらない」のである。しかも、同社はこれを対外的にも明確化させるため、2009年にはポスター仕立てにした。畳職人が作業する手を大写しにした写真をバックに、「売れる商品でも、売らない信念」以下の言葉が躍り、そして、なぜ、そうなのかという自社の考え方を記している。

不退転の決意を表明し、自ら退路を断っているのだ。

この明確なスタンスの表明に注目したのが金融庁である。同庁は2020年7月3日に公表した「投資信託等の販売会社による顧客本位の業務運営のモニタリング結果について」の中でこう断言している。

「〔顧客本位の〕『原則』を実現するための取組方針が、依然、概念的な内容に留まっている（中略）など、顧客に対して、自社の取組や取組成果を分かりやすく情報発信する動きは限定的となっている」

要するに、「お客様のために」がお題目にとどまっているという痛烈な批判と言っていい。その上で、証券業界でただ一社、模範となる好事例を金融庁は次のように紹介した。

「当社では、内容が複雑で理解が難しいと思われる商品や明らかに中長期の資産形成にそぐわないと思われる商品などは、たとえ売れ筋商品であっても取扱わないとの方針を社内外に明確にするとともに、こうした方針に基づいて選んだ商品を顧客ニーズに沿って提案していく取組みを長年に渡り継続していくことで、顧客本位の業務運営の考えを販売員に浸透させていこうとする取組みが見られた」

「当社」とはもちろん、いちよし証券である。

大手に先んじて資本市場の透明性に寄与

同社は従業員数１０８９人、営業拠点49ヵ店。近畿圏、関東圏に拠点が集中しているといっても、それぞれ19ヵ店、14ヵ店である。規模的には典型的な中堅証券であり、派手さに欠ける社風も相まって、大手証券クラスより確かに知名度は劣る。しかし、光っている。「山椒は小粒でもピリリッと辛い」のである。やや横道に逸れるが、この社風を語るに相応しい話を紹介する。これもいちよし証券の独自性の一端が垣間見えるからである。

同社が株式を上場している東証一部では、近年、上場企業に対しコーポレート・ガバナンスの強化が要請され、さまざまな動きも広がりつつある。

あらためていうまでもなく、証券会社は資本市場の担い手として、資本市場の中でビジネスを展開し収益を上げている。したがって、上場証券各社は、上場企業の立場としてだけでなく、資本市場の中枢に拠って立つ立場としても、資本市場の透明性に積極的に寄与する姿勢が求められている。

そんな状況の中にあって、たとえば社外取締役の導入（２０００年）、委員会等設置会社への移行（２００３年）、社外専門家委員会の設置（２００６年）といった先見性のある取り組みを、大手証券クラスに先んじて実施してきたのも、いちよし証券なのである。

株主総会の開催スタイルも独特だ。上場証券各社のほとんどは、定例株主総会が最も集中する平日に行っている。一般的に、集中日に開催するのは株主の分散効果を期待しているからである。つつがなく総会を終えたいという気持ちの表れともいえる。

だが、いちよしは「当然」とばかりに土曜日に株主総会を開催している。しかも午前中に総会を終えると、午後には株主との懇談会まで催している。株主との忌憚ない議論を行うためである。この方式は、2001年以降、一貫して変わらない。

こうした独自路線を確立させたのが、同社会長の武樋《たけひ》政司氏である。

社運を懸けた20年ぶりの大改革

野村證券の常務を務めていた1993年、まだ大阪の地場証券の一社に過ぎなかった一吉証券（当時の社名は漢字表記）の副社長に転じ、1995年、社長に就任すると改革路線を突っ走って同社を中堅証券にまで成長させた中興の祖である。2020年77歳になるが、エネルギッシュな改革意欲はまったく衰えをみせない。

そんな稀有な証券会社が突如として収益上の変調を来したのは、2019年度第3四半期である。その前年から証券業界は株式相場の不振から赤字化しがちだったが、2019年度夏ごろからの相場回復で急速に収益も改善し、同四半期には各社が軒並み黒字決算を発表していた。その中で、いちよしは営業赤字から脱却できなかった。第4四半期は経常黒字化とはいえ、それは薄氷の水準にとどまり、2020年度に入っても、4月、5月は月間赤字。はたして、同社に何が起きたのか——。

実は、同社はその時、20年ぶりとなる改革に舵を切っていた。それも営業体制の土台まで変えるような大改革である。目先的な手数料収入に走らず、顧客に投信やラップの長期保有を提案するという従来路線をさらに徹底するとともに、全国のアドバイザーを管掌する地区本部を廃止し、本部が営業店に課す営業目標方式を営業店が独自に目標を設定する方式に変えた。目標設定も預かり資産残高、投信の純増額などストックベースであり、収益はその結果に伴って得られるという体系を強化した。それだけではない。アドバイザーが担当する顧客の再編も行った。

その激変が現場の混乱を生んで反動につながることは十分に予想できた。武樋氏は「営業部門としては、大変なことです。赤字にならざるを得ないことは想定していました。『やはり赤字になったか』という感じです」と苦笑いを浮かべる。裏返して言えば、「赤字を覚悟してまでの断行」である。

その意思を武樋氏が社内に改めて語ったのは、2019年9月27日、同年度下期の経営方針を伝える部店長会議の場である。全国から集まった部店長たちを前に、同氏はこう語りかけている。

「『売れる商品でも、売らない信念』のキャッチフレーズを社内外に明示して、他の証券会社、銀行がやっていない『お客様のためにならないことはやらない7つのいちよし基準』を20年間貫き通してきた。これは、いちよしの他社に対するアドバンテージであり、今後も継続していかなければならない。しかし、これは守りの資産運用・コンプライアンスであり、最低必要条件を満たしているということにすぎない。

我々がお客様の本当の信頼を得るためには、『お客様のためにやらないこと』は守り続けた上で、『やるべきことをやっていく』というお客様本位の営業姿勢の改革を、思い切って20年ぶりに社運を懸けて断行しなければならない。そのためには、今後、攻めの資産運用やコンプライアンスが必要になってくる。この改革の断行を本当にやらないと、お客様は離れていき、心ある社員も当社から離れていく。そう覚悟し、グループ一丸となって取り組んでいこう」

大きな店舗を分解し「一人店舗」戦略で攻める

近年、証券業界はスマート化し、やたらと小難しい英語を多用する経営者が少なくないが、えてして、表層的で中身のなさが感じられ、説得力や信憑性に欠けがちだ。鼻もちならない「上から目線」すら、聞く者に感じさせることがある。その点、武樋氏の話は明確である。「大きな反動も覚悟の上」という気迫がこもっている。

なぜ、覚悟が定まっていたのか。それは20年前にも一度、改革を経験していたからにほかならない。武樋氏が振り返る。

「日本版ビッグバン（金融改革）が始動する中で、我々も根本的にお客様本位になろうとしたのが20年前でしたが、それは大変でした」

野村時代、英国のサッチャー政権が１９８６年に断行した元祖ビッグバンを現地勤務で直に体験していた武樋氏には、「ビッグバン」に対する独特の感慨があった。「ジョバー（取引所で株式の売買に応ずる仲買証券会社）がすべて、瞬く間に外資に買収されてしまった」という、衝撃的な光景を目の当たりにしていたからだ。

米国や英国の証券業界では、「業者本位」から「顧客本位」へという革命的な動きが起こっていたことも敏感に察知し、危機感を抱いた武樋氏が20年前に着手していたこと――それが、株式、投信の手数料収入というフロー型ビジネスから、顧客に投信などの商品を長期保有してもらうストック型ビジネスへの転換だった。その際、武樋氏は他社に先駆けて預かり資産重視の経営指標とともに、ストック型ビジネスの定着化に向けて「コストカバー率」という指標を導入した。

コストカバー率とは、投信の信託報酬、ラップの年間報酬というストック収入を分子に、販管費・一般経費の総コストを分母にして割り出す比率のことである。算出値が高いほど、ストック型ビジネスの収益貢献度が高く、経営が安定することになる。近年でこそ「貯蓄から資産形成」に向けて、投信の長期保有を重視する風潮が強まり、この指標を採用する証券会社が増えたが、当時はどこも導入していなかった。もちろん野村も大和も、である。

ちなみに、コストカバー率を導入した２００１年は６％だったが、直近の２０１９年末には37・９％まで上昇している。ストックビジネスの安定収益基盤がそれだけ強固になったわけだが、武樋氏はこの比率を60％まで引き上げていくことを当面の目標としている。今回の改革が進捗すれば、比率も高まっていくことになる。

先行きにそのような展望を描いた矢先に直面したのが、新型コロナウイルス問題だった。同社も営業社員などの在宅勤務を強いられた。非常事態である。２０１９年度第４四半期でようやく浮上した営業利益は新年度に入って４、５月と再び赤字化したところ、武樋氏は次の時代を見据えた営業態勢作りにより一層力を入れるようになった。

「ネット証券ビジネスはこれからもやらない。しかし、デジタルは活用する。テレワークはこれからも生かしていく。対面チャネルとデジタルチャネルのハイブリッド外交だ」

そうした中で、今後、具体化させようとしているのが「一人店舗」だという。アドバイザーが一人だけで運営する店舗である。これを武樋氏は「アメーバー店舗戦略」と呼ぶ。

「大きな店舗を分解して、小型店舗のネットワークを構築していく。関西発祥の当社は関東圏の店舗ネットワークは弱い。その強化策としても導入する。これによって店舗コストを抑制しながら顧客接点を充実させていく」

社内改革の絵図面を早期に実現しようとするいちよしは、コロナ禍をそのためのバネに活かしつつある。

仕組債販売も回転売買も「絶対に認めない」

話を20年前に戻そう。いちよしが他社に先駆けたのは、コストカバー率の導入だけではない。それを引き上げるための工夫も重ねた。たとえば、かつて証券会社の支店内には株価ボードが設置されていたが、それを社内で猛反対にあいながら初めて撤去したのがいちよしであり、店頭のカウンターをいまのブース方式に変えたのもいちよしである。やはりその後、他社が次々に追随した。その当時の判断を武樋氏はこう説明する。

「長期投資をおすすめするスタイルに、時々刻々と価格が変わる株価ボードは必要ではなかったし、そのお客様ごとに適した投資をじっくりとご説明するにはブース型が適していたからです」

そして、「いちよし基準」である。いまだに「濡れ手で粟」の安直なセールスによる手数料ビジネスに浸り切っている証券会社もある中で、いちよしは20年前にはそれとは縁を切ってしまった。しかし、これだけは他社も追随しなかった。つまり、同社だけが収益機会を捨てたことにもなった。

たとえば、これまで幾度も指摘してきた投信の「回転売買」は、回転するたびに証券会社に手数料収入がもたらされる。それが3ヵ月サイクルであれば、同じ顧客の同一資金から1年に4度の収入機会ができる。しかし、同一資金での投信保有期間が6年となると、販売当初の手数料だけである。収益チャンスの喪失は著しい。信託報酬といった保有によって得られるストック収入基盤が整うまで、その苦しさにぐっと堪えて顧客本位に徹しようと踏ん張ってきたのが、いちよしの「大変だった20年」なのだ。

とりわけ厳しかったのが、当初の3年連続赤字という局面だ。

「『いちよし基準』の徹底を図ったわけですが、収益的には厳しかった。支店長からは『他社がやっているような仕組債をやらせてほしい』と懇願され、役員からは『社長、このままでは株主総会を乗り切れませんよ。社長の立場が危ない』と脅されました（笑）」

ライバル他社は、一見、おいしそうな仕組債や高配当を謳い文句にした投信などを武器に、顧客を奪いにやってくる。そのような憂き目にあった支店長たちの思い余っての懇願だったが、それでもなお、仕組債販売も、投信のテーマ型ファンドを次々に顧客にすすめて手数料稼ぎをする「回転売買」も絶対に認めなかった。

そして、4年目になってようやく現在の営業スタイルが定着し、信託報酬などのストック収入基盤が強化され、黒字決算に復帰できた。

「命がつながりました」

武樋氏は苦笑まじりにこう振り返るが、ならばなぜ、いま、再び改革なのか。

「やはり、ゆるみは生じかねない。しかし、それだけではありません。お客様本位のビジネスへの社会的な要請が、従来にも増して強くなっているからです。長寿化が著しい中で、資産の運用と管理はきわめて重要になっている。私はかつての改革の時、部店長会議の場で『賽は投げられた』という言葉を使いました。日本版ビッグバンが求めるのは、従来の手数料収入に依存するフロー型ビジネスモデルから、ストック型ビジネスモデルへの転換です。それは当時の証券会社にとってルビコン渡河といえるものでした。

当社はそれを実行し、川を渡ったつもりでいましたが、改めて考えると、当社は渡河したものの、河畔をうろうろしているといっていいように思えました。であれば、ここで再び、命がけの改革に挑まないとローマにいきつけないと決意したわけです」

いちよし本体とＩＦＡ法人の二枚看板で顧客本位を強化

新改革のメニューの中で、最も劇的なのがＩＦＡモデルの導入である。従来通りの対面証券会社は堅持しつつ、それと並行して、システムなどを供与するＩＦＡプラットフォーマー事業を運営するとともに、自社も100%子会社のIFA法人を新設するという、前代未聞のモデル改革である。

「金融商品仲介業は顧客本位の追求に向けた制度として導入されました。その意味は大きい。取り組むだけの価値はあります。一方、当社は収益目標を廃止したとはいえ、やはり、目標はあります。評価体系もある。そこに異なるビジネススタイルを導入することは難しい。そこで、別会社を設立して、いちよし本体とIFA法人の二枚看板でお客様本位を強化していこうと判断しました」

いちよしは他社に比べて、支店長など幹部の異動周期を長期化させているとはいえ、やはり人事評価体系とキャリアパスは連動しており、一定の異動システムが定着している。それを異動なしで同一エリアに勤めて同じ顧客に接し続けるという仲介業的な人事モデルに一気に変えるというのは、やや拙速かもしれない。

たしかに、顧客と長く寄り添ってこそ信頼は得られるものだ。実際、米国では独立したFAはもちろん、組織に属しているFAも基本的に会社都合の異動はなく、顧客とのロング・リレーションを構築している。

かといって、定期異動を一挙に撤廃というわけにもいかない。この理想と現実のギャップのような状況を打開するためにいちよしが編み出した構想が、本体とIFA法人子会社の両立だという。加えて、同社はすでに一律の定年退職制度を撤廃している。銀座支店では、70代のベテラン社員が長年の経験に基づく投資アドバイスを提供し、顧客の信頼を勝ち得ているという現実もある。

とはいえ、前代未聞の挑戦ではある。近年、地方の地場証券会社が会社ごと金融商品仲介業に転身するという動きが現れているが、２００4年に金融商品仲介業が誕生して以来、証券会社がＩＦＡ法人を兼営するというようなケースはない。しかも、いかにして、いちよしマインドを維持していくのか。武樋氏の解答は明快である。

「当社はシステムなどの利用提供のプラットフォーマーとなり、ＩＦＡ法人との提携を行います。それとは別に、当社の１００％子会社であるＩＦＡ法人も創設する。そこでは、外務員、つまり、アドバイザーを採用し雇用契約を結びますが、提携するＩＦＡ法人も、当社子会社と雇用契約を締結する外務員も、当社の考え方に賛同してくださることが条件となります。取扱商品もいたずらに広げるつもりはありません。ファンドラップと中小型株投信など当社としての独自性を維持します。お客様には中長期投資を提案することが前提条件です。もちろん、当社のコンプライアンスを遵守してもらいます」

いかにチャネルを多様化しても、いちよしが長年にわたって培ってきた価値観は徹頭徹尾変えないという考え方である。

「今回もやせ我慢する」

既存のプラットフォーマーであるネット専業証券会社なども、ＩＦＡ法人にはさまざまな基準を設けている。それをクリアしない限り、提携しないようにしているものの、取扱商品に制約はほとんどなく、ビジネスのあり方はＩＦＡ法人の考え方に任せている。したがって、同じプラットフォーマーの下で、中長期投資の提案に徹しているＩＦＡ法人もいれば、既存の証券会社の営業さながらに投信の短期売買や販売手数料率の高い投信を優先的に販売するＩＦＡ法人もいるという、玉石混交モデルができ上がっている。

しかし、いちよしのモデルでは「顧客の安全な資産形成のために『売れる商品でも、売らない信念』を理解し、実践できる」ビジネスの盟友しか集えない。

もちろん、提携相手の仲介業の収益は、サービスの対価として顧客から得られる手数料や、運用報酬などをプラットフォーマーとどの程度の比率で分け合うかで決定する。そのため、プラットフォーマーとの経営理念の共有化よりも、収益の按分比率の高さのほうを優先する仲介業者は少なくないかもしれない。つまり、いちよしが導入する厳格なルールに基づく金融商品仲介ビジネスに魅力を感じ、参画したいと思うＩＦＡ法人が現れるかどうかは予断を許さない。

だが、いちよしがＩＦＡ兼営モデルを開始すれば、その成り行き次第で前回の改革時と同様、他の対面証券会社が追随することは十分あり得る。その際、顧客本位の考え方を徹底できず、仕組債販売を無秩序に拡大したり、テーマ型投信の乱売で実質的に手数料稼ぎを続けたりしている「従来の対面チャネルの代替手段」として参入する企業が出てくれば、この新しいビジネスモデルすらも一緒に玉石混交に陥りかねない。

いちよし証券の「大変だった20年」が物語るように、顧客本位の徹底は厳しい道のりである。とりわけ従来、実質的には自社本位のビジネスを展開してきた証券会社が顧客本位に舵を切れば収益悪化は避けられない。

それでも、あえて真の顧客本位に挑むことができるかどうか。

既存の証券業界も金融商品仲介業もそれが試される最後の瞬間が刻々と近づいている。

ＩＦＡ兼営モデルも含めた新たな改革への思いを語った武樋氏は最後にさりげなく、こうつぶやいた。

「顧客本位の徹底に向けて、今回もやせ我慢して、のたうち回ります」

レジェンドは、いまだに挑戦者としての気概をいささかも失っていない。

第４章　進化を止めた絶対王者・野村の苦悩

金融庁が重視し始めた「プリンシプルベースの規制」

資本市場では絶えず、新たな仕組みが生み出され続けている。オプション、スワップなどの金融技術が編み出されて以降、特に拍車がかかり、枚挙にいとまがないほど新商品が組成され続けている。それを過剰に抑え込むと、資本市場のダイナミズムが失われる面があることは否定できないが、放置すると、無法地帯と化してしまう危険性はある。

そこで、次第に問題視されてきたのが、絶えず新たな商品やサービスが生み出され続けている動きに規制が追い付けないという状況である。

2019年12月10日、金融庁が設置している金融審議会の市場ワーキング・グループの会合には、事務局である金融庁から「顧客本位の業務運営に関する日本と欧米の対応」と題する資料が提出された。

その資料の一節にはこう記されている。

〈従来、金融商品取引法（金商法）では、投資者保護等の観点から、必要に応じて個別具体的な行為規制を追加し、これに基づき行政対応が行われてきた。今後とも必要に応じてこうした対応を行っていくことが考えられるが、新たな問題が発生した場合

に監督上の措置を行使できない、機動性に欠けるといった指摘もある。〉

一方、同資料では〈近年、販売業者に関しては、以下のような不適切な事例が指摘されている〉として、二つのケースを紹介している。

〈顧客の属性や意向に照らしてリスクの高すぎる取引や回転売買など過当な取引〉

〈顧客が契約内容やリスクをよく理解していない取引（結果的に顧客の意向に沿っていない取引）〉

金融商品取引法などでは、これらの事例を具体的に禁止しているわけではない。そこでクローズアップされてきたのが、「包括的な行為規制」という考え方である。表現を変えると、明文化されたルールベースの規制と並ぶ、プリンシプルベースの規制だ。

この「プリンシプルベースの規制」の存在が一躍、注目された事件がある。２０１９年、野村證券が引き起こした出来事だ。本章ではこの一件を起点に、日本の証券業界の象徴ともいえる野村の近況と将来について論考したい。

金融業界が色めき立った「野村買収」情報

持ち株会社である野村ホールディングスを頂点に、証券会社や資産運用会社などが子会社として存在している野村グループ。収益力や顧客預かり資産の規模等、他社の追随を許さない地位を築いているが、このうちの野村證券は過去、巨大な損失を発生させたり、違反事件を引き起こしたりするなど、ネガティブな面でも目立ってきた。他社の追随を許さない絶対王者としての立場が、それらの出来事をことさら際立たせた面もある。

その野村グループに対して、金融庁が厳しい行政処分を発したのは2019年5月28日のことだった。東京証券取引所が設置していた「市場構造の在り方等に関する懇談会」で交わされた議論の一部の内容を漏洩し、悪用したというのが行政処分の理由である。

ただし、その行為は厳密な意味では、内部情報を用いた特定の者への投資利益の便宜供与というような、インサイダー規制など明文化された規制に違反したわけではなかった。それにもかかわらず、野村グループは業務改善命令を受けた。なぜだろうか。その理由を金融庁はこう説明している。

〈本件行為は、法令等諸規則に違反する行為ではないものの、一部特定の顧客のみに市場構造に関する東証における検討状況に係る情報を提供して勧誘する行為であり、

資本市場の公正性・公平性に対する信頼性を著しく損ないかねない行為であると認められる。〉

行政用語で表現されているのでわかりにくいが、要するに、法律に記された個々の条文の内容に抵触したわけではないけれども、そもそも法律を作った目的、法の精神に対する違反行為に当たる、という結論である。個人の道徳に相当する商道徳に反していると言い換えてもいい。これが「プリンシプルベース」にほかならない。

プリンシプルベースに基づく行政処分は本件がはじめてだったわけではない。

2008年には野村證券が、2017年には中堅クラスの岩井コスモ証券が行政処分を受けている。ところが、この時の野村処分の直後、証券業界では「なぜ、法律違反ではないにもかかわらず、罰せられるのか」という野村擁護論的な声が少なからず上がっていた。それは「プリンシプルベースで行為が罰せられる時代に変わった」という認識が、まだ証券業界に浸透していなかったからだろう。

証券業界は社会の変化に対して鈍感で、変化の速度に追いつけなくなっている。「老後資金のご相談に」とアピールしながら、必ずしもその資金性格には適合しない商品を販売していても、おそらく「法律違反行為ではないのだから問題ない」と考えているにちがいない。しかし、いまや、その人に適した商品であるのかどうかという「適合性の原則」は厳格化される方向にある。

ところが証券業界の発想は、明文化されたルールベースの枠から出ず、「違反行為でなければ構わない」という独善的な判断を下し続けてきた。そんな価値観はもはや時代遅れになっているにもかかわらず、である。これでは証券業が持ち前の特性と言える「変化の先取り」などできるわけはなく、自らを進化させることは期待できない。

野村による事件は、トップ証券会社ですら、その隘路に陥っていたことを如実に物語るものにほかならなかった。しかもこの年、同社では若手社員、元社員による不祥事も発生した。社会的な信用が堕ちたことはいうまでもない。これらに収益悪化も加わり、危機的な様相すら深まった。

そこで、野村は巨額の赤字が確定的になった2018年度の決算発表に先立ち、コスト削減を主軸とする事業改革を打ち出した。しかし、事業改革のアナリスト説明会はその発表内容以前の問題として、壇上で説明する永井浩二グループCEO（当時）など経営陣の重苦しいムードのほうが目立った。

当時の野村にとって、事業改革の最優先の課題はコスト削減だったといえる。なぜなら、巨額赤字決算が確定的な中、同社には格下げリスクが高まっていたはずだからだ。グローバル展開している野村にとって、一段の格下げは厳しい。グローバル・プレーヤーとしての資格を失いかねないリスクがあった。

それを受けて、株価が大幅な下落を来していた野村の周辺では、「単独生き残りは危うい」という見方が高まった。実際、一部のメガバンクと外資系投資銀行は色めき立っていた。もちろん、野村買収に向けて、である。ある外資系証券が「1兆円もあれば野村に敵対的買収できる」と語ったという噂も流れた。その意味では、コスト削減を主軸とする事業改革と、それによる自社株価の改善は、それらの買収圧力への野村の抵抗だったとすらいえる。

野村HD前CEOが吐露していた「潰れる恐怖」

実は世界的に見ると、野村は稀な証券グループになっている。これは日本型の総合証券モデルが稀有だから、ということだけではない。欧米の投資銀行はリーマンショックのさなかに銀行持ち株会社化して、「証・銀一体モデル」に移行したからだ。

そうした情勢の中で、野村は乗り遅れたか、あるいは、ポジションを死守したのか、その解釈はともかく、純粋証券モデルを貫いてきた。その立場に危うさが高まったのが、2018年後半から2019年前半にかけての局面だったといえる。

2019年5月、筆者は永井氏にインタビューしている（現代ビジネス〈野村HD・永井CEOの告白「我々は今『潰れる恐怖』と戦っている」〉）。永井氏は2012年の増資インサイダー事件に伴う経営刷新でトップに躍り出た人物であり、すでにCEO就任期間は6年8ヵ月に及んでいた。その人物が発したのは、「このままでは潰れてもおかしくない」という強烈な言葉だった。社内外からの激しい批判を浴びる結果を招いたが、インタビューした立場にしてみれば、これは率直な発言だったと思う。少なくとも、はたで見る限り、単独生き残りに危うさが増していたのは間違いないからだ。

しかし、その危うさは相次ぐ不祥事や赤字決算だけでは説明できないものだった。より本質の部分で、野村は危険水域を漂っていた。それは、時代の流れに背く〝野村らしさの喪失〟といっていい事態でもある。

野村らしさとは何か。それを探るヒントは、同社が1986年9月に刊行した社史『野村證券史1976―1985』の最終ページに記してある。この社史がまとめられた時代、リーダーシップを発揮していたのが故・田淵節也氏である。田淵氏といえば、社長・会長として野村の黄金期を導く一方、のちに暴力団との取引、損失補塡などさまざまな事件の責任を問われた人物でもある。当時、坂道を上り続ける野村を率いていた同氏は、社史の最終ページ「跋《ばつ》」で次のような一文を遺している。

〈野心的な仕事に数多く挑戦できたという点で、われわれはたいへん幸せであった。また、日本経済の未曾有の発展がわれわれを支えてくれた。（中略）草の根のたくましさ、バイタリティある行動力、そして謙虚な向上心の重要性について、思いを新たにしていただきたいと思う。それが、お客様の期待に応え、新たなる資本市場の歴史を、自らの努力と創意によって築き上げていく確かな道だと信ずるからである。〉

この頃の野村は、先進的な米国資本市場を徹底的に調査し、次々に資本市場の新たな仕組みの導入に動いていた。その実現に向けて国が法整備する時、野村はすでに内部体制を整備し終え、新たな仕組み、市場が創設されるたびに、圧倒的な先行者メリットを享受できるポジションを築き上げた。しかし、野村の成長を後押ししてきた日本経済の未曾有の発展が終わると、野村は新たな資本市場の歴史を拓く努力と創意を失ったようだ。

田淵氏の言葉を借用すれば、「新たなる資本市場の歴史」の扉を開き続けてきた野村は野心が薄れ、巨大化によって草の根のたくましさも弱まり、組織の硬直化でバイタリティも謙虚さも忘れがちになり、時代の変化に呼応した進化を止めてしまったように見える。

これを別の言葉で表現するのは、大物ＯＢの一人である。

「野村は絶えず、銀行と戦ってきた。たとえば銀行の預金のような安定的な資金調達手段を得ることにエネルギーを費やし続けた。そして、制度改正なども含めて、それらを実現していくにつれて、チャレンジャー的ではなくなってしまった」

社史の「跋」の内容と、この発言、さらにいえば、近年の野村から感じられるのは、改革者のイメージの希薄化にほかならない。

ソフトバンクの株式上場時に演じた「厳しい結末」

それを印象付けた出来事がある。２０１８年12月19日に実現した、「ソフトバンクグループ」による傘下の携帯事業会社「ソフトバンク」の株式上場である。この事案は「親子上場」という点でも批判が集まったが、問題はそれだけではなかった。引受主幹事証券の野村が中心となって策定した上場計画の内容が、策定直後に起きた環境変化の中で妥当性が疑われる事態になったにもかかわらず、野村は上場スケジュール、売り出し価格の設定等々を見直すことなく、割当金額６３００億円の新株売り出しに踏み切った。得意の個人投資家への販売のエンジンを全開させたのである。

その結末は厳しいものだった。上場日の終値は、売り出し価格（１５００円）を15％も割り込んだ１２８２円——同株式が終値ベースで１５００円を超えたのは、株式相場全体が大きく値上がりした８ヵ月先の２０１９年８月16日のことだった。

もっともこの事態は、予想外だったわけではない。むしろ、多くの市場関係者が想定し、危惧していた顛末である。現に、この案件で引き受け幹事に加わった銀行系証券会社の一社は、「個人投資家への損失発生は必至であるという結論となり、結局、割り当て株式数の全額を売らずに自社で抱え込まざるを得なかった」と明かす。

実は、この上場を巡っては、野村内でも議論が分かれていた。「少なくともスケジュールの延期を」という声も出たのに対して、ソフトバンクとの窓口となっていた法人部門は「予定通りの上場」を決して譲らず、結局、法人部門の主張が勝って野村は突っ走った。苦戦続きの立場が無謀な戦略に走らせた面もあったかもしれないが、奇しくもこの時、野村は自身がきわめて古臭いモデルに拘泥していることを露呈させたことになる。

時代遅れの「日本型総合証券モデル」

野村の、大企業取引のホールセール部門と個人マネーの吸収を担うリテール部門が一体化された総合証券モデルは、高度経済成長期には有効だった。企業の新規上場、増資等々を主幹事証券として引き受け、その株式をリテール部門が個人投資家たちに販売するスタイルである。

本来、資金調達者と資金提供者は、コスト（価格）面で利害が対立する立場にあるが、高度経済成長期にはそれが顕在化しなかった。マクロ経済の高成長率を背景にした株式相場全体の押し上げが、その利害対立構造を見えなくさせたからだ。このような状況の下で野村を筆頭とする証券業界は、新規上場案件の獲得と、いわゆる新規公開株を優先的に販売する営業をフル稼働させて巨大化する「日本型総合証券モデルの楽園」を築いてきた。

しかし、とうの昔に高度経済成長期は過去のステージとなり、日本が成熟経済のステージに移行してから相当の歳月が経過している。もはや高い経済成長が株価水準全体を底上げすることはなく、株式を発行する企業と、その株式を購入する投資家の利害が明確に対立するようになった。

発行企業は、自社株式の価格が高く設定されて多額の資金調達ができることを望む一方、投資家は上げ余地のあるような安い株価設定を期待する。このような利害の対立を解決するのが適正価格の設定だが、これはいうほど容易なことではない。そもそも、価格の妥当性というのがあったとしても、それがある程度わかるのは機関投資家など、ごく一部に限られる。

その点を重視する米国などでは、新規公開株式の消化先から個人投資家を除外して、機関投資家に限定する制度を設けている。しかし、日本では依然として、新規公開株の募集対象は個人投資家がメインであり、いまだに利益相反構造を内在するホールセール、リテール一体型の総合証券モデルが続いている。その時代遅れの仕組みの中で、総合的なパワーを発揮し続けてきたのが野村にほかならない。

蓋然性が失われた「手っ取り早い儲けの仕組み」

2018年夏以降、野村はソフトバンクの株式上場案件について、万が一上場スケジュールの延期などの見直し措置に動こうものなら、「重要顧客ソフトバンクの機嫌を損ねかねない」と恐れたのかもしれない。

だとしたら、価格設定の前提が変わったとすらいえるソフトバンク株式の販売の対象となって、同株式を購入した個人投資家が被りかねない損失は恐れなかったのか。それによって個人投資家からの信頼が棄損しかねないことを懸念しなかったのか。

あるいは、米国のように新規公開株式を機関投資家に限って販売するという仕組みを率先して導入していたら、どんな反応が起こっただろうか。おそらく、「売り出し価格は適正水準にはない」という理由から購入を手控える動きが相当に広がっていたはずである。

しかし野村はそれらのすべてを棚上げし、老朽モデルのエンジンを全開で吹かせて、少なくとも新規上場から長らく、個人投資家に含み損失を与えてしまった。しかも、この事案で矛盾と利益相反構造を露呈させたホールセール、リテール一体型の総合証券モデルに対する見直しの動きはまったく起きなかった。確かに野村社内からは「やはり、引き受け玉は機関投資家に限るのが妥当だった」という声を聞いたが、それは個人的な見解の域を出るものではない。むしろ、次のような弁明のほうが目立つ。

「日本には機関投資家が育っていない。したがって、個人投資家に販売せざるを得ない」

もちろんその点は否定しない。たとえば、アセットマネジメントは「わが国の金融領域で唯一の成長分野」と言われ続けてきたが、いつまで経っても「成長分野」と期待され続けているほどに、成長し切れていない。

その背景にあるのが、日本特有の系列構造とその歴史だ。

わが国の金融は、アントレプレナーが独立して事業を開始するという展開で多様化したわけではない。大銀行、大手証券がその系列子会社を生み出すパターンで広がってきた。そのほとんどは以後も独立せず、子会社のまま親会社と密接な関係を続けている。子会社は親会社に資本のみならず、収益機会も依存し、親会社は自社の都合に合わせたグリップを子会社に利かせてきた。したがって、子会社が顧客の支持を得て独自に成長する土壌は皆無に等しく、あるべき成長は阻害され続けた。

利益相反構造を放置してきた背景を巡って、野村関係者が語る「日本に機関投資家は育っていない」という指摘は間違っていない。正論ともいえるが、それならば実質的にアセットマネジメントを１００％子会社として保有し続ける野村自身も、その正論の前にひれ伏す立場でしかない。

高度経済成長期には相応しかった「手っ取り早い儲けの仕組み」は、すでにその蓋然性を失っている。むしろ、個々の顧客への質の高い商品、サービスの提供こそが求められる成熟社会の中では、時代遅れの「危うい仕組み」と化している。

この「時代遅れ」という感覚がまるで浸透してこなかったのが証券業といっても差し支えなく、それは人事制度にも顕著に表れている。第１章でも触れたが、総合証券モデルというごった煮的なビジネススタイルの中で、いまだに３年周期の人事異動を連綿と継続し、各地、各セクションでつつがなく業績を上げた社員が昇格していくキャリアパスである。野村は近年、在任平均期間を３年から５年に原則的に延長したが、それすら、途上といえば途上にすぎない。３年から５年への移行の根拠も見えない。

これは証券業界に限らず、金融ビジネス全般に共通する特徴といっていい。

経営陣が責任を回避し自らの立場を守るためのシステム

つまり、各地、各セクションにおいて、社員、商品、サービスの本質的な向上よりも、短期的な営業実績を達成する仕事しか求めてこなかった。中でも証券業は、損失発生などで顧客とトラブルが生じた際、会社の逃げ道工作の一環として、この人事制度を活用してきた面すらある。「お客様に寄り添います」「長いお付き合いをお願いします」などと営業担当者がいうのは本音の言葉なのか、疑わしく思えてしまう。

率直にいって、これは「金融のプロ集団」がやることではない。結局、この仕組みは経営陣の責任を回避し、自らの立場を守るためのシステムであって、顧客満足度を向上させるものではないのだ。いわば「真のプロフェッショナル」を育ててないようなシステムが連綿と踏襲されてきたのではないか。壊れたり使えなくなったりしたら捨てればいい。代わりはいくらでもいる。そんな都合のいい社員だけがいれば十分、とでも思っているのだろう。

ところが、社会は大きく変わった。金融リテラシーは向上せずとも「巨大な看板を掲げた大企業が正しい」というような価値観は、もはや利用者の間でも薄らぎ始めている。「長いお付き合い」といっておきながら、短期のうちに担当者が入れ替わる、売り手都合のやり方に対する猜疑心は強まっている。

なぜ、顧客が担当者を選べないのか――そんな原理原則的な疑問を社会は抱き始めている。「本当に専門家なのか」と品定めもしだしている。

そうした社会の変容との整合性がとれない時代遅れの仕組みの中、いま、優秀な若手社員たちが証券業という名の職場を見限り始めたというのが、相次ぐ人材流出劇の本質である。仕事の意義を深く認識し理解した者ほど、いまのままでは自身がプロフェッショナルになれないことを見透かし、見切りをつけている。

新たなビジネスワークに挑みたくとも、短期的な営業実績を求める風潮は依然として残り、導入された新制度もその効果を測るまで時間を要する。変化が見えない組織の中で優秀な社員ほど愛想を尽かしているといえる。

硬直化した組織の中で優秀な若手ほど愛想を尽かす、「自業自得の結末」といえよう。そのような人事制度を維持するために、本部は人事セクションや営業店管理セクションに膨大な人員を配置しているが、それらはしょせん、コストセンターの膨張でしかない。本来、デジタライゼーションの波を受けて、最も早くデジタル技術にとって代わるべきなのが間接部門であるにもかかわらず、未だに膨大な人員を配置して、営業現場に対する収益積み上げのバイアスとなっている。この悲劇的な構造のもと、現場の優秀な人材は消耗し、証券業はプロ集団になれず社会との乖離を甚だしくさせている。

それを指摘すると、「巨大な組織だから」「実力主義は大切だ」などという話が経営陣や本部エリートから発せられるが、これは組織の硬直化を放置し続けていることへの言い訳でしかない。組織が巨大で動けないならば、分社化、会社分割すればよい。

機能別分化が本物のプロ集団を作り、毎月のノルマ達成のために実績を積み上げるような刹那的で底の浅い実力主義を粉砕するだろう。

優秀な人材の流出はいま、優秀な人材を集めた大手金融企業で必然的に起きている。

はたして業界トップの野村はどうするつもりなのか。

野村HD新CEOの考え

2020年4月、新しいグループCEOに奥田健太郎氏が就いたトップ人事は、おそらく野村にとってラストチャンスになるだろう。野村も奥田氏もそれを強く意識しているはずだ。その気配は3月に打ち出した新執行役員人事にも表れていた。その半数を野村プロパーではない中途入社組が占めていたのだ。

そもそも、同氏は優秀な人材の流出を念頭に置きながら、組織の硬直化を懸念してきたとされ、周囲には次のように指示しているという。

「仕事の魅力をいかにして高めていくのか。社員たちがやりたいと思っていることをどこまでやらせるのか。この点を真剣に考えていかないと職場に閉塞感が募る」

「しっかりと変えていかなければならない」

奥田氏は海外との密接な連携が求められる投資銀行業務にそのキャリアの大半を費やし

てきた。そんな奥田氏について、野村内には社長就任を訝る声もあった。国内営業、つまり、リテール部門の経験がないからである。海外部門などが不振を極めるたびに、つねに国内営業のエンジンが全開となって、海外の落ち込みを穴埋めしてきた経緯がある野村にとって、国内営業は「最後の砦」である。伝統的な国内派にはその自負があるだけに、必然的な下馬評だったともいえる。

しかし、いま、伝統的なリテール営業が野村の未来を明るくさせるわけではない。むしろ、時代遅れのビジネススタイルに拘泥すればするほど、未来は暗くなっていく。過去の高い実績は称えられこそすれ、未来を保証するものではなく、逆に桎梏にすらなりかねない。

それを裏付けるように、金融ビジネスの枠組みは大きく変わり始めている。その背景にあるのは、これまで繰り返し指摘してきたように、金融サービスの品質向上への社会的要請である。野村自身が辛酸を舐めた、前述のプリンシプルベースの監督方針の重視がまさにその象徴といえるが、世界に視野を広げるとそれはさらに加速してきている。

米国の「レギュレーション・ベストインタレスト（以後、ＲＢＩ：顧客の最善の利益に向けた規制）」や、欧州の「第２次金融商品市場指令（ＭｉＦＩＤⅡ）」がそれである。

プリンシプルベースに急ぐ世界の動き

米国証券取引委員会が策定し、2020年6月に完全実施されたRBIは、証券販売業者、投資アドバイザーを対象とする厳格な規制で、「個人の顧客に証券などを推奨する際には、その顧客の最善の利益のために行動しなければならない」ことを定めている。

その対象は非常に広い。販売業者が推奨に関して業者資格で行動し、顧客の取引、資産保有、口座に適用する重要な手数料やコスト、そして、サービスの範囲を明確に開示することを義務付け、推奨行為に伴う利益相反に関する重要な事実も開示対象である。とにかく、利益相反の回避のための規定は厳しい。たとえば、限定された期間内における特定の証券または特定の種類の証券の販売に基づく販売競争、販売ノルマ、ボーナス、現金以外の報酬を特定し、それを排除することを求めている。

これらをわが国の実情に重ね合わせるとどうなるのか。

仕組債の隠れた手数料は開示を求められ、ホールセールと一体型の組織体制が生む利益相反の構造も、きちんと顧客に説明しなければならない。報酬体系の抜本的な見直しが不可避となる。

RBIの完全施行より2年以上も早く欧州で導入されたMiFIDⅡも、同様である。「顧客の最善の利益という目的に従って、誠実、公正、かつ、職業専門家としての行動」

を義務付け、そのために利益相反の回避、開示義務、適合性の原則の遵守を具体的に強く要請している。

たとえば利益相反の回避策として、顧客ニーズに適合する金融商品とは異なる特定の商品を推奨し、それにインセンティブを与える報酬体系や販売目標の設定を禁止している。開示義務としては、投資サービスなどの提供に際し、顧客が全体のコストとリターンに関する累積的効果を理解できるよう、すべての費用及び関連手数料を統合的に開示する必要があるとしている。ここでいう「すべての費用及び関連手数料」とは、投資サービスの提供者と顧客の相対関係だけではなく、調査会社など第三者に関わる支払いも含む広範な概念である。

この二つの規制について、「外国の規制なので、わが国は無関係」と高を括る向きが当初はあった。仮に関心を抱いたとしても、「明確、具体的な行為規制ではなく、プリンシプルベースにすぎない」という軽い受け止めにとどまっていた。

しかし、ドメスティック証券の感覚といえばそれまでだが、それは楽観論に過ぎなかったことが次第に明らかになりつつある。欧州で先行導入されたＭｉＦＩＤⅡの影響が、ジワジワと日本にも及んできているのだ。

「ワン・オブ・ゼム」に成り下がった野村

たとえば、かつて証券会社が運用のためにつくったレポートや調査資料はアセットマネジメントに無料提供されていたが、同規制の導入以降、有料化が義務付けられた。その結果、日本の証券会社がつくったレポートは、カネを支払ってでも読む価値があるか否かが厳しく問われるようになった。「価値のない情報」に費用を支払うのは、ムダだからだ（いまは、いちよし証券による日本の中小型株式に関するレポートが有料購入されている程度である）。

また、日本企業が機関投資家を訪問するIR活動も、証券会社がそれを仲介する場合、機関投資家は証券会社に費用を支払うことが義務付けられたため、日本企業の多くが欧州の機関投資家に篩に掛けられるようになっている。結果として、国内では優良企業と見なされている超大手企業ですら、「世界シェアはわずかである」という基準から欧州の機関投資家からは重要視されなくなった。

それに伴い、外資系をも含む大手証券が実質的に日本の上場企業へのサービス行為として行ってきた欧州機関投資家へのIR訪問セッティング業務は困難化し、訪問サービスを企画し企業と帯同訪問するチームが縮小・解散し始めている。

いずれ日本にも、米国のRBIや欧州のMiFIDⅡに匹敵する規制が導入されても一向に不思議ではない。なぜなら、証券ビジネスの実情がその必要性を高めているからにほかならない。

その意味でも、やはり、最大規模の日本型総合証券モデルを広げてきた野村に視線を向けざるを得ない。自業自得のケースも含めて、幾度もの苦境に直面してきた野村はそのたびに「原点に戻って」「第二の創業」という言葉を放ちながら復活を遂げてきた。しかし、かつての輝きを完全に取り戻したわけではない。言ってみれば、かつては「オンリー・ワン・プレーヤー」だった野村は、規模は巨大でも構造的にはどことも変わらない「ワン・オブ・ゼム・プレーヤー」でしかなくなっている。

社会の変化に合わせて規制環境がガラリと変わる中で、生き残りのカギは規模ではない。どこよりも早く、時代に即した経営形態へと脱皮することである。

いまの野村に見える「変化の兆し」

実は、いまの野村にその気配を感じないわけでもない。きわめて限定的なことではあるが、2020年3月16日、野村グループはつみたてＮＩＳＡ制度の対象投信として、野村證券、野村アセットマネジメント、野村信託銀行の3社がすべて、顧客負担の信託報酬をゼロに設定した商品「野村スリーゼロ先進国株式投信」を売り出した。

野村證券の販売によってグループ企業のアセットマネジメント、信託銀行が潤うことのない仕組みの導入である。価格ゼロはある意味、独禁法上の廉価販売リスクが内在する。これを野村が積極的に売り込んで同商品の残高が急膨張すれば、そのリスクは自ずと高くなる。したがって、そのようなことが起きないよう、ネット専用という無営業チャネルに限った。もちろん、人件費が生ずる対面チャネルで販売すれば、それだけでコスト倒れとなるという事情もネット専用の販売方式にはある。

2020年7月現在、スリーゼロの残高は1億円足らずという。小口資金の積立投資である以上、爆発的に残高が膨張するということは考えにくいものの、いまのところ、着実に増えている。

このスキームに注目したいのは、実質的な親子関係の中で利益を享受し合う日本的総合証券モデルを脱却するための試験的な試みのように見えるからである。

さらに想像をたくましくすると、こんなことも考えられる。

野村は、企業の社員持ち株会制度の運営の受託件数で群を抜いている。その立場と、販売手数料も信託報酬もゼロという同商品を融合すると、新たな職域営業手段、あるいは財形投資制度の活性化商品に育っていくかもしれない。

もうひとつ着目したいのは、地域銀行との金融商品仲介の提携である。野村は山陰合同銀行（島根県）、阿波銀行（徳島県）という二つの有力地銀と提携を実現した。

これまでも銀行は投信販売の一翼を担ってきたが、残念ながら、その窓口販売の品質レベルは高くない。その上、すでに触れたように今後、販売の手数料率は劇的に下がり、同時に顧客本位のビジネスの要請からコンプライアンスコストが増大するため、投信販売の収益性は格段に落ちざるを得ない。このままのビジネススタイルを維持することが困難になるのは既定路線ともいえる。

その一方で、地銀はいまもその地域の信用を集めている。営業店ネットワークはディストリビューション（販売）チャネルとしての価値を維持できている。ところが、銀行に比べて圧倒的に営業店数が少ない証券会社は、対面による丁寧なアドバイスを提供しようにも、自前のディストリビューションチャネルに乏しい。業界トップの野村といえども、その例外ではない。

金融商品仲介モデルは、野村がプラットフォーマーとなり、地銀がその仲介業となる仕組みである。地銀のコンプライアンスコスト、研修コストの多くを野村が担っていく一方で、野村はその地域におけるディストリビューションチャネルの価値を共有できる。

もちろん、この二つの要素の融合に対して評価が下されるのは、これからである。というのも、地銀と野村それぞれの進化が必要不可欠だからだ。現状のまま何も変えなければ、地銀のディストリビューションチャネルの信頼性には自ずと限界が訪れ、野村も商品、サービスの両面の改革に挑まなければせっかくの提携もその優位性を持続しえない。要するに、銀行の合併と同様、単に組み合わせただけでは問題は解決しない。

しかし、改革の端緒にはなる。

かなぐり捨てたプライド

経済メディアは見落としがちだが、野村による銀行との金融商品仲介業提携には、その高いプライドをかなぐり捨てた面がある。というのも、銀行への金融商品仲介業の開放について、反対の急先鋒にあったのが野村だったからである。

金融商品仲介業導入に向けた証券取引法（現在の金融商品取引法に発展的解消）改正の一連の議論が行われていた2003～2004年ごろ、野村は「証券仲介業規制（現在の金融商品仲介業）の在り方に関する意見書」を金融庁に提出していた。

これは同一の金融持ち株会社傘下の証券会社のために銀行が仲介業を営むことに対する強い反対表明であり、その中で野村は銀行への仲介業の開放そのものにも反発を表明していた。この論拠となったのが銀行による利益相反だった。

それから約16年の歳月を経て、野村は地銀との金融商品仲介業提携という新たな世界に足を踏み入れたことになる。今後、自身が提携に動いたビジネススキームにおいて、利益相反の危険性をいかにして防止するのか。これはかつて利益相反を反対の理由として挙げていた野村が負う責務であり、自身に内在する利益相反構造を真摯に受け止める契機にもなるだろう。

ちなみに、2019年12月2日、グループCEO就任に向けた記者会見の場で、筆者と奥田氏の間では以下のようなやりとりがあった。レギュレーション・ベストインタレストなど、利益相反問題をひとつの主軸とする新証券規制の導入という世界的な潮流を踏まえ、「総合証券モデルは利益相反などの観点から分割の方向ではないか」と尋ねてみた。華やかな就任会見の場にはそぐわない質問だったかもしれないが、今後の野村を展望する上できわめて重要なファクターであると考えたからである。

奥田氏は以下のように答えた。

「規制動向の変化に合わせてビジネスにしっかりと取り組む。一番良い会社のあり方とは(いかなるものか)という議論の中でそういった論点はあると思う」

海外に精通して、国内的な発想に囚われていないとされる人物らしい回答である。

米国証券会社買収と社名変更の可能性

この人物のもとで、たとえば、野村はリテールビジネスを主軸とする米国証券会社の買収に動くだろうか。これは絶好の買収機会が訪れるかどうか、しかもその際、資本上の制約を解消できるかどうかという要素はあるとしても、その可能性を除外することはできない。もし実現すれば、野村は米国流の最新リテールモデルをわが国で展開することになるにちがいない。その場合、チャールズ・シュワブ的な顧客チャネルの多様化によるノン・セグメント戦略なのか、それとも、米国投資銀行的な富裕層特化モデルなのか。

ちなみに、奥田氏は「野村」のネームに対する執着は深い一方、証券という言葉を変えたいという願望を周囲に語っているとささやかれている。証券という言葉の代わりに「コンサルタント」「投資アドバイザー」など、その役割をより明確にした名称をつけたいという思いがそうさせているといえよう。個々のビジネスの高度化、プロフェッショナル化を追求するという奥田氏の姿勢が推し量れる話でもある。

ところで、これとはウラオモテの関係になるような事象が、米国の証券ビジネスシーンでは起きている。総合化のような流れがあるのだ。証券会社がアセットマネジメントをグループ化・子会社化し、銀行まで傘下に置いている。第2章で紹介したように、チャールズ・シュワブもアセットマネジメント会社を持ち、銀行も配している。いわば、日本化のようにも見えるが、それは明らかに的外れな見方である。

なぜならば、RBIという厳格な規制が存在するということもあるが、それ以前の問題として、チャールズ・シュワブは顧客本位のスタイルの徹底のために利益相反などを発生させないビジネスモデル、人事制度をすでに浸透させているからである。

この先、日本の証券業が迫られるのは二つの道である。

チャールズ・シュワブのように自制的な仕組みを構築して体制を守り抜くか、それとも分社化、企業分割などを用いて、形態的に利益相反を解消していくか。どちらの道が正しいかは判然としないが、いずれにしても、混濁が著しい従来モデルに比べて、厳しい自己抑制が求められるようになることはまちがいない。

野村はその流れの中でも先頭に立つべき存在である。つまり、同社の前に道は二つしかない。

企業分割か、それとも、利益相反リスクを完全に防止できていることを立証できるモデルの導入か、である。

崖っぷちに立たされた野村

この選択は、かつての野村が積み重ねてきたものに匹敵する、大きな挑戦である。過去、彼らは日本の資本市場の新たな扉をいち早く開き、そのたびに先行者メリットを存分に享受する盤石のレース運びで常勝し、いまの地位を築き上げた。そこには「オンリー・

ワン」プレーヤーの凄みすらあった。しかし、いつからかその巧みさ、強《したた》かさは失われ、凡走ばかりを繰り返す「ワン・オブ・ゼム」になり下がった。

やがて野村は1位の座は死守できても、かつてのような圧倒的な勝者ではなくなった。2位以下との距離は縮まり、挙げ句、野村はギリギリのルールを守ることだけに汲々となり、プリンシプルベースの隘路に嵌った。そのような野村に居続ける理由を失くした若者たちは、資本市場の夢を追い求め、別の場所へと向かい始めた――。

まさに野村は崖っぷちに立たされている。

もっとも、これは野村に限らない。

銀行系証券各社も含めて、大手証券、準大手証券の古色蒼然としたビジネスモデルに対する逆風はすさまじい。不明朗な仕組債への依存度が高く、顧客本位のスタイルを定着させる気概も乏しい。銀行系は「銀・証連携モデルの強み」と強弁し続けてきたものの、銀・証の間で同様の商品を販売している重複構造のコストへの喘ぎは強まっているし、相変わらずの日本的人事異動システムへの執着から、営業部門のプロフェッショナル化は進展していない。最近の収益悪化によって、コスト削減の一環として店舗統廃合を進める動きはあるものの、サービスの品質は高まらず、必然的に採算性が悪化するという真因には目を向けきれないでいる。

そうした対面証券の成長不全の一方で、ネット専業証券には活気があるように見える。次章で詳述するが、よくよく眺めてみると、デイトレーダーの獲得だけに奔走したり、あるいは、新規公開株式を提携する金融商品仲介業者に割り当てて消化販売したり、対面証券会社と似たり寄ったりといえる時代遅れの利益相反モデルをネット上で展開するという、既視感を覚える光景が広がっている。これでは真なる改革者の名には値しないだろう。

いまでも野村はトップ証券である。少なくとも例年開催されている運動会の、同じ競技のトップランナーである。しかし、新たな競技に参加するや、一挙にトップの座は危うくなる。なぜか。変わらない世界のトップに安住しすぎたからといえる。かつては、変化の先取りで常勝してきたにもかかわらず、いつの間にか、変化に後れを取りだして、さらにはトップの座を守るために変化を忌避し出していないか。

だからこそ、チャレンジャー精神に溢れる優秀な若手エリートたちがその状況に飽き足らず、野村を去っているように見える。

いま野村が問われていること

単なる国内トップの座を守るということではなく、再び「ワン・オブ・ゼム」から「オンリー・ワン」の企業に返り咲くためにも、おそらく野村はかなりの血を流す必要があるだろう。利益相反が発生しやすい日本型総合証券モデルの抜本的な見直しはそのひとつである。さらには、異動サイクルを3年から5年に長期化させたとはいえ、依然として旧態依然とした匂いを払拭できない人事制度も大きく見直さないといけない。

少なくとも、リテール分野で連綿と続けられてきた「定期異動するたびに昇格して、支店長を目指す」というキャリアパス・モデルは、営業拠点数の削減の中で支店長予備軍の社員数が相対的に増えるに従い、大きな軋みを生じている。実態的にも伝統的なキャリアパス・モデルは限界に達しているといっていい。それを小手先的な人事改革で凌いでも効果はたかが知れている。

野村の営業社員は「さすがにノムラだ」と称されるほど凄腕が多い。しかし、その凄腕は、与えられた営業目標を達成するための凄腕であり、数字を積み上げるプロフェッショナルにとどまっているのではないか。しかしいま、社会から求められているのは、高齢化社会、年金不安などの中で、本当に頼りになる相談相手としてのプロフェッショナルである。そのための人事制度は、おそらく、高度経済成長型とは真逆にある。

野村内では2020年4月、「給与・賞与を年齢や在籍年数に関係なく、各人の職責や実績をより適切に反映する体系」に変えた。だが、抜本的な改革に二の足を踏んでいる。それは、かつての野村への憧憬をいまだ捨てきれずにいるからではないだろうか。

コロナ禍における在宅勤務化、あるいはデジタル技術の劇的な進展という中で、証券会社の営業拠点の見直しは加速するに違いない。そもそも、銀行に比べて証券会社の場合、「支店の実態」はオフィスである。来店客などの姿はほとんど見られず、店頭は閑古鳥が鳴いている。そこに営業社員が朝集まって、営業実績の確認などを行い、顧客へのあいさつ代わりの電話が終わるや外出して、夕方から夜に舞い戻ってデスクワークをする。これは典型的な営業所というオフィスである。オフィスは顧客のためにではなく、会社のためにある。それを顧客チャネルと呼ぶ曖昧さには、本来的な見直しが急務だったはずだ。しかし、その空間こそ、伝統的なキャリアパスを含めた、古色蒼然たるビジネスモデルを維持するための象徴だった。

そもそも証券会社を機能的に分解すると、コンサルティング、市場への仲介、顧客資産の保管・管理といった要素に分かれる。このうち、市場への仲介、顧客資産の保管・管理については、いまや人手など不要である。システムが的確に処理する世界となっている。とすれば、人材に依存される残された機能はコンサルティングだけだ。

資産運用、企業財務、あるいは企業買収のコンサルティングがあれば、その結果として得られる投資、買収などの最適化はＡＩを搭載したシステムが答えを出す時代がすぐそこにまで来ている。とすれば、それに見合ったモデルにいち早く変えることだろう。

そのために適したチャネルの構築は何か。

ネットなのか、あるいは、ＩＦＡを要するプラットフォーマーモデルなのか。あるいは、リアル店舗は維持しても、それはチャールズ・シュワブが導入しているようなフランチャイズモデルなのか。

いずれにしても、その実現には伝統的な証券モデルの破壊が必須である。つまり、証券会社が迫られているのは、自らクリエイティブ・デストロイヤー（創造的破壊者）になれるかどうかの選択だ。それによって、時代に即し、次の時代を走り抜ける証券ビジネスの担い手は決まるにちがいない。

それを先行していち早く果実を取りに行く姿こそ、野村には相応しい。

終章　いまの証券会社がなくなる日

IFA転職支援サイトの近況

本書の最後に、序章でも紹介した、IFA分野のマッチングサイトを立ち上げたベンチャー企業を再び取り上げたい。二人の元野村證券社員による「アドバイザーナビ」である。IFAへの転職を希望する証券会社社員向けの転職支援と、よりよいIFAを求める個人投資家向けの選択支援を目指したサイト運営を主業とする同社は、2020年3月、前者の転職支援事業を先行して本格化させた。

しかし、タイミングは最悪だった。なにしろそれは、新型コロナウイルス問題が深刻化する直前のこと。4月7日に政府が緊急事態宣言を発すると、証券業界でも社員の在宅勤務が広がった。営業社員は出社せずに顧客を訪問し、電話やインターネットに徹するという従来にない営業スタイルを強いられた。しかも、同宣言が発せられる直前の3月には株式相場が大幅に下落後、急回復するという乱高下を演じていた。

まさに波乱の船出だった同社はその後、どうなったのか——。

意外なことに、株式相場が落ち着きを取り戻すにつれ面談申し込みは増え続け、5月以降、月間100人ペースの面談相談申し込みを受けているという。

創業者の一人、平行秀氏はこう説明する。

「大手証券クラスの営業の第一線で働いている社員からの申し込みです。ＩＦＡという職種に『興味がある』程度の人もいますし、中には『小遣い稼ぎでＩＦＡ』といった軽い気持ちの人もいます。そういう方々が転職先を見つけることは難しいですが、多くは真剣な転職相談です」

もう一人の創業者、松岡隼士氏は、「在宅勤務によって自宅でじっくりと自分の将来について考える時間が生まれ、職場と異なり同僚の目を憚ることなく、ネットでＩＦＡについて調べることができるようになったからではないか」と見ている。

実際に転職が実現するケースも出てきた。その場合、同社がＩＦＡ法人に転職希望者を紹介し、正社員として採用されると転職支援した人材が稼ぎ出した一定収益を成功報酬として請求する。他の人材紹介会社と違って、フロント費用はかからないのと、転職後も同社の営業支援が受けられる。

それにしても、転職相談数が「月間１００人ペース」で寄せられているという状況には驚いた。なぜ、こんなに多いのか。

いくつかの理由が考えられる。ひとつは、他の業種とは異なって、証券業、中でも個人向けリテール営業の分野では、転職の受け皿としての「ＩＦＡ」という職種が厳然として存在し、多くのＩＦＡ法人が一般的な転職サイトで人材募集を続けているからだ。そしてもうひとつの理由は、証券会社に内在する会社と社員とを紐帯《ちゅうたい》する関係性が挙げられる。有り体にいえば、「営業目標」とその達成に応じた「人事評価」、そして「昇格」である。

在宅勤務が助長したIFAへの〝民族大移動〟

たとえば、新製品の開発・提供によって顧客の利便性を向上させることができる製造業、あるいは、世界を舞台に新たなサービスや商品の市場を開拓する総合商社であれば、チームプレーが極めて重要なカギとなる。会社（組織）と一体化した共通価値の構築とその実現に向けた努力という、単なる目先の儲けを超えたエンゲージメント（価値観の共有化などの深い関係性）もあるだろう。

これに対し、証券業界には「顧客のために」という標語があっても、その価値観はきわめて薄弱だ。「証券営業は数字がすべて」と言われてきた歴史があるように、個人プレーの要素が強く、会社と社員を紐帯しているのはあくまでも営業目標と人事評価、昇格のメカニズムである。近年、その状況は少しずつ変わってきたようにもみえるが、それでもまだ、個人向けリテール営業の領域では根強く残っている。

突然余儀なくされた在宅勤務によって会社と社員の間に生じた物理的な距離感は、エンゲージメントが希薄な分だけ、会社への帰属意識という心理的な面でも拡大したにちがいない。それはIFAへの転職を考えているという、ある大手証券社員の次のような言葉にも表れている。

「顧客からの信用を得れば、自分の努力次第で稼げるように思える。在宅勤務の日々の中で、そのような気持ちが強まった」

「所属する会社の名刺がなければ実現できない」ということはない、という考え方である。その上、証券業界では近年、株式、投信などの手数料が下がり続けて収益力が落ちた。それをカバーすべく、リテール分野ではコスト削減の嵐が吹きすさび、店舗数の削減や、収益がより期待できる分野への配置換えなども続いている。

富裕層取引の強化を打ち出したある大手証券では、「全国の優秀な営業社員」を選りすぐり、本部に新設したセクションに集めたところ、瞬く間に別の事態が生じたという。人選から漏れた営業社員たちによる退職の動きだ。

また、店舗削減はそれまでのキャリアパスの象徴だった支店長ポストの席数が減少することにほかならない。つまり、営業実績を積んで支店長へというキャリアパスも根底から揺らいでいる。

デジタル技術の劇的な進展の影響も大きい。今後、リテール営業分野では「人からシステムへ」という流れが起きると予想され、経営者たちは事業の中期ビジョンの中にそれを盛り込んでコスト競争力の強化を打ち出し、勝利の方程式のように強調している。しかし営業社員の中には、それをみて「居場所がなくなる」と不安を抱く者も出始めた。会社の生き残りと、社員の生き残りがその意識の上で合致しなくなってきているのだ。

こうした流れの中で、在宅勤務化は社員たちの心が職場、会社から離れていくことを助長させている面があると見ざるを得ない。とすると、アドバイザーナビの事業本格化は、決して多難な船出ではなく、時代の風を背に受けていたことになる。

いずれにしても、証券会社からＩＦＡへと〝民族大移動〟のような人材流出は途絶えそうもない。その流出先であるＩＦＡ法人は、金融庁によると２０２０年６月末の登録ベースで８８４社を数える。そこに所属し営業活動している外務員数は４０００人に近い。

しかし、日本証券業協会の統計によると、証券営業の資格試験である外務員試験に合格した登録外務員数は２０１９年末で７万５３８４人である。すべてが営業職に就いているわけではないが、全体数からすると、ＩＦＡ法人に所属する外務員数はまだわずかといっていい。現時点までにアドバイザーナビのもとを訪れる証券会社社員の多さを考慮すれば、その傾向はまだしばらくは続くだろう。

とはいえ、わが国のＩＦＡ業界には大きな問題も内在している。

ネット専業証券業界の明暗を分けたものは何か

ここで着目しておきたいのが、IFA法人と密接不可分な関係にある「プラットフォーマー証券」と呼ばれる一部の証券会社である。すでに説明したように、IFA自身は基幹系システムや株式などの受発注システムを保有しているわけではない。それを「貸与」というかたちで彼らに提供しているのが、プラットフォーマー証券と呼ばれる証券会社である。

現在、そのトップを競っているのが、ネット専業証券の「SBI証券」と「楽天証券」の2社だ。奇しくもこの2社は現在、ネット専業証券業界内で繰り広げられているレースの第一集団というポジションにいる。

ネット専業証券といえば、近年、個人向けリテール証券ビジネスの領域で対面証券の苦戦を尻目に顧客口座数を激増させてきた。その成功の秘訣は、人件費の低さがもたらす売買手数料率の低さである。米国の証券市場改革「メーデー」（1975年5月）に相当する日本の株式手数料完全自由化は、1999年10月に実現した。やがて、米国で割安な手数料で売買注文を行う「ディスカウントブローカー」が誕生したように、わが国でもネット専業証券が生まれた。

ネット専業証券各社が設定する手数料率の圧倒的な低さは、彼らに勝利をもたらした。水が高いところから低いところへと流れ込むように、対面証券からネット専業証券へと個人の投資ニーズが流れ込んだからだ。とりわけ小口資金で投資するマス・リテール層の間では、対面証券各社がコスト倒れを理由に軽視しがちだったことや、パソコンを操作すれば24時間いつでも注文を出せるというネットの便利さも加わって、ネット専業証券が抜きんでた強みを発揮した。

「個人向けリテール証券の領域はネット専業の時代が到来」と騒がれたのだが、それだけではなかった。ネット専業証券の中でも優勝劣敗の激しい競争が繰り広げられたからだ。結果として、ネット専業証券の間では、「勝者」と「敗者」の線引きが明確になされたのが、この数年の出来事である。

そこにはいくつかの理由がある。そのうち、ここで指摘しておきたいのは、規模の経済「エコノミー・オブ・スケール」と多角化の経済「エコノミー・オブ・スコープ」の違いである。というのも、ネット専業各社はその武器である低廉な手数料率で激しい競争を繰り広げる過程において、規模の追求のみに留まりがちの企業と、規模を求めながら多角化も併せて実現していった企業とに分かれたからである。

SBIと楽天が勝ち、マネックスと松井が引き離された理由

各社が共通して取り組んだのは、「デイトレーダー」と呼ばれる株式投資のハードユー

ザーの囲い込みである。デイトレーダーは頻繁に売買を繰り返し、現物取引では株式手数料を、信用取引では手数料と金利収入を各社にもたらす重要顧客である。そのようなデイトレーダーが発注先の証券会社を選択するカギは、発注から売買成立(約定)までの執行の迅速さと手数料率の低さである。

そのため、ネット専業各社はより迅速で的確に売買執行できる体制の構築に向けてシステム投資を続けるとともに、手数料率の引き下げを競い合った。これは、ある意味で単品商売が陥りやすい「競争の罠」である。生き残りを懸けた際限のないレースに発展しがちだからだ。要は消耗戦に勝利した者だけが「残存者メリット」を得るという過酷なレースである。

その中で、SBIと楽天の2社は消耗戦を戦いつつ、単品商売という構造からの脱却を図った。先の「エコノミー・オブ・スコープ」である。たとえば、投資信託を「普通の個人投資家」に販売するための商品ラインアップの充実化をいち早く実現したのもこの2社だし、単純なネットビジネスとは別に新たな顧客チャネルも構築した。それがIFAプラットフォーマービジネスにほかならない。単品商売からスコープが利くビジネスモデルへのモデルチェンジといっていい。

一方、SBIと楽天以外のネット専業証券は、エコノミー・オブ・スコープの発想が相

証券各社の経営規模

	顧客口座数	預かり資産残高
SBI証券	570万口座	14兆9000億円
楽天証券	440万口座	7兆9000億円
マネックス証券	187万口座	4兆1000億円
松井証券	126万口座	2兆3000億円
auカブコム証券	117万口座	2兆2000億円

※参考

野村證券	532万口座	112兆2000億円
大和証券	302万口座	63兆2000億円

数字はいずれも2020年6月末時点

対的に乏しかった。唯一、「マネックス証券」はきわめて早い時期に、株式、投信に限らず、多様な金融商品を扱うモデルを構築しかけたが、当時の金融規制が味方せず、新たなプラットフォームを構築できなかったという憂き目にあった。結果として、彼らは単品商売による「エコノミー・オブ・スケール」を追求し続けてしまった。

そのはてに生じたのが、IFAプラットフォーマービジネスに向かった2社が預かり資産残高、顧客口座数の面で他社を大きく引き離すという状況である。主要ネット専業証券5社、SBI、楽天、マネックス、松井、auカブコム（旧カブドットコム）の状況を比較してみよう。

「IFA」として一括りにすることの弊害

2020年6月末時点における顧客口座数と預かり

資産残高（１００億円以下切り捨て）は、右表の通りである（ＳＢＩ証券の預かり資産残高には、ハイブリッド預金〈住信ＳＢＩネット銀行の円預金サービス。ＳＢＩ証券と連携していて株式や投資信託などへの投資に利用可能〉を含む）。

証券会社の経営規模を判断する尺度となる顧客口座数、預かり資産残高でネット専業証券上位2社と残りの3社の間に大きな開きが生じていることがわかる。ちなみに、第一集団の中では最近、楽天が勢いを増しており、ＳＢＩを猛追している。一方、他3社は遅まきながら、事業の多角化に向かい出しているが、いまのところ、先頭集団との距離は開くばかりである。

「エコノミー・オブ・スコープ」の布石のひとつ、ＩＦＡプラットフォーマービジネスに話を戻す。

ＩＦＡ法人はコンビニエンスストアなどのフランチャイズ店舗モデルに近い、といえば、イメージしやすいかもしれない。

コンビニの運営会社はフランチャイズ店舗に商品、店舗運営のインフラなどを提供する代わり、そのロイヤリティとして店舗の売り上げの一部を得ている。そのほか、コンビニの運営会社はフランチャイズ店舗のオーナーに独自の規則の遵守を求める。店舗のオーナーはそのルールに基づいて店舗を仕切っている。

しかし、わが国のＩＦＡ業界の現状をみると、コンビニの運営会社とフランチャイズ店舗ほどの濃い関係性は、プラットフォーマー証券とＩＦＡ法人の間にはないように思える。あるいは、ＩＦＡの先進国の米国と比較しても、同様の感想を抱かざるを得ない。

たとえば、第2章で詳述したように、米国ではＩＦＡといっても、実際には単なる注文取次で手数料（コミッション）を得ているＩＢＤと、登録投資顧問会社となって長期の資産運用をアドバイスし、その対価として顧客の資産残高に応じた報酬（フィー）を得るＲＩＡに分かれている。

ところが、日本では「ＩＦＡ」として一括りにされ、米国のＩＢＤやＲＩＡというように、そのビジネスの違いが制度的に区別されているわけではない。いわば、十把一絡げに「ＩＦＡ」と総称されているにすぎない。

しかし、これもまた第2章で触れたが、米国リテール証券の巨人「チャールズ・シュワブ」は全米で7000法人のＲＩＡと結びついたプラットフォーマーであるものの、ＩＢＤとは提携していない。その理由は、チャールズ・シュワブの経営理念にある。「すべての人に投資の機会を提供し」「顧客の利益のために事業する」という経営理念に合致するのは、短期売買で手数料を得るＩＢＤではなく、長期的な資産運用をアドバイスし、顧客との信頼関係の上に立って顧客資産に応じた報酬を受けるＲＩＡだったからだろう。

もちろん、数多くのIBDも独自の事業を行ってきている。彼らは短期の収益を狙う顧客に良い銘柄をアドバイスし、その売買で得られる手数料を得ている。そのような人たちは考えが合致するIBD法人に属しているし、IBD法人は自身にマッチするプラットフォーマー証券と結びついている。

要するに、米国のIFAは、経営理念とビジネススタイルがマッチする形で多様なビジネスモデルが成立しており、その中でチャールズ・シュワブと結びついたRIAはチャールズ・シュワブと経営理念を共有しているというブランド価値を得ることができる。

これは日本のコンビニなどフランチャイズチェーンも同様である。フランチャイズ店舗で働く人たちの人柄も重要だが、消費者は運営会社による店舗運営の設計思想に裏打ちされた商品の品質やサービス、店内ムードによって、コンビニチェーンの店舗を選別しているからだ。

玉石混交のIFA法人とプラットフォーマー

翻って、ネット専業証券の勝者といえる2社が事業化しているIFAプラットフォーマービジネスを眺めるとどうか。前述したように、日本のIFA法人は玉石混交と批判されるほどにビジネススタイルはマチマチで、それぞれの実力差も大きい。その千差万別なI

FA法人が同じプラットフォーマー証券と結びついているのだ。

米国のRIAを目指すようなIFA法人を擁しているかと思えば、わが国の伝統的な証券営業である歩合外務員モデルと何ら変わらない、荒っぽい短期売買をすすめる営業スタイルのIFA法人とも提携している。つまり、プラットフォーマー証券自体も玉石混交であり、そこにはプラットフォーマーとしての明確な経営理念や矜持は見えてこない。

日本でプラットフォーマー事業を行っている証券会社はこのネット専業2社だけではない。対面証券会社の間でもその数は増えつつある。しかし、後発になればなるほど「経営理念によってIFA法人を選択する」という発想は、いよいよ希薄になっているように感じられる。ある後発の対面証券会社はプラットフォーマー事業に進出するや、さまざまなIFA法人に「ウチにも注文を出してください」とお願いに回ったという。いわゆる経営理念なき典型的な「懇願セールス」である。

率直に言って、チャールズ・シュワブのような形態を整えてはいるものの、その実態はチャールズ・シュワブとは似て非なるビジネスモデルであって、それは「稼げる者を集めて自らも儲ける」という経営理念なき野合の姿だ。

IFA法人にしても、多くはどのプラットフォーマー証券と結びつくかによって自らが目指すビジネスの思想的な大枠を示す「ブランディング効果」を考慮していない。そこにあるのは、価値観の定まらない雑居構造の中での刹那的な収益主義である。

このままでは既存の証券会社モデルと同じ

投資家が自らの資産運用ニーズを満たしてくれるＩＦＡ法人を明確に選定できる仕組みさえあれば、ＩＦＡ法人の経営理念やビジネスモデルが一律である必要性はない。投資の素人でも「玉」と「石」さえ見分けられる情報提供があれば、あとは利用者が自己責任で選択するだけである。

ところが現在のところ、どのＩＦＡ法人がいかなる価値観で投資、資産運用のアドバイスを提供するのかという情報がきわめて不足している。各ＩＦＡ法人のホームページには「顧客の立場で考える」「顧客本位」という美辞麗句が並んでいても、それが本当に実態を反映しているとは言い切れず、どのＩＦＡ法人が自分にとって相応しいのか、決め手に欠ける。

その上、ＩＦＡ法人とプラットフォーマー証券の経営理念やビジネスモデルにズレがあるとしたら、投資家は何を信じ、どう判断して選択すればいいというのか。

もちろん、プラットフォーマー証券にも言い分はあるだろう。提携するＩＦＡ法人をかき集めて株式、投信などの注文件数をできるだけ積み上げないと、プラットフォーマー事業の収益安定化は図れないからだ。「エコノミー・オブ・スケール」である。

だが、そうなると、長期の資産運用をアドバイスするＩＦＡ法人よりも、短期売買をメインビジネスにするＩＦＡ法人のほうが彼らへの貢献度が高く、無視できない存在となりがちだ。結果として経営理念を明確化し、それを追求していくという土壌は生まれにくいかもしれない。しかし、それではプラットフォーマー証券も含めた日本のＩＦＡモデルは、既存の証券会社モデルとまるで変わらない。証券リテールビジネスの改革者という位置づけからは遠い存在に終わるだろう。

勢い、プラットフォーマー証券が主幹事証券となって引き受けたＩＰＯの売り出し株式を、提携先のＩＦＡ法人に割り当てるという動きもある。ＩＦＡ法人が価格などＩＰＯ株式の売り出し設定を厳正に評価し、販売するかどうかを決めているのであればまだしも、割当方式の販売では「利益相反の温床」ともいえる日本的総合証券モデルと実質的には同じである。既存の対面証券会社からＩＦＡ法人に外見を変えただけで、事実上、日本の資本市場の構造的な問題の延命に手を貸していることになる。

ネット専業「敗者」の起死回生と野村復権の可能性

マス・リテール分野ではこの先も、対面証券からネット専業証券への個人マネーのシフトは続くだろう。ネット専業証券業界の激しい金利競争もジ・エンドまで続くと見ている。すでにネット専業の中では「エコノミー・オブ・スコープ」戦略による勝者のプレゼンスが増しつつあるのだが、はたして、質の向上は伴っているのか。

残念ながら、いまのところ、それは「微妙」と言わざるを得ない。「エコノミー・オブ・クオリティ」という面ではまだ、勝負は決していないと思えるからである。

加えて、米国に右に倣えと雪崩を打った手数料無料化の影響はどうなるのか。ちなみに、ユニコーン企業の米国ディスカウントブローカー、ロビンフッドは手数料を無料化して以後、顧客口座数は増えているが、その一方ではシステム障害の発生も一段と増加し、評価を落としているという話もある。また、同様に手数料ゼロならば、チャールズ・シュワブに乗り換える動きも出てくるかもしれない。

わが国のネット専業証券もシステム障害の発生件数は少なくない。価格勝負でサービスの品質を低下させてよいという理屈など通用するわけはない。同時に、限定的ながらも野村は「スリーゼロ」のように手数料無料化商品を売り出している。この影響がジワジワと及ぶ先はネット専業各社である確率は高い。その観点から、ロビンフッドの今後はわが国ネット専業各社の近未来を占うことにもなりそうだ。

それだけに、現時点における暫定的な敗者に起死回生の余地は残されている。あるいは、今後、勝ち負けを決するレースのあり方が根本的に変わることすら考えられる。たとえば、対面証券のトップの野村證券がネットビジネスに本格参入すれば、レースの様相はガラリと変わってくるにちがいない。野村はネットと既存チャネルの間のカニバリズム（共食い現象）を深刻に受け止め、ネットビジネスを放棄した経緯があるが、当時といまではリテールビジネスに対する考え方は相当に変わってきている。

もちろん、オーガニックな成長には時間がかかるため、買収の動きが起きてもおかしくない。その時、絶対的な財務力を有する野村が改革意欲を高めて、明確な経営理念の下で革新的なプラットフォーマー証券を目指せば、かつてのように、時代が野村に味方してもおかしくない。野村がネット、対面、ＩＦＡという多様な顧客チャネルを構築して、個人向けリテールアドバイスカンパニーを分社化し、日本的な総合証券モデルと決別しながら動き出せば、野村は時代の変化を呼び起こし、新たなレースが始まるかもしれない。

ビル・ゲイツの予言

チャールズ・シュワブは１９４６〜１９６４年に誕生したベビーブーマー世代が退職年齢に達すると、企業年金プラン（企業年金）などを取り崩して、老後の生活設計に基づく資産運用に向かうことをいち早く展望し、次々と布石を打ち続けた。それは30年ほど先の時代を見据えた、目がくらむような長期戦略だった。その結果として、個人投資家に信頼されるモデルを構築できたのが、チャールズ・シュワブである。

日本でも米国のベビーブーマー層に相当する団塊の世代がとうに退職年齢を超え、いまや後期高齢者層に向かっている。しかし、これまでの間、チャールズ・シュワブなどのように、着実に団塊の世代の資産運用を早いタイミングに人生設計を伴って獲得したプレーヤーはネット専業を含め、証券業界にも銀行業界にも乏しい。だからこそ、いまごろになって慌てて「相続ビジネス」に熱を入れているのだ。

日本の個人投資家にとって、日本の証券会社がチャールズ・シュワブのような長期的な視線とその粘り強い実行力に欠け、信頼されるモデルを構築できなかったという事実は、不幸というほかないが、決して絶望する必要はない。経済危機や市場に生じた巨大な動揺は、資本市場の価値観を変えるからである。

生き残ったプレーヤーたちには、危機前とは異なる価値観の世界が待ち構えている。

「顧客の米国の独立系ファイナンシャル・アドバイザー（ＩＦＡ）の歴史を振り返っても、資本市場の危機や株式相場の暴落が起きるたびに、短期的な売買モデルのＩＢＤは苦戦の度合いが増す一方、長期的な資産運用モデルのＲＩＡの存在感が高まっている」

米国でリテール証券ビジネスを長年にわたり現地で調査している人物もこう語っている。

新型コロナウイルスの問題が早期解決し、その経済的な痛手が和らぐことを願うが、残念ながら、２０２０年夏の時点において、先行きは楽観視できない。同年3月に発生した株式相場の暴落などの市場の混乱はとりあえず収束したものの、それは日銀による超金融緩和政策など、人為的な底支えによってかろうじて体面を保っているだけにすぎない。

企業業績の悪化は深刻化し、失業率も上昇するなど、株式相場の水準は実体経済との乖離が甚だしい。株式市場が実体経済の先行きについて、悪材料を織り込んだ上での日経平均株価2万円台ならば、これ幸いである。しかし、そうでないならば、先行きの相場水準は実体経済の悪化に伴って、大幅下方修正されてもおかしくない。つまり、相場が実体経済から乖離して上昇するほど、先行きの暴落リスクは高まる。

それが現実化すると、社会の価値観は変わる。その変化を展望して、手っ取り早く儲けるために白黒をはっきりさせず、利益相反も辞さないという高度経済成長モデルをいち早く放棄し、自らを変える動きが現れるかどうか。あえていえば、いま、証券業が迫られているのは、曖昧でその役割規定すら判然としない「証券業」という名前をいち早く消すレースである。

第3章で取り上げたように、それを予想させるような一部のプレーヤーたちの動きがすでに始まっている。今後、デジタル社会で躍り出たＧＡＦＡに象徴される新たなプレーヤーたち、あるいは、異業種からの参入者たちが次の証券ビジネスに挑戦してくるにちがいない。やがてアドバイザーナビのような企業が業者への厳正な格付けなどの情報公開インフラを提供するようになれば、投資家が好みのプレーヤーを選別し、結果的にそのプレーヤーを育てていくということになるだけである。

1994年、ビル・ゲイツは「銀行機能は必要だが、いまのような銀行は必要ではなくなる」と予言的に語った。その時、なぜ「銀行」だったのか。想像を勝手にめぐらせば、おそらく米国の証券ビジネスの世界ではすでに、かつてのような証券会社は存在していなかったからではないか。

つまり、ビル・ゲイツのご託宣がいまも通用するのは、日本なのである。

資本市場の個々の機能は必要だが、「いまのような証券会社がなくなる」日は近い、と。

戦国史の新論点

平成・令和の新研究から何がわかったか？

渡邊大門・編

星海社

01
SEIKAISHA SHINSHO

はじめに

本書は、戦国時代研究の論争や新説を検証したものである。本書を紐解く前に、歴史研究で用いられる史料について述べておこう。歴史研究で重要なのは、一次史料と呼ばれる書状といった文書、日記などである。それらの史料は同時代に成立したものなので、内容が信頼できるとされ、歴史研究でメインに使われる。ただし、日記は伝聞による記事があるので、注意が必要である。いずれにしても、史料批判（史料の信憑性の確認）という手続きを踏まえて、研究で使用される点に注意すべきであろう。

二次史料とは、ある事件の終結後から数十年、数百年を経て、成立した史料である。軍記物語、系図、覚書などが該当する。その内容は千差万別で、かなり内容が正確なものもあれば、荒唐無稽な逸話集に過ぎない場合もある。織田信長の伝記『信長記』（太田牛一著）は記述内容に信頼が置けるが、それでも後世に成ったので二次史料である。

新しい説が提起され、またその新説をめぐって論争となる場合は、おおむね一次史料による裏付けを欠くことが多い。裏付けとなる一次史料があれば、別に問題にならないのだろう

が、どうしても一次史料を欠く場合は、二次史料を用いたりするので、その点をめぐって論争になってしまうのである。

たとえば、近年では、慶長五年（一六〇〇）の関ヶ原合戦の直前、徳川家康が小山評定を開催したことが真偽をめぐって大論争になっている。論争になった大きな理由は、小山評定を催したことを示す決定的な一次史料がないからである。それゆえ、今も開催の真偽をめぐって、大論争が続いている。

近年では新説とはいいながらも、いわゆる「トンデモ説」が問題となっている。これまで、歴史研究のトレーニングを受けていない人が単なる思い付きで「トンデモ説」を提起することがあったが、近年では歴史研究のプロ（大学教授、学芸員など）でさえも驚くような説を唱えることがある。「トンデモ説」は、次のように分類できるだろう。

①単なる無知。
②信頼度の低い二次史料を用いることによる間違い。
③一次史料を用いていても、史料の内容を誤読する。
④牽強付会、大きな論理の飛躍。
⑤まったく根拠がない単なる妄想の類。

ほかにもあるかもしれないが、「トンデモ説」はこうしたことが原因で発生する（複数の要因が重なっているケースもある）。最近は、テレビの歴史番組が増えてきたが、おもしろおかしい「トンデモ説」に飛びついて失敗している例を見掛ける。一方で、「トンデモ説」を批判する歴史番組は皆無に等しいので、そのまま「トンデモ説」は何ら検証や批判がされることなく、世間の人々の間に広まっていくのである。

実は、歴史研究のトレーニングを受けていない読者にとって、史料の中身はブラックボックスである。たとえ、漢文を現代語訳または意訳しても、それが正しいのか判断できない。「こう書いてあります」と言われたら、とりあえず信用するしかないのである。そこに、もっともらしい論法で結論が示されると、「そうかもしれない」と思うに違いない。それが歴史研究のプロの発言ならば、完全に信じてしまうだろう。

本書は十五のテーマを掲げて、その検証に臨んだものである。それぞれのテーマは、古くから言われてきた誤謬もあれば、新説ではあるが間違っているケースもある。また、その説が間違いであることが判明しても、明確に結論が出ないものもあれば、さらに検討が必要なものもあろう。本書は各稿が独立しているので、どこから読んでいただいても結構である。ぜひ、読者の皆さんも一緒に考えていただきたいと思う。

目次

図版／ジェオ

論点1

「大名」論を問う

今岡典和

（いまおか・のりかず）

一九五五年京都市生まれ。京都大学大学院文学研究科博士後期課程修了。元関西福祉大学社会福祉学部教授。

主要業績：「出雲尼子氏の守護職補任をめぐって」（『古文書研究』第96号、二〇二三年）など。

「大名」と「守護」の語義

中世後期における「大名」がどのような存在であったのかを考える上で、まず問題となるのは「守護」との関係であろう。この問題を考えるにあたって、まず高校の歴史教科書を見てみよう。そこでは、まず「大名」について、中世では「守護大名」と「戦国大名」の用語の説明があり、近世では江戸幕府の制度としての「大名」の説明がある。また「守護」については、鎌倉幕府の草創期に創設され、室町幕府に継承された職制としての守護制度の説明がある。

次に『日本国語大辞典』を紐解くと、「大名」については①平安末・鎌倉時代、多くの名田を所有していた者、②大きな名田、③その名がそれぞれの集団、地域でなりひびいている有勢者、分限者、④江戸時代、一万石以上を領有する幕府直属の武士の称、とある。さしあたり、ここで「守護」との関係を考える上では①②④は無視してよく、問題になるのは③であろう。

同じ『日本国語大辞典』の「守護」の項を見ると、①まもること、②鎌倉・室町時代の職名、③ある地域を支配している者とあり、ここでも「大名」との関係を考える上で問題となるのは②と③であろう。

教科書の記述と『日本国語大辞典』の記述を比較すると、「大名」については、教科書の記

述には中世では学術概念としての「守護大名」と「戦国大名」の説明しかないが、実際には中世においても③の意味の一般的な有力者としての「大名」は史料上で頻繁に使用されている。さらに、中世の研究者の間でも、一般的な有力者としての「大名」の用語は、その意味を厳密に意識することなく広く使用されている。この史料上の用例と、学術的な概念が混在していることが、現在学界において大きな混乱を生んでいる原因となっているのである。

学術概念としての「守護大名」・「戦国大名」は、一般的な有力者としての「大名」を使用して創作された造語である。「守護大名」は、永原慶二氏らによって提唱された「守護領国制論」に基づく概念である。これは、鎌倉時代の守護の権限が軍事・警察権に限定されていたのに対して、室町時代の守護は南北朝内乱の中でその権限が増大し、国内の領主たちを家臣化して一国全体を掌握する領域権力に成長したことを表現する概念であった。しかし、その後室町期の守護の領域権力としての未成熟が様々な側面から指摘された結果、現在ではほとんど使用されることはなくなった。

一方「戦国大名」は、戦国期の地域権力の独自性を表現するために創出された概念であり、高校教科書では「みずからの力で領国（分国）をつくり上げ、独自の支配をおこなう地方権力」（『改訂版　詳説日本史B』、山川出版社）と記述されている。こうした認識は多くの研究者によって共有され、現在でも戦国大名の用語は広く使用されているが、その定義は研究者によってかなりの相違

がある。

このように、「大名」と「守護」について、現在の中世史研究においては史料上の用語と学術的な概念が入り乱れているのが現状であるが、このような状況にさらに混乱をもたらす議論が提起された。それが吉田賢司氏の議論である（吉田：二〇一〇）。吉田氏の提起は、十分に議論が尽くされないまま、現在ではほぼ学界の定説となっている。しかもその後、それをさらに拡大解釈する議論も出現しており、混乱がさらに増幅しているのが現状である。本稿では、この混乱を解きほぐし、改めて大名とは何か、守護とは何かを論じてみたい。

吉田賢司氏の大名論

吉田氏の大名論の特徴は、第一に本来幅広く一般的な有力者を指す大名の語を、その範囲を限定してそのまま学術的な概念に置き換えているところにある。吉田氏の用いている史料は、主として一五世紀前半の公家や僧侶など中央政界の有力者の遺した古記録（日記）である。吉田氏はそこから大名の用例を拾い出し、当時彼らがどのような者を大名として認識していたかを論じている。

吉田氏が「大名」として挙げているのは、そのまま引用すると、「足利一門・准一門の斯《し》波《ば》・細川・畠山・一色・山名（一部庶流を含む）、外様の赤松・土岐《とき》・六角・京極」である。そ

してまた吉田氏は、「関東・九州やその境界地域の守護は在国することが多く、守護がすべて在京し幕政に参与したわけではない。足利一門を筆頭とする在京大名の役割は守護の中でも特殊であり、中央政治に関わる大名と地域権力たる守護との役割や職権は、明確に区別すべきであると考える」と述べて、守護の中でも恒常的に在京して中央政治に関わる存在のみを大名と規定し、大名と守護を明確に分離している。

ここで室町期の地域区分について少し説明をしておきたい。室町幕府の直轄する地域は「室町殿御分国」と呼ばれ、東は駿河から西は長門までの現在で言う中部・近畿・中国・四国に相当する。この地域の守護は原則的に在京して幕府に出仕していた。関東は鎌倉に置かれた鎌倉府の管轄で、東北は管轄が複雑な経緯を辿るが奥州探題などが置かれて幕府の直轄ではなく、九州は九州探題の管轄であったが九州探題は早期にその実態を失った。これらの地域は研究上遠国とされ、この地域の守護は原則的に在京することがなかった。また遠国に接する駿河や周防・長門は研究上境界地域とされ、その守護である今川氏や大内氏は在京することは少なかった。

吉田氏の言う中央政治への関わりとは具体的にどのようなことを指すのだろうか。まず、恒常的に在京している守護たちは、幕府における様々な儀礼に参加し、また必要があれば警護などの様々な役を務めるのが義務であった。しかし、それだけでは中央政治に関わるとま

ではいえないであろう。より中央政治に関わる場合としては、幕臣のトップである管領《かんれい》の職や、山城国を預かる侍所の長官である頭人などの幕府の要職を務めることがある。さらに、足利義持期から足利義教期にかけての室町幕府の安定期には、「大名衆議」という制度が運用され、そのメンバーが幕政に大きな発言力を有した。

「大名衆議」とは、将軍（室町殿）の諮問に対して守護の中でも特定のメンバーが意見を具申する制度である。大名衆議のメンバーとして当時の古記録から恒常的に検出できるのは、斯波・細川・畠山・一色・山名・京極・赤松の宗家と、阿波守護家の細川と能登守護家の畠山である。これらの諸家は確かに恒常的に在京し、大名衆議に参加していた。吉田氏の念頭には、まずこれらの諸氏があるものと思われる。仮に「大名」の概念をそのように規定するとすれば、直ちにいくつかの疑問が浮かぶ。

吉田「大名」論への疑問

吉田氏の所説に対する第一の疑問点としては、在京していても特に幕政に関わらない守護をどのように位置づけるのかである。吉田氏が大名として検出できるとして挙げた諸氏の中でも、六角氏は幕府の要職には就かず、また大名衆議のメンバーでもない。一方で、その他の在京守護でも加賀守護富樫氏や若狭守護武田氏は特に幕政には関わらず、また吉田氏は大

名に挙げていない。それでは彼らは大名ではないのか。第二の疑問点としては、在国を主とする関東・九州や境界地域の守護をどのように位置づけるかである。彼らは大名とはいえないのか。また彼らが幕政に関わることはないのか。

第一の疑問点については、一五世紀前半の中央政界の代表的な古記録である『満済准后日記《まんさいじゅごうにっき》』において、在京の守護ではあるが特に幕政には関わらない加賀守護富樫氏も、大名衆議のメンバーと並んで大名として記載されている。

また第二の疑問点については、同じ『満済准后日記』に、在国を主とする境界地域の守護である周防の大内氏、駿河の今川氏も在京している時には大名衆議に参加していたことが記され、また「諸大名」に含められている。

ここから、中央政界の有力者の古記録に見える史料上の用例としての「大名」は、吉田氏の定義よりもずっと広いことが明らかである。さらに、同様の古記録から「大名」の用例を拾ってみると、幕府の直轄地域ではない関東・東北の守護クラスの有力領主も大名と呼ばれていたことがわかる。

こうした用例からいえるのは、大名とは本来集団・地域における有力者の呼称であったのが、特に室町期においては列島全域における守護ないしはそれに准ずる存在の呼称であったこと、また守護は全て大名であり、守護であることは大名の十分条件であったことである。

室町期の中央政界における大名の認識は、守護を中核としてその周辺を含めた緩やかな集団を意味するものであったのである。

また戦国期の史料であるが、『大館《おおだち》伊予守《いよのかみ》尚氏《ひさうじ》入道《にゅうどう》常興《じょうこう》筆記《ひっき》』では、諸々の作法において、「国所持のかた」が一定の身分として一括りにされ、小笠原氏が信濃の守護であり、富樫氏が加賀の守護であるから「大名分」であるとの記述があり、戦国期には明らかに守護＝国持＝大名という認識が確立していた。

こうした認識は、また地方の有力領主たちにも共通するものであった。安芸の「国衆」と呼ばれる有力領主であった平賀氏の遺した『平賀家文書』では、国衆たちは守護たちを「諸大名」と呼び、諸大名の仰せを受けても独断で行動しないよう申し合わせている。当時の列島全域において「大名」の認識はほぼ共通していたと考えられる。こうした史料における用例から窺える当時の認識は、吉田氏の大名概念とは明確に異なるものであり、そこから混乱が生まれるのは必然といえる。

「大名」と「守護」の関係

吉田氏の所説のもう一つの問題は、「大名」と「守護」の関係の捉え方にある。吉田氏の言を再び引用すると、「在京して幕政の一翼を担う諸大名が、地域行政に携わる守護職を兼ねて

いたと理解した方が、一五世紀前半段階における彼らの活動や都鄙《とひ》の権力構造を総体的に捉えやすいと考える」として、あくまでも「大名」を主体とし、「守護」はその一側面であるとしている。

また吉田氏は、守護＝大名家の家長とは必ずしも限らないとして、山名時熙《ときひろ》が嫡子持豊に家督と守護職を譲ったのちも幕政に参与し続けたこと、持豊が嫡子教豊《のりとよ》に家督と守護職を譲ったのちも守護管国の経営に影響力を保ち続けたことから、守護と大名家の家長が一致しない場合のあることを指摘する。ここでの問題は、吉田氏が「守護」の概念を、守護職という職制のみから捉えていることにある。

もちろん、守護が守護たり得る所以は、そもそも将軍から守護職に補任されることがその出発点であることは疑いない。しかし、守護が頻繁に交替する南北朝期を経て室町幕府が安定期に入ると、守護の任国も固定化・世襲化して、守護職と家は一体化してゆき、家格としての守護家が確立する。

このことは守護職の補任にも反映されている。一五世紀半ば以降は、幕府による守護職の補任は原則的に見られなくなる。守護職の補任が見られるのは、新たに制圧した国、あるいは制圧が望まれる国に限定されるのである。

また、一五世紀後半になると、例えば応仁の乱で活躍した畠山義就《よしひろ》のように、家督争いに

おいて自力で分国を確保してそれを幕府が追認するという事態が頻出する。このことは、家格としての守護家の家長となり得る血筋の者であれば、幕府の補任に関わりなく守護たり得たことを示している。このような状況においては、元来の守護家については守護を守護職という職制から捉えることはほとんど意味を成さないであろう。

こうして家格としての守護家が確立し、守護家の家長が「守護」の存在を体現するようになると、一族内でのその地位をめぐる争いが次第に顕著になると共に、その争いに家臣団の意向や将軍の上意が絡むようになって、幕府の支配秩序は揺らぎ始める。嘉吉元年（一四四一）の畠山家の重臣遊佐勘解由左衛門尉《ゆざかげゆさえもんのじょう》と斎藤因幡入道による畠山持国の失脚事件あたりを皮切りとして、守護家の当主の交代がたびたび起こるようになり、それはやがて大がかりな武力衝突に発展する。その帰結が応仁の乱であり、ここに戦国時代の幕が開かれることになるのである。

「守護」認識の変容

以上を前提として、「守護」の語義について改めて考えてみると、先述した『日本国語大辞典』における③の語義、「ある地域を支配している者」が問題となってくる。このような認識が生まれてくる背景には、まさに守護が職制からだけでは捉えられなくなったという状況が

あるものと考えられる。

山田徹氏によると（山田：二〇一三）、一五世紀半ば以降、その国の守護正員ではない郡の知行者が同時代の古記録において「守護」と呼ばれる事例が複数出現する。具体例としては、近江北部の京極氏、尾張知多郡の一色氏、播磨東三郡の赤松満政などである。これは、「ある地域を支配している者」が、守護職の補任とは関係なく「守護」と認識されるようになったことを示しており、こうした認識の変容が、「守護」の語義にも新たな意味を付与するに至ったのである。

さらに戦国期には、細川宗家の守護代である木沢長政や波多野秀忠が中央の古記録において「守護」と呼ばれ、さらには幕府の重要人物である大館常興も、正式に守護に補任されたことが確認できない出雲の尼子経久や肥前の有馬晴純を「守護」と呼んでいる。これらは、実質的に守護権限を行使している者、あるいはその国の最大の実力者となった者が守護と呼ばれたのである。

また郡規模の領主が守護を自称した例として播磨加西郡の在田氏の例があり、守護不設置の広大な陸奥国では、蘆名《あしな》氏が「郡守護」を自称していた。

それでは一五世紀半ば以降の時期においては、幕府による守護職の補任は意味を成さなくなったのであろうか。結論からいえば、決してそうではない。すでに家格として確立してい

た守護家については守護職の補任は行われなくなったが、先述のように新たに制圧した国、あるいは制圧が望まれる国については、当事者は進んで守護職の補任を求めた。また、尼子氏のような守護代や、国衆であった毛利氏などが一国の国主になるについては新たに守護職に補任される必要があったのであり、実際に彼らについては新たに守護職の補任が行われている。

「戦国大名」と「守護」の関係

それでは、戦国期におけるいわゆる戦国大名と守護の関係はどのように捉えるべきであろうか。一般的なイメージでは、先に見た高校教科書の記述のように、戦国大名とは「みずからの力で領国（分国）をつくり上げ、独自の支配をおこなう地方権力」であり、そうした戦国大名たちが領国拡大のための争いを繰り広げていたのが戦国時代ということになるであろう。

しかし、実態としては一六世紀半ばまでに地域支配の主導権を握っていたのはほとんどが守護家ないしは守護代などとして守護家と何らかの関係を有した家であり、一国人から一国規模以上の地域権力に成長したのはわずかに毛利・長宗我部・龍造寺の三家のみで、しかもその時期はいずれも一六世紀後半である。そうした実態を踏まえれば、戦国期についても、守護家に限っては、論者によって著しく定義の異なる「戦国大名」よりも、守護という呼称

が適切ではないかと思われる。

戦国時代というと「下剋上」のイメージが強く、旧守護家は次々に新興勢力にとって代わられたと思われがちである。確かに守護家でも被官が主君を追放したり、さらには殺害に至るような事例も現出するが、その場合でも旧来の家格秩序は破壊されることはなく、ほとんどの場合守護家の血筋の者（家長になり得る者）が推戴されるのである。

この点、一六世紀後半になると、元来守護代家であった尼子氏、国衆であった毛利氏が新たに守護に補任され、これに限らず戦国期には、将軍による新興の実力者に対する栄典授与の例が時期を追って増加する。特に一六世紀半ばの画期は注目すべきである。

しかし一方で、守護職の補任権や栄典授与の権限は最後まで将軍が保持し、足利将軍を頂点とし、守護を中心とする家格秩序は幕府の滅亡まで維持されたのである。そしてこうした家格秩序はまた、京都と地方を結んだ全国的な支配秩序を維持するものであった。

ここでもう一度吉田氏の議論を振り返ると、吉田氏が大名と守護を区別し、在京して幕政の一翼を担う諸大名が地域行政に携わる守護職を兼ねていたと表現するのに対し、川岡勉氏は「幕政への関与と分国支配を切り離すことによって、守護を介して形成される都鄙間ネットワークの重要性が見落とされてしまうことが危惧される。大名と守護を兼ねているというよりも、守護として地域社会を押さえていることが幕政における発言力を支え、幕政に連な

ることが地域社会を押さえることを可能にするという相互に作用しあう関係にあるとみるべきではないだろうか」と述べており（川岡：二〇二二）、妥当な批判であろう。また幕政に参画し、それに伴う様々な負担に応えるためには、守護としての武力・経済力が不可欠であったと思われる。

その意味で、室町期の中央と地方の結節点であった守護家は、一五世紀半ばから一六世紀半ばまでの社会全体の要といえる存在であろう。ただ、守護と言ってもその存在形態は一様ではない。

守護の多様性

室町期の守護家は、その出自は様々である。鎌倉期以来の守護家もあれば、守護家ではなくとも在庁官人系の有力領主として鎌倉期からその国に大きな基盤を有していた家もあり、また一方では、多くの足利一門のように、室町幕府から新たに守護に補任されて守護権限を梃子にその国を支配するようになった家もある。そしてその支配のあり方は、それぞれの国の地域的特質に大きく規定されている。室町幕府の補任による守護職がどのように機能しどのような意味を持つかは、それぞれの守護家ごとに考察する必要があるだろう。

特に九州では、大友・少弐・島津氏ら鎌倉期以来の守護家が強力に存続しており、足利一

門が補任された九州探題も早期にその実態を失い、十分に定着できなかった。九州においては、室町幕府の補任による守護職の意味は比較的小さかったといえるだろう。

また関東では、鎌倉府の存在を別に考える必要がある。鎌倉府は、室町幕府の初期におかれた関東の幕府ともいえる機関であり、足利尊氏の子基氏を初代とする鎌倉公方がその主であった。関東の守護たちは鎌倉に屋形を構え、関東における家格秩序に位置づけられていた。しかし一方では、彼らは室町幕府の意向にも敏感であり、京都の将軍と鎌倉公方の間を揺れ動いていた。

今日の東北に相当する陸奥・出羽の両国は守護が設置されず、一方で広大な郡を支配した有力領主たちは、中央では「大名」と呼ばれ、また蘆名氏などは「郡守護」を自称していた。さらに戦国期には、伊達稙宗《たねむね》が幕府から前例のない陸奥国守護職に補任されている。もっとも、稙宗自身は奥州探題職を望んでおり、陸奥国守護職には不満を示した。

このように、列島全域に様々なかたちで存在した有力領主たちを幕府が統一的に掌握する手段が守護職であり、一方で領主たちは守護としての権限を活用してその支配を強化したのである。そして、彼らに対する呼称が「大名」であった。このように考えれば、大名と守護の関係は自ずと明らかであろう。先に述べたことの繰り返しになるが、守護は全て大名であり、守護であることは大名の十分条件である。そして大名はより広い層を含む、漠然とした

家格を表現する呼称なのである。

またこれらの諸家は、別稿で述べたように（今岡：二〇二三）、ほぼ例外なく周囲から「屋形」と呼ばれている。「屋形」は、元来は貴人の宿所の呼称であったが、一五世紀半ば以降には貴人そのものを指す呼称となった。そして守護と大名と屋形は、ブレを含みつつも多くの部分で相互に重なるのである。

それでは、いわゆる「戦国大名」の中で、元来の守護家ではない家の場合はどのようであろうか。守護代家であった尼子氏と、国衆であった毛利氏は、いずれも戦国期になって幕府から正式に守護に補任され、周囲から屋形と呼ばれるようになった。

黒嶋敏氏が永禄一〇年（一五六七）から一一年五月の成立とし、また室町幕府最後の将軍である足利義昭の周辺の人物の手になると推定する『光源院殿御代当参衆《こうげんいんでんおんだいとうざんしゅう》　并《ならびに》　足軽衆《あしがるしゅう》　以下衆覚《いかのしゅうおぼえ》』には（黒嶋：二〇一二）、「外様衆」として、この時期にいわゆる戦国大名とされる人々のほとんど全てが記載されている。室町幕府はその滅亡まで、新興の勢力も含めた有力な地域権力を掌握することに努めていたのである。

家格秩序の変容

だが一方で、室町的家格秩序の存在も頑強であった。一六世紀後半の九州において一代で

一国人から数カ国規模の大勢力となった梟雄《きょうゆう》龍造寺隆信は、ついに屋形と呼ばれることはなかった。同様に、一六世紀後半に実質的に近江北半を支配した浅井氏もついに屋形と呼ばれることはなかった。こうした実質的な支配と旧来の家格秩序のせめぎ合いは、この時期固有の問題といえるだろう。

だが、龍造寺隆信が敗死した後に、龍造寺氏とその後継者となった鍋島氏は、豊臣政権によって新たに大名として位置づけられた。また、豊臣政権においては、守護職という職制は廃絶する。こうして、室町幕府の滅亡後、統一政権による新たな家格秩序が形成されてゆくのである。

主要参考文献

今岡典和「『屋形』考」（『十六世紀史論叢』第19号、二〇二三年）
今岡典和「『大名』・『守護』の概念をめぐって」（『研究論集　歴史と文化』第12号、二〇二三年）
川岡勉「総論　中世後期守護の歴史的位置」（同編『中世後期の守護と文書システム』、思文閣出版、二〇二二年）
黒嶋敏『中世の権力と列島』（高志書院、二〇一二年）
山田徹「『分郡守護』論再考」（『年報中世史研究』第38号、二〇一三年）
吉田賢司『室町幕府軍制の構造と展開』（吉川弘文館、二〇一〇年）

論点2

天文十二年に鉄砲が伝来したという説への疑問

長屋隆幸

（ながや・たかゆき）

一九七二年山形県生まれ。愛知県立大学国際文化研究科博士後期課程単位取得満期退学。博士（国際文化）。現在、名城大学非常勤講師。

主要業績：『近世の軍事・軍団と郷士たち』（清文堂出版、二〇一五年）。『山内一豊・忠義』（ミネルヴァ書房、二〇二一年）など。

教科書に書かれた鉄砲伝来

火薬は遅くとも中国唐代（七〜一〇世紀初頭）に発明された。宋代後期から元代（一三〜一四世紀）には、竹や金属の筒に詰めた火薬を筒に空けた小さな穴に火種を差し込み爆発させて弾丸を発射する突火槍や火銃などと呼ばれる指火式の手銃や、現在の手榴弾に当たる震天雷など、火薬を用いた武器が発明され使用された。その後、ヨーロッパに火薬・手銃が伝わると手銃は改良され、銃床を持ち、引き金を引くと火縄が火薬を盛った火皿に落ち筒内の火薬を爆発させて弾丸を発射させる火縄銃が作られる（篠田：一九九二、長屋：二〇一六）。

日本では鎌倉時代の蒙古襲来で蒙古軍が使用した震天雷を「てつはう」と呼ぶなど、「鉄砲」は火縄銃が伝わるまでは火縄銃以外の火薬を使用した武器の名称に使われていた。火縄銃伝来以降は、銃床を持ち、引き金を引くと何らかの機構が作動して火薬が爆発し、弾丸が発射する武器の名称として専ら使用されるようになる（篠田：一九九二、長屋：二〇一六）。

ところで、日本に鉄砲（火縄銃）はいつ伝来したのか。その年代については天文十一（一五四二）年に種子島に伝わったとする説と、翌天文十二（一五四三）年に同島に伝わったとする説が存在する。この内、天文十二年説が長らく有力視されてきた。高等学校の日本史の教科書でも以前は天文十二年説が採られることが多かった。ところが近年、天文十二年説を採る教科書と天文十一年説を採る教科書とが混在するようになっている（関：二〇二二）。

例えば、『詳細日本史　改訂版　B』（山川出版社、二〇一八年）では「１５４３（天文12）年にポルトガル人を乗せた中国人倭寇の船が、九州南方の種子島に漂着した。これが日本にきた最初のヨーロッパ人である。島主の種子島時堯《ときたか》は、彼らのもっていた鉄砲を買い求め、家臣にその使用法と製造法を学ばせた。（中略）鉄砲は戦国大名のあいだに新鋭武器として急速に普及し、足軽鉄砲隊の登場は従来の騎馬戦を中心とする戦法をかえ、防御施設としての城の構造も変化させた」と天文十二年説を記し、天文十一年説については註で「１５４２（天文11）年とする説もある」と書くに止めている。

一方、『新日本史　改訂版　日本史B』（山川出版社、二〇二三年）には「ポルトガル人の交易は、初めは海禁政策をとる明から正式に認められなかったため、彼らは中国人密貿易商と組み、アジアの交易ルートに乗って日本に至った。鉄砲を伝えたとされるポルトガル人は、おそらく１５４２（天文11）年、シャム（タイ）から中国人密貿易商の王直の船に乗って種子島に着いたものとみられる」と天文十一年説を採用している。そして、天文十二年説については「１６０６（慶長11）年に種子島氏の依頼でまとめられた『鉄炮記』に拠って、これを１５４３（天文12）年のこととする説もある」と注記している。

このように近年の教科書では一応両説に触れるものの、天文十二年説を採用するものと、天文十一年説を採るものの二つが存在する。それではなぜこのような状況になっているので

あろうか。ここでは、その理由について紹介してゆくことにする。

天文十二年説の根拠『鉄炮記』

慶長十一年（一六〇六）に、種子島時堯の子久時が、父時堯の功績を称える目的で、禅僧・南浦文之《なんぽぶんし》（文之玄昌）に『鉄炮記』を著させた。これが天文十二年伝来説の根拠とされるものである。次に示すのは『鉄炮記』の概要を箇条書にてまとめたものである。

①大隅国の南十八里の位置に種子島という島があった。この島は種子島氏が先祖代々領有してきた島だと伝わる。種子島の名は小さな島であるが、住民がいて富んでいる様子が、蒔いた一粒の種の生命が窮まりがないのと同様であることにちなんでいる。

②天文癸卯秋八月二十五日、種子島の西之村の小浦にどこの国から来たかわからない大船が来航した。乗員は百人余で、見たこともない姿をしており、言葉も通ぜず奇っ怪に見えた。その中に五峯という明国の儒生がおり、彼とは筆談が可能であった。そこで、西之村の主宰であった織部丞《おりべのじょう》が、筆談で乗員達について問うてみたところ、船中の客は西南蛮種の賈胡《ここ》人とのことであった。異国船の漂着の報告をうけた種子島の領主であった種子島時堯は、小舟を数十隻出して漂着船を安全な場所に移動させた。

③八月二十七日、大船を赤尾木津に入港させた。同所には禅宗から法華宗に改宗した忠首座という人がいた。彼は五峯と筆談を通じて交際し知己となった。

④賈胡人の長二人の名は、牟良叔舎・喜利志多佗孟太といった。彼らは鉄砲（火縄銃）を携えていた。それは火薬を使って鉛の玉を打ち出すもので、心を落ち着かせ目を眇《すがめ》にして狙って撃てば、たちどころに命中し、その威力も強力であった。これを見た時堯は鉄砲を悪人退治や害獣退治などに有用な世の宝と見做した。なお、これを「鉄砲」と名付けたのは、明人なのか、種子島の住人なのかは不明である。

⑤時堯が賈胡人の長に撃ち方を習いたいと申し入れた。賈胡人は奥義の伝授を快諾した。

⑥重陽の節句の頃、時堯が試しに射撃をした所、素晴らしい威力であった。見ていた者達も最初は畏れたが、最後には学びたいと思うようになった。時堯は高価で支払いが厳しかったが文句も言わずに、鉄砲を二挺買い入れ、稽古に励んだ。また、火薬の作り方を家臣篠川小四郎に学ばせた。側近達も稽古に励み、百発百中の腕前となった。

⑦その頃、紀州根来《ねごろ》寺に杉坊《すぎのぼう》某公という人がいた。杉坊は時堯が鉄砲を手に入れたと聞いて鉄砲を求めてきた。時堯は、杉坊の心意気に感じ入り、津田監物丞を杉坊の下に遣わして鉄砲一挺を贈り、火薬調合法と射撃方法を伝えた。

⑧時堯は、職人に鉄砲の複製の作成を命じた。職人たちは姿形をほぼ複製することに成功

した。しかし、どうしても筒の底を塞ぐ方法（尾栓の作り方）がわからなかった。

⑨翌天文十三年、賈胡人が種子島に再び来航した。彼らの中に、幸い鉄匠（鍛冶）がいたので、時堯は金兵衛尉清定に命じ、筒の塞ぎ方を鉄匠から習わせた。その結果、ねじを切って筒底を塞ぐ方法を教えてもらった。その後、一年余りで数十挺の鉄砲が作られた。時堯の目的は鉄砲を戦争で使用することであった。家臣達は（戦争で使用するという）時堯の意向を汲み稽古し、百発百中の腕を持つ者が幾人もあらわれた。

⑩その後、和泉堺の橘屋又三郎という商人が種子島へやってきて、一・二年程滞在し、鉄砲の技術を学び、畿内とその近郊に技術を伝えた。又三郎は人々から鉄炮又と呼ばれた。

⑪天文十一年、翌十二年に明へ派遣された貢船の一つに乗り込んでいた種子島氏家臣松下五郎三郎が、明からの帰りに船が嵐に遭遇した結果、漂着先の伊豆国の人々へ鉄砲の技術を教えた。これが契機となり、関東にも鉄砲が広まった。

②の天文癸卯とは天文十二年のことである。また、賈胡人とあるのは、ポルトガル人のこと、五峯とは倭寇の頭目であった中国人王直のことである（清水：二〇〇六、伊川：二〇〇八）。

天文十一年説の根拠

このように鉄砲が伝来した地である種子島で作られた『鉄炮記』が天文十二年伝来説の根拠をなしている。それでは天文十一年説の根拠となる史料は何であろうか。こちらは、一五六三（永禄六）年にアントニオ・ガルヴァンが著した『新旧諸国発見記』（原題『Tratado dos Descobrimentos』）と一五四八（天文十七）年にガルシア・デ・エスカランテ・アルバラードがメキシコ副王に宛てた『ビーリャロボス艦隊報告』（エスカランテ報告と呼ばれることもある）といったポルトガル側の史料が説の中核となっている。

『新旧諸国発見記』は次のように記す。一五四二（天文十一）年にディオゴ・デ・フレイタスがカピタンを務める船がシャム国（現在のタイ）に停泊中、同船からアントニオ・ダ・モッタ、フランシスコ・ゼイモト、アントニオ・ペイショットの三人が脱走し、一艘のジャンク船に乗って明（現在の中国）のリャンポーへ向かった。しかし、その途中暴風雨に遭遇して沖へ流された。数日後に東の方三十二度の位置に島が見えた。これは古書に宝の島と語られている「ジャポンエス」だと思った。このように書かれている（伊川：二〇〇八）。

一方、『ビーリャロボス艦隊報告』には、エスカランテがディオゴ・デ・フレイタスからの伝聞情報であるとして、次のように記している。フレイタスがシャム国に船を停泊した際、レキオ人（琉球人）のジャンク船がやってきたので、これらの人々と知己を得た。その後、フ

レイタスと一緒にいたポルトガル人二人が明で商売をしようと思い一艘のジャンク船に乗り向かったが、途中で暴風雨に遭遇しレキオス（琉球）にある一島に漂着した。彼らはシャムで知己を得たレキオ人の仲介により島々の国王から手厚いもてなしをうけた後、食料を提供してもらい立ち去った。

彼らから話を聞いた別のポルトガル商人が、明のジャンク船に乗り前述の島に到着したが、上陸は許されず、持参した品物とその値段を書いた覚書の提出を命じられた。ポルトガル商人たちは言われた通りにした。商人たちは銀で支払いを受け取り、食料の提供を受けると、退去するよう命じられた（伊川：二〇〇八）。

『新旧諸国発見記』『ビーリャロボス艦隊報告』の記事は、フレイタスの船から離れた者の人数が違うなど多少差異はあるものの、共通する部分が多い。また、『鉄炮記』に記されたポルトガル人の名前とされる牟良叔舎と『新旧諸国発見記』のフランシスコ、（喜利志多）佗孟太とダ・モッタの音が似ている。

これらの理由から『鉄炮記』『新旧諸国発見記』『ビーリャロボス艦隊報告』の記述は、同一の事件、すなわちポルトガル人の種子島来航につき書かれたものと考えられている。天文十一年説はポルトガル側の史料の記述を正しいものとし、『鉄炮記』の記述の方が間違っているとの視点から唱えられている説と言って良いであろう（清水：二〇〇六、伊川：二〇〇八、村井：二〇一三）。

『鉄炮記』への批判

以上のように『鉄炮記』を根拠とする天文十二年説とポルトガル人側が残した史料を根拠とする天文十一年説があるわけだが、従来は『鉄炮記』が信頼され天文十二年説の方が通説であった。これは、『鉄炮記』に伝来年のみならず月日まで記されており、何か確実な根拠があったと評価されてきたからである。しかし、先述したように近年では天文十一年説を採用する教科書もでてくるなど状況に変化が見られる(清水:二〇〇二)。

この状況の変化は、清水紘一氏により『鉄炮記』の史料的性格についての研究が進んだことによる。清水氏によれば、『鉄炮記』はかなり史実が混錯しているという。一例をあげるならば、ポルトガル側の史料から種子島にやってきた船は、当時の日本人にとり見慣れたジャンク船で、乗員は大部分は明人であったろうと思われる。

だが、『鉄炮記』ではどこの国から来たか知れない大船が来航し、乗員も類を見ない姿で奇怪であると書くなどポルトガル船が種子島に来航したかのごとく書かれている。これは南蛮船が来航するようになる天文十五(一五四六)年以降の印象で書かれているからだと主張されている。この他、倭寇の王直が儒生とされイメージに違いがあることや、ポルトガル人の人名が初来航と二回目に来航した者の名前が混錯している可能性なども指摘している。

また、『鉄炮記』は主に白髪の老人が残した記録(清水氏は「老人記録」と命名)と古老から聞い

た伝承に依拠し著された種子島家を顕彰する書で、学問的な厳密さは二の次にされたとする。「老人記録」は『鉄炮記』の月日が書かれている部分（②～⑥部分）に利用されたと考えられる。だが、同書は種子島氏家臣の私的記録に過ぎず、かつ実際は後年に作成された可能性が高く、そこに記された年月日は無批判に信頼できないという。

さらに、延宝五（一六七七）年に編纂された『種子島家譜』（『種子島譜』）における天文十二年とその翌年の記述にも注目する。同書の天文十二年・十三年部分には大隅国の国人禰寝《ねじめ》重長が種子島時堯の叔父時述と手を結び種子島に侵攻した事件の顚末と、ポルトガル人の初来航・再来航について記されている。

このことから、種子島では両事件が同一年におきたものと伝わっていたと推測する。その上で、種子島氏と禰寝氏間の争いの調停をおこなった島津貴久の事跡について書かれた『島津貴久記』では、禰寝氏の種子島侵攻は天文十一年におきたと書かれていることを指摘し、『種子島家譜』は間違いで、禰寝氏の侵攻とポルトガル人初来航は天文十一年であったと主張している。

最後に、先の『新旧諸国発見記』『ビーリャロボス艦隊報告』といったポルトガル側の史料についても問題はあるものの基本的には矛盾点は少なく信頼できるとし、ポルトガル人の種子島初来航を天文十一年だと結論づけている。

清水氏の他には村井章介氏も天文十一年説を支持している。村井氏はポルトガル側の史料に出て来る「レキオス」が種子島であるとの見解を示すと共に、ポルトガル側の史料の人物と『鉄炮記』に記された種子島に来航したポルトガル人を同一人物だと見做す。さらに一年前倒しに読めば『鉄炮記』の記述はポルトガル側の史料と矛盾が生じないので、天文十一年に鉄砲が伝来したと考えて支障がないとする（清水：二〇〇一、村井：二〇一三）。

天文十一年説への批判

天文十一年説への批判もある。まず、『鉄炮記』のポルトガル人の種子島来航と『新旧諸国発見記』『ビーリャロボス艦隊報告』の来航とは別物と考えるべきとの説がある。

例えば所荘吉氏は、『新旧諸国発見記』ではポルトガル人が到達した島の位置を「東の方三十二度」、すなわち北緯三十二度と記していることに注目する。この位置にあるのは種子島（種子島の位置は北緯三十度二十分）ではなく、当時南九州における交通・流通の要衝であった阿久根（現、鹿児島県阿久根市）であった。そこで、『新旧諸国発見記』に記されているポルトガル人は阿久根に漂着したのであり、種子島に来航した者とは別と考えるべきと唱えている（所：一九八六、二〇〇六、長屋：二〇一六）。

中島楽章氏は『新旧諸国発見記』では鉄砲について何らの記述もなく、ただ北緯三十二度

の土地に漂着したと書くのに対して、『鉄炮記』では種子島に来航して鉄砲を伝えたと書いており内容に差異が見られることから、両者は別の事件と考えられるとしている。さらに、『ビーリャロボス艦隊報告』でポルトガル人らが漂着した「レキオス」とは、通常は琉球を指す言葉なので、彼らは種子島ではなく、琉球に漂着したと考えるべきであると主張している（中島：二〇〇五、二〇〇九、長屋：二〇一六）。

ただし、天文十一年説を採る立場の研究からは、北緯三十二度は間違って記されたに過ぎない可能性や、ポルトガル人の認識では「レキオス」に種子島が含まれていた可能性があるとの反論がなされている（清水：二〇〇一、村井：二〇一三）。

『鉄炮記』が誤っているとの主張の根拠とされた『島津貴久記』『種子島家譜』の記述の信憑性について考察し、やはり天文十二年に鉄砲が伝来したと結論づけた橋本雄氏の研究もある。

それによれば、天文十一年に時堯とその父恵時とが対立し、時堯が禰寝氏を頼って種子島で謀叛をおこすも失敗し、禰寝氏は撤退した。恵時は島津貴久に味方して欲しいと願い出た。そこで、貴久は新納《にいろ》康久を屋久島に派遣した。種子島から屋久島に落ち延びた恵時は貴久に援軍派遣の返礼として屋久島を割譲すると申し出たが、貴久はこれを固辞し、屋久島から派遣した軍勢を撤退させ、種子島親子の仲裁をおこなった。その結果、恵時と時堯が和議を結んだ。『島津貴久記』にはこのように書かれているという。

一方、『種子島家譜』では、次のように記されているとする。天文十二年に恵時とその弟時述が対立し、時述が禰寝氏を味方に引き入れ種子島に侵攻してきた。恵時は屋久島に避難し、時堯が迎え撃ったが、後に和睦し屋久島を禰寝氏に割譲した。ほどなくして恵時により時述は殺害され、翌十三年に恵時・時堯は屋久島を攻め占拠した。

両書を比較すると、敵対している人物が『島津貴久記』では時堯と恵時、『種子島家譜』では時述と恵時・時堯親子の組みあわせとなり大きく違う。橋本氏は、これを同一の事件ではなく、それぞれ連続する二つの事件と見做すべきだと主張している。すなわち、『島津貴久記』に書かれた時堯による恵時への謀叛がまず天文十一年にあった。この時、おそらく時堯は時述と手を結んだ。島津貴久の仲介で親子が和睦すると、今度は時堯と時述との間で争いがおき時堯が勝利をおさめ、種子島内の秩序を回復した。実際はこのような経緯であったとする。

そして、時述を排除し正統性を手に入れた天文十二年こそが時堯にとって重要であったことや、時堯が謀叛をおこした汚名を着せないため、かつ和睦を仲介しながら内紛をおさめることに失敗した貴久の面子を守るために『種子島家譜』では天文十一年の時堯謀叛に関する記述を省いた可能性があると指摘する。それらを踏まえて鉄砲伝来を天文十二年とするのはなんら問題ないと結論づけている（橋本：二〇一六）。

鉄砲伝来の異説

以上のように天文十一年伝来説、十二年伝来説は共に批判されており、現状確証がない。両説とも二次史料に依拠しており決定打に欠けるのである。新たな一次史料かそれに類する信憑性を持つ二次史料が発見されない限り決着はつかないと考えられる。

ところで、天文十一年以前に日本に鉄砲が伝わっていたとする史料が残されている。幾つか紹介しておこう。例えば、『蔭涼軒日録』の文正元年（一四六六）七月二十八日条に京都を訪れた琉球の官人が、総門の外付近で「鉄放一両声」を放ち人々を驚かせたとある。また、李氏朝鮮の歴史書『朝鮮王朝実録』には、一四一八年頃に駐劄官として対馬に赴任した朝鮮官吏李芸が「火砲」で迎えられたことや、李芸が賊倭（倭寇か）が持っていた中国製の手銃を鹵《ろ》獲《かく》したこと、一五〇九年に倭船（日本船）が銃筒や長箭を持っていたことも書かれている。

相模の戦国大名北条氏について書かれた『北条五代記』には永正七（一五一〇）年に中国から鉄砲が伝わり、享禄元（一五二八）年に小田原在住の山伏が堺で珍しいと買い求め北条家に献上したと書かれている。また、江戸時代前期に旗本大久保忠教《ただたか》が著した『三河物語』では永正五（一五〇八）年（永正三年とも）に伊勢宗瑞（北条早雲）が三河国岩津城を攻めた際に鉄砲を使用したとある。これらの史料に出て来る鉄砲は、種子島に伝わった火縄銃ではなく、中国で使用された指火式の手銃を指すものと考えられる。これが本当ならば天文年間以前に手銃

が日本に伝わったと言えよう（洞：一九九一、長屋：二〇一六）。

　ただし、『蔭凉軒日録』の「鉄放」は爆竹を指しているとの説がある。『朝鮮王朝実録』の記述については、朝鮮で中国の技術支援を受けて手銃が作成されるようになったのが丁度この頃なので、対馬がそれよりも早く手銃を運用していたとは考えにくいとの指摘がある。『北条五代記』『三河物語』については江戸時代に作成された史料であるため信憑性に問題がある。さらに、秀吉の朝鮮出兵時の戦利品以外、日本には遺物がないとの批判もある（所：一九七五、洞：一九九一、宇多川編：二〇〇七、長屋：二〇一六）。

　種子島における伝来が、唯一の伝来ではなかったとの説もある。これは朝鮮の史料に一五四七（天文十六）年時点で倭寇達が日本人に兵器を与え（売却か）、火砲の扱い方を教授していると記されていることや、日本に現存する鉄砲が多種多様な名称・様式・口径・カラクリを持つことから、天文期に倭寇を含む外国人勢力によって分散波状的に幾つかの形状の鉄砲が西日本に伝えられたとする。そして、種子島に鉄砲が伝来したのは同時期に各地に見られた伝来の一つに過ぎないとする説である（宇田川編：二〇〇七、中島：二〇〇五、長屋：二〇一六）。

　むろん、これについても批判が存在する。まず、多種多様な鉄砲については、全てが海外からもたらされたものではなく、後に砲術家が創意工夫して変異したものが少なくないとの指摘がある。また、種子島での伝来を数多くの伝来の一つとする点については、鉄砲の代名

詞に種子島が使用されることや、十三代将軍足利義輝が種子島時堯に南蛮人から相伝された火薬調合を教えるよう命じていることから種子島が鉄砲の有力ブランドとして存在したのは間違いないとされる。それ故に、種子島の鉄砲伝来の影響力は小さくはなかったとの反論がなされている（佐々木編：二〇〇三、村井：二〇一三、長屋：二〇一六）。

このように異説も幾つかあるが、これらもそれぞれ批判がなされており、どれも有力視できるものではない。したがって、現状では鉄砲（原始的な銃および火縄銃ともに）がいつ日本に伝来したか正確な時期を示すことはできないのである。

主要参考文献

伊川健二「鉄砲伝来の史料と論点（上・下）」（『鉄砲史研究』三六一号・三六二号、二〇〇八・九年）
宇多川武久編『鉄砲伝来の日本史　火縄銃からライフル銃まで』（吉川弘文館、二〇〇七年）
佐々木稔編『火縄銃の伝来と技術』（吉川弘文館、二〇〇三年）
篠田耕一『武器と防具　中国編』（新紀元社、一九九二年）
清水紘一『織豊政権とキリシタン――日欧交渉の起源と展開――』（岩田書院、二〇〇一年）
清水紘一「『鉄炮記』の基礎的研究」（『中央大学論集』二七号、二〇〇六年）
関周一「鉄砲伝来年」（『山川歴史PRESS』四、二〇二一年）
所荘吉「天文以前における鉄砲渡来の実否について」（『鉄砲史研究』六六号、一九七五年）
所荘吉「鉄砲伝来をめぐって――その正しい理解のために――」（井塚政義・飯田賢一監修、種子島開発総合センター編『鉄砲伝来前後――種子島をめぐる技術と文化――』、有斐閣、一九八六年）
所荘吉「再考　葡人の初来日と鉄砲伝来草稿」（『鉄砲史研究』三五五号、二〇〇六年）
中島楽章「ポルトガル人の日本初来航と東アジア海域交易」（『史淵』一四二輯、二〇〇五年）
中島楽章「ポルトガル人日本初来航再論」（『史淵』一四六輯、二〇〇九年）
長屋隆幸「本当の鉄砲伝来はいつだったのか」（渡邊大門編『戦国史の俗説を覆す』、柏書房、二〇一六年）
橋本雄「『鉄炮伝来』と禰寝侵攻一件」（『日本歴史』八一八号、二〇一六年）

洞富雄『鉄砲　伝来とその影響』（思文閣出版、一九九一年）
村井章介『日本中世境界史論』（岩波書店、二〇一三年）

論点3

松永久秀は足利義輝の殺害にかかわっていなかった

天野忠幸

（あまの・ただゆき）

一九七六年兵庫県生まれ。大阪市立大学大学院文学研究科後期博士課程修了。博士（文学）。現在、天理大学教授。

主要業績：『室町幕府分裂と畿内近国の胎動』（吉川弘文館、二〇二〇年）など。

下剋上の代表格

松永久秀は戦国武将でトップクラスのダークヒーローである。小説やマンガ、アニメーション、ゲーム、ドラマ、映画の中で、久秀は戦国時代の風潮を最もよく体現し、実力主義を突き詰めたがゆえに謀反や暗殺を繰り返した「戦国最大の梟雄」として描かれている。具体的には、天皇に次ぎ武家最高の貴種である将軍足利義輝を暗殺したこと、外様で低い身分から宿老にまで取り立ててくれた主君の三好長慶を毒殺したこと、宗教的権威を恐れず東大寺大仏殿を焼き払ったこと、戦後に革命児としての人気を確立した織田信長に背き滅亡したことといった数々の逸話で（これらが事実であるかどうかは別として）、強いインパクトを残している。

特に、信長が徳川家康と対面した際に久秀を紹介し、「この老翁は世の人のなしがたき事三ツなしたる者なり」と、将軍弑逆《しいぎゃく》、主君暗殺、大仏焼討を挙げるシーンは、久秀の紹介として、簡にして要を得ていることから、数多くの創作物に取り上げられている。

この元ネタは、江戸時代中期に岡山藩の儒学者である湯浅常山が記した戦国武将の逸話集『常山紀談』である。元文四年（一七三九）に成立するが改稿を重ね、明和七年（一七七〇）に完成したとされるが、この頃、軽輩の柳沢吉保や間部詮房が将軍側近や大名へと出世したことに、譜代大名が激しく反発していた。常山は朱子学を重んじる立場から、久秀を反面教師と

し、幕藩体制下の家格秩序を守ることを説いたのである。こうしたエピソードは、同じく儒学者で政治思想家でもある頼山陽《らいさんよう》にも受け継がれ、江戸時代後期の文政十二年(一八二九)に刊行された『日本外史』にも掲載された。歴史書としては不正確との評価が当時からあったが、幕末から明治にかけて多くの人に読まれたという。

戦後、作家の坂口安吾が昭和二十三年(一九四八)に発表した小説「織田信長」で、久秀を「老蝮」と記している。昭和二十七年(一九五二)から翌年にかけて、安吾は新聞で『信長』を改めて連載するが、それに先駆けて載せた「『信長』作者のことば」として、信長が「多少ともカンタン相てらしたらしい友人的存在は斎藤道三と松永弾正という老いたる二匹のマムシであろう。歴史にも類のない悪逆無道の悪党とよばれた二人が揃って彼のともかく親友的存在の全部。むろんマムシの友情だから、だましたり裏切ったり、奇々怪々な友情だが、ともかく友情の血は通っていた」と書いた(木下:二〇二〇、呉座:二〇二二)。

特に戦後の久秀と信長は、将軍や宗教といった権威を恐れない合理的思考を持ち、多聞山城と安土城の築城にあたって近世城郭の祖となる独創性を発揮し、名物茶器に耽溺する風流人として、似た者同士、表裏の関係にあったと、人々に解釈されたのである。中でも将軍殺しは、信長ですらできなかった所業であったから、とりわけ異彩を放っている。

日本史の教科書の記述では

様々な創作物では松永久秀は「梟雄」というのが常識であったが、歴史物や時代物というジャンルは好き嫌いがあり、ファンと全く知らない人に分かれる。そこで、日本史の教科書を確認したい。文部科学省の統計では、令和二年（二〇二〇）度の高等学校進学率は通信制を含め九八・八パーセントとなっており、日本人の大部分は高等学校に進学する。また教科書検定制度により、一部の学説などに片寄らず、適切な記述がされた教科書が使用されているからである。「地理歴史」分野には、「地理総合」「地理探究」「歴史総合（近現代の日本と世界の歴史）」「日本史探究」「世界史探究」といった科目が置かれている。

このうち、以前の「日本史B」に相当し、原始・古代から近代・現代までを範囲とする「日本史探究」を見たい。日本史教科書の中でも代表的で、受験生必携とされる山川出版社の『詳説日本史　日本史探求』（山川出版社、二〇二三年）には、「細川氏を中心とする内部の権力争いが続いていた」という文章の脚注として、欄外に「実権は細川氏からその家臣三好長慶に移り、さらに長慶の家臣松永久秀へと移った」と記されている。

また同社が刊行する全国歴史教育研究協議会編『日本史用語集』（山川出版社、二〇二三年）には、「松永久秀（一五一〇〜七七）」は教科書七冊のうち三冊に掲載されているとし、「三好長慶の家臣であったが、長慶の死後、三好氏を滅ぼし、将軍足利義輝を襲って自害させ、東大寺大仏殿を

焼打ちした。下克上の典型的人物。のちに信長に対して臣従と離反を繰り返し、ついに大和信貴山《しぎさん》城に囲まれ自殺。」と記載されている。

つまり、久秀が「梟雄」であるというのは、教科書公認ということになる。これは吉川弘文館が刊行した最大級の日本歴史大百科である『国史大辞典』を確認しても、「足利義輝（一九七九年刊行）」の項目に「三好長慶の没後実権を奪った松永久秀らのために同八年五月十九日辰刻急襲されて自殺した。」とあり、「松永久秀（一九九二年刊行）」の項目でも「同（永禄）八年五月十九日三人衆と謀り、十三代将軍足利義輝を二条御所に襲撃して暗殺した。」とあることから、二十世紀の学界の見解に準じたものと言えよう。

ところが、そのような教科書と用語集を刊行した山川出版社が編集協力した『小学館版学習まんが日本の歴史八　戦国大名と織豊政権』（小学館、二〇二二年）には、久秀が長慶に代わって畿内の実権を握るシーンも、義輝を暗殺するシーンも、大仏を焼くシーンも描かれていない。むしろ久秀は長慶の跡を継いだ甥の三好義継らが義輝を殺害した報を聞き、「早まった真似を…」と歯ぎしりしている。教科書や参考書と異なる描写は、何を意味するのであろうか。

当時の史料では

二十世紀末から二十一世紀の戦国史研究は、江戸時代の講談で語られたイメージや戦前の

歴史観を完全に断ち切り、戦国時代の書状など古文書や日記など古記録を検討して、実像を明らかにしてきている。

そこで、足利義輝が殺害されたシーンは古文書や古記録にどのように記されているのか、確認しよう。永禄八年（一五六五）四月三十日、三好義継は左京大夫に任官するため、松永久秀の子久通と共に大軍を率いて上洛した。義継は義輝を始め公家衆に挨拶回りをしたので、五月十八日に公家の山科言継と勧修寺晴右が答礼のため義継のもとを訪問し、日記に書き残した。

『言継卿記』には次のようにある。まず義継の宿老である三好長逸《ながやす》が陣取る知恩寺を訪問した。次に三好義継の宿所である革堂行願寺に赴くと、側近の金山駿河守が対応してくれたので、金山にも贈り物をした。続いて「松永右衛門佐義久（後の久通）」に会うため、相国寺常徳院にある有力商人大森寿観の居所を訪問すると、側近の海老名家秀より酒でもてなされた。つまり、久秀はこの時に京都に駐屯する義継の軍勢にいなかったのである。

また『晴右記』にも以下のように記されている。山科言継と約束して、三好義継と「松永右衛門佐」に太刀を献上した。やはり久秀は京都にいない。

そして、義継と久通に率いられた軍勢は翌五月十九日に突如義輝を襲撃した。『言継卿記』によると、戦闘は午前八時頃に始まり、三好義継や「松永右衛門佐等」一万ばかりが突如将

軍御所へ乱入し、しばらく戦った後、義輝の直臣である奉公衆が討死した。義輝は午前十一時頃に自害したという。『晴右記』では、午前十時頃に三好義継や「右衛門佐」が攻撃し、義輝が切腹したとしている。

なお、『言継卿記』は大正三年(一九一四)から翌年にかけて、『増補續史料大成九　晴右記・晴豊記』は昭和四十二年(一九六七)に刊行されている。つまり都道府県立の図書館や政令指定都市の中央図書館、大学図書館に行けば、誰でもこれらを閲覧して、久秀は将軍を殺していないことを確認できたのである。

久秀と久通の関係

当時の公家たちの日記を素直に解釈すれば、足利義輝を殺害したのは三好義継と松永久通であることはすぐにわかったはずだ。しかし、義継と久通は実行犯に過ぎず、彼らを裏から操った真の黒幕にして首謀者は久秀に違いないと解釈する人々も多かった。

そこで久秀と久通の関係を確認したい。三好長慶に宿老に取り立てられた久秀は大和の支配だけでなく、長慶の嫡子義興の後見も任されていた。ところが、義興が永禄六年(一五六三)八月に死去し、十一月に葬礼が行われた後、長慶の後継者はその甥義継となった。こうした動きに連動して、久通が閏十二月に従五位下右衛門佐に任官し、久秀より家督が譲られてい

る。久通は上洛して義輝に対面し、松永氏の当主として幕府に公認された。

久秀は当時担当していた法華宗諸寺院の教義を超えた和約である永禄の規約の成立に向けた調整や、翌年の甲子改元の執奏、朝廷との贈答など、その人格的なネットワークに起因する交渉のみに専念していく。一方、久通は京都の貴布禰山をめぐる相論や幕府への出仕、大和の支配などを久秀より引き継いだ。

永禄八年、京都浄福寺の真澄は、法勝寺における伝戒の執行と寮舎の保全を、三好義継に求めた。これに対して、三月一日に側近の長松軒淳世が書状を、四日に奉行人の某元清と奈良長高が連署奉書を、七日に宿老の三好長逸と三好宗渭《そうい》が連署状を、それぞれ義継の命令を受けて発給している。やや遅れて、四月二十九日に久通も義継の命令を受けて安堵した。十六歳の少年当主を側近や奉行人、宿老たちが補佐する体制が成立しているが、そこに久秀の姿は見えず、政治の表舞台を退いていたことがわかる。

従来、久秀は長慶の死後に三好氏を滅ぼしたとか、実権を握ったと言われてきたが、むしろ逆である。自らを信頼してくれた長慶や後見人を務めた義興が死去したことで、久秀は実権を失ったのである。つまり、久秀が久通を裏から操れるような状態ではなかった。

さらに二人の思惑がすれ違っていたことを示す書状がある。それは、京都で足利義輝だけでなく弟の鹿苑院周暠までもが義継と久通に殺害された三日後の五月二十二日付で、奈良興

福寺一乗院に入寺していた義輝のもう一人の弟覚慶（後の義昭）が久通に宛てて記した書状である（「円満院文書」）。それによると、将軍義輝が殺害されたのは、やむを得ないことである。それについて、自分の身もどうなるかと心配していたところ、久秀が起請文を書き、義昭を害する意思はないと神仏に誓ったので安心した。自分のことを疎かにしないのは喜ばしい。なお詳細は久秀の宿老である竹内秀勝へ伝えた。こうした久秀の意思を久通も承知するよう、久通をひたすら頼みにするほかないと述べている。

つまり、義輝・周暠兄弟を討った久通に対し、久秀は逆に義昭を保護しているのである。しかも、義昭が久通に貴方を頼むほかないと哀願しているように、久通が久秀の意向を無視して、義昭を殺害する可能性も極めて高かった状況が見える。こうした状況からも、久秀が久通を操っていたのではなく、久通が独自の判断で義輝を襲ったと言えよう。

久秀の思惑はわからないが、長慶とともに義輝と戦い、将軍を支持する上杉謙信・朝倉義景・織田信長・毛利元就らとの関係に苦悩してきた身からすると、義輝とその兄弟を討てばすべて解決できるという義継や久通の発想は幼稚なもの、若気の至りとしか見えなかったであろう。久秀はいざとなれば義昭を傀儡として擁立し、足利将軍家の再興を目論む大名を押さえ込むため、保険をかけておきたかったようだ。

誰が久秀を義輝殺害の主犯としたのか

三好義継と松永久通が足利義輝を討った事件は、各地に伝えられた。越前の朝倉義景の家臣である朝倉景連と山崎吉家は六月十六日付で、越後の上杉謙信の家臣の直江政綱に連署状を送り、事件の詳報を知らせている（「上杉家文書」）。それによると、三好義継と「松永右衛門佐」が訴訟と号して、義輝の御所の門まで押し寄せ、御殿に乱入した。それに対して、義輝は自ら戦い数多の敵兵を討ち取る働きをした後に切腹したという。つまり、義継と久通が義輝を殺害したと正確に伝えているのである。

ところが、江戸時代初頭に創られた軍記物では、話が変わってくる。

慶長年間（一五九六～一六一五）に成立したとされる太田牛一の『信長公記』では「三好修理大夫」、元和年間（一六一五～一六二四）成立とされる『北条五代記』では「三好修理亮」とあり、三好長慶が義輝を襲撃したとしている。当時、長慶の死去が秘匿されていたため、誤解されたのであろう。

また、慶長年間から明暦の大火（一六五七）までには成立した『足利季世記』では、「松永弾正・三好日向守・同下野守・石成主税・松山安芸守・同新太郎等一味同心ノ族」とする。現在の歴史学では信憑性が低く、研究で使用されることはまずないが、江戸時代には重要史料と認識されていた（小秋元：二〇二〇）。

そして、松永久秀の梟雄イメージに決定的な影響を与えたと考えられる軍記物に、『信長公記』の著者太田牛一が慶長十五年（一六一〇）頃に執筆した『大かうさまくんきのうち（太閤様軍記の内）』がある。そこでは、久秀が長慶を天下の主とするため、清水寺に参詣すると称して、軍勢を集め将軍御所を取り囲み、足利義輝を切腹させ、同じようにその弟の周暠も打ち取ったと記されている。

久秀はその後、長慶を毒殺して自ら天下の主となったが、織田信長に降《くだ》って大和半国を安堵された。しかし、やがて不満を抱き大坂本願寺と結んで挙兵し、松永久通と共に信貴山城に籠城した。ところが、永禄十年（一五六七）十月十日に大仏殿を焼いた報いにより、天正五年（一五七七）の同月同日同時刻に天守に火をかけ、平蜘蛛の茶釜をうちくだいて、焼死したとする。牛一はそうした久秀の最期を、「天道」恐ろしきことと評した。

牛一の『信長公記』は織田信長研究に大きな影響を与え、過度な信頼は禁物だが、いわゆる一次史料に準じた評価が与えられている（和田：二〇一八）。ただ、義輝を討ったのを義継ではなく、既に死去していた長慶としている。また、斎藤道三の父新左衛門尉の行跡を道三に含めて、道三一代の国盗りとしたり、永禄三年（一五六〇）の桶狭間の戦いを天文二十一年（一五五二）としたり、天正元年（一五七三）冬の松永久通の多聞山城明け渡しを元亀三年（一五七二）とするなど、誤記も多い。

そもそも『大かうさまくんきのうち』には、豊臣氏に代わって徳川氏が台頭していく時代の中で、主君に謀叛した松永久秀・斎藤道三・明智光秀らや、豊臣秀吉に敵対した柴田勝家・北条氏政らの悲惨な最期を列挙し、豊臣秀頼の天下を覆そうとする徳川家康の野望を思いとどまらせる世評をつくりだそうとする意図があったとされる（小林：二〇一七）。

いわば、久秀はスケープゴートにされたのである。後述するが、斎藤道三が父新左衛門尉の行跡と一緒にされたのと同様に、松永久秀は子の久通の行跡も含めて、語られたのだ。

誤解が続いた背景

松永久秀が足利義輝を殺害したとする説は、太田牛一・湯浅常山・頼山陽らへと受け継がれてきた。そして、現代になり補強される出来事が起きた。戦国時代に日本へキリスト教を布教するため訪れた宣教師たちの報告が、一九六〇年代から一九八〇年代にかけて現代語訳されて刊行されたのである。

例えばルイス・フロイスは、一五六五年七月二十二日（永禄八年六月二十五日）付の書簡の中で、義輝殺害事件について、謀反人の筆頭者は「弾正殿（松永久秀）」といい、我等が弘める「デウスの教えの大敵」と記している。これにより、牛一らの主張が外国人の史料とも一致しており、事実と証明されたかのように受け取られてしまった。

しかし、宣教師は布教を公認した三好長慶やキリシタンに改宗した高山右近らを褒め称える一方、伴天連追放令を発布した豊臣秀吉などは悪辣に罵っている。久秀は延暦寺や法華宗の要請を受け、宣教師を追放しようとしたことから、批判的に見られていたことには注意を要する。

久秀の実像と戦国時代の下剋上とは

二十一世紀になり、松永久秀の実像の解明が大きく進んだ。久秀の生年は、永正七年（一五一〇）ではなく、永正五年である（「多聞院日記」、金松：二〇一七）。三好長慶の死後、三好氏を滅ぼしたり、実権を奪ったりしておらず、むしろ家督を松永久通に譲り、実権を手放している。将軍足利義輝を襲って自害させたのは既に死去した長慶や家督を譲与した久秀ではなく、三好義継と久通であった。東大寺大仏殿の焼討も、大仏焼失の遠因となったのは間違いないが、主目的は東大寺に陣取る三好三人衆への攻撃であって、織田信長の比叡山焼討とは異なる。

久秀は大仏再興を援助していた（「阿弥陀寺文書」）。信長に対して臣従と離反を繰り返したとされるが、信長の上洛以前から、久秀と信長は足利義昭の上洛に向けて同盟を結んでおり（「柳生文書」）、久秀が信長に臣従したのは、三好家再興の望みをかけて擁立した義継が、天正元年（一五七三）に信長に滅ぼされた後の一回だけである。

そして、天正五年（一五七七）に信長から離反し信貴山城に籠城して自害するが、信長自身は「松永右衛門佐」に謀反の噂があると、九月二十二日付で大和国人の岡周防守に書き送っているように（「屋代弘賢氏所蔵文書」）、謀反の首謀者は久秀でなく、久通だと認識していた。すなわち、久通による将軍義輝の殺害と信長への謀反が、久秀の行ったことにされたのである。

令和六年（二〇二四）時点の高校教育における松永久秀の記述は、事実レベルでほぼすべて間違っている。その一方、池端俊策が脚本を務め、令和二年（二〇二〇）から翌年に放映されたNHK大河ドラマ『麒麟がくる』では多少脚色されながらも、信貴山城での挙兵以外はほぼ正確な描写が成された。

それでは、高校教育での久秀の評価、すなわち久秀は下剋上の代表かどうかを考えたい。下剋上とは何か。実力のある下位の者が上位の者に取って代わるという単純なものではなく、家柄と職業が強固に結び付いた身分制社会に挑み乗り越えることである。久秀は大阪府高槻市の村の土豪クラスの出身でありながら、三好長慶によって宿老、そして大和国主に取り立てられた。足利義輝と同じ従四位下に叙任され、天皇家に由緒を持ち足利将軍家に下賜された桐御紋の使用が許された。主家に忠節を尽くし、将軍を殺さずとも、久秀は立派な下剋上の代表である。

主要参考文献

天野忠幸『松永久秀と下剋上　室町の身分秩序を覆す』（平凡社、二〇一八年）
天野忠幸『三好一族――戦国最初の「天下人」』（中公新書、二〇二一年）
天野忠幸編『松永久秀　歪められた戦国の〝梟雄〟の実像』（宮帯出版社、二〇一七年）
金松誠『松永久秀』（戎光祥出版、二〇一七年）
木下聡『斎藤氏四代　人天を守護し、仏想を伝えず』（ミネルヴァ書房、二〇二〇年）
木下昌規『足利義輝と三好一族　崩壊間際の室町幕府』（戎光祥出版、二〇二一年）
木下昌規編『足利義輝』（戎光祥出版、二〇一八年）
小秋元三八人「戦国軍記の生成と展開に関する一考察：『足利季世記』と『別本細川両家記』」（『藝文研究』一二〇、二〇二一年）
呉座勇一『戦国武将、虚像と実像』（KADOKAWA、二〇二二年）
小林千草『『大かうさまぐんき』を読む　太田牛一の深層心理と文章構造』（東海大学出版部、二〇一七年）
山田康弘『足利義輝・義昭　天下諸侍、御主に候』（ミネルヴァ書房、二〇一九年）
和田裕弘『信長公記　戦国覇者の一級史料』（中公新書、二〇一八年）

論点4

武田信玄はなぜ父の信虎を追放したのか

須藤茂樹

（すどう・しげき）

一九六三年東京都生まれ。國學院大学大学院文学研究科博士課程後期満期退学。現在、四国大学文学部教授・同大学院文学研究科長。

主要業績：『武田親類衆と武田氏権力』（岩田書院、二〇一八年）など。

信虎、信濃高遠に死す

天文十年（一五四一）六月十四日、甲斐国を追放された武田《たけだ》信虎《のぶとら》は、天正二年（一五七四）三月五日に故郷甲斐国に帰ることなく、信濃高遠《たかとお》（長野県伊那市高遠町）の地で死去する。享年七十七歳、一説には八十一歳であった。きっと甲府の土を踏みたかったことであろう。その半月ほど前の二月二十五日前後に信虎は孫である武田家当主勝頼と対面している。

駿河の今川義元のもとに寓居《ぐうきょ》したのが四十八歳の時、実に三十三ヶ年の長い放浪の旅であった。死に際して脳裏に浮かんだのは、信虎絶頂期に実子の武田信玄（この頃は晴信、信玄を名乗るのは永禄二年（一五五九）からであるが、本書では信玄で記述する）に甲斐を追われたあの追放劇であったかもしれない。

乱国甲斐を統一した信虎

武田信玄の実父である武田信虎は、甲斐国守護武田信縄《のぶつな》の長男として誕生した。生年は明らかではない。信虎の活動期は甲斐国が乱れていた時期であったが、甲斐国を統一し、国外への出兵を行えるまでに力をつけていった。また、信虎は永正十六年（一五一九）から「新府中」の建設を開始し、現在の山梨県の県庁所在地甲府市に連なる甲府を建設した。特筆すべきは、家臣の甲府城下への集住を図ったことである。

家臣との対立や他国からの侵攻など様々な危機を乗り越えて、信虎は天文元年（享禄五年、一五三二）に甲斐国を統一した。印判の使用、在地社会への支配力の強化、棟別銭など様々な役を賦課する体制の整備、家臣団の組織的な構築など領国支配を進展させていった。これら信虎の施策を基盤に信玄は、信濃・上野《こうずけ》西部・駿河・遠江《とおとうみ》東部・三河《みかわ》北部・美濃東部・飛驒の一部に及ぶ広大な領国を形成し、さらにその子勝頼が武田氏最大の領国を持つに至った。その意味では、信虎は武田氏発展の基礎を築いた人物として高く評価することができる。

近年、信虎に関する研究は大幅に進み（平山：二〇一九）、その人物に光があたるようになったが、いまだ信虎に対する印象は悪く、また正当な評価が与えられているとはいえない。それはやはり、信虎が家臣を疲弊させ、領民を苦しめ、「悪逆無道」の振舞いをしたとされる点に評価が偏ってしまったからであろう。そして、その領民たちの苦境を救ったのが戦国の名将と謳《うた》われる武田信玄であるとの「物語」が形成されるなかで、信虎の評価もなされてきたのである。その「物語」化の過程を経て、私たちの信虎イメージも作り上げられたのであろう。

同時代の人々の評価

すなわち、私たちの思い描く信玄像は、合戦には連戦連勝、治世においては領民を思う民政家、そして苦渋の選択の末に領民のために父信虎を追放せざるを得なかったという「物語」

を紡《つむ》いだのである。
それでは、信玄と同じ時代を生きた人々はこの信玄による信虎追放の事件をどのようにとらえていたのであろうか。
まずは、ポルトガルのイエズス会士であるルイス・フロイスの記述に目を向けてみよう。フロイスは、一五七三年四月二十日（天正元年三月十九日）付で、イエズス会の日本布教長であるフランシスコ・カブラルへ送った手紙のなかにつぎのように記している。

彼（信玄）はすべて戦術によって坂東の七、八カ国を征服しました。戦争においてはユグルタに似ており、軍兵を損すること甚だ少なく、数日のうちにも二国を占領していました。彼は父（信虎）の国を奪い、父を国外に追い払いました。長子（義信）を牢に入れて苦しめたので、彼は間もなく死亡しました。

（村上直次郎訳・渡辺世祐註『異国叢書　耶蘇会士日本通信』下巻　一九七五年）

史料中のユグルタは、紀元前二世紀末のヌミディアの王で、先王の遺命に反し、その子二人を殺して国を奪った人物である。そのユグルタに信玄は似ているというのである。ただ、フロイスは日本にキリスト教を広めに来た宣教師であり、信玄に対して比叡山延暦寺を保護

するなど仏教の強力な庇護者と映ったであろうから、その辺りは注意しなければならない。

つぎに、信州川中島（長野県長野市）の地で度々争った信玄のライバル越後の上杉謙信の手紙を見てみよう。謙信は永禄七年（一五六四）六月二十四日付の弥彦《やひこ》神社（新潟県西蒲原郡弥彦村）に捧げた「武田晴信悪行《あくぎょう》之事」と題した願文のなかで、信玄が実父である信虎を甲斐国から追い出し「牢道乞食」に及ばせて、深い恩義を失ったので仏心の内証（内々の意）に適うことではないと強く信玄の行動を非難している。

また、同じ年の八月一日付の更級《さらしな》郡八幡宮（長野県千曲市）に宛てた願文では、信玄撃滅を祈り、「晴信は齢八十に及ぶ老父を甲国より追放し、為す方もなくて恥辱《ちじょく》を顧みず、洛中洛外を迷歩さす、前代未聞の分野、天下に対し奉り、逆心の人に非ざるのみ、仏法の敵、王法の怨み、結句不孝の族なり、禽獣《きんじゅう》（とりとけもの）すらなお親子の礼有り、況《いわん》や人倫《じんりん》をや」（「上杉家文書」）と記す、そして実父信虎を追放した信玄を「不孝の族」としている。謙信にとっては眼前の敵であり、信玄のマイナス面を書き立てるのは当然のことであり、そのまま受け取ってはいけないかもしれない。

しかし、このように当時から信玄の行為は、人々から良くないものと認識され、悪評を得ていたことは認めてよいものと思われるのである。

信玄、父信虎を国外に追放する

それでは、信玄による実父信虎追放とはどのようなものであったのだろうか。

実は同時代の史料は極めて少ないのであるが、当時書かれた記録を繙《ひもと》いてみよう。信虎・信玄二代に出仕した武田家重臣駒井《こまい》高白斎《こうはくさい》が記述した『高白斎記』を中心に見てみる。

武田信虎は、天文十年（一五四一）五月に諏訪《すわ》頼重《よりしげ》・村上義清《むらかみよしきよ》と組んで信濃国小県郡《ちいさがたぐん》への出兵、海野《うんの》氏《し》を滅ぼした、いわゆる「海野攻め」を終えて、六月四日に甲府へ戻った。信虎は、しばらくして駿河国へと旅立った。信虎の娘（信玄の姉）が今川義元の室となっていた駿河を訪問するためであった。目的は、義元との同盟関係を確認、その関係を深めるためであったと思われる。

信虎には九人の娘がいたが、長女と思われる女性が今川義元の室となっている。永正十六年（一五一九）に信虎正室大井夫人を母に誕生し、天文六年（一五三七）に義元に嫁いだ。義元との間に嫡男氏真《うじざね》、息女隆福院殿《りゅうふくいんでん》、嶺松院殿《れいしょういんでん》（武田義信室）を儲《もう》けている。天文十九年（一五五〇年）六月二日に三十二歳の若さで死去している。法名は定恵院殿南室妙康大禅定尼《じょうけいいんでんなんしつみょうこうだいぜんじょうに》である。義元室と彼女が産んで武田義信室となった嶺松院殿は、武田家と今川家の懸け橋となったことは間違いなく、義元室の存在意義は高いといえる。

さて、嫡男の信玄は、父信虎が出立すると、足軽を甲斐と駿河の国境である河内（万沢口・

十島口の関所）へ派遣し、国境を封鎖して信虎が帰国できないようにした。信虎は甲斐国主の座を追われ、信玄が当主の座に就いたのである。信虎は働き盛りの四十八歳、信玄は二十一歳の若さであった。

『高白斎記』によれば、信虎が甲府を発《た》って駿府に行ったのは六月十四日であるが、そのことを高白斎が知ったのは同月十六日であったと記されており、信虎の駿府への移動が高白斎には知らされていなかったと考えられる。家中では極秘であったようだ。『甲陽軍鑑』によれば、信玄がこのクーデターを行うにあたって頼りにしたのは板垣信方と甘利虎泰《あまりとらやす》、飯富虎昌《おぶとらまさ》といった宿老であった。

つまり、このクーデターは限られた信玄周辺の信虎を快く思わない家臣たちによって実行されたと考えてよい。個人的な感情よりも武田氏の存続が、武田一族や重臣たちにとって最も重要なことであった。信玄は、家臣団の反信虎派と結びつき、この追放（謀反）は成功したのである。この無血クーデターともいえる追放劇は、多くの国人衆の支持もあったと思われる。なぜなら信虎追放後に甲斐国内で反乱が起こっていないからである。

また、武田家の氏神社《うじがみしゃ》ともいえる大井保窪八幡神社《おおいまたくぼはちまん》（山梨県山梨市）の別当上之坊普賢寺の寺僧が記した『王代記』によれば、二十一歳で家督相続を果たした信玄が武田家当主として躑躅《つつじ》ケ崎《さき》館に移ったのがクーデターの三日後の同月十七日、「天恩日三吉日」にあたっている同月

二十八日に家督相続の祝儀を行った。

『高白斎記』によれば、酌を温井《ぬくい》丹後守が行った。「天恩日三吉日」とは、陰陽道で天から万長に恩沢を下すという最上の吉日のことである。家督相続の祝儀は縁起を担ぎ、善き日が選ばれるのである。正式な継目《つぎめ》安堵《あんど》などの文書は発給されず、父信虎の政策を継承することとなった。信玄は十月には家印としての龍朱印の使用を開始し、翌十一年七月には同盟者であった諏訪頼重を急襲して諏訪領に進出し、信濃侵略に踏み出している。父信虎と同じ信濃計略を目指したのである。

ところで、信虎が自分が追放されたことを知ったのがどの時点であったのかは定かではないが、その状況を直ぐには受け入れられたとは思えないので、今川氏の許《もと》では厳しい監視下に置かれ、ほぼ軟禁状態に近い状況であったのではないだろうか。

なお、信玄と義元との間で入念な打ち合わせがあった上で信虎追放は実行されたと思われる。しかし、追放後隠居料のことや信虎の側室の扱いなど細部については決められていなかったようで、天文十年と推定される九月二十三日付の今川義元書状によれば、隠居料の催促などがなされている（「堀江文書」）。信虎には、信玄から給分が出され、今川氏からも隠居料が給されていたようである。信虎は、側室も駿河に連れて行っており、子どもも数人確認されている。信玄の生母で信虎の正室大井氏は甲斐に残っている。

柴辻俊六氏は「いかにも戦国時代を象徴するような領主交替であり、同様の話やもっと深刻な父子相刻劇もこの時代では珍しいことではなかった」（柴辻：一九八七）とするが、やはり当時もいまも信玄による信虎追放は、戦国時代を代表する鮮やかな領主交代劇といえるのではないだろうか。

信虎追放の要因に関する諸説

悪評を得ることがわかっていて、息子が父親を追放するクーデターという大事件はなぜ起きたのであろうか。信玄が信虎を追放した理由については、古くから様々なことが言われているが、主なものとして、以下のようなものがあげられる。

1 信虎が悪逆無道であったため、人心が離れ、領国支配に失敗した。
2 信玄と信虎の合意に基づき義元を謀り、今川領国を収めようとした。
3 信玄が父信虎に疎まれていた。
4 信虎のワンマン体制に反対し、信玄と家臣が共謀して謀叛を企てた。また、対外政策をめぐって、信虎と家臣団が対立した。

1は、悪逆無道説と言われ、よく知られた説である。信虎が悪逆無道な人物であったために、信玄が民衆たちの期待に応えて、信虎を追放したというものである。『甲陽軍鑑』によれば、信虎が可愛がっていた猿を家臣に殺され、家臣を手討ちにしたといい、信虎の人間性を「ひとかたならぬ狂気の人」と低く評価している。直情型で家臣を手打ちにしたこと度々であったという。また、妊婦の腹を割いて、胎児を取り出してその発育の様子を観察したなど信虎の残虐性を強調する逸話も多く残されている。中国の暴君の行動としてよく見られるものだ。

信虎追放に甲斐の民衆たちは大いに喜んだという。同時代史料にも書かれていることではあるが、信玄が後継者となることを正当化するために記された記述と考えることもできる。悪逆無道説はわかりやすいが、単純すぎるといえるかもしれない。後世の配慮が働いていると考えることもできる。しかし、度重なる出兵や飢饉《ききん》のなかで厳しい税金徴収を行うことなどは、民衆にとってみれば「悪逆無道」と見えたかもしれない。

2は信玄と父信虎による共謀説と言われるもので、江戸時代から言われていた説である（『松平記』、甲斐国の地誌『甲斐国志』）。この信虎・信玄父子共謀説は史料の誤読によるもので、現在ではほぼ否定されている。

3は信虎が次男信繁をかわいがり、信玄に家督を継がせないつもりでいたというもので、

父子不仲説と称すべきものである。

4は理由のひとつとなり得る説である。そして、近年注目されているのが、度重なる自然災害による飢饉により領民の信頼を失ったという説である。

つぎに、信虎追放の原因と背景について、主要な説を検討してみよう。

父子不仲説

『甲陽軍鑑』には、父信虎が秘蔵する名馬鬼鹿毛《おにかげ》を強く所望し信虎の不興を買ったこと、乗馬の訓練中に落馬して信虎が強く怒ったこと、川で遊泳中に流されて溺《おぼ》れたように見えたことに信虎が腹を立てたことなど信虎が信玄を快く思っていなかったエピソードが数多く記されている。実際はどうだったのであろうか。

天文五年（一五三六）三月に信虎の嫡男太郎（信玄）は十六歳で元服し、室町幕府十二代将軍足利義晴《よしはる》の一字を拝領し、晴信と名乗った。それより先んじて正月に従五位下に叙せられ、左京大夫に補任されたと推定されている。ここに、信玄は信虎の後継者として位置づけられた。信虎もまた従四位下に叙位、陸奥守に任官したものとされる。このことからも、信虎は信玄を自分の後継者として考えていたことは明らかである。

しかし、『甲陽軍鑑』が描くように、信玄と信虎の間は不仲であったと思われる。『甲陽軍

鑑』によれば、信虎は嫡男信玄よりも次男信繁を可愛がり、廃嫡をも考えていたという。天文七年（一五三八）正月、元旦の祝儀の際にその席上で信虎は晴信に盃を与えず、信繁だけに盃を与えたなど、自分の廃嫡を意識した信玄が謀反の意思を固めたという。『甲陽軍鑑』に見える信虎が弟信繁に目をかけていて家督を信玄ではなく、信繁に譲る腹積もりであったことに対して、家督の相続の可能性が断たれそうであるとの認識により、信玄は信虎追放という挙に出たとの説に対し、笹本正治氏は信繁が優秀な人物としながらもその可能性を否定する（笹本：二〇〇五）。しかし、筆者は信玄の心の奥底には父に疎まれた経験が少なからず残っていたのではないかと考えている。

信虎と家臣団の対立説

信虎は、甲斐国内を統一する過程で多くの合戦を行い、統一後も、信濃など国外に出兵を繰り返した。家臣が疲弊し、信虎の方針に不満を持っても致し方ないであろう。

武田家の庇護が厚い向岳寺（山梨県甲州市）の記録『塩山向嶽禅庵小年代記《えんざんこうがくぜんあんしょうねんだいき》』の永正十七年（一五二〇）条によれば、国衆の今井信是・大井信達《のぶさと》・栗原信友を撃破して降伏させた信虎が以後「奇（苛）政」を行い、万民が憂えたと記している。信虎の政策に対する不満があったことは間違いない。

信虎は乱れた甲斐国を統一し、国外へと侵略を開始した。繰り返される対外戦争に家臣たちは従軍することになった。武田氏の地位は高まっていったが、この度重なる出兵は大きな負担として家臣たちにのしかかっていった。また、棟別役《むなべつやく》の賦課が甲斐一国になされた。さらに、躑躅ケ崎の館を築き、甲斐府中を開いて、家臣たちの集住を図った。

しかし、彼らは在地（本拠地）に戻ればそれぞれ独立した領主であり、自立性が強かったのである。信虎の動きを抑えようと思い、若い信玄を担ぎ出そうと考えたのではないだろうか。笹本正治氏は「信虎追放の主体は家臣たちにあって、信玄は名目として祭り上げられた可能性が高い」とする（笹本：二〇〇五）。また、信虎が今川義元の家督相続に大きく関与し、今川と同盟を結ぶなど外交の路線を変えているが、これに反対する家臣も少なからず存在した。

信虎の家臣とはいえ極近い直臣といえる者たち以外の多くの家臣、とりわけ国衆と呼ばれる国人たちは自立性が高く、完全な家臣、配下として従っていたわけではない。同盟関係ともいえる緩《ゆる》い関係であった者たちも多かった。信虎の命令や指示に従い続けるわけではなく離反する可能性が高かったのである。家臣が当主とは別の人物、すなわち兄弟や子息を擁立して当主を殺害、追放する事例、あるいはその未遂に終わる事例は少なからずはあったのである。

家中にあって、家臣団の意向はある程度、否かなりの部分で尊重される。当主の決定には、

家臣の合意が必要なのが一般的であり、家臣の意見に反して違う当主が擁立されると、家中が二分し対立することもあった。毛利家家臣の志道広良《しじひろよし》が毛利元就《もうりもとなり》に隆元の輔佐を依頼された際に、「君は船、臣は水」とし、水がなければ船は浮かばない、つまりは家臣あっての主君であると述べている（「毛利家文書」）。家臣の支えがなければ、戦国大名も権力を行使できないのである。

甲斐国内が安定の方向に向かうと信虎は、領国拡大策を採っており、対外出兵を繰り返した。国衆たちは戦争に度々駆り出されることになったのである。国衆たちの軍事的負担はかなりのものであったと想像される。さらに家屋に税金をかける棟別銭の賦課なども重荷であった。国人たちの不満は募っていたのだ。

父信虎と疎遠であったことは事実であったと思われるが、信虎に不満を抱く国人・家臣たちの強い要望に押され、父親追放という手段に出たと考えるのが妥当であろう。信玄は国人・家臣たちの支持を得て、父信虎を駿河の今川家に追放したといえよう。

対外侵略の重荷が家臣や領民の負担となり、三十四年に及ぶ信虎政権も末期的状況を呈していたと言え、『甲陽軍鑑』が語っている信虎・信玄も親子不仲の状況もあってクーデターは実現されたと考えられる。

疲弊による領民の信頼を失ったとする説

信虎は、今川・北条・諏訪氏などと対立し、対外戦争を繰り返した。この度重なる出兵で、合戦に駆り出された領民は疲弊し、国力の衰えを招いた。『勝山記』には信虎があまりにも行いが悪く、この悪行を断ち切るために父親追放という行動に出たが、万民は喜んだという。また、『塩山向嶽禅庵小年代記』には、「信虎平生悪逆無道」で「国中の人民」が悩んでいたが、「晴信万民の愁いを済《すく》はんと欲し」信虎を追放したとし、人々は喜んだと記している。信玄にとっても世間の評判は極めて大切であった。甲斐国の領民たちの「民意」が重要であったのだ。

信虎が追放された天文十年は、大飢饉に見舞われた年であった。『勝山記』の天文十年条、信虎駿河隠居の記述の前に興味深い一行が記されている。つぎに『勝山記』該当部分を引用してみよう。

この年春餓死致し候て、人馬共死する事限りなし、百年の内にも御座なく候と人々申し来たり候、千死一生と申し候、この年六月十四日に武田大膳大夫殿様（武田信玄）、親の信虎を駿河国へ押し越し申し候、余りに悪行を成され候あいだ、加様にめされ候、去る程に地下・侍・出家・男女共喜び満足致し候こと限りなし、信虎出家成され候て駿河に御

座候、

後半の信虎追放の記事ばかりに目が行くが、その前段に飢饉の状況を記載している。過去百年に前例がない大飢饉と記すが、これは甲斐国内だけでなく、全国的なものである。特に甲斐・信濃など中部地方には大きな影響を与えた。実は信虎の活動期は、相次いで自然災害に見舞われているのだ。

例えば、信玄が元服した天文五年は、一月は地震や大風で家屋が倒壊し、五月から七月の長雨で飢饉、疫病が流行した。同六年は一月に疫病流行、飢饉、同七年には前年の凶作で春は飢饉、同八年十二月に大風や洪水、同九年には春夏疫病流行し死者多数、八月・十一月は大型台風襲来で被害が甚大であった。国宝の本堂で有名な勝沼の大善寺（山梨県甲州市）は、その本堂の屋根が吹き飛ばされて、本堂内に安置されていた日光《にっこう》・月光菩薩立像《がっこうぼさつりゅうぞう》（国指定重要文化財）などが雨ざらしとなり、破損甚大であったという。

さらに、同十年は前年の台風の被害により春に百年に一度の大飢饉、八・九月に度々の台風で被害を受けている。このように連年自然災害に見舞われ、凶作や物価の変動に悩まされ、さらには毎年のように他国からの侵入や出兵など合戦が行われるという状況であった。どうも信虎の時代は、凶作や飢饉に悩まされた戦国時代のなかでも厳しい時期と認識される。信

虎追放の一因になり得る出来事といえる。

信虎追放の原因と背景は

信玄による実父信虎追放の理由については、様々な説や見解がいままで議論されてきた。筆者はひとつに絞る必要はなく、複数の要因や思いが交錯して、信玄は父親追放という手段に出たものと考えている。

近著で西川広平氏は、信虎追放の原因について次のようにまとめている。「甲斐国の人々が抱えた社会への不満が限界に達し、戦乱と飢饉を為政者の失政に帰する、いわゆる徳政思想に基づき、人々が変革を求めたことによるのではなかろうか」とし、「甲斐武田家を維持するために、信虎自身が甲斐国を去ることによって、「変革」の実現を示さなければならなくなった」としている。そして、追放された信虎に対して信玄が隠居料を払っていること、信虎が駿河国で出家をして甲斐国への復帰について活動していないことから「この『追放劇』は、信虎・晴信双方ともに納得して実行されたと考えられている」とする（西川：二〇二三）。

筆者は最後の信虎・晴信双方ともに納得して実行されたとの考えには俄かに賛同できないが、概ね承認できるものと考えている。飢饉や度重なる出兵により家臣と対立し、領民も疲弊するなかで、嫡男としての地位にも不安が出てきており、家臣や領民の信頼を得るために

実父信虎の「追放」という行動に出たものと考える。

追放後の信虎の動向

当主に返り咲くことも俄かに帰国することも困難と感じた信虎は、隠居を受け入れたのであろう、天文十二年（一五四三）に上洛した。本願寺門主証如《しょうにょ》と交流を持ったり、高野山に参詣したり、奈良に滞在し、八月十五日に駿河に帰国している。

弘治四年（永禄元年・一五五八）には在京しており、「外様」「大名」として十三代将軍足利義輝に伺候したり、山科言継《やましなときつぐ》・飛鳥井雅教《あすかいまさのり》との交流など公家衆との文化的交流、権大納言菊亭《きくてい》晴季《はるすえ》に末娘を嫁がせるなど長期間在京していた。興味深いのは信玄と信虎の間に通交があり、信玄が信虎の意向を尊重しているのだ。鞍馬寺の妙法坊宛の書状で信玄は武田家の祈禱先を信虎の懇意にしている僧侶に変更する旨を記している。永禄八年（一五六五）位まで在京し、駿河に戻った。永禄十年（一五六七）に再び在京、足利義昭とも通交があり、元亀四年（一五七三）の義昭の信長への謀反には加担したようである。

このように畿内では目まぐるしく活動をしていた信虎の姿を見ることができる。

信玄が実父追放から学んだこと〝戦国大名の課題〟

笹本正治氏は、信玄が実父追放ということから学んだことは、「世論を味方につけることの大事さ、多くの人の意を体することが大義名分だとの意識」だとする（笹本：二〇〇五）。信玄は甲斐国を治める領主として、家臣や領民の信用・信頼を常に得ることが重要であると感じたと思われる。一方で信頼できる家臣の育成と反対勢力になり得る家臣を排除することが安定的な領国統治を実現する術とも感じたであろう。天文十六年（一五四七）六月の「甲州法度之次第」の制定などはその表れのひとつといえよう。

信虎追放劇から二十六年後の永禄十年（一五六七）十月十九日に信玄の後継者として着実に成長した武田義信が、信玄に対して謀叛を画策したとして三十歳の若さで自害して果てるという事件が起きた（「義信事件」）。謀反に関係した長坂源五郎ら家臣が成敗、あるいは追放され、義信家臣団は解体された。

笹本氏によれば、義信の主要な家臣は信虎時代からの古い家臣が多く、主君信虎の追放を経験しており、自分たちに不都合な主君はいつでも変えることができると認識していたという。そのため対外出兵を繰り返し重い軍役を掛けた信虎を追放して、若い信玄を当主に立てて、自分たちにとって有利な状況を作り出そうとしたが、かえって負担が増え力を削がれてしまった。そこで飯富虎昌が中心となって義信事件を起こしたとする（笹本：二〇〇五）。

この未遂事件が起こって、信玄の脳裏には二十六年前の「信虎追放」が浮かんだことであろう。自身が信虎にした行動、「実父追放」という経験を思い出したに違いない。そして自身も嫡男義信に追放されてしまうかもしれないと思ったかもしれない。なんといっても義信正室は今川義元の娘である。信玄が信虎を追放した駿河の姫君である。駿河侵攻という信玄の方針と義信の考えが違い、ふたりの間で溝が深まっていった。政策をめぐって両者は一触即発の状態であった。信玄は義信の謀反を未然に防いだのである。信玄は、戦国大名には起こり得る課題を自らの経験に学び、見事に切り抜けたといえるだろう。

主要参考文献

磯貝正義・服部治則編修『塩山向嶽禅庵小年代記』影印甲斐国史料叢書第一冊（文林堂書店、一九七五年）
磯貝正義・服部治則編修『王代記』影印甲斐国史料叢書第二冊（文林堂書店、一九七六年）
磯貝正義・服部治則校訂『甲陽軍鑑』上・中・下巻（新人物往来社、一九七七年）
山梨県史編纂委員会編『山梨県史』資料編6中世3上　県内記録（山梨県、二〇〇一年）
磯貝正義『定本武田信玄』（新人物往来社、一九七七年）
大木丈夫「武田信虎悪行伝説の形成について」（『武田氏研究』四九号、二〇一三年）
笹本正治『武田信玄　芳声天下に伝わり仁道寰中に鳴る』（ミネルヴァ書房、二〇〇五年）
柴辻俊六『武田信玄 その生涯と領国経営』（文献出版、一九八七年）
柴辻俊六編『武田信虎のすべて』（新人物往来社、二〇〇七年）
西川広平『武田一族の中世』（吉川弘文館、二〇二三年）
平山優『武田信虎　覆される「悪逆無道」説』（戎光祥出版、二〇一九年）
丸島和洋「追放後の武田信虎とその政治的位置」（『武田氏研究』六二号、二〇二〇年）
渡邊世祐『武田信玄の経綸と修養』（創元社、一九四三年）

論点5

明智光秀は医師だったのか

太田浩司

（おおた・ひろし）

一九六一年東京都生まれ。明治大学大学院文学研究科博士前期課程修了。長浜市長浜城歴史博物館館長等を経て、現在、淡海歴史文化研究所所長。

主要業績：『石田三成　近江が生んだ知将』（サンライズ出版、二〇〇九年）、編著書『石田三成』（宮帯出版社、二〇二二年）など。

不明な光秀生誕

織田信長の重臣で、かつ「本能寺の変」で主君を討った明智光秀の前半生は謎に包まれている。その生年すら二説あって定まらない。一つは、光秀の生涯を描いた軍記物である『明智軍記』や、光秀の盟友であった細川藤孝の細川家に伝来した『綿考輯録《めんこうしゅうろく》』が伝える説で、光秀の享年を五十五とするものである。これだと、享禄元年（一五二八）に生まれたことになる。もう一つは、比較的内容に信憑性があると言われる軍記物『当代記』が伝える説で享年六十七とする。こちらの説だと、永正十三年（一五一六）の生まれとなる。結局、一回り違いなのだが、どちらが正しいか、今のところ決め手がなく結論が出ない。

出身地もよく分からない。光秀が親しかった京都吉田神社の神官である吉田兼見の日記に、親類が美濃にいると記されているので、美濃であろうことは従来から言われてきた。京都で朝廷の「御蔵職」という役目を担っていた立入宗継という人物が書いた『立入宗継記』という記録に、天正七年（一五七九）に光秀が信長から丹波一国を与えられたことに関連して、光秀は美濃国住人で、土岐氏の「随分衆」だと記している。「随分衆」とは土岐一族のなかでも相当の地位があるとの意味である。

美濃国内のどこの出身か

このように見てくると、美濃国の出身であることは間違いなさそうだが、美濃国内のどこであるかは、これも諸説あって定まらない。江戸時代の地誌『美濃国諸旧記』に、岐阜県可児市内の広見・瀬田の明智城が、「光」の字がつく土岐明智氏の居城であったとされる。この可児市説が最も有力だと見られる。この土岐明智氏は、室町幕府の奉公衆（将軍直臣団）を務める家であった。

一方、同県恵那市明智町の県指定史跡になっている明知城跡には、城内に「明智光秀産湯の井戸」や「明智光秀公学問所」に建てられたという天神神社があり、近くの龍護寺には光秀の供養塔もある。ただ、こちらは東美濃の国衆である遠山氏の一族であった明智氏の居城と見られており、どちらかと言えば前者の可児市の方が有力だと、小和田哲男氏は述べているし、私もそう考える（小和田：一九九八）。岐阜県内にはこの他、瑞浪市・山県市・大垣市に光秀出生を伝える伝説が残っている。

滋賀県内にも出生地がある

さらに最近、滋賀県内で犬上郡多賀町佐目出身説が説かれるようになった。これは、近江国の地誌『淡海温故録』や「江侍《ごうじ》聞伝録」（滋賀県立図書館蔵）に記されたもので、当地に明智光秀

が居住したと記している。そこには、明智氏の本国は美濃国で、その守護である土岐成頼《しげより》に先祖は仕えていたが、後に背いて近江国の守護であった六角高頼に身を寄せたとある。明智氏は土岐氏庶流の旧家であるから大切せよと高頼は述べ、扶持米を与えた。それから、二・三代この地で暮らしたが、そこで生まれたのが光秀。才能に満ちた人物であったので、越前国朝倉氏に仕官することを望み、佐目を離れたと記している。

多賀町は「お多賀さん」として知られる近江国三宮の多賀大社が鎮座することで有名である。その多賀大社から東へ国道三〇六号線を三重県境の方へ向かった途中にある集落が佐目である。光秀が居たとされる戦国時代には、葛籠《つづら》の産地として知られた。その佐目の上出集落にある十二祖神社の参道横には「十兵衛屋敷跡」と呼ばれる地があり、当地が光秀の屋敷地だったという伝承がある。

また、同じ『淡海温故録』には、本能寺の変に当たり明智光秀側についた近江の武将の一人として、久徳六左衛門ら五人をあげ、彼らは近世において大名（藩主）になれず、その家臣（つまりは藩士）になったと記している。一方、久徳（犬上郡多賀町久徳）の地元では関ヶ原合戦後に丹波国福知山藩主となった有馬豊氏に仕えた久徳井兵衛から、久徳村の霊山寺に宛てた書状に「明智光秀と犬上衆は古い誼《よしみ》がある」と記していたと伝える。この井兵衛は六左衛門の子孫という（近藤：一九八二）。久徳氏は多賀大社近くの地侍で、犬上郡の武士たちを指す「犬上衆」

の一人であった。その「犬上衆」と光秀がゆかりありというのは、その出生に関わる伝承と見ていいだろう。

もちろん、光秀は美濃出身と考えるのが無難だが、近江にも出身地の伝えがあることは、後に近江坂本城主となる近江と光秀の密接な関係を示すものであろう。

大黒天と光秀

『淡海温故録』の佐目の項には、さらに光秀の物語が続く。彼は越前への道中、川において大黒天を拾ったが、誰にも語らず秘しておいた。一乗谷では朝倉義景へのお目通りも、知り合いを通して果たし、二十貫の扶持と屋敷も拝領した。その祝いに近所の朝倉氏の家臣を呼んで、大黒天のことを話すと、皆「目出度いことだ」と言う。どうしてかと尋ねると「大黒天を拾った者は千人の頭となると言われる。そなたはおっつけ大将に取り立てられる」と言われたという。皆が帰った後、光秀は独り言して「千人の頭を望んだのではなく、ただ大黒天を信仰したのみだ。さらに千人に限ったのでは出世も覚束ない」と思い、大黒天を再び川に流した。そして、朝倉氏へは本国から求めがあったと伝え暇を乞い、尾張国へ赴き織田信長の家臣となったと記されている。

独り言がなぜに現代に伝わるのかという矛盾に満ちた話だが、朝倉氏の本拠・一乗谷の上

城戸から初坂を越えた福井市東大味町には、明智光秀を祭神とする「あけっつぁま」という祠があり、小さな光秀像がまつられている。そこが朝倉氏家臣時代の光秀の屋敷と伝わる。光秀の三女に当たる細川ガラシャも当地で生まれたという。『淡海温故録』も含め、これらの話は伝承に過ぎないが、若き光秀と越前を結びつける逸話として留意しておきたい。

信長仕官以前の光秀

若き光秀についての探求を続けるが、軍記物『明智軍記』は光秀が信長に仕える前、弘治三年（一五五七）から永禄五年（一五六二）までの足かけ六年間、諸国を遍歴して武者修業をしていたと記すが、この話はまったく裏付けがない。一方で、若き光秀の居所について、比較的信用できる史料が最近発見されている。

時宗第三十一代遊行上人同念の記録『遊行三十一祖　京畿《けいき》御修行記』（『時宗宗典』）は、天正六年（一五七八）七月から同八年（一五八〇）三月までの記述がある。その中、天正八年（一五八〇）一月十四日の条に、同念が大和国へ遊行しようとした時の話が載せられている。そこでは、越前国の長崎称念寺住職が、坂本城の明智光秀の許《もと》へ遣わされ、大和の筒井順慶へ安全通行依頼の手紙を光秀に書いてもらうよう働きかけている。さらに、称念寺が派遣された理由を、「光秀は美濃国土岐氏の一族であったが、朝倉義景に頼まれて長崎称念寺（福井県坂井市丸岡町）

門前に十ヶ年居住しており旧知だった」からと記している。

光秀は『明智軍記』が記すように、本人が全国を旅したのではなく、諸国を遊行する時宗僧から、全国の政治・経済・社会の情報を集めていたという説（高尾察誠：第六版・二〇二〇）は、ある程度納得し得るものである。この時宗の記録は、一応日記のような史料であり、軍記物より遙かに信用がおける。光秀が信長に仕える以前は、越前国の長崎称念寺門前で暮らしていたという話は事実ではないだろうか。

足利義昭の家臣だったか

一方、最近注目されているのは、『光源院殿《こうげんいんどの》御代《ごだい》当参衆《とうさんしゅう》 弁《ならびに》 足軽以下衆《あしがるいかのしゅう》 覚《おぼえ》』（『群書類従』では「永禄六年諸役人附」として掲載）と言われる史料である。この史料は前半部が第十三代将軍であった足利義輝の直臣リストで、後半は第十五代将軍であった足利義昭が越前一乗谷にいた永禄十年（一五六七）頃の側近リストであることが解明された。そのリストの中に「足軽衆」として「明智」の名が見えているのである。この場合の「足軽衆」とは雑兵ではなく騎乗しない将軍近臣を指すと見られており、「明智」は光秀のことを指すと考えていいだろう。この記述を信用すれば、光秀は先祖の室町幕府の奉公衆だった明智家と同じく、将軍を守護する親衛隊の一員だったことになる。

明智光秀が如何にして足利義昭の家臣となったかは経緯不明だが、先に越前国にいた話とは、時間的なズレがあると見ればいいのかもしれない。つまり、称念寺門前にいた光秀が、一乗谷に逃れてきた義昭の家臣となったと考えるのである。他方、光秀が義昭の側近であった細川藤孝の家臣だったという史料もある（フロイス『日本史』・『多聞院日記』など）。そうだとすれば、この藤孝の家臣から義昭の「足軽衆」になったと考えることもできる（渡邊：二〇一九）。

信長との出会いへ

以上のように、織田信長に仕える前に、光秀が誰の家臣であったかについては、越前国の戦国大名である朝倉義景、室町将軍の足利義昭、将軍側近の細川藤孝、などの説が存在する。先の称念寺門前に居住したという説に依れば、朝倉義景ということになろう。少なくとも、兄の将軍義輝が暗殺され、大和国から近江国を経て、足利義昭が一乗谷にいた永禄九年（一五六六）九月から、永禄十一年（一五六八）七月の間に、光秀も同所におり、この義景・義昭・藤孝の三者と密接な関係があったと考えられる。その後、義昭・藤孝と共に美濃国の信長の許に移り上洛を企てることになる。『細川家記』は、この義昭と信長を結びつけた立て役者を光秀とする。この点は、多くの研究者に受け入れられている。

信長・義昭と共に京都に登った光秀は、翌年に当たる永禄十二年（一五六九）正月五日には、

三好三人衆に攻められた京都本圀寺の義昭を、その家臣らと一緒に籠城して守っているし、翌年二月二十九日には、信長の家臣であった村井貞勝や朝山日乗と連名で京都で政令を発している（陽明文庫所蔵文書）。同年四月十四日には、永遠のライバルとなる木下秀吉（後の羽柴秀吉）と連署して、山城国賀茂庄に関する文書を出している（沢文書）。この後、光秀は京都における信長政権の代表者の一人となっていくのである。

医師だった明智光秀説

光秀の前半生について、最近注目されているのは、医師であったとする説である（早島：二〇一九、石川：二〇二〇）。その根拠を箇条書きにしてみると、

①光秀が家臣の傷を心配し、しっかりした医師に診てもらうように勧めていること。
②秀吉の側近としても知られた医師である施薬院《せやくいん》全宗と、薬に詳しい典薬《てんやく》入道丹波頼景と親しかったこと。
③後述する医術書「針薬方《しんやくほう》」や『金瘡《きんそう》秘伝書』によれば、光秀が医術を口伝した事実があること。
④戦国時代の医師は牢人が多かったこと。光秀は前述のように越前国の長崎称念寺

の門前に牢人として居住していたことから、そこでは医師を生業としていた可能性が高いこと。

ということになる。これを一点一点検証してみよう。

まず、①光秀が家臣の傷を心配していることは、天正三年（一五七五）九月十六日に、光秀が総大将となって攻撃していた丹波国で、前線で活躍していた小畠《こばた》永明に宛てた書状（小畠家文書）が根拠となっている。そこには、確かに「疵《きず》御煩い」を気に留め、「随分の医師」（確かな医師）に診てもらい、養生につとめるように伝えている。しかし、家臣の負傷を心配し、確かな医師に診てもらうことを勧めることが、果たして光秀に医学の心得があることに繫がるのであろうか。

大谷吉継は関ヶ原合戦時の石田三成の盟友として知られるが、天正十七年（一五八九）から敦賀城主であった。年は不明ながら、十二月十一日付けで、領国内の西福寺の住職に宛て、お腹の煩いを聞き非常に心配だが、本復することは間違いないと手紙を送っている。さらに、医者はどのような者（有名な医師）でも吉継が手配すると追伸で記している。吉継は領国経営の要《かなめ》となる西福寺の後継が心配で、生前に次の住職を決めておくように伝えたのが、この文書の主目的であったように読み取れる。光秀の場合も、戦闘で働く家臣の傷の状態を心配す

るのは当然で、また一軍を率いる者として、当然知っておくべき情報であった。
　ここで、光秀と同様な配慮をしている吉継は医師と言えるのであろうか。先の理論でいくと病状を心配するだけで医師と断定することになり、吉継も医師ということになる。しかし、事実はそうではないだろう。武将たちがその戦闘遂行上、または領国経営上、家臣や寺院住職の病状を知るのは、職務上必要なことであり、最悪の状況を防ぐため、専門の医師の手配もしたであろう。①の理由から光秀が医師であったとするのは、かなり無理な説明である。

施薬院全宗という人

②の根拠に登場する施薬院全宗は、もともと比叡山の僧侶であったが、信長の焼き討ち後に還俗し、医師の曲直瀬道三について医術を究めた。その後、豊臣秀吉の知遇を得て侍医となったが、天正十五年（一五八七）のバテレン追放令を起草し、天正十八年（一五九〇）には伊達政宗の上京を促す勧告使となるなど、秀吉の政治にも関与した人物である。信長によって灰燼に帰した比叡山の再興にも尽力している。秀吉から最終的には千二百石余りの所領を得ている。
　このように医師でありながら政治にも関わった全宗であるが、その出自から比叡山の再興には並々ならぬ思いがあったと思う。光秀医師説では、彼が天正三年（一五七五）まで京都代

官としての仕事をする場所が施薬院全宗の屋敷だったことを挙げる。つまり、医師繋がりで屋敷を借りていたのではないかと結論する。だが、これも近江坂本城主として、焼き討ち後の比叡山対策を一手に担う光秀に、比叡山の再興を目論む全宗が接近するのは、政治的な意味においてむしろ当然であろう。屋敷を使っただけで、光秀が持つ医師ネットワークを想像するのは早計に過ぎよう。

なお、典薬入道丹波頼景については、その思想や行動について情報量が不足しているので、ここでの言及は避けておこう。

光秀は医術を口伝したか

次に③の話である。江戸時代に肥後熊本藩細川家の家老米田《こめだ》家の戦国時代の当主・貞能が記した「針薬方」という史料が、光秀医師説では大変注目されている。平成二十五年（二〇一三）に熊本県立美術館・熊本大学永青文庫研究センター・東京大学史料編纂所の共同調査によって、熊本県内で発見されたものである。平成三十年（二〇一八）に熊本県立美術館で開催された展覧会「細川ガラシャ」でも展示され話題を集めた。

この本には、合戦で傷を受けた兵士の容態の見分け方を記した「手負見様事」という五ヶ条の病状に関する書付を載せる。その永禄九年（一五六六）十月二十日の奥書に、この「手負

見様事」は明智光秀が高島郡田中城（滋賀県高島市安曇川町田中）に籠城した時、光秀から口伝を受けた足利義昭の側近である沼田清長が纏めたものと記しているのだ。さらに、沼田から米田貞能が永禄九年に相伝を受けたとある。これを信じれば、永禄九年以前に光秀は近江国におり、高島郡の田中城に入っていたことになる。

実はこの医学書は、義昭の側近であった三淵藤英・一色藤長らが出した文書の裏に記されたもの。つまり、三淵や一色の書状が不要となったので、その裏に医学書を書きつけた状態で伝わったものなのである。この三淵や一色らの書状からは、永禄九年の段階で、まだ近江国矢島（滋賀県守山市矢島町）に滞在中の義昭を奉じて、信長が都を目指す「幻の上洛計画」があったことが知られる。実際の上洛の二年前である。この上洛計画は、八月二十九日に発覚した六角氏の裏切りにより実現しなかったが、先の奥書の記述は、光秀が義昭の上洛を助けるため、近江から京都への通路の一つである湖西路を押さえる田中城へ入城していたことを示すと理解されて来た。

まず、この奥書の解釈だが原文には、沼田清長が「明智十兵衛尉、高嶋田中城籠城の時の口伝也」とある。これは、必ずしも明智光秀が沼田清長に口伝をしたと言いきれないと思われる。光秀が田中城に籠城した時に、誰か他の人物から沼田へ口伝が行なわれたと解釈することも可能である。すなわち、光秀の籠城は単に時期を表すためだけに引用されていると考

えることもできる。とすれば、光秀は医術を口伝した人物ではなくなる。
「手負見様事」の部分は、前後の文書との比較から、戦国期のものとは見なせても、原本ではなく後からの写と考えられる。したがって、この光秀の田中城籠城の話は、永禄九年から六年後、元亀三年（一五七二）七月二十六日、浅井方が籠城する田中城を落城させた功績により、光秀が同城を信長から与えられた話（『信長公記』）を、編纂者らが混同して記したものではないだろうか。永禄九年段階で、光秀が田中城にいた事実は想定できないと思う。

永禄九年の湖西の政情

永禄九年という早い段階においては、そもそも光秀と義昭が知り合いであったかも疑問で、その上洛計画に関与したという確証もない。また、当時の湖西・高島郡の政情を見ると、永禄六年（一五六三）に六角義治が、後藤賢豊親子を誅殺した観音寺騒動以来、室町幕府を支えていた南近江の六角の勢力は減退していた。それに替って、北近江の浅井氏の勢力が伸長して来た時代である。

たとえば、先の「手負見様事」の奥書が記された同じ年の四月十八日に、浅井長政は千手坊なる天台宗系の僧侶に、西林坊・定林坊・宝光坊の三人を浅井方に引き入れたことを賞する文書を出している（聖衆来迎寺文書）。この文書にある定林坊は、木津荘内の霜降《しもふり》村（滋賀県高島市

新旭町旭）にあった寺院と見られ、「田中殿」からの没収分を、浅井長政はこの寺坊に宛行《あて》がっている。「田中殿」の詳細は不明だが、光秀がいたという田中城周辺の勢力だろう。その所領を他の者へ与えるだけの権限を、浅井氏はこの地域に持っていた。

この時期の光秀の行動は正確には知られないが、先ほどの考察からすれば越前で生活していたと考えるのが自然だろう。浅井氏勢力下の高島郡田中城に籠城するなど到底考えられない。光秀が浅井氏に仕えていた事実があるなら別だが、そんな事実も確認できないこの段階で、光秀が湖西の田中に縁があったとは想定しにくい。

金瘡秘伝書にも光秀の名が

『続群書類従』に載る『金瘡秘伝書』は、刀傷を処方するための医術書であるが、光秀医師説の根拠とされる。その奥書には、この金瘡術の秘伝の順番が記されている。最初に細川参河守高在から、明智十兵衛に伝えられ、越前国の桜井新左衛門尉、同国の円蔵坊、その後は越前国の成就坊などに伝えられていったことが記されている。この内、光秀がこの医術を秘伝したという桜井新左衛門尉は、名を吉道といい朝倉氏の家臣であったことが分かっている。とすれば、光秀が一乗谷にいた時代に、桜井吉道に医術を秘伝したことになる。

ただ、この本は元和八年（一六二二）の写本しか現存しない。砲術秘伝書などもそうだが、そ

の内容を権威づけるため、秘伝の祖として有名な人物を後世に設定することは、よくある話である。光秀が医術に優れた武将だったから、ここに名前が登場する訳ではなく、足利義昭周辺の人物として、秘伝の祖に相応しいと思われていたのではなかろうか。この秘術がまず越前に広まったことを考えれば、その祖は朝倉義景よりは、一時一乗谷にいた足利将軍周辺の明智光秀の方が都合よかったのではないか。明智光秀が秘伝を受けた細川高在なる人物は、その実在を確認できないが、義昭側近の細川藤孝を連想させる名前であることも、この秘伝書の意図を読み解く手がかりになりそうである。この『金瘡秘伝書』をもってしても、光秀が医師だったという話にはならない。

牢人はすべて医師か

さて、医術書の話が長くなったが、最後の④の問題も検討しておこう。戦国時代に在村していた医師は、施薬院全宗らの朝廷や豊臣政権などに抱えられた有名な医師は別にして、基本的には牢人であったという研究がある。この状況は江戸時代の前期まで続き、江戸中期からは村の庄屋クラスが医師を務めるようになったとされる。確かに、北近江の事例でも、浅井氏家臣の下坂氏が医業を生業とするのは、江戸後期からであった。下坂氏は庄屋より上位の郷士身分として、江戸初期以来地域に大きな力があった家系であった。江戸前期まで牢人

たちは、逆に言えば医師をしないと食べていけなかったという。一方、村として少しでも医学の知識がある牢人は歓迎した。子どもが怪我をしたら薬を塗ってくれる便利な人であったとする。

しかし、これは牢人∨医師とは言えても、牢人＝医師という話にはならないだろう。光秀が牢人だったから医師だったという説は成立せず、在村の医術に詳しい者は、武士の経験がある牢人が多かったとしか言えないのである。そもそも、この程度の医術しか持たない者を、果たして医師と言えるのかという根本的な疑問もある。ここで、医師の定義を明確にする必要を感じるが、光秀が簡単な傷を治せるぐらいだったら、わざわざ医師と表現する必要はないだろう。この光秀＝医師論は、その問題の設定から誤りをおかしていると思えてならない。光秀について、特に医術に詳しかったという話は史料不足であり、戦国時代の医師のあり方自体から考え直す必要がある。ただ、戦国時代の医師を考える「きっかけ」という意味では、この光秀医師説は意味ある問題提起だったかもしれない。

坂本城主となる光秀

さて、出生の面でも、田中城籠城の件でも、近江と明智光秀の関係を否定的に考えてきたが、一方で光秀にとって近江はその本拠の一つとして、大切な場所であったことは事実であ

る。その点を以下に見てみよう。

元亀二年（一五七一）九月十二日の夜明け、織田信長の命により光秀らは比叡山を焼き討ちにする。これは、前年の浅井・朝倉軍との戦いである「志賀の陣」において、比叡山が山上に両軍の在陣を許したというのが直接の理由だった。しかし、近江において荘園制に基づく収入を得ようとする比叡山と、それを打破し新たな税システムを構築しようとする信長の対決は必至で、結局このような最悪の事態を招いた。

この惨劇には、光秀の他、木下秀吉・丹羽長秀・柴田勝家など信長の精鋭部隊三万が参加したとされるが、『信長公記』はこの記事の最後に、比叡山がある滋賀郡を光秀に与え、さらに坂本に居城させたと記している。これ以降、光秀は近江国の坂本城を、本能寺の変に至るまで居城とした。この『信長公記』の記事は、比叡山殲滅について最も功績があった武将が光秀であったことを示している。光秀は比叡山焼き討ちの主将であったと考えられる。それが、本人の意識か、信長からの逆らえない命なのかは、今となっては判然としない。もし、後者なら「本能寺の変」の遠い伏線の一つと考えることはできるだろう。

近江の浅井勢力の掃討

坂本城主となった光秀は、その後も湖西の浅井氏勢力と激しく戦うことになる。『信長公

記』により、これらの戦いを見ていこう。元亀三年（一五七二）三月十一日には、和邇（滋賀県大津市和邇周辺）に本陣をおいた信長の命により、木戸（大津市木戸）や田中（滋賀県高島市安曇川町田中）を、光秀が攻撃したことが知られる。この時は、信長の家臣である中川重政・丹羽長秀も行動を共にした。

同年七月二十四日、信長は木下秀吉や丹羽長秀らに命じて、浅井氏の拠点・小谷城近くの山岳寺院・大吉寺（滋賀県長浜市野瀬町）を攻撃させる。ここでは、比叡山と同様、住僧はもちろん、この山に逃げ込んだ多くの農民が殺害される惨事が起きている。さらに、打下（高島市勝野）の林与次左衛門、堅田の猪飼甚介・馬場孫次郎・居初又二郎、勢多城主だった山岡景隆の弟・玉林と共に、光秀は竹生島を攻撃した。「囲船《かこいぶね》」と呼ばれる戦艦を仕立て、海津・塩津と湖岸を砲撃、さらに上陸して余呉湖まで至り攻撃を繰り返した。そして、竹生島に船を近づけ、大砲・大筒（大鉄砲）・鉄砲を使って攻め立てたという。この結果、竹生島は灰塵に帰し、その完全な復興は豊臣秀頼による豊国廟からの堂舎移築を待たざるを得なかった。

信長の「大船」にも関与

翌年の元亀四年（一五七三）二月二十九日には、今堅田へ総攻撃をかけている。光秀が「囲船」を使って琵琶湖から陸に向かって攻撃したのに対し、丹羽長秀・蜂屋頼降は、南東から

北西に向かって攻め入ったという。『信長公記』の方向の書き方からして、丹羽や蜂屋の軍勢は、光秀とは違って陸地を進軍したものと見られる。光秀が琵琶湖舟運を完全に掌握し、信長家臣団の中でも琵琶湖水上軍の指揮者として戦いに臨んでいたことが、先の竹生島攻撃からもうかがえる。光秀の水上軍は、正午に上陸作戦に成功、敵方を切り捨て今堅田を制圧したとされる。

同年七月二十六日には、五月から佐和山城の麓で信長が建造させた船長三十間(約五十四メートル)の「大船」に乗った信長直臣衆が、昨年に引き続き木戸・田中の両城を攻撃した。この結果、落城した木戸・田中両城が光秀に預けられている。この田中城を光秀が手中にしたことが、先の「針薬方」の誤記に繋がったのではないか。

天正元年(一五七三)八月、小谷城攻撃が最終段階に至った段階で、湖西の浅井軍掃討を終えて、明智光秀は織田信長や羽柴秀吉と共に、小谷城包囲網に加わったようである。ただ、小谷落城の九月一日には越前国におり、十日前の朝倉氏滅亡を受けた国内の混乱を収拾する仕事をしていた。

秀吉との確執の末に

羽柴秀吉と共に近江国内の浅井軍を掃討した明智光秀は、浅井氏滅亡後の天正三年(一五七

五）以降、信長の命により丹波攻撃に出陣することになる。それは、秀吉が播磨攻撃に向かうのと同じ状況であった。光秀と秀吉、この織田家臣団の最高のエリートは、常にお互いを意識したライバルとなっていく。その対立が織田政権内の主導権争いとなり、信長の秀吉優遇策が光秀を追い詰めて「本能寺の変」への遠因がつくられていった。近江国内は、湖西については光秀が城主の坂本城、湖北については秀吉が城主の長浜城、それぞれの本拠がおかれ微妙に境を接していた。その点からも、両者のライバル意識は増幅されたかもしれない。

光秀の出生や永禄年間の田中城籠城といった伝承は、彼と近江との密接なかかわりが生んだ所産なのである。伝承について、それを生んだ背景を研究するのは大切だが、そこで伝えられた内容は、歴史学で扱う史実とは区別する必要がある。

主要参考文献

石川美咲「明智光秀と越前朝倉家の薬・生蘇散」（藤田達生編『織田政権と本能寺の変』塙書房、二〇二一年）
小和田哲男『明智光秀　つくられた「謀反人」』（PHP新書、一九九八年）
近藤徳三編『久徳史・こぼればなし』（一九八二年）
高尾察誠『改訂　明智光秀公と時宗・称念寺』（称念寺、二〇一九年）
早島大祐『明智光秀　牢人医師はなぜ謀反人となったか』（NHK出版新書、二〇一九年）
渡邊大門『明智光秀と本能寺の変』（ちくま新書、二〇一九年）

論点6

出雲尼子氏家臣の山中鹿介は忠臣だったのか

渡邊大門

（わたなべ・だいもん）

一九六七年神奈川県生まれ。佛教大学大学院文学研究科博士後期課程修了。博士（文学）。専攻は日本中近世史。現在、株式会社歴史と文化の研究所代表取締役。

主要業績：『戦国大名の家中抗争　父子・兄弟・一族・家臣はなぜ争うのか？』（星海社新書、二〇二四年）、『倭寇・人身売買・奴隷の戦国日本史』（星海社新書、二〇二一年）など。

忠臣と評価された山中鹿介

天正五年（一五七七）十二月、羽柴（豊臣）秀吉は毛利方の上月城（兵庫県佐用郡佐用町）を落とし、同城に尼子勝久、山中鹿介《しかのすけ》ら尼子氏の牢人を置いた。翌天正六年（一五七八）以降、毛利氏は巻き返しを図り、同年四月から再び播磨侵攻を開始すると、上月城を取り巻いた。以下、本稿では同年四月から開始された、第二次上月城の戦いを取り上げる。結論を先取りすると、上月城は毛利氏により落城に追い込まれ、尼子氏一族は滅亡した。

同時に、本稿でテーマとするのは、山中鹿介の最期である。鹿介と言えば、戦前・戦中を通してから忠臣として知られ、尼子氏再興を悲願としたことで有名である。昭和二年（一九二七）から同二十年（一九四五）にかけて、鹿介の生涯を簡潔にまとめた「三日月の影」は、尋常小学校五年生の国語教科書に掲載されていた。鹿介は尼子氏の再興を悲願とし、三日月を仰いで「願はくは、我に七難八苦を与《あた》え給え」と祈ったのは有名な話である（史実であるか否かは別として）。

ところが、諸史料を見る限りでは、決して鹿介が忠臣とは言えない側面を見出すことができた。以下、第二次上月城の戦いの経緯を取り上げつつ、鹿介が本当に忠臣だったのかを確認したい。

播磨における政治情勢の変化

天正五年十二月、羽柴秀吉は上月城を落とすと、尼子勝久、山中鹿介ら尼子氏の牢人を同城に置いて守備をさせたが、翌年に驚天動地の出来事が勃発した。天正六年（一五七八）二月、織田方に与していた三木城主・別所長治が突如として離反したのである。それまで長治は信長と友好な関係を続けており、中国計略では貴重な戦力として期待されていた。長治が離反した理由は明確ではないが、当時、毛利氏の庇護下にあった足利義昭から味方になるよう誘われたのは事実である。

天正四年一月に信長に反旗を翻した八上城（兵庫県丹波篠山市）主の波多野秀治の娘は、長治の妻だったといわれている（『別所系図』）。長治の挙兵以前、波多野氏が長治に信長から離反するよう呼び掛けた可能性はある。二人の挙兵の時期はずれているが、長治は波多野氏の存在を心強く思ったかもしれない。

天正六年十月には、荒木村重も信長に反旗を翻した。波多野氏、別所氏、荒木氏は、反信長の姿勢を取る大坂本願寺、義昭に勝機を見出し、与同したと考えられる。しかし、秀治の居城の八上城は、明智光秀の調略によって天正七年（一五七九）六月に落城に追い込まれ、その三ヵ月後に村重は居城の有岡城（兵庫県伊丹市）から脱出した。

当時、信長は多数の合戦を抱えており、決して盤石な体制にあるとは言い難かった。特に、

大坂本願寺との抗争は長期にわたり、終息する気配がなかった。長治が信長に反旗を翻したので、その麾下《きか》の播磨国衆の大半は一斉に別所氏に同調し、これにより播磨国内の勢力は「反信長」でほぼ一色となった。秀吉は長治らへの対応を迫られ、窮地に陥ったのである。

天正六年三月二十七日、信長は秀吉に書状を送り、三木城攻めに自ら出馬する意向を示した（「黒田家文書」）。信長は秀吉が三月二十三日に八幡山、那波（兵庫県相生市）方面に出陣し、諸所を焼き払ったことを同じ書状で賞した。なお、信長は三木への出馬を明言したが、結局は実現しなかった。信長が出馬を表明したのは、秀吉らがぐずぐずしていたので、自身が出陣して解決をも辞さないという、一種の激励であろう（あるいは恫喝かもしれない）。

同年三月二十六日、毛利輝元は井原元尚に書状を送り、上月城を失ったものの、味方が一刻も早い東上を望んでおり、この機会を逸してはならないこと、そして秀吉が攻め込んで来るのは確実なので、すぐに行動に移すことが重要であると説いた（『萩藩閥閲録』）。毛利方は上月城を失ったとはいえ、早急に体制を立て直し、反撃の機会をうかがっていたことが判明する。それは、三木城における別所氏の蜂起に呼応するものだった。東西から秀吉方に揺さぶりをかけたのである。

その直後の四月一日、毛利方の軍勢は雑賀《さいか》衆とともに別府《べふ》（兵庫県加古川市）に上陸したが、黒田官兵衛の軍勢に敗北を喫した（「黒田家文書」）。毛利方は別府から三木城の応援に向かおうとし

たが、それは阻まれたのである。毛利方にすれば、加古川を押さえて基点とすれば、三木城への援軍だけではなく、姫路城の秀吉方を分断することもできた。別府は、その絶好の地点だったのである。ところが、毛利氏は別府などの加古川付近を制圧することができず、のちに三木城への兵糧の運搬を断念せざるを得なくなった。

上月城を取り巻いた毛利勢

同年四月十八日、毛利方の吉川《きっかわ》元春と小早川隆景が率いる軍勢は、上月城を取り巻いた（『萩藩閥閲録』）。上月城内に籠っていたのは、出雲、伯耆《ほうき》、因幡《いなば》、美作《みまさか》の尼子氏旧臣の牢人たちだった。永禄九年（一五六六）十一月、尼子氏は毛利氏との戦いに敗れ、居城の月山富田《がっさんとだ》城を落とされたものの、尼子氏旧臣の牢人は再興を期していた。各地に散っていた尼子氏旧臣の牢人は、旧主の尼子勝久が上月城を守ることになったので、ともに籠城していたのである。尼子氏が織田方に与したのは、むろん将来的な再興が期待されたからである。毛利方が上月城を奪還しようとしたのは、播磨、備前、美作の要衝に位置していたからで、その後の東上を見据えてのものだった。

同年五月、元春が上月城を堅固に包囲していたことは、内藤元輔宛の書状で確認できる（『萩藩閥閲録』）。仕寄《しより》（付城）などで攻口を緩みなくし、上月城の周りには鹿垣《ししがき》を三重四重にも巡らし

たので、もはや落城は近いと記されている。攻口とは、攻撃する場所の意である。毛利氏は攻撃箇所を一ヵ所に絞り、残りの箇所は仕寄と鹿垣で攻囲し、兵糧の搬入を防いだと考えられる。このような攻囲の手法は、城攻めのセオリーだった。

信長方は後巻《うしろまき》として、五月四日に上月城近くの高倉山（兵庫県佐用郡佐用町）という古城に拠ったが、軍勢は少数にすぎなかった。後巻とは、籠城する味方を支援すべく、城を取り巻く敵をさらに後ろから攻囲することである。信長方の軍勢が少なかったのは、三木合戦の影響があったと考えてよいだろう。織田方の軍勢は、三木城の攻防に割かれていた。一方、毛利方は播磨衆を味方にしていたので、戦いを有利に進めていた。

五月十五日、宇喜多直家は合戦で槍傷を負った祇園弥太郎に感状を与えた（「岡田某氏所蔵文書」）。この感状によると、四月二十八日に上月城の攻口で戦いがはじまっていたことがわかる。この時点における戦いの詳細は不明であるが、毛利方は上月城を取り巻き、交戦に及んでいたと考えられる。尼子氏は攻口で毛利方と戦い、兵糧などを運び込もうとしたのかもしれない。毛利方は、兵糧攻めで戦いに臨んだと推測される。

本願寺顕如の情勢分析

上月城の戦況を記しているのは、本願寺顕如が紀州惣門徒に宛てた書状である（「顕如上人文案」）。

この段階で、隆景と元春が上月城付近に着陣したので、尼子氏らは厳しい状況に陥っており、織田方は上月城を救うべく後詰を行った。顕如でさえも、上月城が危機的な状況にあったことを把握していた。この事実は書状の冒頭に書かれているので、次に示しておこう。

同じ頃、顕如が上月城に送り込んだ使者が戻って来た。使者の戦況報告によると、毛利方は優勢に戦いを進めていたという。そこで、顕如はさらに毛利方を支援すべく、紀州惣門徒に対し、早々に雑賀（和歌山市）の鉄砲衆を上月城に派遣するよう促した。というのも、この戦いで十分な働きがなければ、毛利方に対して面目を失してしまうからだった。万が一、毛利方と義絶することになれば、信長への対抗手段を失ってしまい、仏法の再興（＝信長に勝利すること）は成らないということを顕如は懸念していたのである。しかし、いまだに雑賀の鉄砲衆は上月城に出陣していなかった。

顕如は毛利輝元、足利義昭と連携し、信長に対抗しようとしたが、雑賀衆と毛利方との共同戦線はなかなかうまくいかなかったようである。それは、三木城の攻防戦でも如実に見られた。顕如は毛利方の応援部隊を派遣し、毛利方の勝利を確固たるものにしなければ、信長との戦いに勝利できないと痛感していたが、毛利方と雑賀衆の関係はうまくいかず、共同戦線を築けなかったのである。

五月九日、足利義昭は天野、益田、草刈の各氏に御内書を送り、上月城攻撃の労をねぎら

うとともに、早く討ち果たすことが肝要であると激励した（『萩藩閥閲録』）。このほか義昭は、隆景やその配下の乃美《のみ》氏にも御内書などを送り、その戦功を称えるとともに激励した（「小早川家文書」）。義昭からすれば、一刻も早く上月城を落とし、上洛したい（幕府を再興したい）と考えていたので、激励するのは当然のことだった。

上月城の状況

毛利方に攻囲された上月城の状況については、五月三十日付の吉川元長の書状が詳しく記している（「吉川家文書」）。以下、確認しておこう。

①毛利方が山に陣を置いたのは四月十八日で、敵が陣を取ったのは五月四日のことである（後者は織田方が高倉山に陣を置いたことだろう）。
②毛利方の軍勢は約三万、上月城内の敵の兵力は一万弱くらいであろうこと。
③毛利方の陣は霧が深く、用心がよろしくないこと。
④上月城内には、尼子勝久、立原久綱、山中鹿介が籠っており、水や兵糧がないこと（落人〔上月城を逃げ出した者〕の証言である）。
⑤敵は、羽柴秀吉、荒木村重以下が着陣していること。

元長は末尾で狂歌を記す余裕を見せており、もはや楽勝ムードだった。とはいえ、上月城内に約一万の将兵が籠っていたというのは、やや多すぎないだろうか。数が多すぎるとしても、上月城内には意外なほどの数の将兵が籠っており、それゆえに水や兵糧が尽きるスピードが速かったと考えられる。毛利方が付城や障害物を構築し、上月城への兵糧搬入ルートを遮断したことも影響したに違いない。城内の様子を示す④の情報は、上月城内から逃げ出した落人の証言なので、信憑性は高いと考えられる。

六月二日、吉川元春は古志重信に上月城の攻防について、戦況を報告した（「牛尾文書」）。全部で九ヵ条にわたる長文の書状であるが、以下、関係する条文の内容を箇条書きで示すことにしたい。まずは、一ヵ条目の内容を三点に要約しておこう。

①戦況はこれまで報告したとおり（秀吉が高倉山に陣取ったこと）だが、今日に至るまで彼らは何も作戦を指示していない。荒木村重、羽柴秀吉はただいるだけである（傍観しているだけ）。

②上月城内の将兵は、ことのほか弱ってきた。第一に兵糧がないのだから、もうすぐ落城するだろう。

③攻口となる城の麓には、帰鹿垣《かえりししがき》、乱杭《らんぐい》、逆虎落《さかもがり》、荒堀などを入念に築いた。幾重にも巡らせているので、それはご想像のとおりである。

先に取り上げた元長の書状よりも、もう少し内容が詳しくなっている。秀吉方は上月城を救援すべく高倉城に陣取ったが、村重、秀吉は何もすることができず、ただ黙って見るよりほかがなかった。上月城内は兵糧が乏しいので城兵は弱り、城の周囲には城兵が逃げられないように（あるいは兵糧が搬入できないように）、幾重もの障害物を構築していた。上月城の落城は、目前だったというわけである。

八ヵ条目では上月城から逃げた落人の情報として、城内には兵糧がないこと、ゆえに勝利が目前に迫っていることを強調した。この点は以前と変わらないが、城内からは脱走者が続出し、尼子方の苦境を毛利方に漏らしていたようである。尼子方の落人は、但馬国田結庄《たいのしょう》（兵庫県豊岡市）まで逃げていた。

上月城の落城

六月十六日、秀吉は播磨をあとにして、京都で信長と面会し指示を受けた。信長が言うには、上月城の攻略がうまくいかないのにもかかわらず、このまま陣を置いていることは問題

があるということだった。そこで、信長はまず陣を引き払って、神吉《かんき》、志方《しかた》（以上、兵庫県加古川市）を落城させ、次に三木城を攻めるよう秀吉に指示を出した（『信長公記』）。この時点で、信長は上月城の救援は不可能と判断し、秀吉に三木城などの攻撃を優先するよう命令したのである。

六月二十一日、上月城近くの高倉山において、毛利方と秀吉方が交戦した（「黒田御用記」）。勝利したのは、毛利方だった。毛利方の勝利により、上月城の尼子方と秀吉方は窮地に陥った。六月二十六日、滝川一益、明智光秀、丹羽長秀の軍勢が三日月山（大乗山）に駆け付けると、秀吉と村重は高倉山から撤退し、書写山（兵庫県姫路市）へ向かった（『信長公記』）。秀吉方の撤退は、先述した信長の指示によるものだった。次の日、信長の命令どおり、志方城攻めが敢行されたのである。

その結果、毛利方は尼子方に開城を勧告し、勝久らは条件付きで要求に応じた。その事実を示すのが、七月五日付の起請文である（「天野家毛利譜録」）。

毛利方は城内の籠城した城兵について、一人残らず助命することを約束した。同時に、尼子方が城を出る際には、人質の供出を申し付けた。体裁は起請文なので、尼子方が約束（将兵の助命など）の履行を確実にするため、要望したものだろう。宛名の鹿介以下三名は、交渉に際しての尼子方の交渉窓口で、いずれも重臣だった。しかし、毛利方の城内の者を全員助け

るという約束は履行されなかった。

上月城落城の件は、ただちに本願寺方へ伝わった（「念誓寺文書」）。紀州惣門徒宛の書状の冒頭では、上月城の戦いが継続していることに関わって、毛利方から本願寺方へ誓詞が到来したと述べている。これは、毛利氏が本願寺に互いの協力関係を示すために送ったものである。ちょうど同じ頃、七月五日に上月城が落城したとの一報が顕如のもとに届いた。顕如は、大変めでたいことであると大いに喜んだ。もちろん、それには理由があった。

六月二十六日、毛利氏と本願寺に与して戦っていた別所方の神吉城（兵庫県加古川市）が落城した。三千の将兵が討ち死にし、怪我をした者の数は数え切れなかったという。これにより別所方の情勢は厳しくなったのはもちろんのこと、神吉は高砂（兵庫県高砂市）・英賀（同姫路市）の手前（東）に位置していたので、下手をすれば海上の交通が遮断され、秀吉方が西進する可能性があった。

そこで、顕如は紀州惣門徒に対して、すべてを打ち置き、援軍として軍勢二千を高砂に急行させるよう依頼した。神吉城が落ちたので、高砂だけは拠点として確保したかったのだろう。もし調整がうまくいかないならば、「志次第」つまり半ば義勇軍のような形でもいいから、出陣してほしいと懇願している。本願寺は毛利氏と組んで信長に対抗していたが、それは一進一退の厳しい戦いだった。本願寺と毛利方が戦いを有利に進めるには、紀州惣門徒の

力が必要なので、「毛利氏有利」の情報を提供したうえで協力を依頼したのである。

戦後処理と尼子氏の滅亡

次に、戦後処理について確認しておこう。七月十二日、吉川元春は足利義昭の配下の一色藤長に書状を送った（「吉川家文書」）。内容を要約すると、次のとおりである。

①六月二十四日に上月城が落城したこと。
②山中鹿介がいろいろと懇望してきたので、尼子勝久・同助四郎（氏久。誠久の子）に腹を切らせた。
③そのほか不肖の者について、近年、毛利方に逆らった連中は悉く果てた。
④山中鹿介以下の生け捕った者は、備中の毛利氏の陣所に送った。
⑤宇野氏一族も味方になり、諸所の戦いで大勝利を収めているので、ご安心いただきたいこと。

最後の部分は省略したが、病に伏せている義昭に対して、回復を祈念する言葉で結ばれている。①によると、上月城は実質的に六月二十四日に落城していたことがわかる。七月五日

になって、正式に尼子方の降伏が認められたのである。

②によると、山中鹿介による和睦交渉の結果、勝久と氏久の切腹によって、城兵の助命が認められたことになろう。勝久と氏久は首謀者だったので、その死は免れられなかったのである。その際、③のとおり、近年、毛利氏に逆らった不肖の者（尼子氏の重臣クラスか）は、悉く殺害したという。そのような事情を考慮すると、鹿介らは勝久や毛利氏に反抗的な家臣の処分を犠牲にすることで、自らが生き長らえたといえよう。つまり、主らを見殺しにしたということである。

諸史料における降伏の条件

この記述を裏付けるように、鹿介が交渉した結果、毛利氏は勝久、氏久、そのほか出雲の牢人衆、毛利氏に不忠だった者五十三人を討ち果たしたという（『桂岌円《かつらきゅうえん》覚書』）。討ち果たしたとあるが、単に殺害したのか、あるいは切腹させたのかは不明である。不忠だった者とは、毛利方を裏切った者であろうか。毛利氏は戦いを進めるうえで、彼らに手こずっただろうから、激しく抵抗した者たちを許さなかったのである。

吉川元春の書状の内容と併せて検討すると、鹿介は毛利氏に降伏するに際して、勝久らの切腹を条件に城兵の助命嘆願を申し出たことが判明する。それは隆景と元春に認められたが、

鹿介自身は捕らわれの身となり、輝元のもとに送られたのである。その後、山中鹿介ら一部の者は毛利氏の陣所に連行されたが、『桂岌円覚書』の記述によると、その理由は隆景と元春の配慮があったからだという。配慮というのは、鹿介が尼子方の交渉窓口になったので、その助命を条件としたことだ。しかし、輝元は鹿介を殺害すべきであるとの考えだった。

一方、『山県長茂覚書』には、次のように書かれている。鹿介は毛利家に仕官すべく、備中松山（岡山県高梁《たかはし》市）の輝元の御座所に送られたが、結局、阿井の渡し（岡山県高梁市）で討ち果たされた。鹿介が毛利氏の被官になることを希望したというのは、ほかの史料に書かれていない。鹿介が仕官を前提として松山に送られるのと、殺害を前提としていたのとではまったく意味が違ってくる。鹿介は毛利氏への仕官を条件として、勝久らの自害を承諾した可能性がある。いずれにしても、山中鹿介が備中松山に連行されたのは、七月十日のことである（『萩藩閥閲録』）。

以上の点を踏まえて、改めて鹿介が交渉した意味なりを考えてみよう。

先述した吉川元春の書状には、「上月城のことについては、山中鹿介からいろいろと懇望があった」とあり、続けて勝久と氏久を切腹させたとある。つまり、鹿介は単独で毛利方に交渉して、勝久・氏久および重臣層を切腹させ、交換条件として自らの毛利家への仕官を申し出た可能性がある。というのも、これまで尼子氏牢人を率い、もっとも毛利氏に激しく抵抗

していたのが鹿介なのだから、その場で切腹を命じなかったのは矛盾を感じるからだ。『身自鏡』にも、「勝久に腹切せ、鹿介は命を助り、中国へ下けるを、備中の松山御本陣にて、腹をぞ切せられける」という記述がある。いったん鹿介は命が助かったものの、備中松山で切腹を命じられ、自害して果てたのである。この一文を読むと、途中で助命から切腹に条件が変わったように思える。

元春、隆景は、鹿介ら一部の家臣の助命と毛利家への仕官を条件として降伏を受け入れ、彼らを備中松山城に連行したのではないだろうか。ところが、輝元の意向はまったく異なっており、さんざん悩まされてきた鹿介を討つよう命じたのである。鹿介と言えば、忠臣として知られているが、土壇場では主君を見捨てた可能性が高い。鹿介は毛利方の調略に応じて降参し、自らは毛利氏の仕官を望んだのだろう。

鹿介の悲劇

とはいえ、鹿介の最期は悲劇だった。『山県長茂覚書』によれば、鹿介は備中松山に到着すると、輝元の命を受けた家臣の天野元明によって阿井の渡しで討たれたという。先述のとおり『身自鏡』には、鹿介は松山の本陣で腹を切らされたと記されている。いずれも、鹿介の最期を端的に記すのみである。

その点、もっとも詳しいのは、『桂岌円覚書』の記述内容である。以下、内容を確認しておこう。鹿介は十四・五人の者どもとともに、備中松山城の麓の阿井の渡しに連行された。妻子は、出雲国に送り返されていた。鹿介は阿井の渡しに先に渡り、あとから渡る船を見ていた。すると、天野元明の下人・井上新左衛門尉が鹿介の背後から斬りかかっていたので、鹿介は川へ飛び込んだ。近くにいた福万右彦衛門尉は、川に飛び込んで鹿介の頭を押さえ、そのまま首を討ち取ったという。鹿介の最期は討ち取られたのか、あるいは切腹したのか、史料によって記述が異なっているので、今となっては不明である。

興味深いのは、七月八日に鹿介が遠藤氏に送った書状である（「吉川家文書」）。鹿介は遠藤氏に対して、長年にわたる牢人生活、上月城における籠城戦での活躍に感謝の意をあらわし、以後はいずれに奉公してもよいと伝えたのである。主家が滅亡した場合、このような形で家臣が召し放たれ、新たな主人に仕官することを許可されたのである。したがって、鹿介が遠藤氏に感状を与えたのは、今後の仕官活動において、有利になると考えたのかもしれない。あるいは、鹿介自身が毛利氏に仕官するので、配下の遠藤氏を召し放ったと考えることも可能だろう。

次に、尼子方の重臣・立原久綱について触れておこう。久綱が助かったのは、十月十八日付の吉川元春の書状より明らかである（「常松家文書」）。元春の書状によると、久綱の「宿善」の儀

について輝元に申し入れたところ、同意を得たことを記している。久綱は交渉に際して貢献したので、助命してほしい旨を輝元に申し入れ、認められたということになろう。久綱は病気で養生しているので、治療後は金子氏のもとに送るであろうとしている。久綱の場合は、助命が認められたということである。

同年十二月になって、久綱は金子氏のもとに送られた（「常松家文書」）。それはあくまで「内々」のもので、番衆を堅固に申し付けるという警戒体制だった。久綱は命こそ助かったとはいえ、いまだに強い警戒心を抱かれており、監視が必要な要注意人物だったのである。

上月城に籠った尼子氏重臣の日野五郎も、第二次上月城の戦い後は生き長らえていたと推測される。五郎の足取りを示す史料を欠くが、その子孫と思しき日野景幸は毛利氏に仕えていた。慶長三年（一五九八）一月二十九日付の毛利輝元の感状によると、景幸が毛利氏の配下にあって、蔚山《ウルサン》城の攻撃に加わっていたのは明らかである（『萩藩閥閲録』）。

このように考えてみると、鹿介ら三名の尼子氏重臣は、毛利氏への仕官を前提として、降伏条件に従った可能性があろう。

鹿介は忠臣ではなかった

これまで山中鹿介は忠臣として褒め称えられてきたが、一考を要するのはすでに指摘した

とおりである。勝久と氏久の切腹によって、城兵の助命が認められたが、これは鹿介の交渉によるものだった。毛利氏からすれば、鹿介からさんざん苦杯を嘗めさせられたのだから、真っ先に処分したかったはずであるが、鹿介は切腹を命じられなかった。それが生き残って備中松山に連行され、毛利氏に仕官する手筈になっていたというのだから、鹿介の忠臣という評価は再検討する必要があろう。

主要参考文献

米原正義編『山中鹿介のすべて』（新人物往来社、一九八九年）
山本浩樹「放火・稲薙・麦薙と戦国社会」（『日本歴史』五二一号、一九九一年）
山下晃誉『上月合戦　～織田と毛利の争奪戦～』（兵庫県上月町、二〇〇五年）
山本浩樹「戦国大名毛利氏とその戦争」（『織豊期研究』二号、二〇〇〇年）
山本浩樹「織田・毛利戦争の地域的展開と政治動向」（川岡勉・古賀信幸編『日本中世の西国社会1　西国の権力と戦乱』清文堂出版、二〇一〇年）
渡邊大門「第一次上月城の戦いと西播磨・美作の情勢」（『十六世紀史論叢』一四号、二〇二一年）
渡邊大門「第二次上月城の戦いと山中鹿介の動向」（『研究論集　歴史と文化』九号、二〇二二年）

論点7

織田信長と正親町天皇は対立していたのか

秦野裕介

（はたの・ゆうすけ）

一九六六年京都府生まれ。立命館大学大学院文学研究科博士後期課程単位取得退学。現在、立命館大学授業担当講師。要業績：『乱世の天皇』（東京堂出版、二〇二〇年）、『神風頼み』（柏書房、二〇二二年）、「後花園天皇と貞成親王の関係についての基礎的考察」（『研究論集　歴史と文化』第5号、二〇一九年）ほか。

織田信長と天皇に関する論争

織田信長についてはしばしば自己神格化・権威を否定という文脈で語られる。そしてその見方から、信長と天皇についても、天皇制の超克という形で語られてきたことがあった。

実際に信長の対天皇政策を見ると、内裏の修築など、天皇権威に配慮しているかのような政策が見られ、戦前にはそれゆえ「勤王家」として信長は評価されてきた。

戦後に入り、天皇制の克服という課題が浮上すると、信長の評価は大きく変わる。勤王家として非難されるのではなく、信長が自らを神格化し、天皇を克服しようとしていた、とみなされたのである。

一九九〇年代初頭、昭和から平成への天皇の代替わりの時期に天皇に関する研究が盛んとなった。特に天皇の権力・権威が低下した室町時代から戦国時代にかけて、天皇はなぜ存続したのか、という議論が盛んになされた。その中で織田信長と天皇の関係について政治史的な側面から検討した業績として、今谷明氏の正親町《おおぎまち》天皇と信長の関係に関する著書（今谷：二〇〇二）が挙げられよう。

今谷氏は、信長は正親町天皇を退位させ、操りやすい儲君（皇位継承者）誠仁《さねひと》親王を天皇につけて意のままに操ろうとしたと主張した。そのために信長は京都馬揃えという軍事的威圧を行ったりしたが、勅命講和などのパワーバランスを通じた正親町天皇の動きの前に頓挫し、

信長は自らの神格化という動きに至らざるを得なかった、と主張した。しかしその動きは失敗し、最終的には本能寺の変による信長の死で正親町天皇と信長の戦いは終結する。

この今谷氏の見解は、代替わりの翌年に出された『室町の王権』に代表される足利義満の王権簒奪行動についての著作の続編として戦国大名や織田信長、徳川幕府と天皇との関係を追究したものである。

今谷氏の義満による王権簒奪行動については、現在は多くは否定されている。同様に今谷氏による信長と正親町天皇との争いについては否定的に言及されることが近年では多くなっている。

近年の傾向では信長は天皇と協調しながら政務を運営していたと考えられており（堀：二〇一一）（金子：二〇一四）、私も信長と正親町天皇の関係について協調関係と双方の依存関係として把握した文章を公にしている（秦野：二〇二〇）。しかし信長が正親町天皇に対してどのような意識を持っていたのか、という点については実は留保が必要だ。信長が正親町天皇と協調し、その権威向上に尽力したことは間違いがない。しかし彼が正親町天皇のことをどのように考えていたのか、という問題は別の問題だ。

この問題に切り込んだのが東島誠氏であろう。安土城への正親町天皇の行幸計画やそれを迎える側の信長の姿勢などから、信長の「権力の志向」を「権威あるものを否定せずに膝元

に集め、それを上から眺める」こととした。その上で安土城の構造や「天下」などをめぐる近年の信長に関する研究を批判し、信長を既存の価値観の統合者と位置付けた（東島：二〇一三）。

本稿では以前の拙稿で述べた、信長と正親町天皇に関する記述をダイジェストで述べた上で、信長と正親町天皇の関係をもっと深いところから見直そうとするものである。

信長と正親町天皇との接点

織田信長の生まれた織田弾正忠《だんじょうのじょう》家は実は京都とは深い関係がある。

織田家はもともと越前国の織田荘にある劔《つるぎ》神社の神主で、南北朝時代に同国の守護斯波氏に従い、斯波氏の尾張守護代として重きをなした。戦国時代に入り、伊勢守家と大和守家に分裂し、その中の大和守家の重臣であった弾正忠家が信長の出た家である。

弾正忠家は伊勢湾交通の要衝である津島湊を押さえ、信長の父信秀は京都から蹴鞠の飛鳥井雅綱や山科言継を招いたり、自ら上洛して従五位下、備後守に叙任され、足利義輝にも拝謁したりするなど、京都との関係を深めていた。織田弾正忠家にとっては京都の権威は身近なものだったのである。

信長自身も尾張統一後の永禄二年（一五五九）に足利義輝に拝謁するなど、早くから京都との関係を深めている。

義輝暗殺後、義輝の後継を自認した足利義昭の呼びかけに応じ、信長は美濃国を確保後には「天下布武」の印章を用い、室町幕府再興を宣言し、義昭を擁して「天下布武」つまり室町幕府の再興を成し遂げた。

義昭は元亀年号にこだわり朝廷からの改元要請に応えないなどの問題があり、信長は義昭との対立の中で「異見十七箇条」を出したが、その中の第一条で「内裏の事を光源院殿様（足利義輝）が粗略にしていたため、あのような結果（永禄の変）となった事は歴史の物語るところです。これを教訓として義昭様には内裏への忠義を怠らないようにと申し上げましたのに、早々にお忘れになり、近年は行われていないのは残念な事です」と述べている。そして第十条では「元亀の年号は不吉ですから、改元すべきと人々が取り沙汰しているので、禁中でも準備していましたのにいささかの費用も出す事なく遅れてきました」と改元に消極的な義昭を責めている。

義昭との対立は最終的に義昭の追放という形で決着したが、信長は義昭の帰還の実現のために努力している。信長にとっては朝廷との交渉役は義昭が本来行うべきである、という考えがあったのだろう。

しかし義昭が逃亡し、正親町天皇との交渉は信長が関わらないわけにはいかなくなった。

本稿では信長と朝廷の関係について、譲位問題、興福寺別当職相論に対する信長の対応、

勅命講和を検討し、安土城における正親町天皇行幸計画についても見ていく。

譲位を勧める信長

義昭を追放した信長は、朝廷の懸案であった改元のための費用を拠出し、元亀は天正と改元された。そして信長は正親町天皇に対して譲位を提案した。

信長による譲位の提案は、従来しばしば信長による強要と捉えられてきた。しかし実際には中世の天皇は譲位をするのが基本であったのである。しかし後花園天皇から後土御門《ごつちみかど》天皇への譲位を最後に譲位は行われなくなった。

なぜ譲位は行われなくなったのか。それは端的に言って財政的に苦しかったからである。譲位すると、まず即位式や大嘗会をはじめとする代替わり儀式の費用が必要である。実際にはそのような費用は出せないために、大嘗会は後土御門天皇を最後に行われることはなく、即位式も後柏原天皇の場合、即位後二十二年間行うことができなかった。後土御門天皇に至っては大喪の礼を行う費用にも事欠いた。

ただでさえ財政的に大きな儀式をする余裕はない状況で、譲位を行えば、院が居住する仙洞御所の造営や天皇だけでなく院の生活費用まで負担しなければならなくなる。当時の朝廷は譲位したくともできない状況だったのだ。

従って信長が譲位を申し入れたのは、朝廷サイドの要望に沿っていたのである。信長の譲位の申し入れに対して正親町天皇はその勅書で「後土御門院以来望んでいたが、結局できなかった」と述べ、信長の申し入れに対して「朝廷の再興の時」と喜びを表している。

しかし実際には譲位は行われなかった。結局譲位が実現したのは、信長も誠仁親王も死去して正親町天皇の皇孫である後陽成天皇への譲位が行われる天正十四年(一五八六)十一月を待たなければならなかった。

正親町天皇の譲位を阻んだ最大の要因は、武田勝頼が美濃に侵攻してきたことによる情勢の不安定化であろう。この問題は結局、武田氏滅亡直後に信長自身が本能寺の変で横死したことで立ち消えになった。

もっとも武田氏滅亡と信長横死の前年の天正九年(一五八一)に譲位の話は持ち上がっている。その背景となったのは正親町天皇の高齢化であった。天正九年段階で正親町天皇はすでに六十六歳と歴代の天皇としても高齢に差し掛かっていた。この問題についてはその年が金神(方位の神)の所在が六方ある「六金神」の年に当たり、また儲君の誠仁親王の御所が内裏から見て「金神」の所在の一つである北北東にある、という条件があったために延期され、翌年には本能寺の変が起こったために流れてしまった。

正親町天皇は結局信長の時代には譲位できず、それどころか天正十四年(一五八六)七月に

誠仁親王自身が死去してしまう。結局同年十一月に誠仁親王の遺児の和仁親王(後陽成天皇)が正親町天皇からの譲位を受けることとなった。

信長の天皇観

信長が天皇をどのように見ていたかがよくわかる信長自身の言葉がある。それは「禁裏が外聞を失えば、信長も同時に面目を失います」というものである。これを見ると信長は天皇が体面を失うことを非常に気にしていることがわかる。もっともそれは信長の面目自身に関わるからである。言い換えれば、信長は天皇と自己の権威をお互いに関連するもの、と考えていたことが明らかである。

この言葉は烏丸光康と飛鳥井雅教に対して信長が出した書状にある。どのような経緯でこの文書がこの二人に出されたのであろうか。それを見ていくと、信長が朝廷をどのように扱っていたのかが明らかとなる。

信長による天皇の監督

まずは信長が天皇の監督のために設置した五人の奉行衆について見ていこう。この経緯は信長と正親町天皇の関係の出発点ともなる。

発端は、常陸国の国衆である江戸忠通が、本来天台宗の僧侶のみに着用を認められている「絹衣」（生絹を織った僧衣）を真言宗にも許可したことに始まる。それに不満を持った天台宗の僧侶が訴訟を起こし、天文二十四年（一五五五）後奈良天皇の綸旨によって真言宗の絹衣の着用が禁止された。

ところが天正二年（一五七四）、後奈良天皇の綸旨を否定し、真言宗の絹衣着用を認めた正親町天皇綸旨が出され、天台宗の反発の結果、翌年には先ほどの正親町天皇綸旨が柳原資定によって作成された「謀書」であるとし、その綸旨を破棄するという綸旨が出された。

このような混乱の中、長篠の戦いを終えて上洛してきた信長は、「禁裏の決定はどのような処理なのか、あまりにも正体がない」と非難し、正親町天皇の側近から五人を選んで審理をやり直しさせた。結局この問題については関係する天文二十四年の後奈良天皇の綸旨・天正二年と天正三年の正親町天皇の綸旨を全て破棄し、今後は本寺（梶井門跡・青蓮院門跡と東寺・醍醐寺）の指示に従うべし、として朝廷はこの問題に関わらないことを宣言した。最終的には天正四年に綸旨とその副状である信長の判物で天台宗の言い分を通している。

この時信長の意向で設置された奉行衆（勧修寺晴右・三条西実枝・中山孝親・庭田重保・甘露寺経元）が、正親町天皇を補佐するというよりも監督するためのものであることは明らかだろう。

信長の意向を覆す天皇と激怒する信長

翌年、信長の信頼の厚い三条西実枝が奉行衆から離脱し、四人体制となった。さらにその翌年の天正四年、興福寺別当職をめぐって大乗院尋円と東北院兼深が争った。興福寺の僧侶たちは兼深の若さと経歴の不足を理由に兼深の別当職継承に異を唱え、別当職をめぐる議論は混迷を深めていった。

そのような中、本願寺攻めのために上洛した信長は関白二条晴良（藤氏長者）に対して「今までやってきたように、興福寺の寺法の通りに藤氏長者が命令して調停なさるべきです。もし天皇の意向を詐称して混乱を招くようであれば、藤氏長者が意見なさるべきです」と申し入れている。つまり信長はこの問題について、興福寺の意向を藤氏長者が尊重し、後押しをすべきとして、興福寺の立場を最大限尊重しているのである。

誰が見ても常識的で収拾できそうな信長の提言をひっくり返したのは正親町天皇その人であった。奉行衆四人が安土を訪れて兼深を別当に据えるという天皇の意思を伝えたのである。信長も自分の調停案が天皇によってひっくり返されるとは想像すらしていなかっただろう。信長は小姓の万見仙千代と堀秀政を興福寺に派遣し、興福寺の意見を聴取すると、興福寺の意向に従い、兼深の罷免と尋円の別当就任を実行させるために重臣の丹羽長秀と滝川一益を上洛させ、兼深を興福寺から追放し、四人衆を蟄居に追い込んだ。その上で信長は天皇に対

して前述の「禁裏が外聞を失えば、信長も同時に面目を失います」という書状を、誠仁親王に瓜を献上する際に、権大納言であった烏丸光康と飛鳥井雅教に出したのである。誠仁親王からは瓜への礼とともに天皇の軽率な決定を天皇自身が悔いているという書状が出されている。

この一連の絹衣相論と興福寺別当職相論における信長の行動については、以前は信長が朝廷に介入し、権限を奪取しているという公武対立の一環として見られていたが、近年では朝廷側の不手際に対して信長が介入せざるを得ないこと、信長の処置はいずれも穏当な処置であることに注目する見解が主流となっている。

一つはっきりしているのは、朝廷の権威を損ねているのは、それまでの積み重ねを無視してその時の事情で自分の我意に任せて物事を決定してしまう正親町天皇本人であり、信長は天皇の権威をなんとか損ねないように天皇の暴走を押し留めていたのである。

信長はなぜ天皇権威を保持しようとしたのか

東島氏は信長の「権力の志向」を「権威あるものを否定せずに膝元に集め、それを上から眺める」こととしたが、この東島氏の見解は、今まで述べてきた信長の天皇への姿勢と矛盾しない。東島氏は神像・仏像や正親町天皇も「世上仰ぎ見られているモノだからこそ、信長

は自らの膝下に呼び集めようとしたのである」と指摘する。

もっともこれは信長の個人的嗜好にとどまらない。「世上仰ぎ見られているモノ」は、信長にとって極めて有用なものでもあった。

信長は安土城の本丸御殿に清涼殿を模した建物を建ててそこに天皇の行幸を計画していた、という。これは信長の座が置かれた天主五階から見下ろす位置にあり、信長は正親町天皇をも見下す位置に立とうとしていた、とも見えるが、実際のところはどうだったのだろう。

信長の内面はわからないが、信長がなぜ天皇を重んじたか、という実利面に着目すれば、信長が実際に行幸のシーンで正親町天皇を上から見下ろす可能性はない、という結論に至らざるを得ない。行幸のシーンで信長が天主から天皇の御座所を見下ろすことはあり得ず、信長は天皇行幸の時には天皇を天主に招いたり、あるいは信長が清涼殿を模した御座所に同宿したりするという演出が行われるであろうことは容易に推察できる。

なぜこのように断言できるか、といえば、東島氏も指摘するように正親町天皇が信長にとって価値があるのは「世上仰ぎ見られているモノ」だからである。それを自らの手で損ねてしまっては信長にとっての天皇の存在価値は失われてしまうのである。信長が正親町天皇の不始末に厳しい姿勢をとるのもそれが理由である。信長にとって天皇は「世上仰ぎ見られているモノ」でなければならなかったのだ。そしてそれを損ねるものは天皇本人であっても責

任を厳しく問われるものだったのである。それがしばしば「介入」や「圧迫」と評価されるが、信長から見れば迷惑な話だろう。

勅命講和

信長にとって天皇の最大の利用価値はどこにあったのか。それは言うまでもなく「世上仰ぎ見られているモノ」を振りかざして自らに有利に政局を運ぶことにある。信長は京都を押さえ、将軍や天皇の命令を振りかざして自らに抵抗するものを叩き潰していった。その好例が朝倉義景との戦いだ。義景は信長が足利義昭を擁立して入京した直後に義昭の上洛命令を拒否し、信長の攻撃を受けることとなる。もっともこの時は信長の義弟となった浅井長政が信長を裏切って義景支援に回ったために信長の意図は失敗した。

信長が正親町天皇の命令を振りかざして相手に講和を持ちかける、いわゆる「勅命講和」は信長の天皇利用の最たるものであろう。

信長が関係した勅命講和は現在五回確認されている。

第一回目は元亀元年（一五七〇）の本願寺との講和である。もともと摂津で挙兵した三好三人衆を討伐しようと摂津に信長は進軍するが、本願寺が三人衆に呼応して挙兵し、義昭の働きかけで天皇は勅使を派遣したのである。もっともこの時は、勅使は本願寺に到達できなか

った。

第二回目は同年の江濃越一和と呼ばれる浅井・織田・浅倉との講和である。これも義昭が主体となって天皇を動かした、と考えるのが通説である。

第三回目は元亀四年（一五七三）の義昭との講和である。義昭が信長への敵対姿勢を鮮明にし、信長が上京を焼き払って義昭を威圧した時に勅使が出されて講和が結ばれた。これについては天皇の自発行為であると見られている。京都が戦火に焼かれるのを阻止しようと動いたのである。この講話は義昭によって四ヶ月後に破棄され、義昭は京都から追放されてしまう。

第四回目は天正六年（一五七八）の対本願寺である。この時は荒木村重の離反によって信長が窮地に陥り、信長が朝廷に申し入れて勅使が派遣されることとなった。もっともこれは本願寺が拒否し、成立しなかった。

第五回目は天正八年（一五八〇）の対本願寺である。荒木村重の没落で信長にとっての情勢が安定したこともあり、信長の意向である大坂退去を受け入れさせる目的があった。朝廷としては門跡寺院に准じる本願寺の破滅は避けなければならず、信長としては堅牢な大坂から退去させることが軍事的にも重要であることから、朝廷と信長の利害が一致したために行われたのだろうと考えられる。この時は顕如は勅命を受け入れて大坂を退去したが、教如が抵

抗し、勅使に乱暴を働くという事件も起きており、平坦なものではなかったようだ。

これを見ると特に対本願寺において勅命講和は有効だったことがわかる。信長にとって勅命は便利な道具だったのだ。本願寺は門跡に准じる格式を朝廷から認められることで自らを権威づけていた。その本願寺に対して天皇の命令は効果が期待されるものだったし、また最終的には効果があったのである。

信長が天皇を重んじた理由

信長が天皇を重んじたのは、役に立ったからである。そして天皇を信長の役に立たせるには、信長自身が天皇を重んじなければならない。

もっともそれは何も信長に限ったことではない。個人としての天皇と対立しながら、天皇制度を自己の権力強化のために使った政治家として、一条天皇・三条天皇と対峙した藤原道長、承久の乱後の鎌倉幕府、後光厳天皇に始まる皇統を作り上げ、その皇統に属する天皇個人とは対立しながらもその皇統を守り続けた室町幕府、彼らの延長線上に信長もいたのである。

信長が他の権力者と異なるのは官位官職に対する執着の薄さであろう。信長の極官は正二位右大臣兼右近衛大将だが、これも朝廷が押し上げたものであり、信長自身が強く望んだも

のではない。さらに朝廷は左大臣への昇進も考えていたが、信長はそれを回避し続けている。いわゆる「三職推任」も朝廷側が征夷大将軍に推任しようという動きであった可能性が高い。なお信長の「自己神格化」についてであるが、信長が正親町天皇を見下していた可能性は高く、むしろ誠仁親王を評価していた節はある。もっとも天皇制度そのものを否定しようとした形跡はない。その意味では信長は中世的な武家政権のあり方を引き継いだ人物と評価できよう。天皇との関わりにおいて信長に何らかの革新性を見出すことはできない。

主要参考文献

池上裕子『織田信長』（吉川弘文館、二〇一二年）
石原比伊呂『北朝の天皇　「室町幕府に翻弄された皇統」の実像』（中公新書、二〇二〇年）
今谷明『室町の王権　足利義満の王権簒奪計画』（中公新書、一九九〇年）
今谷明『信長と天皇　中世的権威に挑む覇王』（講談社学術文庫、二〇〇二年）
金子拓『織田信長〈天下人〉の実像』（講談社現代新書、二〇一四年）
神田千理『織田信長』（ちくま新書、二〇一四年）
神田裕理「信長は、天皇や朝廷をないがしろにしていたのか」（日本史史料研究会編『信長研究の最前線　ここまでわかった「革新者」の実像』朝日文庫、二〇二〇年）
神田裕理「信長の「馬揃え」は、朝廷への軍事的圧力だったのか」（日本史史料研究会監修、渡邊大門編『信長研究の最前線2　まだまだ未解明な「革新者」の実像』洋泉社歴史新書y、二〇一七年）
木下聡「信長は、官位を必要としたのか」（日本史史料研究会編『信長研究の最前線　ここまでわかった「革新者」の実像』朝日文庫、二〇二〇年）
立花京子『信長権力と朝廷　第二版』（岩田書院、二〇〇二年）
秦野裕介「実は「信頼関係」で結ばれていた信長と天皇」（渡邊大門編『虚像の織田信長　覆された九つの定説』柏書房、二〇一八年）

秦野裕介『乱世の天皇　観応の擾乱から応仁の乱まで』（東京堂出版、二〇二〇年）
東島誠『「幕府」とは何か　武家政権の正当性』（NHKブックス、二〇二三年）
藤井讓治『天皇の歴史5　天皇と天下人』（講談社学術文庫、二〇一八年）
堀新『織豊期王権論』（校倉書房、二〇一一年）
渡邊大門『戦国の貧乏天皇』（柏書房、二〇一二年）

論点8

三木城落城後、秀吉によるジェノサイドは行われたのか

金松誠

（かねまつ・まこと）

一九七七年宮崎県生まれ。奈良大学大学院文学研究科文化財史料学専攻博士前期課程修了。修士（文学）。現在、三木市立みき歴史資料館係長。

主要業績：『松永久秀』（戎光祥出版、二〇一七年）、『筒井順慶』（戎光祥出版、二〇一九年）、『秀吉の播磨攻めと城郭』（戎光祥出版、二〇二一年）など。

三木合戦とは

天正六年（一五七八）三月から同八年（一五八〇）一月までの一年十か月にわたり、毛利輝元を後ろ盾とする別所長治《べっしょながはる》方と、羽柴秀吉を大将とする織田信長方との戦いが、播磨国三木《みき》城（兵庫県三木市）を舞台として繰り広げられた。この戦いを三木合戦という。秀吉は別所氏に味方する周辺の城を攻め滅ぼし、別所氏の居城であった三木城の周囲の山々に約四十の付城《つけじろ》やそれを結ぶ多重土塁を築いて取り囲んだ。

この戦いは、戦国史上まれにみる攻城戦とされるほか、秀吉による「三木の干し殺し」、すなわち兵糧攻めとしても広く知られている。城へ運び込まれる食糧を断つ作戦で、三木城は長期間にわたり持ちこたえ戦いを続けたが、ついに別所方は力尽き、天正八年一月十七日に三木城開城となった。三木合戦の最後は、開城の際、別所長治一族等の自害と引き換えに、城兵が助命されたという美談が長らく語り継がれてきた。しかし、近年の研究により、城兵が救われずに皆殺しされたのではないかとの新説が出されている。本稿では、これについての最新の研究動向を紹介したい。

三木合戦の経過

天正五年（一五七七）十月、織田信長は部将羽柴秀吉に中国地方の毛利攻めを命じた。この

時、別所長治も織田方に与し、秀吉に協力することを約束する。しかし、同六年三月初め、長治は、別所家中の持ち城八か所の破却をめぐり秀吉と対立した結果、織田方を見限り毛利輝元方へ味方した（「羽柴家文書写」）。この際、毛利氏のもとに身を寄せていた将軍足利義昭による調略があったという。信長は、長治の離反を言語道断とし、これを成敗するよう命じた。

これにより、長治やその他の播磨国衆は、足利義昭・毛利輝元・大坂本願寺・紀伊雑賀衆《さいかしゅう》等と反織田包囲網を形成し、織田方との戦いに臨むこととなった。

四月一日、別所方は秀吉に一味した細川荘の領主冷泉為純《れいぜいためずみ》を攻め、為純・為勝父子を討ち取った。これに対し、秀吉は東播磨の反織田方の攻略を進めていき、四月十二日、別所方の野口城（兵庫県加古川市）を落城させている。

その頃、別所氏を支援するため毛利方が播磨に入り、織田方の西播磨の拠点上月城《こうづき》（兵庫県佐用町）を取り囲んでいた。しかし、秀吉は上月救援に一度は向かったものの、信長の命により、それをあきらめ、三木城を支援する神吉《かんき》（加古川市）、志方《しかた》（加古川市）両城の攻撃を優先した。六月下旬、織田信忠を主将とする織田方が神吉城を包囲、七月十六日、城主神吉民部少輔が討ち取られ落城した。続いて、志方城も人質を出して降服した。

神吉・志方の城を落とした織田方の軍勢は三木に向かう。七月下旬から三木城攻略のための付城の構築が開始された。信忠は、平井山に城を築き秀吉にこれを渡し、八月十七日に美

濃に帰国した。以後、平井山は秀吉の本陣となる。

同年十月、織田方であった荒木村重が離反し、毛利方に与して居城の有岡城（兵庫県伊丹市）に籠った。こうした情勢を受けてか、十月二十二日、別所方は三木城から平井山の秀吉本陣への襲撃を試みる。しかし、長治の弟治定《はるさだ》が討死するなど別所方の敗北となった。

天正七年（一五七九）二月二十三日、秀吉は赤松則房奉行人の鳥居《とりい》職種《もとたね》・祝 融軒周 登《しゅくゆうけんしゅうとう》に対し、長治が和睦を申し入れてきたと聞き、諸将から取り次ぎがあったが承諾できないので、一切許容しないよう申し伝えている（「大阪城天守閣所蔵文書」）。長治による最初の和睦交渉であった。

四月、信長は、信忠らを再び播磨へ派遣、二十六日には信忠が付城を新たに六か所築くなどして三木城の包囲をさらに厳重なものとした。五月下旬、秀吉方は花熊からの兵糧ルートであった丹生 山《たんじょうさん》の海蔵寺取出とその北麓の淡河《おうご》城（神戸市）を攻め、淡河弾正以下を撤退に追い込んだ。これにより、三木城は東側からの兵糧の補給ルートが閉ざされることとなった。

六月以降に本格化するとみられる毛利方による明石浦魚住から三木城への兵糧搬入に対し、秀吉方は、三木・魚住の通路を塞ぐために、君ヶ峰城をはじめとする周辺の五・六十もの付城の間に番屋・堀・柵などの防御施設を設置した。兵糧搬入路が遮断されたことにより、三木城の食糧不足は深刻なものとなっていった。

九月十日、三木城への兵糧搬入を遂げたい毛利方は、平田・大村付近を襲い、同時に別所

方が三木城内から出撃して兵糧を三木城内に運び込むため、谷大膳の陣所を攻撃した。両軍の衝突により、秀吉方は谷大膳が討死したが、別所方も兵糧搬入部隊が秀吉方の攻勢を受け、別所甚大夫、別所三大夫など多くの武将が討ち取られた。

徐々に追い詰められた別所長治と荒木村重は、降参を申し出、助命を求めた。しかし、信長は拒否し、その一方で宇喜多直家の降参は受け入れている（「淡輪文書」）。長治にとって、二度目の和睦交渉決裂であった。信長は妥協することなく、徹底的に両者を征伐する道を選んだといえる。

十月七日、平田大村合戦に勝利した秀吉方は、「南八幡山、西平田、北長屋、東大塚」（「播州御征伐之事」）に付城を寄せて築いた。三木城包囲網を狭めたことにより、これ以降、毛利方からの組織的な兵糧搬入は行われなくなり、三木城内に蓄えた食糧は尽き、餓死者が数千人出た。初めは糠《ぬか》・秣《まぐさ》を、中頃には牛馬・鶏・犬を食し、ついには人を刺し殺してその肉を食べたという。

このようななか、長治は小寺休夢《きゅうむ》斎《さい》を介して、秀吉に降参を願う。それに対し、十月二十八日の時点で秀吉は、長治を許して三木城を受け取り助命するか、三木を「ほしころし」にするかを決めかねている様子が読み取れる（「豊太閤真蹟集」）。結局のところ、長治の願いは叶わず、まさに秀吉自身が表現した「干し殺し」という状態をもたらすことになった。

三木落城と別所一族の自決

天正八年（一五八〇）を迎えると、羽柴秀吉はいよいよ本格的に三木城攻略に取り掛かることとなった。

一月六日、秀吉は三木城の南側を守備する「宮山之城」（宮ノ上要害）を乗っ取り、城下の三木町全体を押し破り、多くの敵を討ち捕った。ついで、櫓を七つ攻め取り、そのまま城の十間（一八m）から十五間（二七m）の間に取り詰め、城の廻りに塀・柵を四・五重めぐらすよう申し付けた。十一日には「三木本城」と「堀一重」を隔てた「鷺山と申す構」（南構）を乗り崩し、別所長治の弟友之《ともゆき》の居城「鷹之尾」（鷹尾山城）と叔父賀相《よしすけ》の居城「山城構」（新城）を攻略した。「山城構」には羽柴秀長、「鷹之尾」には秀吉が入り、「別所小三郎丸」へ攻め寄せる状況となった（「反町文書」「播州御征伐之事」）。

十五日になり、長治の叔父で織田方の別所重棟は城内から小森与三左衛門を呼び出し、長治・賀相・友之へ秀吉書状を遣わし、荒木村重や丹波の波多野氏のようになれば末世まで嘲弄を受けることとなり、あまりに惜しいことなので、当然のこととして切腹すべきであることを申し伝えた（「信長公記」）。

これに対し長治・賀相・友之は、同日に使者を遣わして浅野長政・別所重棟に宛てて書状を送り、三人の切腹を受け入れるとともに、城兵の助命を懇望した（「播州御征伐之事」）。

秀吉は、長治の覚悟に感嘆し、城兵の助命を受け入れる旨を返答し、城内に樽酒を二・三荷送り入れた。長治は、妻子・兄弟とともに両日両夜最期の盃を交わした（「播州御征伐之事」）。十七日、賀相は切腹を拒み、城内で焼死の上、遺骸を隠すことを試み、倉の中に籠って火をかけた。しかし、城兵により首を打たれた（「播州御征伐之事」）。

これを見た長治は最期を悟り、一族等十人（長治・長治女房・長治三歳の子・友之・友之女房・賀相女房・賀相男子二人・同女子一人・家老三宅治職）は命を絶った。このとき長治は、二十三歳とされる（「播州御征伐之事」）。

翌日、城兵は悉く城内から助け出され、そのなかの小姓一人が短冊を届け出た。長治・長治女房・友之・友之女房・賀相女房・三宅治職の辞世の歌である。長治は、「今ハ只恨ミモアラス諸人ノ命ニカハル我身ト思ヘハ」（「播州御征伐之事」）と最期に残した。

秀吉は、長治・賀相・友之の首を、信長による実検のため、京都へ送った。ここに、一年十か月の長きにわたる三木城をめぐる戦いは終焉を迎えたのであった。

三木落城時の大量殺戮説について

三木合戦の最後は、先述のとおり、別所長治一族等の自害により、城兵が助命されたという美談が長らく語り継がれてきた。それに対して、小林基伸氏は一次史料に基づき、城兵の

大量殺戮があったとの新説を提示した（小林：二〇一〇・二〇一二）。その概要について、根拠史料を挙げながら紹介する。

●正月二十日付「沼元新右衛門尉宛宇喜多直家書状」（「沼元文書」）
天正八年（一五八〇）正月二十日、宇喜多直家は、美作《みまさか》国南部の国衆である沼本新右衛門尉に対し、以下のことを書状にて伝えている。三木落城の成り行きについて、昨日（十九日）早馬をもって美作国河内へ通達した。その後、秀吉より直家家臣花房正幸が遣わされ、詳細を伝えられた。今朝、秀吉・蜂須賀正勝の紙面を河内に送ったので、必ず其方にも到来するであろう。別所長治・賀相・友之が切腹し、年寄中も同前である。残る者は一か所へ追い寄せ、番を付け置いて、悉く討ち果たしたと聞いている。

●四月十五日付「越中国坊主衆・門徒衆中宛本願寺顕如書状」（「越中勝興寺文書」）
四月十五日、大坂から雑賀に退いた大坂本願寺顕如が越中国坊主衆・門徒衆中に対し、大坂から撤退した理由を述べたものである。このままでは和睦も成立せずに、有岡・三木と同前になってしまう旨を申し伝えている。有岡城は、荒木一類の妻子以下六百数十人が処刑されている（「信長公記」）。小林氏は、顕如が三木城も同様と認識していたと解釈し

ている。

・六月十九日付「長宗我部元親宛羽柴秀吉条々写」(「紀伊国古文書」)

六月十九日、秀吉が土佐の長宗我部元親に対し、これまでの戦況を報告する中で、「先書申す如く三木正月十七日に悉く首を刎ね」たことを記している。

さらに、小林氏は「播州御征伐之事」の信憑性についても疑問視している。すなわち、別所賀相の死について、「播州御征伐之事」では、城兵に首を打たれたことになっているが、先述の宇喜多直家書状や「信長公記」では切腹となっている。これについて、「書写山十地坊過去帳」では、賀相は長治・友之同様、自害としている。このように、賀相の死は、「播州御征伐之事」によって脚色された可能性を指摘している。

「播州御征伐之事」の筆者は、秀吉御伽衆《おとぎしゅう》で三木郡出身の大村由己《ゆうこ》である。天正八年正月三十日に成立したとの奥書があるが、疑わしい。同十三年七月十日までには成立している(「宇野主水日記」同日条)。末尾には、秀吉が有したとされる「十徳」が記されていることから、秀吉の「徳」を顕彰するために書かれたものであり、全体的に秀吉の功績を強調している。

織田信忠を筆頭に信長によって派遣された武将の名前がほとんど記されておらず、秀吉一

人の功績であるかのような構成となっているのも、その一つの証左といえる。長治の城兵助命懇望の文書については、現物が残っておらず文面などからして偽文書である可能性が高い（渡邊：二〇一八）。辞世の歌も含めて、秀吉の美談として創作された可能性も否定しきれない。

大量殺戮説に対する反論

小林基伸氏の新説に対し、異論を投げかけたのが岩本晃一氏である（岩本：二〇一六）。以下、岩本氏の見解を簡潔にまとめる。

宇喜多直家書状については、直家に三木落城を伝えた花房正幸は、三木城本丸落城の様子を直に見たのではなく、秀吉から書状によって知らされた可能性もあるとする。また、書状内の三木落城の様子は、秀吉による宇喜多家への示威を目的とした書面上での誇張表現であるという見方も可能としている。

顕如書状については、長年にわたって籠城を続ければ、調停も不可能となり、有岡と三木のように次第に孤立無援となり、兵糧・弾薬が欠乏することになるのは明らかであると解釈している。

羽柴秀吉書状については、長水城（兵庫県宍粟市《しそう》）攻めなどの戦果を説明するなかで「毛利陣悉く敗北候」「悉く首をきり申し候」「悉く小屋を残らず焼き崩す」など、「悉」を常套句のご

とく多用している。また、「先書申す如く三木悉く首を刎ね」たとあるとおり、同内容を記した書状を以前にも長宗我部元親に送っていたとする。

当時、織田信長と長宗我部元親は連携関係にあったが、四国支配について対立していた。秀吉は、織田家の意に反して四国統一を目指す長宗我部氏の動きを封じるため、「悉」という表現を多用して、自らの軍団の精強さや容赦のない冷徹さを演出し、残酷な表現を用いた戦勝報告を数回にわたって行うことで他勢力を威圧し、動きを牽制しようとしたものと推測している。

そして、「播州御征伐之事」の作為性は認めつつも、八上城や有岡城に見られた城兵掃討は、波多野秀治や荒木村重のような自らの保身を優先する者に対する処罰として、大量殺戮を実施したものとし、別所長治はそれには当たらないとしている。すなわち、長治らの自刃後、秀吉によって長治の要求どおり、三木城内に残る生存者が全て助命されたという美談としての通説は、秀吉の作為による創話ではなく、事実に基づくものである可能性が高いと結論づけている。

大量殺戮説の新解釈

これらの説に対し、堀新氏は「美談」の再検証を行った(堀：二〇一八)。堀氏は、三木合戦の関

係史料だけでは手詰まりになるとして、天正九年（一五八一）の羽柴秀吉による鳥取城攻めを検証した。

この戦いの最後は、鳥取城番吉川経家《きっかわつねいえ》など数人の武将が切腹して、残る城兵の命は助けられたとされている。しかし、経家の家臣であった山縣長茂が寛永二十一年（一六四四）に吉川正実へ提出した「山縣長茂覚書」（「石見吉川家文書」）によれば、毛利からの援軍である加番衆と国方衆の三大将である森下道誉・中村春続の二人の子供は下城できたものの、残る国方衆は足止めされたという。

すなわち、堀氏は首謀者以外の残る国方衆は助命されると思い下城しようとしたが、城の出口で足止めされ、裏切り者として切り捨てられたとし、加番衆は何も知らないまま帰国し、経家の「一人《いちにん》による犠牲死」を語り継いでいったとしている。

そして、堀氏は鳥取城攻めの例を三木合戦に当てはめ、以下のとおり解釈する。すなわち、三木城中から秀吉に「一人による犠牲死」が申し入れられた。秀吉がこれを受諾したので、長治等の別所一族の重立った者は先約を信じて犠牲となった。しかし、裏切り者の助命は認めないという、当時の織田権力の基本方針によって、残る城兵たちの多くは助命されず、切り捨てられたと結論づけている。

以上、三木合戦の結末については、近年の研究により少しずつではあるが、実像が見えて

きたように思える。長治等一族の自害により生き残った城兵の命が全て救われたとの従来どおりの説は再考を余儀なくされている。

ただ、二次史料になるが、石野氏満は三木落城により自害を迫られたが、舅の有馬則頼や小寺右衛門佐（黒田孝高《よしたか》カ）の謝罪により、信長から赦免されている（「石野系図」）。また、三木落城後に赦免された別所家臣として、稲次宗雄は渡瀬《わたせ》繁詮《しげあき》に預け置かれ（「備前老人物語」）、井上小九郎・大九郎は木下昌利に仕え（「井上七兵衛書上」）、光枝次郎右衛門は秀吉に仕えたとされる（「光枝勘右衛門書上写」）。少なくとも、城兵全てが殺されたという訳ではなかったようである。

主要参考文献

岩本晃一「三木落城後の大量殺戮説に対する考察」(『歴史と神戸』五五巻一号、二〇一六年)
金松誠『秀吉の播磨攻めと城郭』(戎光祥出版、二〇二一年)
同「三木城の戦い——兵糧攻めによる過酷な籠城戦」(『天下人の攻城戦 15の城攻めに見る信長・秀吉・家康の智略』朝日新聞出版、二〇二三年)
小林基伸「三木合戦の経緯」(『三木城跡及び付城跡群総合調査報告書』、三木市教育委員会、二〇一〇年)
同「三木城の最期について」(『歴史と神戸』五一巻四号、二〇一二年)
堀新「三木合戦にみる古文書・軍記・合戦図の比較研究——『一人《いちにん》による犠牲死』を中心に——」(『軍記と語り物』五四、二〇一八年)
村井祐樹「秀吉の報・連・相——中国攻めをめぐって——」(『中世史料との邂逅——室町・戦国・織豊期の文書と記録』、思文閣出版、二〇二四年)
村井良介「別所氏と三木合戦をめぐる史料」(『新三木市史』四巻 資料編 古代・中世、三木市、二〇二三年)
渡邊大門「天正七・八年における三木合戦の展開について」(『十六世紀史論叢』九号、二〇一八年)

論点9

秀吉による中国大返しと「御座所システム」

渡邊大門

（わたなべ・だいもん）

一九六七年神奈川県生まれ。佛教大学大学院文学研究科博士後期課程修了。博士（文学）。専攻は日本中近世史。現在、株式会社歴史と文化の研究所代表取締役。

主要業績：『戦国大名の家中抗争　父子・兄弟・一族・家臣はなぜ争うのか？』（星海社新書、二〇二四年）、『倭寇・人身売買・奴隷の戦国日本史』（星海社新書、二〇二一年）など。

中国大返しとは

中国大返しとは、天正十年（一五八二）六月に羽柴（豊臣）秀吉が備中高松城（岡山市北区）を水攻めにした際、織田信長が本能寺で横死したことを知り、猛烈なスピードで上洛した強行軍を意味する。とりわけ、備中高松城から姫路（兵庫県姫路市）に至る行程は、常識外れの速さだったといわれてきた。筆者は中国大返しについて、すでに何度か持論を公表してきた（渡邊：二〇一六など）。

結論を端的にいえば、中国大返しの行程は一次史料で裏付けることができるので、決して神がかり的なスピードではなかったということである。同時に、中国大返しに関する二次史料の記述は、一次史料と合致しない点が多く、信頼性に問題があることも指摘した。一次史料に基づいた中国大返しの行程を示すと、次のようになろう。

①六月四日、備中高松城から野殿（岡山市北区）へ到着（「梅林寺文書」）。
②六月五日、沼城（岡山市東区）へ到着（「梅林寺文書」）。
③六月六日、姫路城へ到着（「松井家譜」所収文書）。
④六月九日、姫路城を出発（「同右」）。

※根拠史料は、藤田達生『証言　本能寺の変　史料で読む戦国史』所収。

中国大返しの行程が判明したとはいえ、課題も多い。秀吉は陸路を利用したと考えられるが、行軍の詳しい様相はもとより、兵糧などの調達状況は決して明らかではない。それらを記述した新出史料が発見されるか否かがカギを握ることになるが、それは今後の課題である。ところで近年になって、一次史料の空白を埋めるべく、文献史学以外の分野から中国大返しの新説が提起された。

城郭考古学者の千田嘉博氏は、秀吉が御座所システムを活用することにより、中国大返しを成し遂げたと結論付けた（千田：二〇二一）。御座所は、「ござしょ」、「ござどころ」、「おましどころ」などと読む。御座所システムの詳細については後述するが、秀吉は無計画に中国大返しを行ったのではなく、あらかじめ上洛途上の諸城に御座所を設置し、そこに兵糧を準備するなどして、円滑に行軍を進めたというのである。この説はテレビなどのマスコミに取り上げられ、瞬く間に人々に知られる説の一つとなった。

千田説の大きなポイントは御座所の活用であるが、兵庫城（兵庫県神戸市兵庫区）に織田信長のために築かれたという御座所の存在そのものが疑わしいうえに、考古学的にも文献的にも十分な根拠を示していない。「御座所ありき」で話が進むものの、実証性に欠けるといわざるを得ないのである。「御座所システム」の活用が中国大返しの成功のカギを握ったという説に

は疑問が多く、賛同できないので、以下、具体的に検証を進めることにしたい。

兵庫城と「御座所システム」

まず、兵庫城と千田氏の「御座所システム」の概要を取り上げることにしよう。その糸口になったのは、兵庫城の発掘調査である。

天正九年(一五八一)、信長配下の池田恒興は兵庫城を築城した。『花熊落城記』には、「明《あく》る(天正)九年の正月より池田勝入(恒興)此城(花熊城・花隈城)を割給ふ。兵庫に屋鋪(敷)を被成《なされ》、此大石を此所(兵庫)へ引給ふ。勝入殿兵庫に二年ほど御座候而、残りの石は大坂の御城へも御取なされ候」と書かれている。

天正八年(一五八〇)、荒木村重方の花熊城(神戸市中央区)が落城し、翌年に恒興が城を破壊した(これより二年前、村重は織田信長に反旗を翻していた)。恒興は兵庫に屋敷を構え、その際に花熊城の石(石垣)を兵庫に運び、二年ほど滞在した。残りの石は大坂城(大阪市中央区)の築城に用いたという。『花熊落城記』の記述が、兵庫城を築城した際の通説的な理解となっている。

なお、『花熊落城記』は、落合重信「花熊城と一向一揆」(同『神戸の歴史 研究編』後藤書店、一九八〇年)で紹介されている。

『花熊落城記』を紹介した落合氏によると、同書の成立は享保十七年(一七三二)で、著者は

菊屋新右衛門なる人物である。花熊城の落城から約百五十年を経て成立したので、内容をそのまま鵜呑みにするわけにはいかないだろう。『寛永諸家系図伝』によると、花熊城の落城後、恒興は大坂に居したという。同書によると、嫡男の元助が伊丹、次男の輝政が尼崎にそれぞれ居を定めたとあるが、恒興が兵庫城の城主だったとは記されていない。

天正九年（一五八一）一月二十三日織田信長朱印状写（「士林証文」）によると、恒興は子供二人と伊丹にいたことが明らかなので、本当に恒興が兵庫城を築城し、そのまま居城にしたのかは疑わしい。ほかの史料でも、恒興が兵庫城に在城したことを示すものはない。今後の検討課題であるといえよう。

兵庫は古くからの港湾都市で、瀬戸内海の海運を担った兵庫津《ひょうごのつ》があった。兵庫津の研究は、実に豊富にある。一方で、兵庫城は関係する文献や絵図が乏しく、謎のベールに包まれていたが、近年になって発掘調査が進められた。その結果、発掘された兵庫城の石垣が天正期（一五七三〜九二）のものだったこと、周囲に水堀をめぐらしていたことなどが明らかになったという。したがって、恒興が兵庫城主であったか否かは別として、兵庫城が天正期の城だったことはたしかであることが判明した。

中でも注目されるのは、天正期に兵庫城の本丸の出入口が二つ並べるようにして改修されていたことだったと千田氏は指摘する。千田氏によると、改修した理由は織田信長を迎える

べく、兵庫城を御座所にするためだったという。

御座所とは、貴人が宿泊する施設のことである。天正八年(一五八〇)以降、信長は自ら出陣し、対立していた毛利氏と戦う機会をうかがっており、翌年の鳥取城攻撃に出陣する計画があった(後述)。しかし、理由は不明ながら、ついに信長の出陣は実現しなかったのである。天正十年(一五八二)三月以降、秀吉が備中高松城(岡山市北区)を攻囲すると、毛利輝元の率いる軍勢が同城に救援に向かった。この一報を耳にした信長は、直ちに出陣することを決定し、尾張などにいる家臣らにも命じた。

結局、信長は同年六月に本能寺で横死したので、信長の出陣は実現しなかった。千田氏は光秀の謀反がなければ、光秀らの軍勢を先発させ、信長の軍勢は信忠が率いる尾張などの軍勢を待って、京都から大坂城へ移動し、さらに兵庫城、船上《ふなげ》城(兵庫県明石市)を経て、姫路に向かったと推測する。つまり、信長の移動のために御座所が設置され、それが中国大返しで活用されたということになろう。

御座所について

千田氏も指摘するように、信長の御座所を普請した例はいくつか知られている。天正九年(一五八一)二月十三日、秀吉は亀井氏に書状を送り、信長が出陣を急いでいるので、御座所の

普請を昼夜を問わず行うよう命じた（「亀井文書」）。これは、因幡鳥取城の攻防に伴うものであるが、結局、信長が鳥取城に出陣することはなかった。

また、秀吉が鳥取城の近くに御座所を造営したのかは不明である。信長が本当に鳥取へ出陣しようとしたのか、あるいは秀吉を叱咤激励する意味で言ったのかも検討が必要だろう。この史料は、千田氏が「御座所システム」の根拠とした史料の一つである。同時に、千田氏は信長が出陣する際、行く先々で御座所の造営が必須だったと指摘する。実際、『信長公記』には、御座所を築いた記事が散見する。

天正十年（一五八二）三月、武田氏が滅亡すると、信長も甲斐方面にやって来た。その後、信長は帰陣するが、同年四月二日に滝川一益が大ヶ原（台ヶ原／山梨県北杜市）に御座所を普請したことが知られている（『信長公記』巻十五）。同年四月十一日には、本栖（山梨県富士河口湖町及び身延町）に御座所を築いた記録がある（『信長公記』巻十五）。信長の移動とともに、御座所が造営されたのは事実である。

御座所は輝くばかりに豪華で、周囲に二重・三重の柵を付け、周囲には将兵の小屋が千余も作られたという。翌日、本栖を発った信長は、大宮（静岡県富士宮市）に到着した。ここでも、豪華な御座所が造営されたことが記されている（『信長公記』巻十五）。つまり、主君である信長のために、その地位にふさわしい豪華な御座所が作られていたのである。

ただし、信長の御座所は現存しておらず、図面すらも伝わっていないので、どのような建物だったのかわからない。『信長公記』の記述を見ると、御座所は贅を尽くした豪華な建物で、周囲は柵を設けたほか、警護もかねて将兵の小屋で守られたことがわかる。なお、千田氏は家康が「うば口（姥口）」（山梨県甲府市）に御座所を作ったと指摘するが、それは誤りで実際は御陣屋（臨時に駐屯する営舎）である。

また、信長は行く先々で必ず御座所に宿泊したのではなく、同年四月十三日には江尻城（静岡市清水区）、四月十四日には田中城（静岡県藤枝市）、四月十五日には単に掛川（静岡県掛川市）に宿泊したと記すのみである（『信長公記』巻十五）。信長は必ず御座所に宿泊したのではなく、城などを利用したこともあったのである。城では、信長に相応のもてなしがなされたと思うが、御座所のような特別なものにはならなかったと考えられる。

その他にも『信長公記』巻十五には、「御屋形」という表現もある。御屋形は貴人の住まいを示すが、一方で仮住まいの建物という意味がある。御座所と言葉が使い分けられているのは明らかなので、御屋形は少しランクが落ちる建物だったと考えられる。おそらく、御屋形と御座所は別物であろう。

同年四月十八日、水野宗兵衛（忠重）が御屋形で信長をもてなしたとあるが、宗兵衛には豪華な御座所を築く（あるいは豪勢な接待をする）財力がなかったと推測され、それゆえ御屋形とい

う呼称で記したと推測される。しかし、いかに御屋形という呼称とはいえ、信長が泊まるのだから、決して粗末な施設ではなく、それなりの施設だったのは間違いないだろう。『信長公記』では、信長の宿泊先について、御座所、城、御屋形などと使い分けている点に注意すべきである。

兵庫城の御座所

次に、兵庫城にあったという御座所について考えてみよう。

千田氏が兵庫城に信長の御座所があったとする根拠は、先述した兵庫城の二つの門にある。二つの門は、通用門と貴人を迎え入れる礼門であるという。礼門は普段こそ閉めているが、高貴な人が訪ねてきたり、館の主が出入りしたりする際に使用していたと説明されている。

兵庫城の本丸が御座所になると、信長と家臣らが同じ門から出入りすることになる。通用門が一ヵ所だけでは具合が悪いので、信長が出入りするための新たに礼門を作ったと千田氏は述べる。千田氏によると、安土城（滋賀県近江八幡市）には四つの門があったので、信長は身分ごとに門の使い分けを意識していたという。つまり、兵庫城を改修（礼門の造営）したのは、信長の御座所を作るためだったと千田氏は指摘する。

しかし、礼門になるものについて調べてみたが、本当に右のような機能があったのか確認

できなかった。また、安土城の四つの門のうち、どれが礼門になるのかも同様である。この点については、また改めて調べる機会を持ちたいと思う。

次に、千田氏は、船上城（兵庫県明石市）が御座所だったと指摘する。船上城は山陽道と瀬戸内海に面した交通の要衝で、信長らの軍勢を受け入れ、宿泊等のエイドステーションとしての役割を果たしたという。つまり、船上城も秀吉の中国大返しに貢献したということになろう。

ただし、船上城を御座所にしたという説には、かなりの疑問が残る。稲原昭嘉氏、茨木一成氏らの研究によると、船上城を築城したのは高山右近で、築城年は天正十四年（一五八六）であると指摘する（稲原：一九九三、茨木：二〇〇〇）。それ以前に築城されたという説があるものの、伝承の域を出ておらず疑わしいのである。船上城は信長の死後に完成したのが確実だから、御座所にはなりえない。

千田氏は、兵庫城などの御座所が兵糧などの必要な物資を集積した施設だったとする。さらに、秀吉は御座所に信長一行の動きを伝えるため、通信・伝達要員を配置したと指摘する。

結論として、千田氏は「御座所」の構成要件を次のように述べる。

①信長のための防御を伴う豪華な御殿。

②親衛隊のための陣小屋群。
③必要な人馬の兵糧・軍事物資の集積と大人数に食事をふるまえる調理施設。
④「御座所」間をつなぐ海道や水路の整備。
⑤信長一行の移動情報を先の御座所へ高速伝達する情報ネットワーク。

以上が千田氏が提起する「御座所システム」のポイントであるが、いくつかの疑問が残る。

御座所に対する疑問

先述したとおり、信長が出陣した際（あるいは帰陣する場合）は、必ずしも御座所の造営が必須ではなかった。単に城に宿泊する場合もあれば、御屋形のような施設を利用することもあったので、信長が出陣あるいは帰陣する際、必ずしも御座所を建てたわけではない。

御座所とは、信長が宿泊する際に造営した特別な建物で、築いた武将が豪勢な接待を伴った施設ではないだろうか。先述した甲斐からの帰還でいえば、戦勝祝いを兼ねたような催しのために造営されたように思える。ただし、信長の行く先々で御座所を造営すると、もてなす武将の財政の負担は大変なものになるのだから、その点は考慮すべきだろう。

また、『信長公記』に記載する乏しい例を探ってみたが、城内に御座所が築かれた例はない

ように思える。御座所は、信長のためにあえて新築した施設ではないだろうか。むろん城であれ、御屋形であれ、信長をもてなすための十分な配慮はあったに違いないが、御座所には格別な意味があったと考えられる。したがって、兵庫城内に御座所を作ったというのは、特例的なものなのか否か十分な説明と検討が必要だろう。単に信長が城に泊まるだけであれば、兵庫城をわざわざ御座所とみなす必要はない。

さらに問題なのは、御座所の設置目的については『信長公記』に乏しい記述があるにすぎないので、先述した千田氏の①から⑤の指摘が本当に正しいのかという点である。千田氏の先の指摘のうち、①から③については『信長公記』に書かれているので首肯しうるにしても、④⑤については史料的な裏付けがないうえに、特に⑤は内容が極めて抽象的である。具体的な例示がないうえに、史料的な裏付けがなければ、④⑤の指摘は単なる想像にすぎないのではないだろうか。

信長が移動するときは、御座所、御屋形、城の三種類があったことは、先述のとおりである。城の中に御座所が設けられた例はない。御座所では信長をもてなすようなイベントが行われたようだが、御屋形や城ではそのような記述が確認できない。つまり、御座所は信長の宿泊先の一つであるが、特別な催しを伴ったものであり、御屋形や城では普通に宿泊していたと考えられる。兵庫城に礼門があったから信長の御座所だったという解釈は、文献的な裏

付けもなく、大きな疑問が残る。

兵庫城が御座所だったという理由は、右のとおり貴人が利用する礼門の設置が根拠であるが、兵庫城の発掘調査報告書を一読しても、兵庫城に信長の御座所があったとの記述はないので（神戸市教育委員会：二〇一七）、考古学的に証明されたとはいい難い。したがって、一連の御在所に関する見解は、千田氏のオリジナルと考えてよいだろう。

千田氏の説明では、兵庫城が御座所である根拠は門が二つあり、うち一つが礼門だったと述べるだけなので、説得性に著しく欠ける。船上城が御座所だったことについては、先述のとおり明白な誤りである。少なくとも、兵庫城を信長の御座所とするならば、より説得力のある明確な根拠を示す必要があるように思える。

千田氏が信長の御座所にこだわる理由は、「御座所システム」が中国大返しに寄与したからである。千田氏によれば、備中高松城から姫路に到着するまで、街道の整備のほか、宿泊・休憩・補給のエイドステーションが欠かせなかったが、秀吉には揃っていたと指摘する。この場合のエイドステーションとは、兵庫城を含めた行軍途中の御座所ということになろう。

千田氏は秀吉が信長を迎えるため、適度な間隔で御座所を整備したという。秀吉が中国大返しを行った際、信長が利用するはずだった御座所で兵糧を補給し、あるいは快適に宿泊や休憩を行っていたとも述べる。そして、「御座所システム」があったからこそ、秀吉軍は高速

で効率よく、備中高松城から姫路に戻ることができたと千田氏は結論付ける。

また、千田氏は兵庫城や船上城だけでなく、備中高松城から姫路城の間に信長のための御座所があったことを示唆する。姫路城やほかの場所についても、本当に信長の御座所があったのか疑問である。いずれにしても、「御座所システム」には具体的な史料による裏付けがなく、想像にすぎないというのが正直な感想である。

結論をいえば、千田氏の「御座所システム」は具体性に欠け、本当に秀吉の中国大返しに寄与したのか甚だ疑問といわざるを得ない。何より問題なのは、千田氏の論稿の参考文献を一読しても、中国大返しに関する研究を挙げていないことである。十分な現状分析なくして、新説を唱えることができるのだろうか。

成り立ちがたい「御座所システム」

千田説は、御座所に着目したものの、肝心の専門分野である考古学的な観点だけでなく、文献による裏付けにも欠けている。そもそもの問題として、兵庫城に信長の御座所があったことすら疑わしい。つまり、最初から「御座所システムありき」で論が進められ、すべてを御座所に集約させて結論を導いており、著しく説得力に欠けるといわざるを得ない。

歴史研究が文献だけでなく、科学技術の成果や考古学などの隣接諸科学との協力が不可欠

なことはいうまでもないだろう。しかし、十分な満足し得る根拠や論証なくして、論理の飛躍や牽強附会により結論を導いているように思える。したがって、中国大返しで「御座所システム」が機能したということは、現時点ではいえないのではないかと考える。

主要参考文献

稲原昭嘉「船上城跡」（明石市教育委員会編刊『明石市埋蔵文化財調査概報　――平成3年度――』一九九三年）
茨木一成「林の城から船上城」（明石城史編さん実行委員会編『講座　明石城史』神戸新聞総合出版センター、二〇〇〇年）
大山崎町歴史資料館編刊『山崎合戦　――秀吉、光秀と大山崎――』（二〇〇二年）
神戸市教育委員会『兵庫津遺跡　第62次発掘調査報告書』（神戸市教育委員会文化財課、二〇一七年）
千田嘉博「中国大返し 御座所の発掘でわかった中国大返しの真相」（『新説　戦乱の日本史』SBクリエイティブ、二〇二一年）
藤田達生『謎とき　本能寺の変』（講談社現代新書、二〇〇三年）
藤田達生『証言　本能寺の変　史料で読む戦国史』（八木書店、二〇一〇年）
盛本昌広『本能寺の変　史実の再検証』（東京堂出版、二〇一六年）
渡邊大門「中国大返し再考」（拙編『戦国史の俗説を覆す』柏書房、二〇一六年）
渡邊大門「中国大返し再々考」（『十六世紀史論叢』一〇号、二〇一八年）

論点10

宗像才鶴女性説は正しいのか

花岡興史

（はなおか・おきふみ）

熊本県生まれ。九州大学大学院博士課程修了。博士（比較社会文化）。元、九州大学比較社会文化研究院学術研究者。

関連実績：「肥後宗像家文書を中心にみる天正十四年以降の宗像家の去就：謎の人物『宗像才鶴』の研究動向を含めて」（『沖ノ島研究』8 「神宿る島」宗像・沖ノ島と関連遺産群保存活用協議会、二〇二二年）など。

宗像才鶴女性説とは

遠江国井伊谷の領主で、徳川四天王に数えられる井伊直政を育てた人物として井伊直虎の名前をみることができる。この直虎が実は女性だったという説があり、平成二十九年（二〇一七）、放送のNHK大河ドラマ「おんな城主　直虎」と題して放映された。番組では直虎役の柴咲コウが戦国時代を生き抜いた女性の生涯を生き生きと演じたこともあり、「おんな城主」の命名は現在のジェンダーレス時代と相俟って大きく注目されたことは記憶に新しい。

今回、取り上げる「宗像才鶴」という人物は、令和元年（二〇一九）九月十八日に熊本県多良木町で、筆者が調査担当としてプレスリリースした豊臣秀吉文書二点の宛所にその名を偶然にみることができた（花岡：二〇一九）。二点の史料（「肥後宗像家文書」）は、秀吉が九州侵攻を図る天正十四年（一五八六）十月十日付けの判物（花押入り）と九州入りした翌年三月十八日の朱印状であった。

このプレスリリースの趣旨は、従来、世界遺産となっている宗像大社の大宮司の家系は、天正十四年三月、当主宗像氏貞の死去により断絶しているとされていた。しかし、秀吉文書二点の発見により、嫡流子孫が細川家の家臣となり、現在まで熊本で「宗像」という名跡と血脈を繋いでいたという実事が判明し、通説を覆す結果となった。このことは、藩主であった細川家史料の「先祖附」や『綿考輯録』にはその存在が明記されていたが、研究上では全

く等閑視されていたこともあり周知の事実ではなかった。

しかし、宛所の宗像才鶴については不明な点が多く、研究上では「女性（氏貞後妻）説」もあり、この段階では明言せず学説としてだけ紹介した。しかし、メディア受けする従来の「女性説」が新発見の内容を凌駕し、「当主の後妻を後継者とみなす」「秀吉が認めた女性の武家当主」など「おんな城主　直虎」さながらの報道を各社が競って大きく取り上げて全国的に注目されるようになった。

ただ、このとき、筆者は明治三十一年（一八九八）に民法により夫婦同姓が導入されるまでは別姓が基本であることから、当時の女性が婚儀を結んだとしても、嫁ぎ先の「宗像」を名乗ることに疑問を持っていた。例えば、宗像才鶴と同時代で有名な「細川ガラシャ（玉）」は、細川忠興の室となっても「明智玉」であり当然に細川姓を名乗っていない。よって、才鶴女性説には極めて懐疑的であった。

また、宗像才鶴という人物が大きく注目されたことにより、功名心からなのか研究倫理に抵触すると考えられるものが散見できることから、内容を一部記載して世間に問いたい。

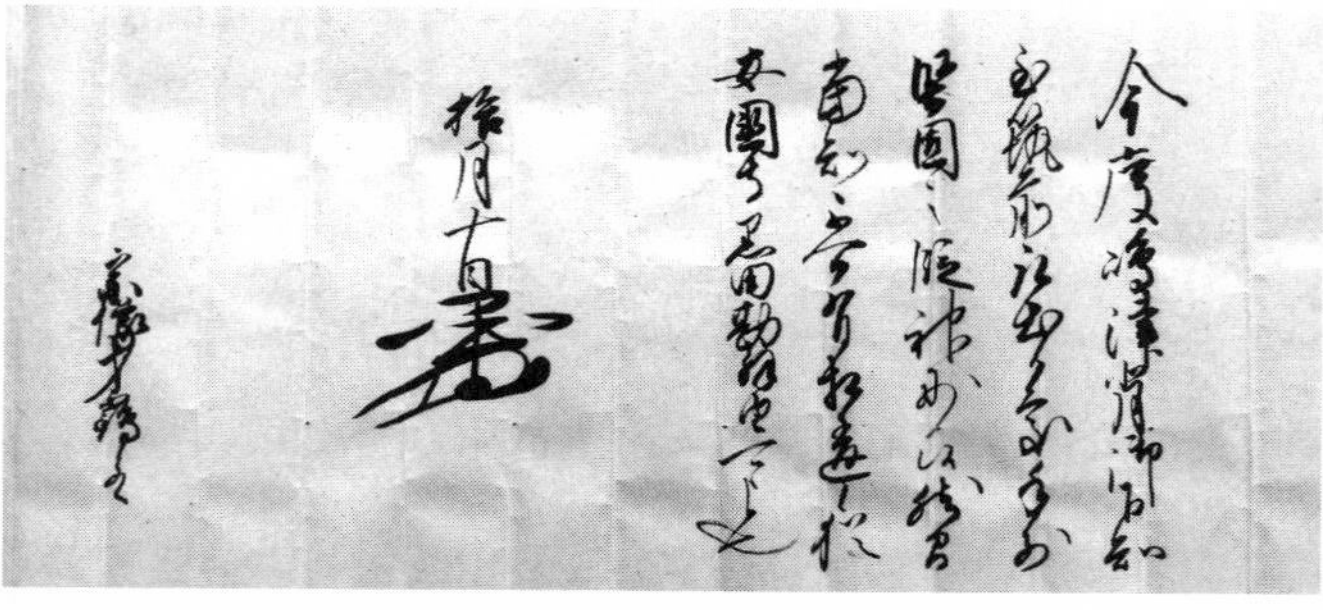

（史料一）発見された（天正十四年）十月十日付け、宗像才鶴宛豊臣秀吉判物

宗像才鶴女性説の出現

才鶴の存在について、初めて具体的に言及したのは知見の範囲では、本多博之氏である（本多：一九九九）。以下、本多氏の説を紹介する。天正十五年（一五八七）に九州平定を終えた秀吉は、筑前一国と筑後二郡・肥前一郡半を小早川隆景に与えている。同年六月二十五日付けの秀吉朱印状（「毛利家文書」）をみると、この際に筑前の国人領主の「立花」「宗像」「秋月」「原田」の各氏が、その支配領域の中に組み込まれている。

また、同年六月二十八日付けの隆景宛の秀吉朱印状（「秀吉文書」）によれば、原田弾正少弼（信種）・宗像才鶴・麻生次郎左衛門尉にそれぞれ四百石・三百石・二百石の領知を筑後国内で与えて「与力」としている。この中に「宗像才鶴」の名前がある。ところが、この人物は、不思議なことに宗像大宮司家関係の系図には一切登場しない。

しかし、まったく架空の人物ではないようで、四月二十三日に秀吉配下の石田三成・大谷吉継・安国寺恵瓊《えけい》が、連署により戦禍で荒廃した博多に町衆の還住を促進するために諸役の免除を龍造寺民部大夫・原田弾正少弼・立花佐近将監《しょうげん》・宗像才鶴らに命じている（「原家文書」）。

このことから本多氏は、「これは『宗像才鶴』が龍造寺氏らと同様に、博多町衆に諸役を賦課する実力を備えた人物であり、しかも九州平定後の戦後処理においても原田・麻生氏等と同様に取り扱うべき人物として、豊臣政権によって認識されていたことを意味するのである」

と述べている。

ただ、本多氏は、大宮司氏貞はこの段階では病死しており、宗像家の当主以外は、大宮司系図によれば益田（七内）元堯《もとたか》であり、同一人物ではないので「宗像才鶴」は不明とせざるをえない、としている。

この内容を受けて、『宗像記』には筑前国が隆景に与えられたとき、その内の五村が氏貞の後家に与えられたという記載がある。また『宗像記追考』には、筑前国須屋郡の内の二〇〇町と筑後国高野郡内（竹野郡カ）の二〇〇町の都合四〇〇町が氏貞後家に与えられたという記事がある。つまり、若干の内容は異なるものの隆景の支配下に置いて氏貞後家に所領給与がおこなわれたとみることができる。

よって、上記五点の史料から「大宮司氏貞亡き後の宗像家当主に相当する人物、つまり『宗像才鶴』を氏貞後家に想定することも可能かも知れない」としている。

ただ、本多氏は「現段階ではこのことを立証する材料は乏しく、可能性の存在を指摘するに留めたい」とあくまで自説に対して慎重な表現をおこなっている。しかし、この本多説は多くの研究者に影響を与えた。例えば、平成二十九年に発行された『豊臣秀吉文書集　三』に掲載された天正十五年六月二十八日付けの小早川隆景宛の朱印状（前記した史料と同じ）に、記載された「宗像才鶴」の箇所に括弧書きで「氏貞後家」と説明する記載が確認できる。

このように才鶴女性説は後述するように一般的に浸透していった。

その後の才鶴女性説の追随

この本多氏の慎重な姿勢に対し、女性説をさらに強く押し進めたのは桑田和明氏である。同氏は、本多氏が才鶴女性説の着想に用いた五点の史料と論理展開をそのまま利用し自分の文章として、「宗像氏の当主が不在で、『宗像記追考』には氏貞後室に秀吉から所領が宛行われたとあることとあわせ、宗像才鶴は氏貞の後室と考えられる」とやや断定調の表現にしている。

つまり、本多氏の着想により導き出され、かつ「立証する材料は乏しい」ということで慎重に示された才鶴女性説を、本多氏が抽出した全く同じ五点の史料に何も付加せず、従来の内容のみで「後室と考えられる」と強調しているのである（桑田：二〇一六）。

さらに、桑田氏は才鶴女性説について「宗像才鶴が氏貞の後室である可能性があることは既に本多博之氏も指摘している（傍線部は筆者による）」と自分の着想のような記述をしており、これは研究倫理の「不適切引用」にあたる可能性を否定できず、プライオリティーの観点からも憂慮すべき問題である。

また、桑田氏は前述のプレスリリースの内容を受けて、「才鶴が秀吉から認められているこ

とが分かり、後室である可能性がより高まった」(西日本新聞：二〇一九)と女性説を強調している。当然のことながら、この秀吉文書二点の発見だけで、女性説が高まったことはあり得ず、このコメントは全く根拠を欠くものであった。

さらに同氏は、新修宗像市史編集委員長中世部会長という肩書きで「女性が当主になったのは先代当主の急死という緊急事態に対処するためで、戦国時代は例のないことではなかった」(朝日新聞：二〇二〇)とさらに女性説を強調している。

このように、才鶴女性説は桑田氏によって、理論的になにも進展なく浮上したともいえる。

宗像才鶴文書の発見についての『新修宗像市史』編纂室の盗用について

「宗像才鶴」関係文書を所有していた肥後宗像家の存在が明らかになったことにより、宗像氏研究は、新たな局面を迎えることとなった。

令和元年(二〇一九)十月二十二日、多良木町にて筆者立会のもとで、新発見の秀吉文書二点、プレスリリース資料(花岡：二〇一九)や関連新聞記事等を実見した前述の桑田氏は、翌年三月発行の『宗像市史研究』にほぼ同じ内容で「研究ノート　新出宗像才鶴宛豊臣秀吉文書と宗像才鶴」という文章を掲載している(桑田：二〇二〇)。

この中で、桑田氏は「はじめに」の部分で「本稿では、まず新出の才鶴宛秀吉文書の写真

と解説文を掲げ、内容を考察する。次に文書を伝えた肥後宗像氏と宗像氏との関係を考察する（傍線部は筆者による）」とプレスリリース資料や複数のメディアで宗像大社の子孫が熊本で存在していた事実を明らかにしたことを自分自身のオリジナルの着想であるかのように表現している。

しかし、これは平成二十六年（二〇一四）八月二十六日付けの文部科学大臣決定の『研究活動における不正行為への対応等に関するガイドライン』にある「対象とする研究活動及び不正行為等」によれば「③盗用　他の研究者のアイディア、分析・解析方法、データ、研究結果、論文又は用語を当該研究者の了解又は適切な表示なく流用すること」に抵触する。いうまでもないが、今回の桑田論文はまさに筆者の了解も得ず、また適切な表示もなく自分の着想であるかのように流用していることから、「剽窃《ひょうせつ》」「盗用」、いわゆる「特定不正行為」にあたると考えられる。よって、今後は桑田論文を利用するときは注意が必要と思われる。

これについて令和三年六月六日に、編集担当である宗像市教育委員会の白木英敏氏にこの内容が研究倫理に抵触することを伝え、同時に論文の取り下げを求め、今後の対応について尋ねた。その後、論《あげつら》うこともなく、担当の白木氏より八月二十四日付け髙宮史郎教育長発の職務権限に基づいた公文書（3宗世第191号）の回答があった。

そこには、先ず筆者の主張を引用しながら、「（細川家史料の）『先祖附』や『綿考輯録』の（肥

後宗像氏の）記載部分は、（中略）史料に基づく事実記載に当たることから著作者の権利の生じる著作物（著作権法第2条第1号第1項）性はないものと考えられます」「史料（「先祖附」・『綿考輯録』）の出典も記載は註で行っており、史料の利用については、記載に新たな発見があったとしても発見者に権利の生じる著作物にはあたらないため、クレジット（著作権）表記については不要と考えられます」という研究倫理上の「盗用」「剽窃」を公認するかのような文目《あやめ》も分かぬ明確な回答があった。つまり、昨今、ニュースなどにさかんに取り沙汰されている研究不正行為を、宗像市教育委員会といういち行政機関が、文部科学大臣決定事項を著作権法に意図的に読み替え、通常ではありえないかたちで研究倫理を無視しているのである。当然のことながら、あくまで筆者が同市の白木氏に是非を尋ねたのは研究倫理についてであり著作権法ではない。

つまり、「先祖附」や『綿考輯録』は周知の史料なので、それを使って全く同じことを主張したとしても問題ないとしているのである。さらには、研究倫理に関する「盗用」「剽窃」を「著作権法」と全く異なるものにすり替えて回答しているのである。いうまでもないが研究は着想方法を競うものであり、宗像市の主張に従えば学会発表資料を参考に自説として論文に書いても問題ないという主張となる。常識的に著作権法とは別次元の話であることは論を俟たない。

また、厳密にいえば著作権法に違反している可能性も否定できない。

ただ、その後、不思議なことに前述の『宗像市史研究』に関するホームページに執筆者である桑田氏より、令和三年十一月二十四日付けでこの論文の文末に突然として「追記」がされており、「本稿を執筆するにあたり、多良木町の記者発表資料と同資料（中略）を参照した」と明記されているのを偶然に発見した。これは、「追記」に「参照した」と表記することで研究不正行為を隠蔽し、論文取り下げを防ごうとする白木氏をはじめとする宗像市側と桑田氏の苦肉の策と感じる。宗像市側もある時点で問題があったと認識したからこそ「追記」をおこなったのであろう。しかし、これは宗像市側が「追記」をすることにより桑田論文に問題がないように作為をおこなっている証左となる。だが、不正論文を正当な論文としてネット公開し続けている事実は何も変わらない。つまり、なぜ「追記」をおこなったかという経緯を明記せず、しかも盗用の謝罪も掲載もせずに、筆者の目に触れないように暗々裏にネット上で追記したことは、公的機関としてはやってはならない隠蔽行為であるといえる。

いずれにしても、これまで述べたように、桑田論文は筆者の着想であることを表記していないことは明白で、宗像市が隠蔽しようとしている研究倫理における不適切引用であることは何も変わりなく、今後も引き続き論文の取り下げを求めるものである。

このように研究倫理に関して杜撰なことから、今後、宗像市発行の『新修宗像市史』や『宗

像市史研究』など関連資料を先行研究として利用する場合は、研究上の瑕疵になる可能性があり注意喚起を促したい。

宗像才鶴についての新学説

新しい史料の発見もなく停滞することとなった才鶴女性説について、藤野正人氏は全く別の発想から研究に一石を投じた（藤野：二〇二〇）。

藤野氏は、今回の秀吉文書の記者発表を踏まえ、前述の本多・桑田両氏の論考を再検証し、新たな考察をおこなっている。

天正五年（一五七七）十一月二十日に宗像氏貞による宗像大社第一宮本殿の上棟式の桟敷に「権大宮司塩寿殿様」の出仕がみえる（『中世益田・益田氏関係史料集』）。この塩寿は、「訂正宗像大宮司系譜」には夭逝した氏貞の嫡男とあるが、それは誤記で益田氏から養子入りした景祥と同一人物とされている（河窪：二〇〇七）。塩寿が景祥と同一人物であれば養子縁組の時期は上棟式以前となる。

このような内容については、藤野氏はいくつか問題提起をおこない、それに対し見解を述べている。

まず、益田景祥の生年を「永代家老須佐益田家系図」に「寛永七年（一六三〇）七月十三日

山口ニ於テ卒ス行年五十六イ四」とあるのを根拠に、逆算し天正三年（一五七五）もしくは五年とした。そうであれば、養子にしては景祥があまりにも幼少で、当時、宗像氏は大友氏を上級領主としているが、大友氏と敵対していた毛利氏を上級領主とする益田氏から養子を入れることは不自然に感じる。また、当主宗像氏貞も、天正五年の段階では三十三歳であると推測できることから養子縁組をする必要も考えられない。

次に、宗像氏貞が大友氏と明確に敵対関係となるのは、天正九年（一五八一）十一月の吉川庄合戦以降であり、大友氏の全盛期であった天正五年の時点で、宗像氏が毛利氏傘下の国衆である益田氏から養子を迎えることは困難であった。

また、氏貞の嗣子で、権大宮司である塩寿の「塩」に注目すると、氏貞と婚姻した臼杵氏の養父である大友義鎮《よししげ》の幼名は「塩法師丸」であり、弟晴英の幼名は「塩乙丸」であることから、塩寿は「大宮司系譜」にあるように氏貞の早世した実子としての可能性を指摘できる。よって、「大宮司系譜」の七内元堯を訂正して景祥とすれば、天正十四年に十歳で宗像氏貞の養子になり、文禄四年（一五九五）の兄広兼の死去により十九歳で縁組みを解消していることになる。

他にも、『上井覚兼日記』の天正十三年（一五八五）十月十一日の条によれば、北部九州侵攻を開始した島津氏は、立花宗茂が立花城で徹底抗戦したため筑前在陣が長期化していた。こ

のとき島津氏は、立花城の対応について秋月氏を中心とする北部九州の国衆の談合に任せ撤退する。この国衆の中に宗像氏も含まれていた。これは、島津側の陣営に宗像氏を引き込みたいという秋月氏の意図も読み取れ、戦禍が筑前に向かいつつあった情勢の中で、翌十四年三月四日、氏貞は死去するのである。

このような状況を理解した中で、再び「才鶴」に注目すると、天正六年もしくは十二年推定、吉川《きっかわ》元春の森脇次郎四郎宛書状(『益田文書』)に「ますた才鶴」の名前がみえる。益田元祥の妻は元春の女《むすめ》で、文中に「ますた才鶴殿はしかを今程煩」とある。つまり麻疹という病名が書かれていることから、この「才鶴」とは幼少期の子供の名前であると考えられる。このことから、才鶴は元春の孫にあたり、元祥の子息である可能性が高い。

さらに、益田氏の系図上には「才鶴」の幼名から特定できる人物はないが、景祥の兄弟や子において「才蔵」「才八」などの「才」の文字を使用する人物が複数確認できることから益田氏男系の子供である可能性が高く、元祥の確認できる十一人の子供で、幼名「才鶴」の可能性があるのは、長子「広兼」、次男「景祥」にかぎられる。つまり、それは景祥のことである。

よって、景祥が宗像氏と養子縁組したのは、天正十四年と考えられ、「才鶴」は益田景祥が「七内」と若名を名乗る以前の幼名である。

以上が藤野氏の見解の概略である。吉川元春の書状に「ますた才鶴」とあり、それを氏貞の養子となった景祥と同一人物とし、その時期を天正十四年とした点では、従来の学説を凌駕した画期的な見解ともいえる。

藤野氏の見解は、従来、根拠に乏しいながらも一辺倒であった女性説に対し、全く与せず史料を精読し才鶴の正体を益田景祥と特定した点で注目に値する。

この説は、正統に史料から才鶴の正体を導き出したもので、乏しい根拠の中から市井に浸透した才鶴女性説に対し、論理構成に違和感を覚えることがなかった。ただ、論理的な藤野説も、新しい史料が発見されるまではこれ以上の進展は望めなかった。

宗像才鶴の正体

藤野説の後にも筆者は引き続き「肥後宗像家文書」の調査を継続していたが、才鶴についての記載がある一次史料は発見できなかった。しかし、二点の史料が段階的に発見されたことにより才鶴の正体が思いがけず明らかになったのである。

一点目の史料(史料一)は、吉川元春・元長父子宛ての、益田全鼎《ぜんてい》(藤兼)・元祥父子の連署状である(花岡:二〇二一a)。

差出人の益田氏は、石見国(現島根県西部)の有力豪族である御神本《みかもと》氏の一族で、江戸時代は

毛利・益田両氏関連系図

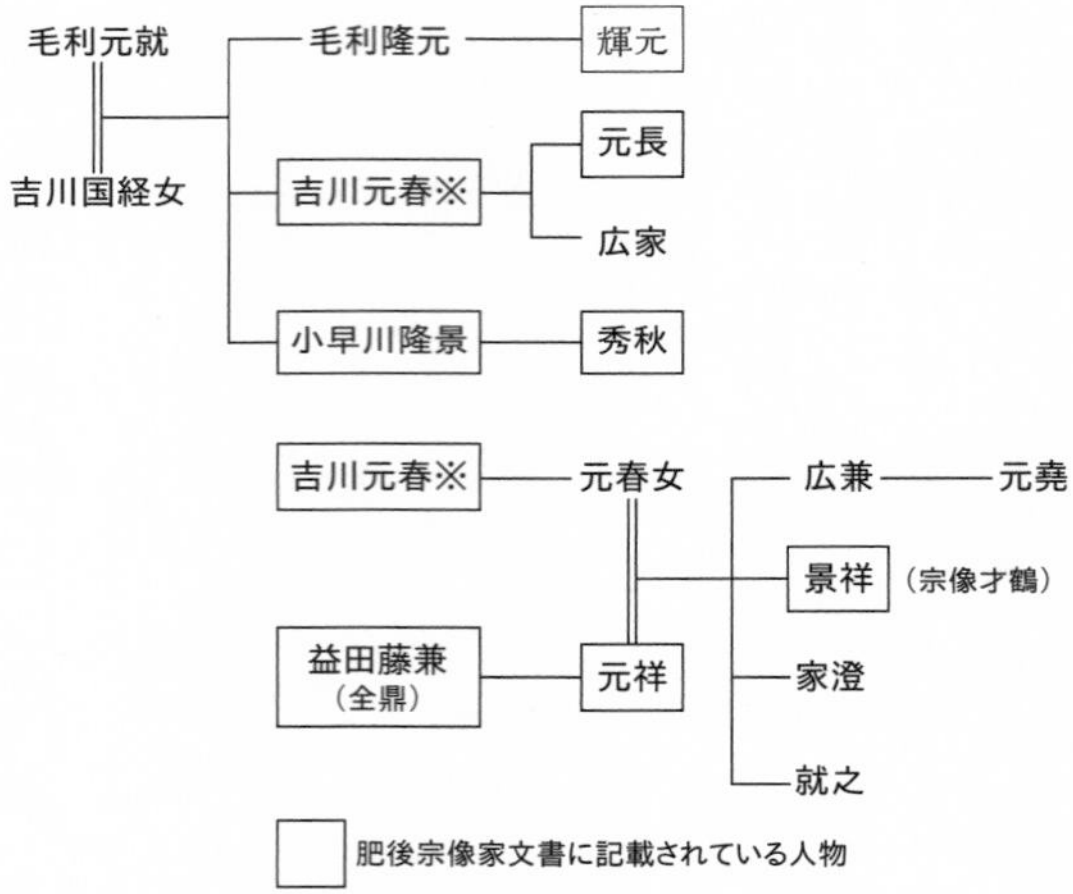

肥後宗像家文書関連系図

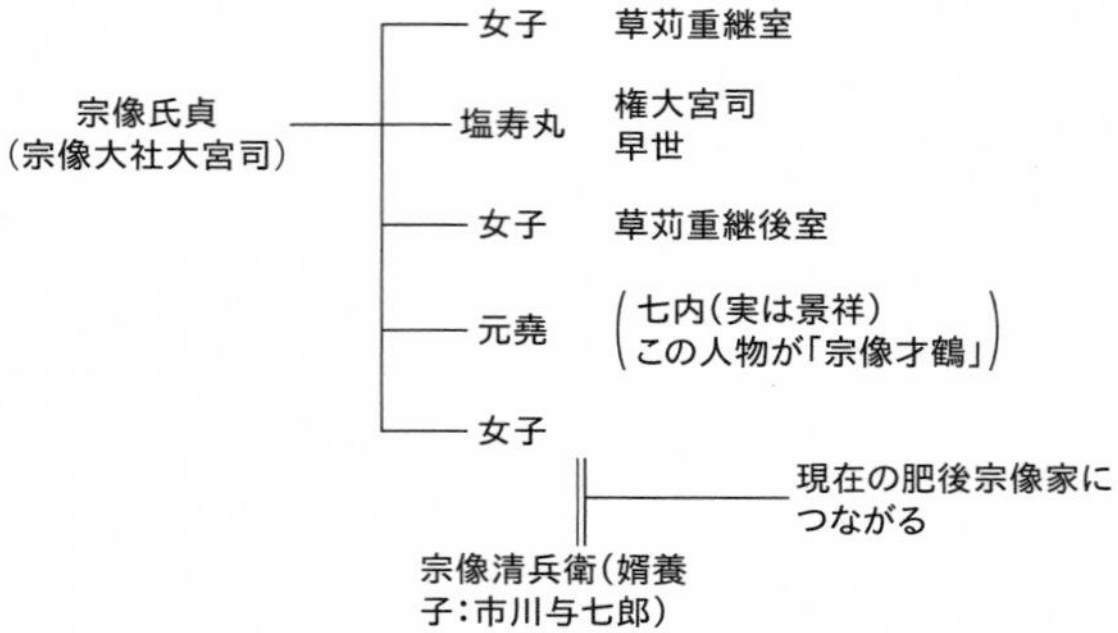

「訂正宗像大宮司系譜附記」に追記

長門国萩藩の国家老となる。永享三年（一四三一）兼理《かねただ》のときに大内氏に従い少弐氏と闘い戦死している。藤兼（全鼎）は大内氏滅亡後に吉川元春の仲介で毛利氏に仕え、その子元祥は元春の女を室にむかえ、毛利輝元のもとで石見・出雲・長門・周防・筑前の五か国に所領を有した。

また、天正六年に宗像大社が遷宮をおこなったときの木材の一部は益田で調達されている（『益田家史料』）。関ヶ原の戦いの後、毛利氏が長門・周防二国に減封されると、長門国須佐（現山口県萩市須佐）に移った（『国史大辞典』）。

連署状の内容は、「宗像の家督について、吉田様（毛利輝元）の吉川御父子への書面を拝見し、この内容をお請けしました」というもので、この史料からは宗像氏の養子について益田氏が関わりを持っていたことが理解できる。本史料の年次比定は、天正十四年としたい。三月に急死した宗像大宮司氏貞の後継者を立てることが急務となり、関係者の中で協議されていたのであろう。なお、宛所の元春は同年十一月十五日に小倉で死去しており、元長は翌年六月五日に死去している。

一点目の史料の発見後、さらに二点目の史料（史料二）を発見し、プレスリリース配信をおこなった。これにより、前述の藤野氏の説である宗像才鶴が益田才鶴であるということが決定的になった（花岡：二〇二一b）。

この（五月）晦日付の史料は、宛所不明ながら小早川隆景の書状で花押が据えてある。内容は、「宗像の家督について宿老中が後継者の選定について急いでいる。これについて、吉田（安芸国吉田郡山城）において輝元・元春・隆景が相談して、確かに益田父子（全鼎・元祥）に申し遣わし、成就となった。この内容について乃美宗勝（隆景重臣）が伝える」である。

この文書が作成された年は、天正十四年三月の大宮司氏貞の急死に伴い家督を急いで決定する必要があったことや、筆者がプレスリリース配信のときに紹介した十月十日付けの秀吉判物の宛所が宗像才鶴となっており、この間に家督の相続がされていることが分かる。よって、この判物も同年に比定できる。後に詳しく述べるが、この時期に隆景は吉田に行き相談しているので月は五月に比定できる。

よって、この隆景書状を受けて、前述の益田父子が吉川父子に書状（史料一）を出したという順になる。

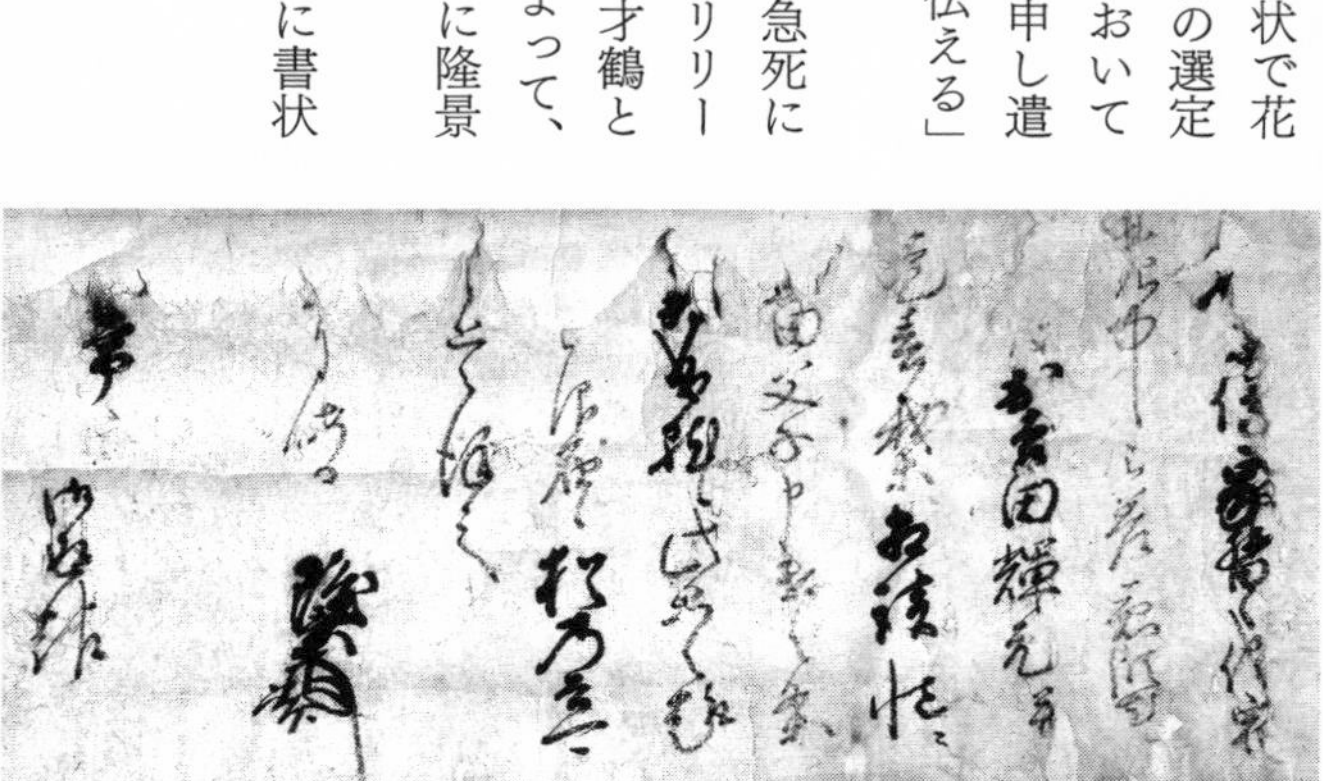

（史料二）宗像家の家督を伝える（天正十四年五月）晦日付、小早川隆景書状

成り立たない才鶴女性説

つまり、五月の段階で、宗像の家督について吉田において輝元・元春・隆景が相談し、益田父子に申し遣わした（史料二）。この内容を（史料一）にあるように毛利輝元（吉田様）から宗像の家督について吉川父子に伝えた書状があり、そこにはこの書状を益田父子にみせるようにと書かれていた。吉川父子宛ての隆景書状の内容を益田父子は拝見し、宗像の家督についてはお請けしたということになる。

では、なぜわざわざ輝元が吉川父子を通じて益田父子に伝えたのだろうか。益田元祥は吉川元春の女と婚儀を結んだことにより元春は岳父にあたるのである。また、後に才鶴となる景祥は元春の孫にもあたり、主家の輝元は叔父にあたる元春とその子元長に、吉川一族となった益田氏に対しての打診役となっていたのである。このような理由から、天正十四年三月四日の大宮司氏貞の急死直後に景祥の養子縁組が円滑に進んだのである。

よって、この二点の史料から宗像才鶴は益田景祥であることが確実となり、藤野説を証明することとなった。つまり、この当時の女性が嫁ぎ先の名字を名乗る不自然さもあり、才鶴女性説はもはや首肯できなくなったといえる。

従来、女性説が主張されたこともあり、才鶴は秀吉に宗像大宮司家の後継者として認められたという印象が一般的であった。しかし、この養子である宗像才鶴の誕生は、「秀吉が認め

た」ということではなく、秀吉の九州侵攻戦略の中で、「九州弓箭《きゅうせん》（戦の意）覚悟（「秀吉文書」）」を求められた毛利一族が、秀吉に対して服属を明確とする過程のなかに位置付けられる。その上で、毛利一族と婚儀を結んで同族となった益田氏から早急に宗像氏に養子を出したということは、秀吉にとっては才鶴が毛利氏の服属を確信するための「秀吉仕立ての養子」であったといえる。

謎の人物とされ、女性として巷間の話題となった宗像才鶴は、一連の肥後宗像家文書の発見により益田景祥であると初めて一次史料により比定されたのである。

主要参考文献

河窪奈津子「『宗像記追考』が語る宗像戦国史の虚実」（『福岡県地域史研究』24号、二〇〇七年）
桑田和明『戦国時代の筑前国宗像氏』（花乱社、二〇一六年）
桑田和明「研究ノート　新出宗像才鶴宛豊臣秀吉文書と宗像才鶴」（『宗像市史研究』第3号、二〇二〇年）
西日本新聞記事（二〇一九年九月十九日）
朝日新聞記事（二〇二〇年二月二十六日）
花岡興史「熊本県多良木町で発見された宗像家文書について」（多良木町記者発表資料、二〇一九年）
花岡興史「新発見の豊臣秀吉文書と肥後宗像家」（『沖ノ島研究』第6号、二〇二〇年）
a花岡興史「熊本県多良木町に寄贈された肥後宗像家文書について」（多良木町記者発表資料、二〇二一年四月）
b花岡興史「肥後宗像家と宗像才鶴」（多良木町記者発表資料、二〇二一年十一月）
花岡興史「肥後宗像家文書を中心にみる天正十四年以降の宗像家の去就――謎の人物『宗像才鶴』の研究動向を含めて――」（『沖ノ島研究』第8号、二〇二二年）
藤野正人「益田景祥と宗像才鶴――筑前の国衆、宗像大宮司氏貞の後継者――」（『七隈史学』第22号、二〇二〇年）
福田栄次郎「益田氏」（『国史大辞典』吉川弘文館、一九九二年）
名古屋市博物館編『豊臣秀吉文書集　三』（吉川弘文館、二〇一七年）

本多博之『宗像市史』通史編、第二巻古代・中世・近世（宗像市史編纂委員会、一九九九年）

※本稿に関する筆者の論文等については、すべて九州大学学術情報レポジトリで閲覧できる。

※（史料一）益田全鼎・元祥書状・（史料二）小早川隆景書状の二点は令和六年（二〇二四）三月二十九日発行の『大日本史料』（第十一之三十）に「肥後宗像文書」として掲載された。

論点11

千利休は切腹せず、生き長らえたのか

八尾嘉男

(やお・よしお)

一九七三年三重県生まれ。佛教大学大学院文学研究科日本史学専攻博士課程単位取得満期退学。現在は株式会社歴史と文化の研究所客員研究員。

主要業績:『千利休』茶道教養講座⑤(淡交社、二〇一六年)、「旗本茶人・船越永景への基礎的考察」(『近世地域史文化史の研究』所収、名著出版、二〇一八年)ほか。

天正十九年の千利休切腹は異論がない話だった

茶の湯を大成したとされる千利休の名前は、ほとんどのかたが学校の授業以外でも耳にしているだろう。そして、利休がどのような茶の湯をしていたのか知りたいという思いとともに、利休と豊臣秀吉との親しい関係、二人の仲に亀裂が入ったことによる死は、いろいろな歴史小説や時代劇で私たちを魅了してきた情景でもある。

そこでは、利休は天正十九年（一五九一）二月二十八日に秀吉の命令によって切腹をして最期を迎えている。二人の確執も含めて、利休がなぜ切腹させられたのかという原因や、秀吉に利休を断罪するように仕向けた人物がいたかどうかが取り沙汰されることはあっても、利休が天正十九年二月に亡くなったことじたいは動かしがたい事実と考えられてきた。

このみなさま共有の理解に対して、利休は天正十九年二月に切腹をすることなく、余生を送ったという説を、中村修也氏が提示した。私が話をするのは、天正十九年二月の利休の動向を同時代史料でたどったうえで、従来の説か中村氏の新説、どちらを答えと考えるのかをみなさまに示すことである。

秀吉の茶の湯に欠かせなかった千利休

和泉国堺（大阪府堺市）の商家で生まれ育った千利休は、豊臣秀吉の「茶頭役《さどう》」という秀吉

の茶の湯をサポートする仕事を行なった。もともと利休は織田信長に茶頭役で仕えていた。では利休が信長のころから独自の工夫をいかんなく発揮して、当時の茶の湯をリードしていたのかといわれるとそうではない。信長時代に利休の茶の湯を象徴する樂茶碗をまだ用いてもいない。樂茶碗を用いたとされているのは、天正十年代半ば、西暦でいえば一五八〇年代後半にさしかかってからのことである。

この天正十年代半ば前後から、利休は秀吉の求めで大坂城内の山里の茶室や黄金の茶室を手がけている。待庵《たいあん》も利休作とはいえ、大坂城ができるまで山崎城（京都府大山崎町）を居所とした秀吉の要望で作ったものである。施主、原案者は秀吉である。だから待庵のにじり口を秀吉が客としてくぐることは、ありえない話である。

そして、秀吉は北野大茶湯や御所に茶室を持ち込んでの二回の茶会（禁中茶会）など、茶の湯イベントを催したが、これらは利休の存在があって実現している。町人の立場では御所に参内できないため、「利休」居士《こじ》号を授けられたことは、利休が「利休」の名を名乗ったのが晩年にさしかかってからであることとともによく知られた話である。

秀吉に直接口をはさめた利休

利休が秀吉の茶の湯に欠かせなくなるなか、利休は、秀吉に直接口をはさむことのできる

数少ない立場にもなっていく。それを象徴的に示すのが、大友宗麟《おおともそうりん》がもらした感想である（「大友家文書録」）。秀吉が信長の後継者として天下人に名乗りをあげたころ、豊後国《ぶんご》（大分県）の大名・大友宗麟《そうりん》と義統《よしむね》の親子は、南九州から九州を北へ北へと勢力を拡大していた島津氏との争いで劣勢に立たされていた。天正十四年（一五八六）、秀吉に臣従して助けてもらう以外に島津氏から家を守る術がないと判断した宗麟は、四月六日に大坂城で秀吉に拝謁する。感想と話したものは、その対面の様子を国元の年寄（家老）三人に知らせた書状、手紙が写しとして残ったものである。

秀吉との対面と歓待へのお礼の挨拶を終えた宗麟は、秀吉の弟・秀長にもお礼にやってくる。気さくに宗麟をねぎらった秀長は、宗麟の帰り際に、宗麟の手を取って「なにごともなにごとも私はこのような感じですのでご安心ください。内々（内輪）のことは宗易《そうえき》（利休）が、公儀（公的）のことは私が存じています（わかっています）。あなたのために悪いことはありえませんので、なんでも仰ってください」と話しかけたと宗麟は、感謝とともに秀長を頼るように国元にメッセージを送っている。

突出していた利休の立場

この手紙にはつづきがあり、今回の対面には利休が気にかけて手配をしてくれたと述べ、

言葉に尽くしがたく長く忘れることはできないと感謝するかたちで利休のことも頼るように伝えている。そして、大坂で目にした感想として「宗易（利休）でなくては、関白様（秀吉）へ一言も申し上げる人はいないように感じました」と語り、利休のことをけして軽くみないように、宗麟は国元の家老たちに念押ししている。

また利休は、島津氏攻め（九州攻め）では、秀吉の意向を受けて、細川幽斎とともに島津氏と連絡を取り、おおごとになる前に秀吉に従うように忠告している（桑田：一九六一）。

利休が内輪の範囲を超えて、政治的なことにも通じていたことは、九州攻めだけではない。天正十二年（一五八四）に秀吉に織田信雄・徳川家康連合軍が対した小牧・長久手の戦いの講和過程でも利休が書状でやりとりをしていたことが確認できる（桑田：一九六一）。

このように茶頭役、秀吉の茶の湯をサポートするという職務を超えて、利休の立場が秀長とともに飛び抜けていたなか天正十九年を迎えることとなる。

天正十九年二月十三日の京都追放

天正十九年初め、秀吉の周囲はどのような状況であったのだろう。秀吉を二人三脚で青年期から支えつづけた秀長が病で亡くなっている。また閏正月三日、秀吉にとって待ちに待った実子の鶴松《つるまつ》が病気にかかっている。ほどなく鶴松は回復したが、生来病気がちな鶴松を秀

吉が心配だったことは間違いない。じっさい鶴松は、この年の八月五日に亡くなっている。

では、天正十九年二月の利休についてみていこう。利休は、二月十三日に秀吉の命令で京都を追放され、堺への退去を命じられている。これは翌十四日付けで細川忠興《ただおき》の家老・松井康之《やすゆき》に宛てられた利休の書状（手紙）がある（桑田：一九六一、小松：一九八五）。使者の富田知信《とみたとものぶ》と柘植与一《つげよいち》から命令を伝えられた利休は、淀（京都市伏見区）まで陸路で向かい、淀から大坂まで船で淀川を下った。そのさいに細川忠興と古田織部《おりべ》は淀の船着場まで見送りに訪れ、松井康之も見送りには行けなかったものの、飛脚《ひきゃく》に手紙を託して利休を見舞っていた。

手紙は、康之の見舞いへのお礼にはじまり、使者の訪問を受けて堺にすぐに下り、忠興と織部の思いがけない見送りに感激したこと、お礼を宜しく伝えてほしい旨を頼んでしめくくられている。そして、利休のことを手紙で見舞った人物はもう一人いる。利休の茶の湯の門弟であった芝山監物《しばやまけんもつ》が二月十五日に送っている（中村：二〇一五）。現存しているのは監物の手紙への返事で、利休は手紙に添えられた和歌を読んで悲しみつつも返歌を記し、自分がいなくなって秀吉が寂しがっていると思っていたら、秀吉の機嫌がよいと伝えられて悲しさがつのったと述べ筆をおいている。

「利休自筆遺偈」のもつ意味

利休の手紙は、二月十五日付け以降と考えられるものは存在していない。ほかの史料に目を移したいが、利休は日記や茶書を残していない。茶会記も天正十二年と十六年（一五八八）にそれぞれ一会確認できるが（小松：一九八五）、利休は茶会記もほぼ書き残していないとみてよいだろう。

ただ利休自筆には、表千家所蔵の「利休自筆遺偈《ゆいげ》」（桑田：一九六二）がある。遺偈とは禅僧の辞世のことである。利休は商人ではあるものの、禅宗に帰依《きえ》して得度《とくど》している。そして、秀吉の禁中茶会にさいして「利休居士」号、僧侶の扱いをもらって参内しているのだから、遺偈の形式でおかしくはない。

遺偈の日付は「仲春二十五日」で、旧暦の春（一月から三月）の真ん中（仲）、二月二十五日になる。つまり、二月二十五日までは生存し、辞世を残していた。利休が自ら書き残していることから利休の存命がわかるのは、ここまでである。

普通に考えれば、二月二十五日の時点で、利休は死罪を覚悟していて、ほどなく亡くなったとみるべきだろう。もし二月二十五日以降に赦免されたのであれば、赦免後の心境を語る利休本人や周囲の後日談が、逸話などの形でともなうであろう。また亡くならずに生き延びたのであれば、余生を送ったのちに改めてつづった自筆の辞世が残っていておかしくないが、

そのようなものは、あったようだという伝承も含めて一切存在していない。

利休の遺偈は、天正十四年、利休六十五歳のときのもの（毛利博物館蔵）も含めて四点（ほか三点は天正十九年）あることを小松茂美氏が紹介している。うち三点は、日付の記載を欠いているのだが、そのことについて、小松氏は「年ごとに繰り返す誕辰《たんしん》の日に、それを染筆することを慣例とした」と推測している（小松：一九八五）。たしかに誕辰の日、誕生日であれば、日付がないのもわからなくもない。

利休生存説を唱えた中村氏は、小松氏の説をあげ、認められるならばとしたうえで、遺偈は臨終に及んだときだけに書かれたわけではないという理解のもと、のちに触れる『千利休由緒書《ゆいしょがき》』への批判に話をつなげている（中村：二〇一五）。

そもそも小松氏の推測は、日付を欠く遺偈に対してに限られる。遺偈に日付があるのは日付に意味があっての話なのだが、中村氏は遺偈の日付の意味への言及をすることなく、利休自筆の遺偈を利休切腹につなげることはできないとしている。また切腹せずに余生を送ったのであれば、天正十九年以降に書かれた遺偈がなぜないのかという疑問について考えを示すべきだが、そこにも中村氏はまったく触れていない。

当時の公家が日記に記した様子

ほかに当時の様子を知る同時代史料には、天正十九年二月に利休が滞在したところと移動経路にあたる京都と大坂、堺に暮らしていたり、滞在していた、もしくは周辺地域で情報に接した人たちによる日記がある。利休のことを日記で触れているのは、まず公家の二人、西洞《にしのとう》院時慶《いんときよし》の『時慶記』、勧修寺《かじゅうじ》晴豊《はれとよ》の『晴豊記』がある。

西洞院時慶の『時慶記』は、二月二十五日に確認できる。宗易（利休）に「曲事《くせごと》」、間違った行ないがあることが先日発覚して「逐電《ちくでん》」だったところ、また今日、一条（戻）橋（京都市上京区）に利休の木像がはりつけにかけられていた。不思議なことであると書き残している。

京都を追放になったことじたいは、二十五日以前に知っていたニュアンスも含みつつ、一条戻橋に利休の木像がはりつけになったことがわかる。「逐電」といわれると、逮捕されないために遠くへ高飛びしたり、借金から逃れるための夜逃げと同じように感じてしまうが、「逐電」には、「追放」の意味がある。つまり、時慶はきちんと情報をつかんでいる。

勧修寺晴豊は、二月二十六日に書き記している。宗易、利休のことだが、「曲事」、間違った行ないで逐電となった。大徳寺の三門（山門）に利休の木像を作り、雪駄《せきだ》という履物を履かせて、杖をつかせた像にして置いたことが「曲事」、けしからんこととなった。その子細は、茶の湯道具と「新物」、新作のものともに「緩怠《かんたい》」、いいかげんに売買したとのことである。利休

の木像は聚落第《じゅらくだい》の橋の下にはりつけにかけられた。秀吉（主）の命令によって増田右衛門《ましたうえもんのじょう》丞（尉）（長盛《ながもり》）が堺に出向いたとのことである。見物人もあり、いろいろの「沙汰」、噂が飛び交っているとある。

両者で一日ズレはあるが、二十五日に一条戻橋に利休の木像がはりつけになったとみて間違いない。晴豊は、利休の間違った行ないとされる中身に触れている。大徳寺の山門（寺の入り口の門）の上に雪駄を履き、杖をついた利休の木像を安置したこと、既にある茶の湯道具、新作の茶道具ともに、いいかげん、理解しかねる値段で売買をしたことである。山門の上に木像があることがなぜ問題とされたのかというと、山門は、天皇のお使いの勅使や秀吉が通ることもあるなか、上から踏みつけるがごとき態度がけしからんという理屈である。

あと晴豊の日記に増田長盛が堺に出向いたことがみえる。長盛と出会ったり、手紙や長盛の家臣から耳にしたのではない書き方だが、長盛の動きから、自筆の遺偈を書いた二月二十五日はもちろん、晴豊が日記に書いた二十六日も利休は堺にいたと考えられる。

伊達政宗の家臣が書き残した記録

ほかには、伊達政宗の家臣・鈴木新兵衛《しんべえ》が国元の石母田景頼《いしもだかげより》に宛てた二月二十九日付けの手紙がある。伊達政宗は、前年の仕置き（処置）を受けて新たに領主となった大名の失政など

によって東北地方で起こっていた大規模な一揆への加担疑惑があり、その弁明とてんまつを説明するために上京していた。鈴木新兵衛は、そのお供で京都にやってきていた。

内容は、茶道の天下一宗易（利休）が、「無道《むどう》」、道理に外れたことを長年やってきたため追放となり、行方がわからなくなっていた。そうしたところ、宗易の木像を作り、大徳寺に納められていたのを秀吉様が召しあげられ、聚落第の大門、戻橋というところにはりつけにかけさせた。木像のはりつけというのは本当に本当に前代未聞の話で、京都中でそのようにいわれているので、見物人は身分の高い低いを問わず、際限がない。はりつけの脇にはいろいろの「科《とが》」、罪状があげられて、高札が立てられている。おもしろい文言で、興味を抑えることができないくらいだ、とある。

手紙から、はりつけられた木像の脇に高札があり、罪状が周知されたことがわかる。大徳寺山門の木像が罪状なのは共通している。無道を、茶道具の売買にあてはめるなら、これも勧修寺晴豊の理解と一致し、高札の文言といえそうだ。「いろいろ」とあるので、この二つのほかにもあげられた罪状があったのであろう。

そして、二月二十九日は、利休が切腹したとされる二十八日の翌日だが、鈴木新兵衛は利休の死を知らず、行方がわかっていないという認識のままだ。

奈良の僧侶が記した二つの情報

利休のことがわかるものには、さらに奈良の僧侶と京都の神社の人物の記録がある。奈良の僧侶の日記とは奈良興福寺の塔頭《たっちゅう》・多聞院《たもんいん》の院主（住職）だった英俊《えいしゅん》による『多聞院日記』である。『多聞院日記』は、二十八日に記録している。

茶人の宗易が、今日の明け方に切腹とのこと。近年、新しい茶道具を用意して高い値段で売る売僧《まいす》（金儲けにいそしむ僧侶）の最たるものであったからだろうか。もってのほかと秀吉様は、ご立腹され、すぐにはりつけにするようにと仰られだして、いろいろと詫び言があり、寿像を作って紫野に置いてあったものをはりつけに取り上げとなった。屋敷は検断《けんだん》され、本人は高野山に入山したという。誠もっておかしなことである、とつづられている。

「検断」は原文のままで、検断には、刑事上の罪を調べて断罪するという意味がある。中村氏は「住屋」という人物が検断したと解釈しているが、秀吉の周囲で住屋の名の人物はいない。住吉屋宗無《そうむ》というお咄衆（秀吉の側近くで話し相手を務めた）の茶人がいるが、お咄衆がいまの司法でいう検察の職務を果たしたとはとうてい考えられない。茶道具の売買が罪状の一つであることを踏まえると、ここでいう「検断」は家財道具を含めて屋敷が差し押さえになり、立入禁止となったという意味であるように思われる。屋敷が荒されたり、泥棒などが入らないための治安上のねらいもあっただろう。また木像のはりつけの前に、秀吉に陳情があった

ことがわかる。

切腹したという情報と高野山に入山したという情報が同じ日の日記にあるのは、奇異に思える。じつは『多聞院日記』は、入ってくる情報をとにかく真偽を問わず記録するところがある。そのため漏らすことなく含まれたといえる。高野山といわれると、のちに秀吉の甥・秀次《ひでつぐ》が高野山に追放されたのちに切腹を命じられたことが想起される。それを思うと一概に高野山入山＝助命と考えるのは、二の足を踏みたくなる。

北野天満宮の社僧が耳にしたこと

では、もう一つの京都の記録をみていこう。北野社（北野天満宮）の『北野社家《しやけ》日記』で、禅《ぜん》昌《そう》という人が記録している。

禅昌は二十九日に利休のことを記している。宗易という者は、天下一の茶の湯者であるけれども、いろいろと売僧の所業があったということでご成敗となった。大徳寺の三門（山門）を建立し、末代まで名を残そうと考えて木像を我が身の姿に作り、雪駄を履かせ、杖をつかせたものである。木像のいわれが秀吉様に申し上げられ、なおいよいよ罪深いものとなり、首を切って木像とともに聚落第の大橋にかけ置くこととなった。

大徳寺の長老（僧侶）衆も二・三人ははりつけにお上げしようという話になったけれども、

大政所《おおまんどころ》様（秀吉の母・なか）と大納言様（秀長）の奥様がそれぞれ詫び言、陳情をなさって、長老衆はお助けとなった。玄以法印《げんいほういん》（京都所司代・前田玄以）・山口玄蕃《げんば》（宗永《むねなが》）様がお話し下さったことがらである。木像は一日、二十五日からかかっている、とある。

なぜ大徳寺の僧侶が利休の木像で罪に問われるのか。じつは利休の木像を作り、大徳寺の山門のうえに安置したのは、大徳寺の僧侶たちである。木像は、一階建て（単層）であった山門の上に楼閣《ろうかく》を増築して金毛閣《きんもうかく》とした利休への感謝の印であった。なので本来罪を問うのであれば、大徳寺の僧侶たちである。そのため禅昌の日記に大徳寺の僧侶たちの処罰も検討されたと記された。そして、処罰は陳情があって取りやめになったことがわかる。利休ではなく、秀吉の母と秀長の妻の陳情によることも押さえておきたい。

文末に一日につづけて二十五日としているのは、原文は「一日」の横に「二十五日」とあるからである。中村氏は「一日」という日にちが入るのは禅昌が木像をみにいくこともなく、確かな情報をもっていなかったからだと判断しているが、禅昌は利休と大徳寺の僧侶たちに関する情報を前田玄以と山口宗永から聞いている。だからこそはりつけになっている木像に、首をさらすという計画も知ることができた。すると一日はデタラメな情報ではなく、首をさらす予定日と解釈できるように私は感じる。

さらに木像と首をさらす場所が一条戻橋ではなく、別の刑場であったならどうだろう。「木

像は」としていても不自然ではない。ただし、これはあくまで予定だ。だから一日までに陳情があれば、首をさらすことは幻となる。じっさいさらし首は中止になったようで、木像は一条戻橋のままであり、「二十五日」とのちに書きくわえたというのが私の解釈である。

鬼の扮装をした売僧

では、首を切ってさらすという話を中村氏はどのように考えたのか。中村氏は、奈良で鬼の扮装をして盗みをはたらいていた売僧が捕まって二十八日に京都で処刑されたことと禅昌が混同したとしている。奈良で鬼のかっこうで盗みをしていた売僧の話は、西洞院時慶と勧修寺晴豊の二人が二月二十八日の日記に記している。この記事を踏まえて、中村氏は利休と別人の話だとしている。

しかし、奈良の『多聞院日記』には盗賊の話はまったく書かれていない。京都の二人が知っていて、近所も近所、しかも情報をとにかく集める多聞院の僧侶が知っていないのは、おかしな話だが、中村氏はこの矛盾への説明はまったくしていない。

私は奈良に盗みをする僧侶がいたのではなく、西洞院時慶と勧修寺晴豊が利休を奈良の売僧に置き換えて記したと考える。ここまで内容をみてきた日記にある茶道具を不当に売りつけたことを盗み（罪状に従って正しくいえば詐欺になるが）とすることもできる。

では、なぜ時慶と晴豊の二人は別人がいるように装ったのか。そもそもの話として、利休が処罰、しかも死罪になろうとしていたことに対して、自業自得ではなく、不当なものと思っていた可能性は否定できない。なぜなら、木像がはりつけになったことや罪状は記していても、自業自得をほのめかす感想は一言もない。「不思議なことである」という時慶の感想も、私や中村氏も含めた先学は木像のはりつけのことと考えているが、もし利休が処罰されようとしていることに対してならば、不当に感じていたという解釈が妥当になる。また大徳寺の山門に木像を安置したのが僧侶たちだと二人が知っていたなら、僧侶たちにも罪がおよぶことも考えただろう。

つぎになぜ鬼のかっこうなのか。利休の処罰を不当なものと思っていたのであれば、たたり、怨霊となることを恐れたことが考えられる。菅原道真の再来である。そして、どうして奈良なのかだが、もし利休が堺で亡くなったと耳にしたとして、堺とすればわざわざ別人に装おうとしているのが台無しである。また京都であればごまかしようがない。だから京都ではない遠いところとして奈良になったと考えるのはどうだろうか。

二人の記録は細かな言葉の違いこそあれ、大筋はまったく同じである。秀吉や周囲のいいがかりを避けることも含めて、公家同士であるていど扱いを示し合わせた感はある。そこまでしてなぜ日記を記すのか。当然生じる疑問だが、公家たちは、先例を知るために子孫たち

が目にすることを想定して日記を書き残していたからである。

なぜ京都で切腹した話になったのか。

ここまで同時代の史料をみてきたが、切腹せずに生き延びた可能性を考えることができるのは、『多聞院日記』がいう高野山に利休本人がいるという話だけである。これも切腹した話とともにあり、ほかの裏付けが必要といえる。それよりも『北野社家日記』でいう成敗も踏まえて切腹とみるべきだろう。そして、一つ共通しているのは、追放になったのち、京都に帰ってきたことをまったく証明できないことである。私は遠回しの推測のなかで話してきた京都以外、堺で切腹したと考えることはあながち無茶な話ではないように感じている。じつは、利休が堺で切腹したという考えは神津朝夫氏がすでに示している。私はその説に賛成である。

私たちの共通理解では、利休は京都で切腹している。これは『千利休由緒書』という江戸時代の史料を根拠にしている。『千利休由緒書』は、表千家四代・江岑宗左《こうしんそうさ》が茶の湯に関わる仕事で仕えている紀伊徳川家の質問に答えて提出したもので、現在は控えと考えられるものを表千家が所蔵している。

表千家も含めた三千家は、利休の後妻の連れ子で、娘婿でもある少庵《しょうあん》を祖父とする。そし

て、三千家として独立する彼ら三人（江岑宗左《こうしんそうさ》、仙叟宗室《せんそうそうしつ》、一翁宗守《いちおうそうしゅ》）の父で、少庵の子どもの宗《そう》旦《たん》は天正十九年二月当時、小僧として大徳寺で修行生活の真っ只中であった。師の僧侶たちにも危害がおよぶ可能性もあるなか、利休のことを心配して宗旦が町中へ様子をみにいくことは難しかったであろう。

少庵も利休の追放によって影響を受けている。少庵は京都を追放となり、利休の愛弟子だった会津（福島県）の蒲生氏郷《がもううじさと》のもとに身を寄せている。会津での生活は、文禄三年（一五九四）と推測されている徳川家康と蒲生氏郷からの連絡（「少庵召出状《めしだしじょう》」）が届いて赦免されるまでつづいた。

少庵がいつ京都を追放になったかははっきりしないが、利休が追放になった時点で、少庵もお咎めなしとはいかなかっただろう。少なくとも少庵自身の追放が決まるまでは京都の屋敷での閉門、門を閉ざして外部との関わりを断った謹慎になったと思われる。

ということは、少庵にしても宗旦にしても、自分の目で利休の最期を見届けたわけではない。普通に考えれば、『千利休由緒書』が伝える利休の最期は、少庵と宗旦がのちにつてを頼りに頼って利休の最期の様子を聞き合わせた成果といえる。

秀吉が九州で「りきう」の茶を飲んだ？

天正十九年が過ぎてから、秀吉が利休のことに触れた二つの手紙がある。一つは天正二十

年（一五九二）と推測されている五月六日付けの秀吉の手紙である（『豊臣秀吉文書集』）。秀吉の母・大政所付きの宰相《さいしょう》に宛てたもので、大政所に読んでもらうために朝鮮出兵に向けて滞在していた肥前国《ひぜんのくに》（佐賀県）名護屋《なごや》で書いたものである。内容は、端午の節句のお祝いで帷子《かたびら》（衣服）を贈ってくれたお礼とお祝いを述べ、朝鮮出兵の様子と自らが健康であることを知らせたなかで、「昨日りきう（利休）の茶で御膳（食事）もいただきました」と述べている。

従来、先学は「りきう」を利休流の茶、利休がもてなしたような形で茶とご飯を食べたと解釈してきた。ところが、中村氏は利休流の茶といえるものが天正二十年の時点で成立していたとはいえないとしたうえで、利休が生きていて秀吉とともに九州にいたと主張している。つまり利休が食事と茶の用意をし、給仕をしたという解釈である。

ただ、秀吉は九州に利休とわずかのお供だけで慰労に出かけているわけではない。朝鮮出兵にとりかかるなか、集まってきた大名たちが生きている利休を見てどう感じるか。それまで秀吉の人柄を慕っていた人も、慕いつづけることをためらいかねない掌返しである。

そして、利休の処罰は、罪状が大徳寺の木像が端的に示しているように、いいがかりに近い面が否めないことから、秀吉に利休の処罰を進言した黒幕の存在がいわれてきた。秀吉とのやり取りの窓口を一元化し、事務的な要素を強化しようとした石田三成ら、いわゆる奉行派が利休の存在を煙たく思っていたところ、内外両輪で秀吉に口添えができたうちの一人、

秀長が亡くなったことをチャンスととらえて仕向けたとする話である。

私もそのように考えているし、中村氏も同じで秀吉政権にとって危険分子と考えた伊達政宗を一揆加担を口実に排除できなかった三成の言い分を聞いたということも加味している。では三成が黒幕で、三成に花をもたせるかのごとく言い分を聞いたのに、じつは利休を生かしましたとなればどうだろうか。三成の面子は丸潰れである。より現実性に欠ける話である。

また「利休流」の表現は、たしかに江戸時代近く以降にならないと確認できないが、形をなしていなかったものを後になって利休流とすることがはたしてできるのだろうか。

利休の茶へのもう一つの考え

私には利休流の茶と解釈して良いように思える。それとともに、利休が自分で使うために用意していた茶葉のことではないかという気もしている。というのも、利休が京都を追放になった天正十九年二月は、一月のあとに旧暦特有の閏月で一月がもう一度あった。そのため天正十九年二月は、閏月で調整がなされた直後であり、暦のズレが少ない。ちなみに現在の暦に直せば二月末から三月末に該当する。当時は三月くらいになると、その年の新茶を宇治の茶師に注文していた。

じっさい、吉村亨氏が紹介した蒲生氏郷の注文を記した茶日記などの例もある（宇治市歴史資料

館編：一九九三年）。ならば、追放以前に利休も新茶の注文を済ませていた可能性はある。

利休が追放されて切腹したのち、利休の家財道具は秀吉のもとに没収されたと思われる。茶道具だけでなく、注文していた新茶も例外でなかっただろう。納品先が秀吉に変わるだけのことだ。先に話した「少庵召出状」で、少庵が赦免されたのちに茶道具が返還されたとされるが、それは少庵が持っていた道具にくわえて利休が持っていたものも含まれただろう。茶道具は傷むことはないが、茶葉は飲みきらないと傷んでしまう。飲むとすれば秀吉しかいないだろう。

天正二十年五月六日であれば、没収した利休の茶葉も、残りわずかでも残っていて不思議はないし、茶葉であれば「利休の茶」のいいまわしもすんなり理解できる。

利休の図面

もう一つも秀吉の手紙で、天正二十年から元号が変わって文禄元年と推測されている十二月十一日付けの前田玄以宛てのものである（『豊臣秀吉文書集』）。秀吉が、伏見城の指図（図面）と図面で指示を理解できる大工を一人、九州の名護屋に急いで送るように伝えたもので、そのなかで伏見城の普請のことは「りきう（利休）に好ませて、しっかりと指示をしたく思っている」と記している。

これも先の手紙と同じく、中村氏は利休流という従来の解釈に異論を唱えて、利休その人に指図を書かせたといっているのだが、これもやはり無理のある話だと思う。公の仕事までさせてしまうと、利休が生きていることは公然の秘密とはいかない。赦免された記録にたどりつけないほうがおかしいということになってしまう。こちらも利休流で問題はない話だし、利休が生前に手がけたものをモデルに作ろうとしたということだろう。

また、二つの手紙のあいだの十一月十六日朝の茶席の担当者（茶頭）と客組を秀吉が記した「茶会客組目録」も現存している（『豊臣秀吉文書集』）。秀吉が利休とともに名護屋にいたというのならば、茶頭に利休の名がないのはおかしいが、そこに利休の名はない。

ちなみに生き延びたとしたさいの行方だが、中村氏は、利休は細川氏のもとで暮らしたと述べ、のちに黒田家の世話を経て、細川氏を頼ったと説を増補している。しかし、いずれも同時代史料で断定することのできない話である。これらの話をさらに検討しなくても、ここまでの同時代をみたことで利休の生存は否定できたと思っているがどうだろう。

主要参考文献

宇治市歴史資料館編『宇治茶の文化史』宇治文庫四（宇治市教育委員会、一九九三年）
大阪城天守閣編『特別展　秀吉お伽衆　天下人をとりまく達人たち』（大坂城天守閣特別事業委員会、二〇〇七年）
桑田忠親『利休の書簡』（河原書店、一九六一年）
小松茂美『利休の手紙』（小学館、一九八五年）
神津朝夫「少庵と道安」千少庵　人と茶の湯三（『淡交』六七巻三号、二〇一三年）
神津朝夫『千利休の「わび」とはなにか』（KADOKAWA、二〇一五年、初出二〇〇五年）
田中仙堂『千利休　「天下一」の茶人』（宮帯出版社、二〇一九年）
田中仙堂『お茶と権力　信長・利休・秀吉』（文春新書、二〇二二年）
中村修也『利休切腹　豊臣政権と茶の湯』（洋泉社、二〇一五年）
中村修也『千利休　切腹と晩年の真実』（朝日新書、二〇一九年）
中村利則「書評　中村修也著『利休切腹　豊臣政権と茶の湯』（『茶の湯文化学』二六、二〇一六年）
名古屋市博物館編『豊臣秀吉文書集　五』（吉川弘文館、二〇一九年）
八尾嘉男『千利休　茶道教養講座五』（淡交社、二〇一六年）

論点12 直江兼続は越後から年貢米を持ち去ったのか

田嶋悠佑

（たじま・ゆうすけ）

一九八八年群馬県生まれ。一橋大学大学院経済学研究科修士課程修了。修士（経済史）。現在、新潟市歴史博物館学芸員。

主要業績：「織田信長家臣堀秀政の実像」（『地方史研究』四二一号、二〇二三年）など。

関ヶ原合戦のきっかけ？

近年、関ヶ原合戦について、合戦に至る経緯や合戦当日の経過、さらに連動して起こった全国の合戦まで研究が盛んである。関ヶ原合戦に至る経緯について、一般書やインターネット上で注目されているものの一つに直江兼続が年貢米を持ち去ったという逸話がある。

慶長三（一五九八）年に時の上杉家当主、上杉景勝（上杉謙信の養子）が越後から会津に転封となったが、その際に景勝の家臣である直江兼続が年貢米を持ち去った。景勝の後任で越後に封ぜられた大名、堀秀治は困窮した。堀家は上杉家を恨み、上杉家に謀反の疑いがあると徳川家康に上申し、家康らの上杉家征討（会津征討）につながったというものである。

また、直江兼続の評価に関して、この逸話が、その手腕や性格と関連付けて語られることもある。ただ、この年貢米の逸話は後述するように江戸時代に書かれた史書にみられるものの、検討は今まで十分行われてこなかった。

こうした研究状況があって、筆者は以前、直江兼続の年貢米持ち去りについて検討し論文を書いた（田嶋：二〇二〇）。詳細は論文を参照していただきたいが、論文を書くにあたって、年貢米持ち去りの逸話については、一般書などに書かれている内容で考え直すべき点が見いだされた。以下、論文の内容の要点とともに、その後に得た知見を交えて述べていきたい。

年貢米持ち去りの元ネタは？

「直江兼続が年貢米を持ち去った」という話は、江戸時代に書かれた史書に記述がみられる。このうち、確実な初見は幕府旗本の木村高敦が関ヶ原合戦前後の動向を描いた『武徳安民記』巻七（宝永五〈一七〇八〉年序、国立公文書館蔵）である。年貢米持ち去りに関連する記述をまとめれば、次の通りである。

①堀家は当年の越前の年貢（「冬ニ及フ」とあるので、慶長二年分を指すと考えられる）をすべて大坂の代官（詳細不明だが豊臣政権の派遣した「代官」を指すと考えられる）に渡したが、上杉家の家老直江兼続は越後の年貢の半分を納めて会津に持ち去ってしまった。②堀家は年貢の返還を求めたが、上杉家は会津の旧領主であった蒲生家も持ち去ったとして返還に応じなかった。③堀家は上杉家に遺恨を持って上杉の動向を調べ、榊原康政経由で徳川家康へ上申した。

同様な年貢米持ち去りの話は、若狭小浜藩の軍学者宮川尚古による『関原軍記大成』（黒川真道氏本によると正徳三〈一七一三〉年序）や陸奥国守山藩主松平頼寛とその子頼亮《よりあきら》による『大三川志』（享和元〈一八〇一〉年跋、国立公文書館蔵）にもみられる。『武徳安民記』にみえる記述は、現在一般書などで書かれる記述と通じる点が多く、「元ネタ」として最も注目される史料である。

『武徳安民記』を書いた木村高敦は幕府の旗本だったが、年貢米問題の当事者である上杉家や、堀家の史書に記述はないのだろうか。江戸時代には、まず「寛政重修諸家譜《かんせいちょうしゅうしょかふ》」など幕府に提出された史料には、年貢米問題の記述はみられない。米沢藩上杉家については、元禄十六年藩により編纂された上杉家御年譜には記載がないが、年未詳ながら江戸時代の成立とみられる『越境記』（米沢藩士石付則実著、市立米沢図書館蔵）や江戸時代に遡る可能性がある『信越雑記』（筆者不明、「上杉文書」所収）に関連する記述がみられる。米沢藩内では江戸時代から年貢米問題は知られていたが、幕府に提出するような文書には書かなかったようである。

一方の当事者である堀家については、堀秀治の直系が断絶し、庶流が信濃飯田藩、秀治家臣の家系が越後村松藩などに残った。そうした経緯もあり、単純な比較はできないが、元々藩の史書編纂が行われていないものの、筆者（田嶋）がみた限り、例えば、村松藩士が記述したとみられる『凌雲公御出語』（堀直奇（直寄）の言行録。慶応二（一八六六）年写、新潟市歴史博物館蔵）や、新潟大学附属図書館所蔵で堀直奇家臣家に伝わったものなど個々の家に伝わった系図類をみても、上杉攻めの功績を語る一方、年貢米問題は書かれていない。

なお、明治以降になると、渡邊世祐「論説 関ヶ原役前に於ける上杉氏の態度」（『國學院雑誌』一七巻七号、一九一一年）など歴史研究者が年貢米問題に触れるようになった。上杉家関係では、『慶長上杉軍記』（筆者不詳。別名『上杉氏白川軍記』。年未詳だが明治維新について触れる。「上杉文書」所収）や、伊佐早謙ほか編『上

杉家記』（明治末から大正初期成立か。「上杉文書」所収）など広く記述がみられるようになる。堀家関係の史書でも『堀鉄団公記』（旧村松藩士片桐道宇著、一九三三年）を皮切りに年貢米問題への言及が確認できるようになる。

このように、直江兼続が年貢米を持ち去ったという話は、幕府旗本木村高敦『武徳安民記』が確実なものでは最古の史書であった。また、江戸幕府関係者や上杉家関係者が江戸時代から史書に記していた一方で、堀家関係者は記していなかったことをまず確認したい。この意味については、また後で述べることとしたい。

同時代史料があるのか

直江兼続の年貢米持ち去りについて、事実として考える研究者もいる。その根拠としてあげられるのが、慶長三年と考えられる山田喜右衛門宛十一月八日直江兼続書状写（『上杉家記』三二）である。この書状は兼続が上杉家臣団内で自身の指揮下に置き、領内統治などを分担させていた山田喜右衛門に宛てて十三か条にわたり、指示を書いた書状である。

その五条目に「堀秀治が借りた米について、念を入れて受け取ること。二人の奉行にもそう伝えよ」とあり、また六条目に「堀秀治が米を借りた際の証文をみた」という記述がある。これは写しであるが兼続の書状として形式的におかしな点も特段見いだせず、同時代の史料

として信憑性が認められるので、年貢米問題の実在の証拠となるというのである。

この記述が年貢米問題と関係があるというのは、年貢米を持ち去った上杉家が「堀家に年貢米を貸して取り立てた」という逸話があることによる。ただ、「上杉家が堀家に年貢米を貸して取り立てた」という逸話はインターネット上などでみられるが、前述の『武徳安民記』にはみられない。出典を筆者（田嶋）が探した限りでは、「年貢米を貸して取り立てた」話は『慶長上杉軍記』など明治以降成立の史書にしか記述がみられなかった。

また、十一月八日直江兼続書状写は、天明期写の『覚上公御書集』（上杉景勝一代の事蹟と関連書状を載せる、上杉家関係者による史書、山田：一九九九など）に、日付が「十八日」と記されるなど、やや不正確ながら筆写して収録されている。なお、『覚上公御書集』では年貢米問題とは関連付けられていない。このことは、直江兼続書状写が先に米沢藩内で知られていて、明治以降に年貢米問題と関連付けられた、あるいは十一月八日直江兼続書状写から、年貢米を貸して取り立てたという話が創作された可能性を示唆する。

記述の変遷を考えると、明治以前に「上杉家が堀家に年貢米を貸して取り立てた」という話が各史書にみられない以上、十一月八日直江兼続書状写の存在だけでは年貢米問題の証拠になるとは直ちにいえないといえる。

上杉家の会津転封

年貢米持ち去りの逸話がどれくらい遡れるかと、同時代史料があるのかを検証してきた。この逸話が実際の出来事だったのかについて、上杉家や堀家の動向および、当時の転封と年貢米の取り扱いを調べることでさらに検証したい。

上杉景勝に会津への転封が言い渡されたのは、慶長三(一五九八)年一月十日だった(『上杉家文書』)。景勝へは新領陸奥国会津周辺があてがわれ、また、景勝旧領の佐渡国・出羽国庄内は安堵されたものの、越後国の大部分と信濃国北部はすべて明け渡さなければならなかった。上杉家は南北朝時代に越後守護に任じられて以来、約二五〇年にわたる支配を終えることとなったのである。本拠の移転を伴う領地の移動は、上杉家にとって長らくなかったことで、家臣には鎌倉時代以来の領主もおり、上杉家中の戸惑いも大きかったに違いない。

会津移封以降の上杉家関係史料は、まとまった史料集がないので現状断片的に追うことしかできない(なお、堀家の残存史料も同様に断片的である)。上杉家は会津転封に際して、旧領主の蒲生秀行家臣や秀行与力の田丸直昌(三春城主)、関一政(白河城主)と連絡を取り合っていたらしい(米沢市上杉博物館:二〇一八など)。『武徳安民記』などには「上杉家に先駆けて蒲生家が年貢米を持ち去った」とあるが、問題の発生をうかがわせる史料は確認できない。

上杉家の転封後、越後と北信濃は一旦、豊臣政権の蔵入地(直轄領)となり(『高山公実録』)、石田

三成が管理した（小村：一九八三）。上杉領では太閤検地の実施が不徹底であり、新領主に引き渡される前に三成らが検地を実施する狙いがあったと考えられている。しかし、三成による検地は実現せず、新領主が検地を行うこととなったようである。新領主については、越前北庄の堀秀治が内定していた。堀秀治は織田信長の側近として知られた堀秀政の子である。

ただ、秀治に加えて、秀治の与力である溝口秀勝と村上頼勝を同時に転封させるかが、慶長三年一月二十五日の時点ではまだ決まっていなかった（『高山公実録』）。結局、越後には堀・溝口・村上の三大名が、北信濃には田丸直昌と関一政が転封となった。堀家と溝口家へは四月二日付で領地をあてがう秀吉朱印状が出されている（「大阪城天守閣所蔵堀家文書」など）。上杉旧領の扱いは、すぐさま決まらなかったのである。

兼続書状の興味深い内容

さて、上杉景勝の会津入りに際し、実務を担った直江兼続が慶長三年九月二十七日に出したと考えられる書状写（『上杉家記』三二）には、興味深い記述がある。本書状は先にも登場した山田喜右衛門宛のもので、五か条にわたって上杉領支配に関する指示が書かれている。

三条目で兼続は溝口秀勝が協力してくれたので、会津に来ている溝口家家臣柿本蔵人へ山田から懇切な礼状を出すことを指示し、兼続からも後で礼状を出すことを伝えている。溝口

秀勝は、先述の通り、上杉家の後に越後（新発田）に転封となった大名である。

また、五条目には、越後では米がたやすく買える。来年は兵糧が全くないだろうから、支度をしておくこと、という指示がみえる。越後からわざわざ米を買おうとしている状況がみてとれ、兵糧がないので、支度をするということから、上杉家の兵糧が少ない、あるいはそうなる見込みだという意味であろうと考えられる。なぜそのような状況になっているのかは残念ながらはっきりわからないが、例えば会津領が慶長三年は凶作だったのかもしれない。

九月二十七日直江兼続書状写の内容を踏まえると、越後から年貢米を持ち去っていれば、上杉旧領に入った溝口秀勝との関係はよくはならないだろうし、新たに米を買わなければならない状況も説明しがたいように思われる。

越後の新領主となった堀秀治の事情についても確認しておきたい。堀秀治が実際に越後春日山城に入ったのは慶長三年四月下旬のようである。堀秀治の家老といえば、堀直政が知られるが、秀治の祖父の堀秀重もまた家老として、長らく堀家の領地支配の実務を担っていた（安池：一九七七）。秀重は堀家が佐和山から北庄へ入封した際も家老だったので、転封の経験があった。北庄から越後への移封も、北庄の引継は堀直政と北庄の留守居をしていた溝江大炊助とのやりとりをみると、特に問題なく行われたようである（「生駒家文書」）。

なお、春日山城には上杉景勝が残した上杉謙信の遺骸が残され、関係寺院による祭祀も行

われていた（「覚上公御書集」）。堀秀治側の具体的な反応は明確には伝わっていないが、後に謙信の遺骸は会津へ移されているので、遺骸を置いて行ったことは問題になったものと思われる。

秀治は石田三成が行わなかった越後国内の太閤検地を実施し、九月までに完了したようである。前述の通り上杉家や豊臣政権が不作為で検地をしなかったので、秀治らが検地を行うことになったが、豊臣政権の方針を基本的に守り検地を行ったため、課税品目も増え、上杉家時代より増税になったのは事実である。

他方で、土地面積について、豊臣政権の方針に従い、耕地の面積を一反＝三〇〇歩にすべきところを、堀秀治は方針をまげて越後の旧慣である一反＝三六〇歩を維持した（小村：一九八三）。越後の旧慣を維持すると、年貢収納額面が減ってしまうが、堀秀治は収奪強化より、融和策をとっていたのである（なお、関ヶ原合戦後の慶長九年に、秀治は再検地をして一反＝三〇〇歩に改めている）。秀治は年貢米を持ち去られたので、厳しい検地を行ったとされることもあるが、政権の方針に従ったにすぎず、むしろ領民へ融和する姿勢すら見いだせるので、検地と年貢米問題は関係がないといえる。

堀氏の借米問題

堀秀治は、先述の慶長三年十一月八日直江兼続書状写にみられる通り、上杉家から年貢米

を借りていたようである。また、年が明けて慶長四年正月五日には、秀治が新たに豊臣政権から米千二百石を借り入れている（「佐藤行信氏所蔵文書」）。堀秀治が財政難に陥っている様子が確認できるが、なぜこのような状況になっているのだろうか。

堀秀治が慶長三年十一月十一日に堀秀重へ宛てて出した五か条の指示書から、その背景を推察できる（「堀操家文書」）。この条書は難解だが、一条目から三条目は金を米に換えたり、借り換えを行って利息を減らしたりと当面の財産を確保しようとしている様子がうかがえる。四条目では家臣に給与すべき米を使ってしまったので、秀治の蔵入（直轄地からの収入）から出すよう指示している。

こうした苦境の理由について、五条目の内容が注目される。五条目は越後への国替えの際に、秀治家臣たちへ貸した金子を返済、回収させることを秀重が求め、秀治も同意する内容である。越後への転封が、堀家の財政難の一因だったのである。また、二条目の秀治による借金の借り換え指示は、越後転封前から借財があったことを示唆する。

借財の要因は明記されていないが、堀秀治は豊臣政権の指示で肥前国名護屋に在陣したり、秀吉の居城伏見城の築城に動員されたりしているので、そうした出費が考えられる。堀家が慶長三年段階で財政難だったのは事実と考えられ、上杉家などへ借財をしたのだろう。一方で、上杉家も当時は先述の通り米の確保に困る状況であった。上杉家も堀家と同様に、豊臣

政権下の動員で疲弊していた側面もあろう。上杉家も米の返済猶予をする余裕がなかったと思われる。

借米問題について、堀家が最終的に上杉家へ米の返済を行ったかは確認できない。返済は容易でなかったと思われ、加えて謙信の遺骸問題などもあって、結果的に両家の間で悪感情が生まれた可能性がある。年貢米持ち去りの逸話は、何らかの事実に取材した可能性も捨てきれないといえる。

ただ、筆者は、豊臣秀吉から堀秀治の家臣へ直接領地宛行状が出されるなど、豊臣政権から堀秀治領支配に干渉されていたことが重要と考える。詳細は先述の論文に譲るが、秀治が不満を持ち、現状の改変を望んだことが、後に秀治の徳川家康接近へとつながった根本要因と現在も筆者は考えている。例えば、上杉家と堀家の間に悪感情があったとしても、堀秀治が徳川家康に上杉攻めを教唆し、家康を動かしたと考えるのは早計だろう。上杉攻め（会津征討）についての筆者の考えは、また最後に改めて述べたい。

転封と年貢をめぐる制度は

ここまで、上杉家と堀家の個別の事情をみてきたが、そもそも当時の転封と年貢米をめぐるルールはどのようなものであったのだろうか。また、年貢米を新領主の同意なく持ち去る

ことは可能だったのだろうか。

大前提として、豊臣秀吉が天下統一をする中で、各領主は先祖代々の領地や城でも、秀吉から改めて安堵状が出され、領地や城を預けられている状態になった（佐藤：二〇一四など）。例えば、大名は転封を命じられれば、領地や居城は豊臣政権のための武具や兵糧を置くなど準備した上で、明け渡さなければならなかった。

転封と年貢米の問題について、秀吉生前の事例は乏しいが、天正十九（一五九一）年八月の伊達政宗転封の事例研究がある（日野：一九八八）。伊達政宗は豊臣政権の指示で、一族が長年支配してきた出羽米沢を追われ陸奥岩出山へ転封となったが、その際の年貢収納関係文書が残されている。

一つは、天正十九年八月七日付で、豊臣政権の領地分配などについて記した浅野長吉家臣浅野正勝書状（「伊達家文書」）である。正勝は豊臣政権の指示で活動していたが、伊達政宗の事情に配慮し、政宗の本領である米沢周辺を取り上げるならば、天正十九年分の年貢（雑税も含むか）は政宗に渡せるようにしたい、と記したものである。もう一つは、政宗が米沢を去った後に出された天正十九年八月松下之綱《ゆきつな》・山内一豊連署条書写（「歴代古案九」）で、豊臣政権から派遣された之綱・一豊が、伊達家旧領内での田畠の刈取や領内からの「俵物」の持ち出しなどを禁じたものである。

この事例を研究した日野久美子氏は、浅野正勝の配慮は実現しなかったとしており、天正十九年の年貢は松下之綱・山内一豊の指示などで留め置かれ、新領主である蒲生氏郷が収納したようである。この事例により、転封に伴う年貢の扱いをめぐって、豊臣政権内で調整や留置が行われることがあったことがわかる。

ほかに、秀吉の生前で上杉家の転封と同列で語れる事例は現状見いだしがたい。ただ、関ヶ原合戦前後の政治史研究が進展し、徳川家康が慶長四年(一五九九)以降主導するなど変質しつつも、慶長八年(一六〇三)の江戸開府までは豊臣政権の政治体制がある程度連続性を持って維持されていたと評価できるようになったといえる。関ヶ原合戦後の事例も、豊臣政権下の事例として、ある程度比較しうるものとして以下に検討したい。

その他の事例をみる

慶長五(一六〇〇)年、関ヶ原合戦後の領地分配に伴う黒田長政と細川忠興間の問題が著名である。この問題には同時代史料が存在していて研究が進められ(宮崎:一九九一など)、黒田家が部分的に持ち去った約二万六千石分の返却が確認できる(「松井家文書」)。また、問題解決にあたって本多正信と榊原康政が介入していることが確認できる(「松井家文書」)。秀吉死後も、豊臣政権下の徳川家臣の指示で年貢米の持ち去りは許されず、また、当事者同士のみで解決が図られたわ

けではないことは注目される。

あまり著名でないが、毛利家、吉川家と福島家、堀尾家の事例も知られる（利岡：一九七一）。毛利家は福島正則へ翌三月までを期限とした二万石の返納を行い（「福原家文書」）、吉川家は四年かけて堀尾家へ一万二千石分を返納したことが史料的に確認できる（「吉川家文書」）。これらの事例については、豊臣政権の関与は史料上確認できない。

なぜ問題が起きたのか。まず、事例研究ではあまり明確にされていないが、政権からも解決のための介入をされている以上、豊臣政権下においても、年貢米は不当に持って行ってしまってはいけないのは明らかなのである。

では、転封において、年貢の扱いに決まりはあったのか。残念ながら、豊臣政権下の事例で管見の限り確認できるのは天正十九年の伊達家の事例のみで、詳細な検討は難しい。

なるべく近い時期の事例をみてみると、江戸初期の元和四（一六一八）年四月九日付の越後村上藩村上忠勝の改易と堀直奇（長岡藩主から転封）の入封に際しての法度では、老中から幕府の役人に対し「先納した『夏成』はその所に留め置くこと」という指示が出されている（「御制法　七」）。夏成は麦など畑作物にかかる年貢（雑税）を指す。

例えば、堀直奇は旧領長岡の年貢を持って行ってはならず、村上の年貢を受け取れという意味である。もっとも、越後において、麦は中世から栽培されていたものの、積雪や排水不

良などから、江戸時代には二毛作が一般的でなく、「夏成」の収納を現状確認できない。江戸幕府の指示は、地域差を考えず、先例に基づいて発令したものと考えられる。ただ、例えば同様に二毛作が一般的でなかった越前では、近世初期において真綿などの生産に「夏成(銀)」が課されており(福井県：一九九六)、越後でも何らかの雑税が夏季に収納されていた可能性がある。

なお、秋の米年貢は「秋成」といい、例えば元和八(一六二〇)年八月の最上家改易に伴う転封では、夏成は旧領主、秋成は新領主のものとするという法度が出されている(「史料稿本所収文書」)。地域差はあるが、江戸時代の事例をみると、夏成は旧暦五月から七月、秋成は八月から十二月に納入される事例がみられる。

年貢の収納と転封時期

上杉・堀両家の事例にひきつければ、上杉景勝統治下の越後、佐渡では年貢米は十二月から翌年一月ごろまでには納入され、年貢皆済状が出されていた(「藤崎家文書」など)。堀家の借財は、慶長三年十一月以降に動きがみられるので、秋成の収納開始時期以降となる。堀家が夏成相当の雑税を得られたかは、現時点ではわからないが、夏成収納時期には問題が顕在化していなかったように思われる。

年貢の収納と転封時期に関係があることは、天正十九年の伊達政宗転封の事例にもいえる

ように思われる。政宗の転封は八月で、これから秋成が収納される時期に当たっていた。転封してしまう政宗ではなく、新領主の蒲生氏郷が天正十九年の年貢を得たのは、時期の問題であろう。

関ヶ原合戦後の事例では、慶長七（一六〇二）年、常陸の佐竹義宣は内々に出羽への転封指示を伝えられた（日野：一九八八など）。義宣は、「夏年貢」（夏成）の収納を家臣に命じて確保を図り、また転封に際して城へ置いていく兵糧についても差配している（「秋田藩家蔵文書一六」）。徳川家康から義宣へ正式に転封が指示されたのは七月というから、夏成を佐竹家が収納してから転封させるという配慮があった可能性がある。

法令は確認できないが、豊臣政権下では年貢米分配の慣行があった可能性がある。黒田、細川両家間などで問題が起こったのは、秋成を収納している中で転封が命じられたことが混乱の一因と考えられる。関ヶ原合戦があった慶長五年九月十五日は西暦一六〇〇年十月二十一日である。転封が関ヶ原合戦直後であったことが拍車をかけたのだろう。

転封時期を考えると、上杉景勝に転封が言い渡された旧暦一月は秋成の収納がほぼ終わった段階での転封発令であり、混乱が生じたとは考えがたい。不正に年貢米を持ち去ったのならば、伊達、蒲生両家や、黒田、細川両家の事例のように、豊臣政権の介入がないのも不自然である。他の事例と比較して考えると、上杉家が年貢米を持ち去る正当性も、仮に実際に

問題が発生して豊臣政権が介入しない理由も考えがたいのである。

この逸話は何を物語るのか

ここまで、「直江兼続の年貢米持ち去り」という逸話について、考察を加えてきた。逸話の内容自体が時代によって変化していることや、史料的な裏付けが乏しいことなどが明らかにでき、また少ないながら他事例との比較もできたと思うが、最後にこの逸話は何を物語っているのかを述べてみたい。

注目すべきことは、冒頭に述べたように江戸時代には江戸幕府関係者や上杉家関係者が年貢米の持ち去りについて史書に記していること、また、上杉家当主の景勝ではなく、「直江兼続」が年貢米を持ち去ったと書かれていることである。筆者（田嶋）が考えるに、この逸話は「直江状」の流布（白峰：二〇一一など）と背景を同じくするものと考えられる。すなわち、慶長五年に徳川家が上杉家を攻めたことの正当性を、上杉家が問題を起こしたことに求めたのである。

一方で、上杉家は江戸幕府成立後、幕府の下で地方支配や儀礼などに欠かせない存在となっていった。徳川家と上杉家との歴史的対立と、上杉家が幕藩体制の一角を構成しているということをなるべく矛盾なく説明する上で、歴史的対立の責任を直江兼続に求める動機が、少なくとも江戸幕府にはあったと考えられる。年貢米持ち去りの逸話も、上杉景勝ではなく

「直江兼続」が持ち去ったとされたのは、こうした背景があってのことだろう。

なお、筆者は徳川家康の上杉攻めは水野伍貴《みずのともき》氏が論じたように（水野：二〇二一）、秀吉死後の大老間における政治闘争の一環というのが本質であると考える。上杉家と堀家の間に対立があったとしても、大老間政治闘争の一環として利用され、偶然に「発火点」となったものにすぎないと考えている。

筆者の結論について、幕臣木村高敦らの執筆構想・意図や、直江兼続についての幕府や米沢藩内の歴史的評価などについて、十分な史料調査などがなされていないので、さらに検討する余地は残されている。ただ、現時点において、年貢米持ち去りを事実として、直江兼続の政策や人物の評価を語る段階ではないように思われる。

豊臣政権下における転封と年貢米の取り扱い方については、同時代史料が少ないこともあって検討は簡単ではない。ただ、豊臣政権下での転封や各大名の領地支配の性格を考える上で、興味深い研究視角も提供してくれている。転封についての研究が、他事例を含めて進んでいけば、上杉家と堀家の事例の位置づけもより明確になるかもしれない。筆者も引き続き考えていきたいと思う。

主要参考文献

小村弌『幕藩制成立史の基礎的研究——越後国を中心として——』（吉川弘文館、一九八三年）

佐藤宏之「城の受け取りと武家の財」（『国立歴史民俗博物館研究報告』一八二集、二〇一四年）

市立米沢図書館編『上杉文書』（雄松堂フィルム出版、一九六九年）

白峰旬「直江状についての書誌的考察」（『史学論叢』四一号、二〇一一年）

田嶋悠佑「直江兼続は年貢米を持ち去ったのか」（渡邊大門編『中近世の権力と社会』、歴史と文化の研究所、二〇二〇年）

利岡俊昭「減転封に伴う先収貢租返還問題について　長州藩毛利氏の事例」（『史観』八四号、一九七一年）

日野久美子「豊臣期および徳川初期の国替えの実態について」（『新潟史学』二一号、一九八八年）

福井県編『福井県史』通史編四　近世二（福井県、一九九六年）

水野伍貴『関ヶ原への道　豊臣秀吉死後の権力闘争』（東京堂出版、二〇二一年）

宮崎克則「慶長五年（一六〇〇年）細川・黒田間の年貢先納問題」（『地方史ふくおか』七五号、一九九一年）

安池尋幸「慶長期堀氏領国像の再検討」（『地方史新潟』一二号、一九七七年）

山田邦明「『謙信公御書集』・『覚上公御書集』について」（『東京大学日本史学研究室紀要』第三号、一九九九年）

米沢市上杉博物館編『特別展　直江兼続——兼続と新時代を切り開いた人たち——』（米沢市上杉博物館、二〇一八年）

論点13

家康による前田利長の討伐計画は虚説なのか

水野伍貴

（みずの・ともき）

一九八三年愛知県生まれ。高崎経済大学大学院地域政策研究科博士後期課程単位取得退学。博士（文学）。現在、株式会社歴史と文化の研究所客員研究員。

主要業績：『関ヶ原合戦を復元する』（星海社新書、二〇二三年）など。

豊臣秀吉死後の情勢

慶長《けいちょう》三年（一五九八）八月十八日、豊臣秀吉《とよとみひでよし》は伏見《ふしみ》城（京都市伏見区）で病没した。秀吉の後継者である秀頼《ひでより》は六歳であったため、秀吉は徳川家康《とくがわいえやす》・前田利家《まえだとしいえ》・宇喜多秀家《うきたひでいえ》・上杉景勝《うえすぎかげかつ》・毛利輝元《もうりてるもと》、五人の有力大名を「五大老」とし、前田玄以《まえだげんい》・浅野長政《あさのながまさ》・増田長盛《ましたながもり》・石田三成《いしだみつなり》・長束正家《なつかまさいえ》、五人の直臣を「五奉行《ごぶぎょう》」として後事を託した。

五大老の中でも徳川家康は、正二位内大臣《しょうにいないだいじん》の官位と、関東に約二百四十万二千石の領土を有しており、豊臣政権下で他の追随を許さない最有力の大大名であった。

家康に次ぐ地位にあったのが、前田利家である。従三位権大納言《じゅさんみごんのだいなごん》の官位を有し、領土は長男・利長《としなが》、二男・利政《としまさ》のものと合わせて七十七万石であった。秀吉は家康に政庁にあたる伏見の監督を任せたのに対して、利家には豊臣氏の本拠地である大坂《おおざか》の監督と秀頼の後見を任せていた。

利家の立場を語る上で重要なのが、慶長四年（一五九九）正月に起きた家康の私婚問題である。これは、家康が六男・忠輝《ただてる》と伊達政宗《だてまさむね》の長女・五郎八姫《いろはひめ》との婚約を交わしたことが問題として浮上したものである。

大名同士が勝手に縁組みすることは秀吉の命令によって禁止されており、家康を除く四大老五奉行は、家康の動きを秀吉の遺命に背くとして糾問した。そして、家康の返答次第では、

利家が秀頼の名代として家康を討伐することになっていた（「亜相公御夜話」）。結果、家康は謝罪し、家康と四大老五奉行の間で誓紙が交わされて和解となるが、この事件は利家が家康に次ぐ地位にあることを明確に表している。

しかし、利家は同年閏三月三日に病没してしまう。そして、石田三成も加藤清正《かとうきよまさ》ら七将の訴えによって、閏三月十日に所領の佐和山《さわやま》（滋賀県彦根市）へ蟄居となった。

加賀征伐の動き

前田利家の死去と、石田三成の失脚によって家康の権力は伸張していく。慶長四年閏三月十二日に家康は伏見城に入城を果たし、『多聞院日記《たもんいんにっき》』で「天下殿に成《な》られ候」と評されている。しかし大坂では、利家の長男・利長が五大老の地位を継承して豊臣秀頼の後見に当たっていた。事件が起きたのは、それから半年後である。

同年九月七日、家康は秀頼への重陽《ちょうよう》の節句の挨拶のために伏見から大坂へ下った。この頃に、利長を首謀者とする家康暗殺計画の噂が家康の耳に入る。利長は前月より所領の金沢《かなざわ》（石川県金沢市）に帰還しており、大坂を不在にしている最中の出来事である。

この事件の結果、翌年（慶長五年）五月に利長の母・芳春院《ほうしゅんいん》が人質として江戸へ赴いたのは周知のことであるが、事件の経緯については、史料の残存状況から未解明な部分が多い。

よって、通説の基となった明治二十六年（一八九三）刊行の参謀本部編纂『日本戦史《にほんせんし》・関原役《せきがはらえき》』から、事件の経緯を示すと次のとおりである。

家康が大坂へ下った九月七日の夜、増田長盛が家康を訪れ、利長に謀叛の疑いがあると告げる。それは、利長の指示を受けた浅野長政、土方雄久《ひじかたかつひさ》、大野治長《おおのはるなが》が大坂城に登城する家康の暗殺を謀っているというものであった。これを受けた家康は伏見から兵を呼び寄せて大坂に入れている。

十月二日、家康は浅野長政ら三名に蟄居を命じ、翌三日には諸将を大坂城西之丸に呼び出し、自ら北伐（加賀征伐）を行うと宣言する。そして四日には、前田領に隣接する小松《こまつ》（石川県小松市）の大名・丹羽長重《にわながしげ》が家康から北伐の先鋒を命じられた。一方、利長は北伐の報せを受けて大いに驚き、家臣の横山長知《よこやまながちか》を大坂へ派遣して弁明をおこなうと、家康は芳春院を人質として送るようにと命じた。そして、利長はこれに従わざるを得なかった。

「加賀征伐」虚構説

以上が通説の流れであるが、この加賀征伐へ向かう動きについて大西泰正《おおにしやすまさ》氏は二〇一八年に「前田利長論」（以下、大西aと表記）において虚構説を唱えた。

大西氏は、大西aの内容を二〇一九年に一般書にした（以下、大西bと表記）際、第六章の章

題を『加賀征伐』という虚像」とし、文中でも「慶長四年（一五九九）九月の家康大坂下向以降の、家康暗殺計画や『加賀征伐』は虚構に過ぎないのではないか」と述べていることから、本稿では便宜上、大西説を「加賀征伐」虚構説と呼ぶことにする。だが、適切な呼称とは言い難いところもある。

慶長五年（一六〇〇）六月に家康が会津《あいづ》（福島県会津若松市）の上杉景勝を討とうとした会津征伐は実際に出兵に至っているが、加賀征伐は出兵には至らず、前田氏を降《くだ》すための軍事的圧力に止まったのは周知のことであり、「加賀征伐は出兵に至っていない」という単純な議論ではないからである。つまり、加賀征伐の示唆や口外、加賀征伐に向かう動き、軍事的圧力を背景とした交渉の否定となろう。これらを大西氏がどこまで否定しているかが重要となり、大西氏の主張を整理する必要が出てくるのである。

「加賀征伐」虚構説とは何か

大西氏の主張をまとめると、まず大西氏は「同時代史料から裏づけられない」、「比較的良質の編纂史料にも言及されていない」の二点を柱として、「加賀征伐」を虚構としている。

そして、実際はどうであったかという点については、まず大西aで「毛利輝元の家臣内藤周竹は、大坂へ下った家康は三万程度の軍勢を率いていたと報知し、その大坂入城を『二丸

へ被押入候』と表現した」、「家康が利長および加藤清正の上洛阻止に動いた理由は、こうした自身の軍事的行動への彼らの反発を見越しての対応とも推測できる」と述べ、さらに二〇二〇年に発表した「前田利長の戦い」（以下、大西cと表記）では「九月初旬、伏見の徳川家康が大軍を率いて大坂に下向し、『天下の御仕置』を定めた」と述べている。

つまり家康暗殺計画の噂とは関係なく、家康は大軍を率いて大坂城へ押し入って政権を掌握した後、利長らの反発を見越して彼らに上洛無用を通達し、強引に上洛を試みた場合に備えて軍勢を派遣したというものであり、家康と利長の関係悪化の原因は、利長の上洛を阻止しようとする家康の処置にあったとする。

また、事態は家康と利長の間に何事か深刻な係争が起こり、大坂の家康と金沢の利長の関係が極度に悪化した程度で捉えるべきだという点も大きな主張の一つであり、大西bでは「むしろ上方はこの時期、平穏ですらあった」と述べている。その論拠として、十月二十二日付けで家康が会津の上杉景勝に宛てた書状で「当表いよいよ相替わる儀なく候間（こちらはいっそう変わりないから）」と述べていることを挙げている（「上杉家文書」）。

「加賀征伐」虚構説は、家康と利長の関係悪化を、家康が大軍を率いて大坂城へ押し入って、実質的に利長を大坂から追い出したことに求めた。そして、事件の構図は家康と利長という大名同士の対立にすぎないとし、通説ほど事態は緊迫しておらず、上方は平穏であったとす

る。軍事力で大坂を奪った家康と、活動拠点を奪われた利長が大坂と金沢で睨み合いになったという構図であり、仮にこの構図どおりであれば加賀征伐は起こりえないだろう。

つまり、「加賀征伐」虚構説は「家康暗殺計画の噂の否定（実際に噂があったとしても、家康・利長の関係悪化との関りはないとする）」と「家康と利長の関係が極度に悪化した程度で上方は平穏であった」とする二つの主張で成り立っており、家康暗殺計画の噂に端を発した一連の動きの虚構説というのが実態である。加賀征伐の示唆や口外、加賀征伐に向かう動き、軍事的圧力を背景とした交渉の全てを否定しているといえよう。

「加賀征伐」虚構説について、このような捉え方で間違いないことは、岡嶋《おかじま》大峰《ひろたか》氏が大西bの書評において「一般的には慶長四年九月、帰国した利長を首謀者とする『家康暗殺計画』が取り沙汰され、家康が利長征討の動きを見せたことで利長は武備恭順の姿勢をとったが、最終的に利長が母芳春院を人質に出す形で収束した事件、（中略）近年は当該期の政治動向についても研究が進展し、著者（引用者註：大西氏）はこれらを踏まえて『加賀征伐』なる事件の存在自体に疑問を呈している」と述べており（岡嶋：二〇二〇）、「加賀征伐」虚構説を支持する黒田《くろだ》基樹《もとき》氏も著書で「通説では、家康は利長を追討する『加賀征伐』を企てた、とされているが、大西泰正氏の検討により、それは虚説であることが明らかになっている」と述べている（黒田：二〇二三）。そして、大西氏自身が大西cで「俗説が唱えるように、家康が『加賀征伐』の態度を

示すとか、そのための軍事行動を発令したわけではない」と、「加賀征伐」の示唆をはっきりと否定しているところから裏付けられよう。

仮に「加賀征伐」虚構説が受け入れられた場合、加賀征伐へ向かう動きがなかったことになるため、利長は軍事的圧力を背景とすることなく芳春院を江戸へ人質に出したことになる。また、慶長四年九月における家康の大坂下向は、軍事クーデターを彷彿とさせる手荒なものと評価されるであろう。関ヶ原前夜の政局のイメージが大きく変わってしまう重大な問題となる。したがって「加賀征伐」虚構説は慎重に検討しなくてはならない。

「加賀征伐」虚構説の二本柱を検討する

では最初に「加賀征伐」虚構説の二本柱である「同時代史料から裏づけられない」、「比較的良質の編纂史料にも言及されていない」を検討していきたい。

まず前者については、同時代史料の不在を理由に、通説となっている歴史的事象を虚構と位置づける論じ方は不適切である。これには当時に書かれた書状の内、今日まで伝存しているものは全体の何割かという問題が前提としてあり、しかも大西aでは大西氏自身が「筆者(引用者註：大西氏)は一五〇〇通に余る前田利長発給文書を収集したが(中略)慶長四年九月〜翌年初頭に及ぶ(＝徳川家康との関係が悪化した)時期の利長発給文書が一通も見出し得ない」と述べて

いるにもかかわらず、このような主張はありえない。通説となっている歴史的事象を否定する際は、同時代史料を用いて矛盾点を指摘し、その通説が成立しないことを証明するべきである。

また会津征伐の事例に目を向けても、会津征伐は実際に出兵に至っていることから、それに関する記述も同時代史料から多くが確認できる。しかし、出兵以前の動きとなると、出兵に言及した同時代史料の数は非常に限られる。管見の限りでは、『舜旧記《しゅんきゅうき》』、四月二十七日付け島津義弘《しまづよしひろ》書状、五月十七日付け島津義弘書状、五月二十二日付け前田利長書状、五月七日付け最上義光《もがみよしあき》書状（写）、五月三日付け徳川家康書状（写）、浅野幸長《あさのよしなが》書状（写）くらいである（水野：二〇二一a）。

出兵以前において家康は出兵に関する情報を広範囲に発信しておらず、情報を事前に得られたのは、伏見城の守備を任された島津義弘、先鋒を任された浅野幸長、津川口の主将である前田利長、米沢口の主将である最上義光といった役割を課せられた者たちだった。このことが、会津征伐においても（出兵以前に）出兵に言及した同時代史料の数が限られる大きな要因である。加賀征伐の場合、島津氏や最上氏は役割を与えられておらず、前田氏と浅野氏は敵対視された側である。

また、上杉氏サイドでさえ、征伐を示唆した交渉がおこなわれていたことが同時代史料に

あらわれるのは、開戦が不可避となり、上杉景勝が安田能元《やすだよしもと》ら家臣五人に抗戦の意思を示した六月十日付けの書状からである（「越後文書宝翰集」）。そして加賀征伐は、もとより出兵に至っていないのであるから、同時代史料が残らないのは致し方のないことである。

次に後者「比較的良質の編纂史料にも言及されていない」について検討したい。大西氏は比較的良質の編纂史料として、『象賢紀略《しょうけんきりゃく》（利長公御代之おぼえ書）』と『当代記《とうだいき》』を挙げている。大西氏は両史料で「言及されていない」ことを否定の根拠とするが、むしろ両史料が家康と利長の関係悪化から和睦成立直前までの期間を空白にしている点に目を向けるべきだろう。

『象賢紀略』は、家康の大坂城西之丸入城を記す慶長四年九月の次は、大谷吉継《おおたによしつぐ》から横山長知らを上洛させるよう打診があったとする（交渉が大方解決した）慶長五年二月の記述となっており、大谷吉継からの打診がある以前の交渉の流れは一切追うことができない。四ヶ月以上の空白がある。『当代記』は家康と利長の関係悪化を慶長五年の「春中」としているので、慶長四年九月から十二月までが抜け落ちている。

『象賢紀略』は前田家臣・村井長明《むらいながあき》（一五八二～一六四四年）の覚書をまとめたものであり、『当代記』は徳川家に関する情報に少なからず通じていた人物によって、慶長十年（一六〇五）頃から慶長二十年（一六一五）正月頃までのほぼ十年間に、基本的な著述がおこなわれた編纂史料である（太向：二〇一三）。

これらは、徳川秀忠《とくがわひでただ》の娘婿となった前田利常《まえだとしつね》（あるいは秀忠の外孫・光高《みつたか》）が健在な時期に成立、あるいは記述されている。最有力の諸侯であるとともに将軍家と縁戚である前田家が、かつて神君（家康）に謀反を企てた容疑で征伐の危機に瀕したという歴史は、前田家のみならず周囲にとっても憚られるものであり、意図的に言及を避けたとみるべきである。

「加賀征伐」虚構説の二本柱からいえることは、加賀征伐へ向かう一連の動きについて詳細が未解明ということにとどまり、否定する根拠たりえない。

家康暗殺計画の噂は無関係か？

次に、「加賀征伐」虚構説の大きな主張の一つとなっている家康と利長の関係悪化の原因について検討していきたい。家康が大軍を率いて大坂城へ押し入って政権を掌握し、利長らの反発を見越して彼らに上洛無用を通達したというのは正しいのであろうか。

虚構説は、家康と利長の関係悪化の原因は、家康暗殺計画の噂とは関係なく、利長の上洛を阻止しようとする家康の処置にあったとする。だとすれば、浅野長政や土方雄久が処罰される理由は何処にもない。「加賀征伐」虚構説は、浅野長政や土方雄久が謹慎処分になったことに対して整合性を図っていないのである。

慶長四年十月一日に五奉行のうち現役の三名が連署で諸大名に「御置目」の改変を通達し

ているが、浅野長政は名を連ねていない。そして、それ以降も長政の五奉行としての活動はみられないことから、十月一日以前に失脚していたといえる。同年閏三月に石田三成が失脚して以降、五奉行の構成員を失脚させられるような大事件は、家康暗殺計画の噂に端を発した騒動しかない。

日本に拘留されていた李氏朝鮮の儒者・姜沆《カンハン》の記録『看羊録《かんようろく》』には、利長の一党が家康暗殺を企てたとする噂を聞いた家康が長政に真相を問い質《ただ》したところ、長政が利長を庇ったため、家康は長政を逼塞させたとする話が記されている。

そして、利長は九月二十七日付けで堀秀治《ほりひではる》（越後春日山城主）に宛てた書状において「どのような理由で私に疑念を抱いているのか」、「御存じのように私が家康を敵視したことは一度もない」と述べている（「徳川美術館所蔵文書」）ことから、利長が何かしらの嫌疑をかけられていたことがわかる。家康暗殺計画の噂によって激震が走り、利長や長政が不利な状況に追い込まれたのは間違いない。

また、家康は利長の上洛を阻止するために石田三成ら近隣の大名に軍役《ぐんやく》を課して派兵を命じているが、三成らは家康の家臣ではない。彼らは豊臣政権の軍役に従って出兵しているのであり、彼らを動かすには大義名分が必要となる。それを、家康が大坂に入ったことに対する反発を防ぎたいという道理に反する理由では説明がつかない。仮にそうであるならば、関

ヶ原の役で西軍が家康の罪状を可能な限り書き連ねた弾劾状「内府《だいふ》ちかひの条々」で言及されているであろう。

そして何よりも家康が大軍を率いて大坂城へ押し入ったというのは史実と異なる。伏見から徳川の大軍が大坂へ下ったのは、家康が大坂に入った九月七日ではなく、九月十一日の夜である（「北野社家日記」）。そして、大軍の移動は京都の人々を動揺させ、朝廷が大坂へ使者を派遣して様子を確かめている（「言経卿記」）。家康が伏見から手勢を呼び寄せたのは大坂に入った四日後であり、自身が大坂入りした時ではなく、あえて後日に、京都の人々を動揺させる程の大軍を動かし、それを秀頼のいる大坂に入れたということは、周囲を納得させられる（家康暗殺計画の噂という）明確な理由があったのである。

「加賀征伐」虚構説は、「上洛」を一緒くたにし、「上方に攻め上る上洛」と「弁明のための上洛」を区別せずに「上洛無用を通達した」とする。しかし『看羊録』には次のように記されている。

［史料1］
家康は、遂に関東の諸将に［命］令して、肥前（利長）が倭京に上ってくる路を塞ぎ、また、石田治部少輔に［命］令して、近江州の要害を防備させた。肥前守も城や隍《ほり》を修

[理]改[築]して固守の計をとり、ひまひまには、狩猟にかこつけて、精兵数万を率いて越中・越後の地に出没し、景勝などともひそかに[相互]援[助の]盟約を結んだ。群倭が家康に和解を勧めているが、家康は多分聴き入れないであろう。思うに、この勢いでは、戦わなければすなわち和解するであろうし、和解しなければすなわち戦うしかない。

また、イエズス会の史料『一五九九－一六〇一年 日本諸国記』にも「彼（家康）と肥前殿（利長）との間に伝言による激しい応酬があり、果ては断交に立ち至るかに思われた」とあるように一触即発の緊張が張り詰めていた。三成らの兵が派遣されたのは、「上洛無用を通達して」という穏便なものではなく、利長が上方に攻め上ることを前提にしてとられた処置だったのである。

実際、家康が「弁明のための上洛」を押し止めていないことは、『看羊録』に「清正だけは、命令を聞いても［自領に］そのまま留まり、三ヵ月が過ぎてから上京して来た」と、利長と同様に上洛を阻んでいた加藤清正に対して、後に家康が上洛を促したととれる記述があり、慶長五年二月十三日に清正が大坂にいたことが確認できることから裏付けられる（『鹿苑日録』）。

家康と利長の関係悪化の原因が、家康暗殺計画の噂と関係ないとするのは誤りである。

上方は平穏であったのか？

続いて、もう一つの大きな主張である「上方は平穏であった」とする点について検討していきたい。この論拠は前述のとおり、十月二十二日付けで家康が上杉景勝に宛てた書状にある「当表いよいよ相替わる儀なく候間」の文言である（「上杉家文書」）。

しかし、これは史料の文言を部分的に切り取ったことによって生じた誤りであり、直後の「御心安んずべく候」まで読めば、「当表いよいよ相替わる儀なく候間、御心安んずべく候（こちらはいっそう変わりないから安心して欲しい）」となる。外交辞令であることは一目瞭然であり、実際に上方が平穏であったかは別の話となる。

この時期、家康が上杉景勝へ宛てた書状は、十月二十二日付けの書状のほかに、九月十四日付けと十一月五日付けのものがある（「上杉家文書」）。十一月五日付けの書状でも、上方の仕置は抜かりなく申し付けているから安心するようにと述べている。

そして、九月十四日付けの書状でも「相替わる儀なく候条、御心安んずべく候（こちらは変わったことはないから安心して欲しい）」とある。これは家康暗殺計画の噂があった直後の書状であり、三日前には伏見から徳川の大軍が大坂に入っている。これをもってしても「相替わる儀

なく候」と述べているのだから、その文言が上方の情勢を正確に述べていないことは明らかである。「上方は平穏であった」とするのは誤りであり、実際は一触即発の緊張が張り詰めていたのである。

「加賀征伐」虚構説は成り立たない

「加賀征伐」虚構説を耳にした時、多くの人は「軍事的圧力を受けていないにもかかわらず、なぜ利長は母・芳春院を江戸へ人質に出したのか？」と疑問に思うであろう。

この疑問に対して大西bは「人質としての芳春院を上方から江戸へ移し、玉泉院を国許に取り戻したということになる」、「利長が不利益ばかりをこうむったわけではない」と答えている。しかし、これは軍事的圧力を背景とした交渉を否定したいという都合から来た過大評価といえる。

家康暗殺計画の噂に端を発した一連の騒動がなければ、前田利家が大坂の監督を任されていたように、大坂は前田氏の活動拠点であった。前田氏の場合、大坂に人質を置いても実質的に人質という色合いは薄くなる。そして、大坂に置く人質は豊臣政権に対するものであるが、江戸へ遣わす人質は家康個人に対して忠誠を誓うものとなる。比較にならない落差がある。

そして、芳春院の江戸下向によって、利長は関ヶ原の役で母親奪回のための戦いを強いられるのである（見瀬：二〇一八）。

なお、大西bが玉泉院《ぎょくせんいん》（利長の正室）を国許《くにもと》に取り戻したとする主張は、浅野幸長書状（写）に「肥前殿御内加賀殿」という人物と前田利政が北国へ下されたと記されていることが論拠となっている（「坂田家文書」）。しかし、利長の妻であれば「内儀」と記されることから、「肥前殿御内加賀殿」は豊臣秀吉の側室であった加賀殿（利家の三女）と考えるべきだろう。

『当代記』には利長が家康と和睦交渉した際に、家康の五男・信吉《のぶよし》を利長の養子として金沢城と二十万石の領地を割譲する話が上がったが、芳春院と家老が人質として江戸に下ったため、これらの話はなくなったとする。『象賢紀略』にも同様の話が記載されている。このような全面降伏に等しい条件が、軍事的圧力なくして提示されるとは考えられず、前田氏が滅亡の危機に瀕していたことを物語っている。

家康暗殺計画の噂に端を発し、加賀征伐へ向かう一連の動きについては未解明な所が多い。しかし、だからといって「なかった」ことにはならない。「加賀征伐」虚構説は斬新ではあったが、史実に迫る説とはいえないのである。

主要参考文献

大西泰正「前田利長論」（『研究紀要 金沢城研究』一六号、二〇一八年）
大西泰正『前田利家・利長　創られた「加賀百万石」伝説』（平凡社、二〇一九年）
大西泰正「前田利長の戦い」（日本史史料研究会監修、白峰旬編著『関ヶ原大乱、本当の勝者』朝日新聞出版、二〇二〇年）
大西泰正「初期金沢城の諸問題——尾山・加賀征伐・高山右近の言説をめぐって」（『研究紀要 金沢城研究』一九号、二〇二一年）
岡嶋大峰「書評 大西泰正著『前田利家・利長——創られた「加賀百万石」伝説』」（『北陸史学』六九号、二〇二〇年）
黒田基樹『徳川家康の最新研究　伝説化された「天下人」の虚構をはぎ取る』（朝日新聞出版、二〇二三年）
太向義明「『当代記』研究ノート——時間的文言の分析（巻三～九）」（『武田氏研究』四八号、二〇一三年）
朴鐘鳴注釈・姜沆『看羊録——朝鮮儒者の日本抑留記』（平凡社、一九八四年）
松田毅一監訳『十六・七世紀イエズス会日本報告集』第Ⅰ期第三巻（同朋舎出版、一九八八年）
水野伍貴「加賀征討へ向かう動静の再検討——会津征討との対比を通して」（『十六世紀史論叢』十一号、二〇一九年）
水野伍貴「徳川家康の戦い」（日本史史料研究会監修、白峰旬編著『関ヶ原大乱、本当の勝者』朝日新聞出版、二〇二〇

年）
水野伍貴『関ヶ原への道——豊臣秀吉死後の権力闘争』（東京堂出版、二〇二一年a）
水野伍貴「『加賀征伐』虚構説の再批判」（『研究論集　歴史と文化』八号、二〇二一年b）
見瀬和雄『前田利長』（吉川弘文館、二〇一八年）

論点14

関ヶ原合戦の戦場は、「山中」か「関ヶ原」か

水野伍貴

（みずの・ともき）

一九八三年愛知県生まれ。高崎経済大学大学院地域政策研究科博士後期課程単位取得退学。博士（文学）。現在、株式会社歴史と文化の研究所客員研究員。

主要業績：『関ヶ原合戦を復元する』（星海社新書、二〇二三年）など。

山中合戦説

関ヶ原合戦は、慶長《けいちょう》五年（一六〇〇）九月十五日、徳川家康《とくがわいえやす》率《ひき》いる東軍が、石田《いしだ》三成《みつなり》をはじめとする西軍を美濃国《みののくに》関ヶ原で破った戦いであり、知らない方はまずいないであろう。

ところが、この日本史上、最も有名な戦いといっても過言ではない関ヶ原合戦について、合戦像を覆す議論が巻き起こった。関ヶ原合戦の主戦場は関ヶ原より西方に位置する山中《やまなか》（岐阜県関ヶ原町山中）であるとする説である（白峰：二〇一四）。

提唱者である白峰旬《しらみねじゅん》氏は、慶長五年九月十五日に徳川家康が伊達政宗《だてまさむね》に「濃州山中においで一戦に及んだ」と書状で報じたことや（「伊達家文書」）、浜松《はままつ》城（静岡県浜松市）の番手として置かれていた保科正光《ほしなまさみつ》が九月十九日付けで国許《くにもと》にいる家臣に宛てた書状（写）に「去る十五日、美濃の山中と申す所にて御合戦を遂げられ」と記されていること（「保科御事歴」）、吉川広家《きっかわひろいえ》が九月十七日に書いたとされている自筆書状案に「山中の合戦」と記されている（「吉川家文書」）ことを論拠としている。合戦の当事者や、それに近い人物が記した当時の史料に「山中」で戦ったと出てくることから主戦場は関ヶ原ではなく山中であったとする主張である。

しかし、右に挙げられた史料の内、吉川広家自筆書状案については、当時に書かれたものではなく、後年に合戦の二日後に書いたように偽装したものであり、記載された情報の信憑性は低く、合戦像をめぐる議論で活用することはできない（水野：二〇二三）。

現在は関ヶ原と山中はともに関ケ原町に属しているが、当時は関ヶ原村と山中村で検地帳が分けられていたことから、エリアとして区分されていたといえる（本稿では「関ヶ原エリア」「山中エリア」と呼称することにしたい）。

したがって、仮に山中合戦説が受け入れられた場合、合戦の名称が「山中合戦」と改まる可能性も出てこよう。しかし、それ以上に主戦場が異なるということは、関ヶ原合戦の合戦像が根本から覆されるという重大な問題を抱えている。

山中合戦説への反論

白峰氏の山中合戦説は衝撃的であったゆえに反論も出ている。史料に「山中」と書かれているとする白峰氏に対して、藤本正行《ふじもとまさゆき》氏は、史料に「山中」が頻出するのは、山中宿は地理的な重要性に加え、源 義経《みなもとのよしつね》の母・常盤御前《ときわごぜん》がここで盗賊に殺害されたという伝説で有名な地であり、その付近に西軍（大谷吉継《おおたによしつぐ》ら）が確実にいることを東軍が進撃以前に認識していたためとし、山中合戦という呼称は自然に生まれたもので、山中が主戦場になったわけではないと主張した（藤本：二〇一五）。また、山中は狭隘《きょうあい》な場所で大軍の展開には適していないと、物理的な面からの指摘もおこなっている。

小池絵千花《こいけえちか》氏は史料を時系列に整理して、家康は九月十五日以外「山中で合戦が行われた」

とは書いていない点に着目した。そして、当初は西軍が山中に展開し、そこで全面的な戦闘があったと思っていたことから「山中で合戦が行われた」と書いたが、後に主戦場が関ヶ原であったと判明したため、「合戦は関ヶ原で行われた」と認識を改めたと指摘している（小池：二〇二二）。

藤本氏と小池氏の指摘によって、「山中」の文言を山中合戦に結びつける白峰氏の主張は退けられたといえよう。そして、山中は狭隘な場所で大軍の展開には適していないとする指摘は決定打であった。

筆者も、関ヶ原合戦に参加した当事者の覚書など、比較的信憑性の高い史料を基にした考察から、合戦の布陣図の作成を試みた（水野：二〇二三）。結果、通説となっている『日本戦史《にほんせんし》・関原《せきがはら》役《えき》』収載の図と極端な違いはなく、主戦場は、東山道《とうさんどう》（中山道）では大関《おおぜき》（岐阜県関ケ原町松尾）、北国脇往還《ほっこくわきおうかん》では小関《こぜき》（関ケ原町関ケ原）であったと考えられる。

関ヶ原合戦で福島正則《ふくしままさのり》に属して戦った尾張小折《こおり》（愛知県江南市）領主・生駒利豊《いこまとしとよ》は、後年に合戦の様子を書状に記した際に次のことを述べている（「生駒陸彦氏所蔵文書」）。

[史料1]

稲熊市左衛門、平井源太郎と申す牢人《ろうにん》、小坂助六、若党の清蔵と申す私（利豊）の家来、この四人が手柄を立てました。右のほかには、たうけ（藤下）より前で手柄を立てた者は一人もいませんでした。森勘解由《かげゆ》は、たうけ（藤下）を越えてから討死しました。

藤下《とうげ》（岐阜県関ケ原町藤下）が「手柄」として扱われるか否かの大きな節目となっていることがわかる。つまり、東山道では、大関を突破して藤下に至るまでが激戦であり、それより西方は追撃戦に当たり、山中は主戦場ではなかったといえる。

もっとも、寛永《かんえい》二年（一六二五）十月二十八日付けで徳川秀忠《とくがわひでただ》が竹中重門《たけなかしげかど》に宛てた領知宛行状《りょうちあてがいじょう》に「山中村内藤下村」とあるように（「東京大学史料編纂所所蔵文書」）、藤下は山中エリアに属していたことから、山中エリアも戦場であったといえる。しかし、主戦場となると、それより前方（東方）、関ヶ原エリアの大関と小関であったと考えられる。

通説の布陣図
『日本戦史・関原役』収載の図より、著名な武将（部隊）に絞って簡略化し作図

山中合戦説の変容　合戦二段階説へ

前節で山中合戦説をめぐる論争と、山中合戦説が成り立たないことについて述べたが、現在は山中のみを戦場とする研究者は（管見の限りでは）存在しない。

平成三十年（二〇一八）に白峰旬氏は、『寛永諸家系図伝《かんえいしょかけいずでん》』の編纂にあたって寛永十八年（一六四一）七月に作成された『藤堂家覚書《とうどうけおぼえがき》』の記述から、藤堂高虎《とうどうたかとら》隊が合戦当日の早朝に関ヶ原エリアで大谷吉継隊と戦ったと主張した（白峰：二〇一八）。

また、小早川秀秋《こばやかわひであき》が九月十九日付けで家臣の林正利《はやしまさとし》へ宛てた感状（写）には「関ヶ原表において比類なき働き」と記されており（「記録御用所本古文書」）、家康が九月二十四日付けで秀秋に宛てた書状にも「関ヶ原における御忠節の儀」とあることから（「名古屋市博物館所蔵文書」）、秀秋が布陣して戦ったのは関ヶ原エリアであり、東軍が西軍主力と戦った主戦場は山中エリアだったとする。そして、早朝に東軍と小早川隊が大谷隊を破った「関ヶ原」合戦と、午前十時ごろに始まった「山中」合戦があり、合戦は二段階あったと主張した（白峰：二〇二〇）。

野村玄氏による合戦二段階説

合戦は二段階あったとする説は、白峰旬氏だけではなく、野村玄《のむらげん》氏も唱えている（野村：二〇二三）。

野村氏は、未明に小早川秀秋隊が大谷吉継隊を「山中」で破ったとし、小早川隊は大谷隊を破ってから、西軍から寝返った脇坂安治《わきざかやすはる》らとともに「関ヶ原」へ雪崩《なだれ》込んだとする。

そして論拠として、十月七日付けで池田輝政《いけだてるまさ》が本多正純《ほんだまさずみ》に宛てた書状（写）に「九月十四日の夜、大谷刑部少（吉継）が陣取に着いたところ、明十五日の未明に（家康は）御一戦を御命じになり」とあること（「士林泝洄」）。そして、彦坂元正《ひこさかもとまさ》と石川康通《いしかわやすみち》が九月十七日付けで松平家乗《まつだいらいえのり》に宛てた書状（写）に「（家康は）十五日の巳の刻（午前十時ごろ）関ヶ原に差し掛かり、一戦なさいました」と記されていることを挙げている（「堀家文書」）。

合戦二段階説（白峰説）の検討

白峰氏と野村氏はともに合戦二段階説を唱えているが、異なる点が多い。両者は、最初に小早川秀秋隊が大谷吉継隊を破ったとする点では一致しているが、白峰説が大谷隊は「関ヶ原」で戦ったとするのに対して、野村説は「山中」とする。その時刻についても、白峰説が「早朝」としているのに対して、野村説は「未明」としており、野村説の方が少し早い。また、石田三成ら西軍主力が展開した場所についても、白峰説が「山中」としているのに対して、野村説は「関ヶ原」としている。

まず白峰説で疑問に思うことは、なぜ大谷吉継隊のみが最前線の突出した位置に布陣した

かという点である。

吉継は九月初旬に美濃国に入った時は、山中に布陣していた（水野：二〇二三）。そして、太田牛《おおたうし》一《かず》が著した『関ヶ原御合戦双紙《せきがはらごかっせんぞうし》』によると、吉継は開戦前に「北之野（北野）」へ移ったとする。『濃州《のうしゅう》関ヶ原合戦之聞書《せきがはらかっせんのききがき》』に「大瀬木（大関）村の北の野」とあることから、「北之野」は大関の区域に属していたといえる。

また、当時十四歳で島津義弘《しまづよしひろ》に従っていた神戸久五郎の覚書は「九月十五日の日出に東国衆は幟を立てて、岡山から関ヶ原へ参りました。まず一番に大谷刑部（吉継）殿の陣に攻撃を仕掛けました」と、東軍は最初に大谷隊を攻撃したとする。東軍の最初の攻撃は、井伊直政《いいなおまさ》や福島正則による宇喜多秀家《うきたひでいえ》隊との衝突である可能性が高いが、神戸久五郎が最初に攻撃を受けたのは大谷隊であると認識したことは、吉継が最初に攻撃を受ける可能性のある位置にあったことを意味している。そして『藤堂家覚書』によると、藤堂高虎隊は真っ先に大谷隊を攻撃しており、『寛永諸家系図伝』によると、寺沢広高《てらざわひろたか》や桑山一直《くわやまかずなお》も大谷隊と交戦している。

よって筆者も開戦前に大谷隊が山中から関ヶ原エリアへ進出したとする点は同意であり、大谷隊は大関に布陣したと考える。しかし、白峰説では西軍主力は山中に展開していることから、吉継は味方が山中に進出してきたにもかかわらず、そこから離れて関ヶ原エリアへ移動し、前方（東方）に突出して布陣したことになる。戦略として不可解である。

また、白峰説では西軍主力が山中に展開するなか、青野ヶ原《あおのはら》（岐阜県大垣市青野町）から関ヶ原エリアへ進出した東軍と小早川隊が早朝に大谷隊を挟撃しているが、その場合、小早川隊は山中にいる西軍主力に背後を突かれる位置関係となる。小早川隊の壊滅は避けられないだろう。

そして、西軍主力が山中に展開したとする点についても、島津義弘が後年に『惟新公御自記《いしんこうおんじき》』において「引き退かんと欲するも、老武者のため、伊吹山《いぶきやま》の大山を越え難し」と記している点から、島津義弘や、義弘の近くに布陣した三成が伊吹山方面を退路とする場所（北国脇往還沿い）に布陣したことがわかるため、否定されよう。

大谷吉継は関ヶ原エリアに展開する西軍主力と連携をとるために、山中から大関へ移動したと考えるべきである。

合戦二段階説（野村説）の検討

野村説においても、大谷吉継隊の壊滅が疑問となる。九月十四日の午後七～八時ごろに大垣にいた石田三成ら西軍主力が関ヶ原エリアへ移動を開始したのに対して、青野ヶ原に布陣していた東軍の豊臣系大名は十五日の未明に移動を開始した。そして、西軍が全て布陣を終えるのが午前七時ごろであり、午前八時～九時ごろに井伊直政の抜け駆けがあった（水野：二〇二

三）。

青野ヶ原から関ヶ原までの距離は約九㎞であり、軍勢での移動を考えると三時間は要すると考えられる。つまり、未明に小早川隊が大谷隊を攻撃した場合、東軍が関ヶ原エリアに到着していない時点での戦闘となる。ここで大谷隊が壊滅したのであれば、藤堂高虎、寺沢広高、桑山一直が大谷隊と交戦したとする諸史料と整合性がとれない。

また、午前四時ごろには石田三成隊は小関に到着しており、同じく小関に布陣した島津義弘・豊久《とよひさ》も午前六時ごろに布陣を終えていることから（水野：二〇二三）、未明に小早川隊が山中で大谷隊と交戦したならば、石田隊や島津勢は小関に到着する以前に方向転換して小早川隊の側面を突くと推測できよう。

また、島津豊久の隊に付属していた山田有栄《やまだありなが》の覚書『山田晏斎覚書《やまだあんさいおぼえがき》』に「雨天のため霧が深くて、細々とは見えませんでした」とあるように、この日の関ヶ原は、雨が降っている影響で深い霧に閉ざされていた。巳の刻（午前十時ごろ）に天候が好転するまでは、慎重に進みながら攻撃を掛けたと考えられるため、敵陣を壊滅させるような深入りができたとは思えない。

八月五日付けで三成が真田昌幸《さなだまさゆき》父子に宛てた書状に副《そ》えられた「備之人数書《そなえのにんずうがき》」によると、兵員数は大谷隊が千二百、小早川隊は八千である（「真田家文書」）。兵員数に大差はあるが、深い霧に加えて、史跡・大谷吉継陣跡（岐阜県関ヶ原町山中）のような横堀《よこぼり》を有する高所に布陣されて

は、一筋縄ではいかないだろう。

開戦時刻の検討

合戦二段階説の根幹は、史料によって開戦時刻の記載が異なる点にある。前掲の九月十七日付け彦坂元正・石川康通連署状(写)には「巳の刻(午前十時ごろ)」の開戦と記されており、豊国社の神龍《しんりゅう》院梵舜《いんぼんしゅん》の日記『舜旧記《しゅんきゅうき》』にも「巳の刻」とある。

一方、林《はやし》羅山《らざん》・鵞峰《がほう》父子が編纂した『関原《せきがはら》始末記《しまつき》』は「辰の刻(午前八時ごろ)」とし、『寛永諸家系図伝』脇坂安治の項も「辰の刻」とする。

辰の刻と巳の刻の間とする記録もあり、『山田晏斎覚書』は「辰巳の間」とし、山田有栄に従って戦った黒木左近兵衛の申分も同様に「辰巳の刻の間」とする。

そして、前掲した十月七日付け池田輝政書状(写)は「未明」とし、島津義弘に従って合戦に参加した帖佐《ちょうさ》宗光《むねみつ》の覚書も「未明」の開戦とする。また、伊達政宗も九月三十日付けで家臣たちに宛てた書状で開戦は未明と伝えている(「留守家文書」)。

また、前掲の神戸久五郎の覚書は「夜明け」「日出」に東軍が大谷吉継の陣に攻め掛かったとする。

開戦時刻を述べた史料の中で、合戦当事者(あるいは参戦した家)に絞ると次の通りである。

①「未明」は、島津義弘の家臣と、池田輝政。
②「夜明け」は、島津義弘の家臣。
③「辰の刻」は、脇坂氏。
④「辰の刻と巳の刻の間」は、島津豊久に付属した者。

島津義弘に従った者の覚書は、史料によって記述が様々であるが、島津豊久に付属した者は「辰の刻と巳の刻の間」で一致する。島津義弘に従った者たちの記述が異なる理由は明確にはわからない。義弘の布陣地が石田三成の陣の西に位置し、諸将に比べて後方にある点や、義弘に従っていた大重平六の覚書に「合戦の割り当ては一番槍石田殿、二番中書（豊久）様、三番備前中納言（秀家）殿、その次が惟新（義弘）様でした」とあるように、西軍内部の取り決めにおいても、義弘は三番槍の秀家に続く後方の担当であり、あらゆる面で交戦場と離れていた点が影響したと思われる。

これに対して、石田三成の陣の南西に位置し、二番槍とされた島津豊久に付属した者は「辰の刻と巳の刻の間」と述べており、脇坂氏は「辰の刻」としている。前線に位置した者（家）が伝える時刻ほど、辰の刻（午前八時頃）に近づく傾向にある。

情報源が伝聞である一次史料は、「未明」とする伊達政宗書状、「巳の刻」とする彦坂元正・

石川康通連署状と、『舜旧記』がある。

「巳の刻」とする記録は、情報源が伝聞であるものが多い。一方で合戦当事者が示す時刻は、「辰の刻」前後に集中している。これは全体的な認識としては「巳の刻」であり、戦闘を目の当たりにした当事者にとっては「辰の刻」前後であったということであろう。当日は霧が深く、巳の刻（午前十時ごろ）になって晴れてきたことを踏まえると、巳の刻より前に総力を挙げた突撃があったとは考え難く、後方にいる諸隊は戦闘に参加せず、前線にいる隊が慎重に進みながら攻撃を掛けたと考えられる。

「未明」を示す史料もあるが、未明に移動を開始した東軍が、未明の内に布陣を完了させ、さらに攻撃を仕掛けるに至るのは難しいだろう。池田輝政は南宮山《なんぐうさん》の抑えであり、開戦時に関ヶ原にいなかった。家康も布陣地は野上《のがみ》（岐阜県関ケ原町野上）と関ヶ原の間であることから、関ヶ原にいない。開戦時に家康の号令があったわけではなく、諸将の裁量によって戦いの火蓋《ひぶた》が切られたといえる。つまり、東軍側の記録では、家康が関ヶ原への移動を命じた時を以て開戦の号令と位置づけて、「十五日の未明に（家康は）御一戦を御命じになり」となった可能性が考えられる。

また、白峰説・野村説ともに小早川秀秋が開戦時に寝返ったとするが、帖佐宗光の覚書や、春日社家の東地井祐範《とちいすけのり》の日記『中臣祐範記《なかとみすけのりき》』はともに、序盤における西軍の善戦と、秀秋の

背面攻撃によって形勢が動いた旨を伝えている。

『惟新公御自記』は、序盤における西軍の善戦は明記されていないものの、一進一退の攻防が続いた後、秀秋の寝返りによって形勢が動いたことを伝えている。神戸久五郎が記した覚書も、部隊の衝突が六、七回あった後に秀秋の寝返りがあったとする。また、慶長十二年（一六〇七）には成立していた『関ヶ原御合戦双紙』も、一進一退の攻防が続く最中に秀秋らが寝返ったとしている。

このように、一進一退の攻防が続いた後に小早川秀秋の寝返りによって形勢が動いた点は、当事者の覚書や、同時代の人物によって記された史料から示すことが可能であり、秀秋が開戦時に寝返ったとする説は退けられる（水野：二〇二三）。

戦闘が始まったのは「辰の刻」あるいは「辰の刻と巳の刻の間」と考えるのが妥当である。戦闘は午前八時〜九時ごろに始まったが、深い霧に閉ざされていたため、前線にいる隊が慎重に進みながら攻撃がおこなわれた。総力を挙げた衝突がおこなわれるのは、天候が好転した午前十時ごろであり、これらの点が史料によって開戦時刻の記載が異なる要因である。

また、小早川秀秋の寝返りについても、開戦時に起きたことではない。序盤に西軍の善戦があり、小早川秀秋の寝返りによって形勢が動いたのである。以上のことから、合戦二段階説は否定できる。

前掲の生駒利豊書状に示されているように、「手柄」として扱われるのは藤下より前(東方)であり、山中は主戦場ではなかった。関ヶ原合戦は、東山道と北国脇往還を抜けようとする東軍の街道突破戦であり、戦いは大関と小関を中心に展開したのである。

主要参考文献

小池絵千花「関ヶ原合戦の布陣地に関する考察」（『地方史研究』四一一号、二〇二一年）

白峰旬『新解釈 関ヶ原合戦の真実——脚色された天下分け目の戦い』（宮帯出版社、二〇一四年）

白峰旬「関ヶ原の戦いにおける石田三成方軍勢の布陣位置についての新解釈——なぜ大谷吉継だけが戦死したのか」（『史学論叢』四六号、二〇一六年）

白峰旬「藤堂高虎隊は関ヶ原で大谷吉継隊と戦った——『藤堂家覚書』の記載検討を中心に」（『十六世紀史論叢』九号、二〇一八年）

白峰旬「関ヶ原本戦について記した近衛前久書状」（日本史史料研究会監修、白峰旬編著『関ヶ原大乱、本当の勝者』朝日新書、二〇二〇年）

野村玄『新説　徳川家康 後半生の戦略と決断』（光文社新書、二〇二三年）

藤本正行「関ヶ原合戦の松尾山城と大谷吉継の陣営」（『中世城郭研究』二九号、二〇一五年）

水野伍貴「関ヶ原の役における吉川広家の動向と不戦の密約」（『研究論集　歴史と文化』五号、二〇一九年）

水野伍貴「関ヶ原合戦布陣図作成に向けた一試論」（『研究論集　歴史と文化』一〇号、二〇二二年）

水野伍貴『関ヶ原合戦を復元する』（星海社新書、二〇二二年）

論点15

戦国時代の蝦夷地は「日本」に含まれるのか

新藤透

（しんどう・とおる）

一九七八年埼玉県生まれ。筑波大学大学院図書館情報メディア研究科博士後期課程修了。博士（学術）。専攻は日本近世史、日本北方史、図書館情報学。現在、國學院大學文学部教授。

主要業績：『北海道戦国史と松前氏』（洋泉社歴史新書、二〇一六年）、『松前景広『新羅之記録』の史料的研究』（思文閣出版、二〇〇九年）など。

一、はじめに

「国家の三要素」について

「日本の範囲はどこまでで、どこからが外国になるのか？　日本と外国を区別する基準は何か？」と聞かれたら、あなたはなんと答えるだろうか。簡単なようであるが正確に回答するとなると結構難しい質問である。

この質問は「日本の範囲」「日本と外国との区別」を聞いているので、これらを判断する基準として「日本という国家の範囲」を答えればひとつの答えとなるだろう。ではそもそも「国家」とはなんであろうか。

近代国際法では、「国家の三要素」というものが設定されている。それは①国民・②領域・③主権である。この三つをすべて兼ね備えていれば国家とみなされる。この三要素が今日では一般的に国家の承認要件として国際的に認められており、さらに第四の条件として「他国と関係を取り結ぶ能力」も挙げられている（「モンテビデオ条約」第一条）。

このうち②の領域とは具体的にいうと「領土・領空・領海」であり、この範囲内で国家主権が及んでいる。つまりこの領域の内部が「日本」であるといえ、他国家の主権が及んでいる領域を「外国」ということになり、領土を区切っている線が「国境」ということになる。

ちなみに「国家の三要素」とは、一九世紀に活躍したドイツの法学者ゲオルグ・イェリネックが提唱した学説である。日本は明治維新後に近代国民国家を目指し、国家の三要素の一つである領域を確定させる作業を順次行っていった。ということは国家の三要素は日本では明治以降でないと使えない概念になる。

前近代においては当然「国家の三要素」などというものはない。例えば日本の戦国時代において「日本」の範囲はどこまでであるのか、どこからが「外国」になるのかといった問いに「国家の三要素」を持ち出すこと自体がナンセンスということになる。

しかし戦国時代の人びともどこまでが「日本の内」であって、どの辺りからが「日本の外」になるのかという「内と外」の認識はもっていたことが最近の研究で判明している。

ここでは戦国時代の蝦夷地に着目し、蝦夷地は日本の「内」であったのか「外」であったのか考えてみたい。

二、古代・中世日本の「境界」

古代日本の「境界」

そもそも国と国との境界である「国境」は、古代から不変であったわけではない。例えばヨーロッパ諸国の事例をみても、国同士の境界などパワーバランスによって何度も変更されており、それは現在であっても本質的には同じであろう。武力でもって国境線を変更しようとする勢力は常に生まれてくるものである。

その点、日本は地理的な特性もあって大雑把な範囲で古代からなんとなく「日本の範囲」が決まっていた感覚がある。『古事記』の「国生み神話」もそうであるが、本州、四国、九州が中心となり、その周囲に位置する諸小島が「日本」と認識されていたのである。

朝廷によって律令が定められると、全国が国・郡・里などに編成され日本の領域が定められた。都周辺の諸国を「畿内」五国（五幾）とし、地方は「七道」（東海道、東山道、北陸道、山陽道、山陰道、南海道、西海道）と定めた。ただ各国の境界は河川や山岳などの自然地形を活用しており、現代の都道府県境のように「線」で区切ってはおらず曖昧なものであった。

そのことは国土の「境界」にも関係する。『延喜式《えんぎしき》』巻一六陰陽寮（九二七年成立）に掲載さ

れている追儺《ついな》祭文《さいもん》では、日本の「境界」を「四方之堺《よものさかい》」としており、それは「東方陸奥《むつ》、西方遠値嘉《おぢか》、南方土佐、北方佐渡」の四箇所であるとしている。

ここで注意しなければならないのは、「東」の境界が陸奥国（現在の青森県、岩手県、宮城県、福島県）までを指しているからといって最北端の下北・津軽両半島まで完全に朝廷が支配しているとは限らないということだ。統治権が及んでいたのは陸奥国南部辺りまでであり、北部は未開発地域の「フロンティア」として認識されていた。つまり陸奥国全体が「境界地域」であって、境界は「線」ではなく「地域」として認識されていたのである（バートン：二〇〇〇）。

中世日本の「境界」

中世に入っても古代で確立したこういった境界認識は基本的に引き継がれている。中世の世界観では天皇が居住する都が最も「清浄な土地」であり、都から距離が遠くなればなるほど天皇の徳が薄れていき「ケガレ」の地になっていくと考えられていた。ケガレた土地は「異域《いいき》」とみなされており、人間ではない「鬼」が棲む土地であると考えられていた。

異域と日本との境界は、中世では津軽外ヶ浜、鬼界ヶ島、壱岐、対馬の四箇所（これを「四至《しし》」という）とみなすのが一般的で、これらは流刑地でもあった（村井：一九八八）（バートン：二〇〇〇）。ちなみに流罪という刑罰は罪を犯したケガレた人間を、天皇が居住する都からできるだけ遠い

辺境に流して都の清浄性を保つという意味合いがあったと考えられている。それゆえ罪人は流罪地では特に入牢や強制労働などをさせられることはなく、その場から逃げ出さなければ基本的に配流先で行動を制限されることはなかった。

「境界」は「線」ではなく「地域」

以上の内容をまとめると、古代・中世の「境界」観念は今日の国境のように線で明確に日本と外国が区切られているわけではなく「境界地域」として認識されていたといえる。天皇が居住する清浄な土地である都から遠くなればなるほどケガレが多くなり、「境界地域」である「四至」を越えるとそこは「日本の外」である「異域」となり、悪鬼が棲む土地であった。「境界地域」はその土地自体がまさに「境界」であったのである。「北の境界」は「陸奥国」であったり「津軽外ヶ浜」であったりと、本州最北端の地がそのように認識されていたことが分かる。では蝦夷地はどのような位置づけであったのだろうか。

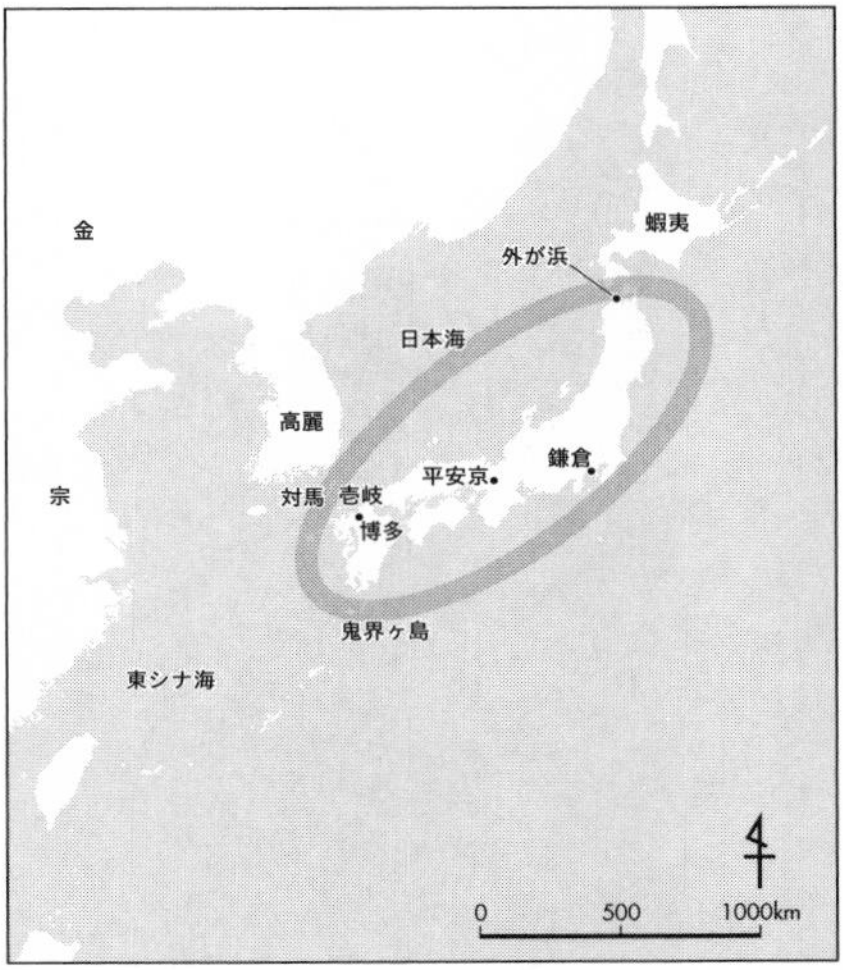

中世日本の政治的境界
ブルース・バートン『日本の「境界」』（青木書店、2000 年）に基づき作図

三、「あいまい」な蝦夷地

令制の「外」

蝦夷地は古代に成立した五幾七道に含まれず、朝廷の支配の外に置かれていた。陸奥国が境界地域であったので、蝦夷地はその外に位置しており異域と認識されていた。蝦夷地のこの位置づけは中世も基本的に変化はなく、近世も同様である。近代に入ると蝦夷地の位置づけは大きく変化する。明治二年（一八六九）に政府は「北海道」を新設して「五幾八道」とした。蝦夷地は北海道と改称され、正式に日本国の版図に加わったのである。

蝦夷地は近代になるまで令制の外に置かれた存在であったが、実は日本の中央政権の支配とまったく無関係であったわけではない。時代が下るにつれて鎌倉、室町、江戸幕府の統治は蝦夷地にまで及んでくるのである。つまり蝦夷地は「異域」ではあるが、実質的な支配を受けている土地、という極めて曖昧《あいまい》な境遇に近代まで長らく置かれることになる。しかも中央政権による実質的統治も蝦夷地全土ではなく、その南端に居住している和人だけが受けていた。アイヌはその外にいたのである。

我々が暮らしている近代国家とは全く違う論理が前近代には存在していた。以下、中世蝦夷地が置かれた状況について概観してみよう。

日の本・唐子・渡党

中世の蝦夷地にはどのような人びとが居住していたのだろうか。数少ない文献から探っていこう。

延文元年・正平一一年（一三五六）に諏訪円忠が著した諏訪社最古の縁起である『諏訪《すわ》大明神《だいみょうじん》絵詞《えことば》』に、蝦夷地には「日の本・唐子《からこ》・渡党《わたりとう》」という「三類」の「蝦夷」が居住していると記されている。日の本と唐子の「二類」は外国に連なる土地に住んでおり、形は夜叉のようで農業は知らず「禽獣魚肉」を常食としており言葉も通じない。一方、渡党は陸奥国外ヶ浜に交易に来ており、容貌も髭が濃く多毛ではあるが和人と似ていて言葉も「俚野《りや》」であるが通じている（函館市：一九八〇）。内容から判断すると、この渡党というのが蝦夷地南部に居住している和人のことと読み取れる。和人であるから言葉も通じているのだろう。日の本と唐子がおそらくアイヌと比定される人びとである。

『諏訪大明神絵詞』の著者である諏訪円忠は京都在住であり、都からみれば蝦夷地に住んでいる住民はみな「蝦夷」であったのだろう。この点からも分かるように、当時の史料に「蝦

夷」と記されていても早計にアイヌとは判断できないのである。

蝦夷地における和人定住

渡党が蝦夷地に渡った和人であると考えられるが、ではいつごろから彼の地に住み始めたのであろうか。

古くは『日本書紀』に和人の蝦夷地進出の記述が確認される。斉明天皇四〜六年（六五八〜六六〇）に阿倍比羅夫《あべのひらふ》が蝦夷《えみし》遠征を行い「後方羊蹄《しりべし》」に到達し「郡領」を任命したとある。「後方羊蹄」とは現在の北海道本島だといわれているが、はたしてどの程度の和人が定住をしたのかは不詳である。

おそらく平安後期あたりから和人は本格的に蝦夷地に進出し始め、道南地域に定住していたと考えられる。文治五年（一一八九）に奥州藤原氏が源頼朝に滅ぼされ、最後の当主藤原泰《やす》衡《ひら》は平泉を脱出して逃亡した。彼が目指した土地が蝦夷地であるとされている。このことから奥州藤原氏が繁栄した時代には、既に「異域」である蝦夷地には和人が定住しており、泰衡を迎え入れるほどの勢力があったということだろう。北海道最古の神社とされる函館市の船魂《ふなだま》神社は保延元年（一一三五）建立と伝わっており（青木：二〇〇二）、知内の湧元神社、函館の亀田八幡宮など鎌倉・室町時代創建と伝わる神社も多い。

室町期に入ると「道南十二館《たて》」と呼ばれる館が蝦夷地南西部に割拠し、それぞれ館主が治めていた（「道南十二館」とは後世の歴史学者がつけた名称であり、実際は一二以上の館が存在していたことが確認されている）。館主たちはアイヌや本州の商人たちと交易を行っており、中には莫大な富を手にした者もいた。彼らは商業に従事していたが武装しており、その実態は武装商人と思われる。函館からは貞治六年（一三六七）に埋めた板碑が江戸時代中期に出土しており、現在では「貞治《じょうじ》の碑」と呼ばれ北海道の有形文化財に指定されている。

それら館主たちを統治していたのが、鎌倉幕府から「蝦夷管領」なる役職に任じられていた安藤氏である。安藤氏自体は津軽半島の外ヶ浜、後に出羽国檜山城に本拠地を構える辺境の豪族ではあるが、鎌倉期に引き続いて室町・戦国期に至っても歴代の中央政権からは目をかけられており、足利将軍家から下国安藤氏に「奥州十三湊《とさみなと》日之本将軍」、さらに分家筋である湊安藤氏も「京都御扶持衆《きょうとごふちしゅう》」に任じられ「秋田屋形」号を名乗ることを許されている。つまり安藤氏は鎌倉・室町幕府の職制に組み込まれたのである。そうすると安藤氏に臣属していた館主たちも、名目上は鎌倉・室町幕府の支配機構の末端に位置していたとみなされよう。ただ鎌倉・室町時代は中央政権の統治力が非常に弱く、蝦夷地までは事実上及んでいなかったことも指摘しておきたい。在地勢力の独自性が強かった時代である。

四、「雑居」の蝦夷地

武田信広

当初、館主には明確な序列はなかったものと考えられるが、康正三年（一四五七）のコシャマインの戦いを鎮圧したのが、花沢館主蠣崎季繁《かきざきすえしげ》のもとに身を寄せていた武田信広であった。信広の代で蠣崎氏が和人館主の頂点に君臨したとは判然としないが、度重なるアイヌとの戦いに勝利することによって、蠣崎氏の権力が強まっていったと考えられる。

蝦夷地南部は「雑居」状態

鎌倉・室町期の蝦夷地南部には和人が多く定住しており、アイヌと「雑居」状態であったことが最近の研究で明らかになっている。

蠣崎氏の居城である勝山館《かつやまだて》は、武田信広によって文明五年（一四七三）に築城された（松前広長『福山秘府』）。近年勝山館は発掘作業が活発に行われており、文献史料だけでは分からなかった事実が明らかになっている。館内部からアイヌのシロシ（しるし）が刻まれた白磁皿や漆盆、丸木弓・太刀柄、骨格製中柄、イクスパイ（髭ベラ）が出土した。これらはすべてアイヌが使用

するものである。また勝山館の背後の夷王山山腹に六〇〇ほどある墳墓群にも、和人に混じってアイヌの墓が二基発見されている。さらに勝山館麓の久末《ひさすえ》屋敷地点でも、頭骨の特徴から壮年のアイヌ女性が埋葬されていたことが二〇一〇年に判明している。これら埋葬されたアイヌの特徴は和人との混血が進んでいるらしく、形質的には和人化がかなり進んでいた。さらに文化面でも陶磁器を使用するなど日本文化の影響がみられる。その一方で祭祀・葬法・食生活ではアイヌ文化の特徴を色濃く残していた（関根：二〇二三）。

以上のことから勝山館内部や城下にアイヌが居住していたことが明らかになった。つまり蠣崎氏の本拠地に和人とアイヌが同居していたのである。さらに勝山館周辺に住むアイヌは日本文化の影響を強く受けていたことが窺え、従来の和人対アイヌという対立史観だけでは説明できない「共生」の事実があったのである。

五、蠣崎氏支配領域の変遷

和人居住地の範囲

蝦夷地南部は「雑居」状態とはいえ、やはり地域によって人口にむらがみられたようであ

る。北海道最古の記録である『新羅之記録《しんらのきろく》』によると、もともと和人は「松前以東は隔川《むかわ》、西は與依地《よいち》」まで住んでいたという。「隔川」とは現在のむかわ町周辺、「與依地」とは余市町周辺を指し、この二つの地域が東西の和人居住地の「境界」であったらしい。しかし明確に隔川－與依地ラインで線引きができたわけではなく、このラインを越えて住んでいた和人もいた可能性があると考えられる。当然アイヌでこのラインの内側に居住していた者もいた。このラインが変化するのはコシャマインの戦い後である。

コシャマインの戦い

康正三年（一四五七）五月一四日に、コシャマインを総大将としてアイヌが一斉蜂起する大事件が勃発する。蜂起は渡島《おしま》半島南東部の箱館（函館市）、志苔館《しのりたて》（函館市）周辺から発生し、道南十二館と呼ばれる和人の館を次々と陥落させながら、西部地域の松前大館（松前町）、原口館（松前町）まで落城させた。戦場が東から西へ移動したことが読み取れる。

コシャマインは、道南十二館のうち一〇館を落としている。残ったのは茂別館《もべつたて》（北斗市）と花沢館（上ノ国町）のみであった。このことから生き残りの和人は、茂別館と花沢館周辺に集まったとみられる。

蝦夷地の和人は風前の灯であったが、その危急を救ったのが花沢館主蠣崎季繁のもとに身

を寄せていた武田信広であった。信広はコシャマイン父子を討ち和人を勝利に導く。戦後に信広の発言権が強まったのはいうまでもない。その戦功が認められ季繁の娘の婿となって、蠣崎家を継ぐことができたのである。

天文二十年講和

コシャマインの戦いに勝利した後、和人はふたたび蝦夷地南部に勢力を広げていった。松前、箱館といった港町で本州から来る商人やアイヌとの交易が盛んになったのである。勝山館もコシャマイン戦後の文明五年(一四七三)に築城されており、アイヌと大戦争を行ったとはいえ友好関係は修復されたようである。つまり雑居状態が回復されたとみられる。

しかし平和が訪れたわけでは決してなく、アイヌとの戦いも永正九年(一五一二)、同一〇年(一五一三)、同一二年(一五一五)のショヤコウジ兄弟の戦い、享録二年(一五二九)のタナサカシの戦い、天文五年(一五三六)のタリコナの戦いと五回も記録されている。雑居状態では両民族の対立が顕然化しやすかったのであろう。

蠣崎氏にとってもアイヌは重要な交易相手であるので、蜂起が頻発することは決して望ましいことではなかった。信広の曾孫にあたる蠣崎季広は、天文一四年(一五四五)に当主の座に就いたものの、懸案事項はやはりアイヌとの関係であった。季広としては何らかの手をう

つ必要にせまられていた。このような情況に対して季広がとった対応は、天文二〇年（一五五一）に東西のアイヌ首長と「夷狄之商舶往還之法度《いてきのしょうはくおうかんのはっと》」を締結することだった。その内容は次の三点にまとめられる。

①ハシタインを西部地方のアイヌの総大将に任命し、東部はチコモタインをアイヌの総大将に任じた。

②蠣崎氏は諸国から蝦夷地に来航する商人から税金を徴収し、それを東西のアイヌ首長に配分する。

③アイヌたちは蠣崎氏への返礼として、東の境界である「志利内《しりうち》」、西の境界「上之国《かみのくに》の天河《あまのがわ》」付近の沖で船の帆を下ろして一礼をする（新藤：二〇一六）。

蠣崎氏と東西のアイヌ首長との和睦により、和人とアイヌとの戦いは終結することになった。これを「天文二十年講和」と呼んでいる。和人とアイヌの雑居状態もここで変化が起き、「志利内」と「上之国」を結ぶラインが新たに設定され、ここで初めて和人とアイヌの間に「境界」らしきものが成立した。研究者の中には近世の松前藩領の原型がここで形作られたと評価する向きもある。しかしこの「境界」は厳密なものではなかった。関所のようなものも

全く存在せず、和人とアイヌは自由に双方の地を踏むことができた。これによって居住地まで画然と区別されたかどうかは極めて疑わしい。

　このように中世の蝦夷地は和人とアイヌとの居住地の線引きは行われておらず、ようやくそれらしきものが出現したのは天文二〇年（一五五一）のことであった。ただそれも近代の国境のように明確な線で区切られていたものではなく、長年の対立から導き出された和人とアイヌの「住み分けの目安」のようなものと考えたほうが実態に近いであろう。蝦夷地に居住する和人は鎌倉・室町幕府の安藤氏・蠣崎氏の支配に一応入ってはいたが、アイヌはこれらとは無関係であった。古代よりは中央政権の統治は及んでは来たものの、蝦夷地は依然として異域であったことに変化はなかった。

分割された蝦夷地（推定）
海保嶺夫『エゾの歴史』（講談社学術文庫、2006年）に基づき作図

六、中世蝦夷地の終焉

天文二十年講和によりアイヌの武装蜂起の懸念は一応なくなり、さらに他の和人館主を武力で圧倒していたので、蠣崎氏は事実上蝦夷地の和人社会の頂点に立つことができた。しかし安藤氏の被官という立場は変わらず、そこからの脱出を画策していた。

そのような状況のなか本州では豊臣秀吉が天下を統一しつつあった。蠣崎季広の三男である慶広《よしひろ》が家督を継ぐと、積極的に天下人の秀吉に接触を図っている。その甲斐あって朝鮮出兵のために肥前名護屋城に在陣していた秀吉から、文禄二年（一五九三）正月五日付で朱印状を拝領することができた。その内容は次の三点に要約できる。

豊臣秀吉発給朱印状

①蠣崎氏の対アイヌ交易管理権を認める。諸国から来航する商人は蠣崎氏に船役（松前へ渡来する商船への課税）を支払わなければならない。

②諸国から来る船頭や商人は、百姓と同様にアイヌに対する「非分」（道理に合わないこと）を禁止する。

③これらを守らない者がいたら速やかに蠣崎氏によって罰せられる。

他の戦国大名に対して出される知行宛行状とは大きく異なり、蠣崎氏の船役徴収権を秀吉が保障する内容となっている。寒冷のために農業ができない蝦夷地にあっては、アイヌとの交易が蠣崎氏の最大の収入源であった。蠣崎氏は自らも交易に従事し、さらに家臣たちにアイヌとの交易権を認可することで、知行地に代替させていたのである。交易管理権を中央政権に認めさせることは、「本領安堵」に相当することであった(新藤：二〇二三)。

②は特に重要な内容で、百姓とアイヌに対する「非分」を秀吉が禁止している。これは秀吉が新たに支配下に入った土地一円に禁制を発したものと解釈でき、自らが新しい支配者であると宣言するものであった、という説が近年提示されている(上田：二〇一五)。確かにこの朱印状によって、蠣崎氏は安藤氏の被官という立場から脱却し関白秀吉の直臣になった。蠣崎氏が支配している蝦夷地南部も豊臣政権の支配下に入ったとみてよいだろう。ただアイヌに対しての実効力はどうであろうか。

蠣崎慶広は東西のアイヌを松前に呼び集めて関白秀吉の朱印状をアイヌ語で読み聞かせ、「逆らう者には関白殿の軍勢数十万がお前たちを討ち滅ぼす」と脅しているが(松前景広『新羅之記録』)、これは明らかに朱印状の内容を誇張して伝えている。通説では慶広の背後に「天下人」

秀吉の軍事力をちらつかせてアイヌを平伏させたといわれているが、そもそもアイヌが関白豊臣秀吉という存在をどのようにイメージしていたのか不明である。秀吉発給朱印状の「宣言」も慶広の「脅迫」も、所詮和人社会内部での話であり、アイヌにとってはさほど痛痒《つうよう》を感じないものであったのではないだろうか。実際アイヌの交易活動はなんら豊臣政権下では制限を受けていないのである。

徳川家康発給黒印状

秀吉存命中から慶広は徳川家康に接近しており、大陸からもたらされた「唐衣」（サンタンチミプ）など、かなり珍しい品を献上して家康の関心を引いていた。

その甲斐があって慶長九年（一六〇四）正月二七日付で、征夷大将軍徳川家康から事実上の本領安堵を認める黒印状を得ることができた。その内容は、ほぼ秀吉発給朱印状と大差はないものであった。その内容は次の三点に要約することができる。

①諸国より松前に来る者たちは、松前慶広に無断で直接アイヌと交易を行うことは「曲事」（違法行為）である。対アイヌ交易独占権を認める。

②松前慶広に無断で渡海して、交易を行っている者は必ず報告すること。

③アイヌに対しての非道な行いは堅く禁止する。

家康は松前氏（慶広嫡流のみ改姓）の対アイヌ交易独占権を認め、アイヌに対する「非分」を禁止する姿勢を明確にした。

ただ論争になっている箇所が一点ある。それは第二条の附則「夷の儀は何方へ往行候共、夷次第致すべき事」で、「夷《えぞ》」とはアイヌを指しているが、家康はアイヌに対してどのような対応をしたのか解釈が分かれている。

海保嶺夫氏は、アイヌは国家の支配外にあることから、その行動には規制をしなかったと主張している。つまりアイヌはどこに行って誰と交易をしても自由であり、そのことを家康は松前慶広に念押しをしているという（海保：二〇〇六）。

対して榎森進氏は、第二条附則でアイヌ自体の行為のあり方まで記していることは、国家権力が和人の行為のみならずアイヌの行動についてまで直接的に意思表示をしたことを意味しており、江戸幕府―松前藩―アイヌの関係のあり方を明確に規定したものであるとしている（榎森：二〇〇七）。

近年、上田哲司氏は、家康発給黒印状は古文書学的に検討すると「禁制」であり、そこでアイヌに言及しているのは、国家権力の内部に観念上は位置づけられたとみることが妥当で

はないか、と指摘している（上田：二〇一五）。

この黒印状は家康が慶広に「〇〇することを認める」、「〇〇してはいけない」と命令を出しているとみなしてよい。権利を保障すると同時に禁止事項も伝えているのである。「アイヌの行動は自由」であることを慶広に認めさせたわけであり、江戸幕府が「国家権力」としてアイヌは支配外であると公式に宣言したとみなせることは間違いない。ただこのことはあくまで和人社会内部の話であり、当のアイヌ自身が家康発給黒印状の内容を知悉《ちしつ》していたとは到底思えない。秀吉発給朱印状の内容を「曲解」してアイヌを恫喝していた松前氏が、アイヌたちに「お前たちは自由だ」などと丁寧に説明したとは考えにくいからだ。

さて家康発給黒印状は、和人の居住地が「松前藩領」として幕藩体制に正式に組み込まれたことも意味している。当時の松前藩領は天文二十年講和時からは拡大されていると思われ、慶長～元和年間（一五九六～一六二四）には東部の亀田（函館市）と西部の熊石（八雲町付近）に番所がそれぞれ設置されており、知内―上之国天河ラインよりはかなり北上している（上田：二〇二三）。

秀吉発給朱印状、家康発給黒印状によって、松前氏は安藤氏の被官から完全に脱却し、秀吉や家康の直臣となった。さらに和人地も中世に比べると明確に線引きされた。これらの点は曖昧であった中世蝦夷地の終焉をもたらすものであり、そこに住む和人たちも中央政権の支配を中世よりも強く受けることになる。では蝦夷地は完全に日本に編入されたのかといえ

ば、そうともいえない。これらの処置はあくまで和人社会内での規範であり、アイヌはその外に位置づけられていたことに変化はなかった。和人地との境界線には関所などもなくアイヌは自由に通行しており、近世初頭には松前城下や陸奥国高岡（現在の青森県弘前市）にも交易に訪れていたのである。ただ江戸後期になると、アイヌも実質的に和人社会に組み込まれていくのであるが、それは本稿のテーマとずれるので別の機会に譲りたい。

七、おわりに

近代国民国家が成立する前の中世では、「国家」という概念が全く別のものであったことがお分かりいただけたと思う。日本の「内」と「外」の境は明確に「国境線」などのように峻別されていたわけではなく、「境界地域」でありグレーゾーンであった。

北の境界である蝦夷地は近代まで一貫して律令の適用外の地域であったが、鎌倉・室町期には安藤氏の統治を受け、現地管理者として蠣崎氏が和人のトップに立っていた。蠣崎慶広は戦国期の争乱を平定して「天下人」になった豊臣秀吉、次いで徳川家康に接近して経済基盤であるアイヌ交易権を認められ、大名（としての待遇）の地位を手に入れる。

蝦夷地にはアイヌが居住していたが、蠣崎氏は天文二〇年（一五五一）に東西のアイヌ首長

と講和して和人地とアイヌ居住地との「境界」を一応定めた。和人地の範囲は一定であったわけではなく、蠣崎・松前氏の勢力伸長に伴って近世期には徐々に北上していった。

一方、アイヌは松前氏の支配外であると家康によって認められ、その行動は何者にも束縛されず自由であった。アイヌの立場は中世と基本的に変化はなかったのである。

最後に、「はじめに」で提示した疑問に回答しておこう。中世の蝦夷地は、和人に対しては中央政権の影響力もあったので日本の「外」とは言い切れないが、アイヌも居住していたので日本の「内」とも言い切れない、極めて曖昧な地帯であったと言える。前近代の時代を、近代のように「国内」と「国外」で明確に峻別しようとすること自体がナンセンスではないだろうか。

主要参考文献

青木伸剛編『蝦夷地の神社の歴史』（青木伸剛、二〇〇二年）
上田哲司「松前慶広宛秀吉・家康印判状の文書論的考察」（『北海道・東北史研究』一〇号、二〇一五年）
上田哲司「列島北方の「近世」」（牧原成征・村和明編『日本近世史を見通す一　列島の平和と統合――近世前期――』吉川弘文館、二〇二三年）
榎森進『アイヌ民族の歴史』（草風館、二〇〇七年）
大石直正「北の周縁、列島東北部の興起」（大石直正・高良倉吉・高橋公明『日本の歴史　一四　周縁から見た中世日本』講談社、二〇〇一年）
海保嶺夫『エゾの歴史　北の人びとと「日本」』（講談社、講談社学術文庫、二〇〇六年）
新藤透『北海道戦国史と松前氏』（洋泉社、歴史新書、二〇一六年）
新藤透「松前慶広　「最北大名」の誕生」（遠藤ゆり子・竹井英文編『戦国武将列伝一　東北編』戎光祥出版、二〇二三年）
関根達人『つながるアイヌ考古学』（新泉社、二〇二三年）
新田一郎『中世に国家はあったか』（山川出版社、日本史リブレット、二〇〇四年）
ブルース・バートン『日本の「境界」　前近代の国家・民族・文化』（青木書店、二〇〇〇年）
函館市編『函館市史　通説編第一巻』（函館市、一九八〇年）

秦野裕介「成立期における松前藩の自己認識――「松前は日本ではない」発言をめぐって――」(『立命館文學』五七八号、二〇〇三年)
村井章介『アジアのなかの中世日本』(校倉書房、歴史科学叢書、一九八八年)
村井章介『境界をまたぐ人びと』(山川出版社、日本史リブレット、二〇〇六年)

まず最初に、大変お忙しい中、ご執筆いただいた各位には、改めて厚くお礼を申し上げる次第である。私自身、休憩時間にテレビで歴史番組（バラエティー系）を観て、ひっくり返りそうになったことが何度もある。普通の人から見れば、結論が「おもしろい！」ということになるかもしれないが、歴史研究の専門家から見れば「ありえない！」ということになる。驚くことがたびたびであるが、歴史番組のバラエティー化は止まらない。

そうした歴史番組に出演した友人に尋ねると、「自分はそういう意図で言ったつもりはなかったんだけど」ということもある。一時間ほどのインタビューを受けても、それをそのまま流すわけではない。使われるのは、数分である。歴史番組が設定した結論を正当化するため、インタビューの都合の良いところだけを切り取って、編集していることもあるのだ。結局、歴史番組は「諸説あり」ということで、何となく誤魔化してしまうので、誤った認識が伝わってしまう。

歴史の本に関しても同じことで、単純なケアレスミスは誰にでもあるが、筋道立てて「ト

ンデモ説」を唱えると話は別である。私の歴史好きな友人の中にも、「あの説はおもしろい!」と話し掛けてくる人もいる。しかし、私がいくら「それは間違いですよ」と説明しても無駄である。完全に信じ込んでいるのだ。なので、そういう方はさらなる「おもしろさ」を求めて、「トンデモ歴史本」を読み続けることになるが、大変な不幸である。

本書は多くの新説を取り上げ、それが正しいのかを各執筆者に論証していただいたので、その意義は大きかったと思う。読者には、誤った新説のどこが問題だったのか、認識いただけたら幸いである。

なお、本書は一般書であることから、本文では読みやすさを重視して、学術論文のように逐一、史料や研究文献を注記しているわけではない。執筆に際して多くの論文や著書に拠ったことについて、厚く感謝の意を表したい。また、各稿の参考文献は膨大になるので、参照した主要なものに限って記載していることをお断りしておきたい。

最後に、本書の編集に関しては、星海社編集部の持丸剛氏のお世話になった。ここに厚くお礼を申し上げる次第である。

二〇二四年六月

渡邊大門

戦国史《せんごくし》の新論点《しんろんてん》 平成《へいせい》・令和《れいわ》の新研究《しんけんきゅう》から何《なに》がわかったか？

二〇二四年 七 月二二日 第 一 刷発行

著　者　渡邊大門《わたなべだいもん》・編

アートディレクター　吉岡秀典《よしおかひでのり》（セプテンバーカウボーイ）
発行者　太田克史《おおたかつし》
デザイナー　榎本美香《えのもとみか》
編集担当　持丸剛《もちまるつよし》
フォントディレクター　紺野慎一《こんのしんいち》
校　閲　鷗来堂《おうらいどう》

発行所　株式会社星海社
〒一一二-〇〇一三
東京都文京区音羽一-一七-一四 音羽YKビル四階
電　話 〇三-六九〇二-一七三〇
FAX 〇三-六九〇二-一七三一
https://www.seikaisha.co.jp

発売元　株式会社講談社
〒一一二-八〇〇一
東京都文京区音羽二-一二-二一
(販 売) 〇三-五三九五-五八一七
(業 務) 〇三-五三九五-三六一五

印刷所　TOPPAN株式会社
製本所　株式会社国宝社

ISBN978-4-06-536027-9
Printed in Japan

301
SEIKAISHA SHINSHO

次世代による次世代のための

武器としての教養
星海社新書

星海社新書は、困難な時代にあっても前向きに自分の人生を切り開いていこうとする次世代の人間に向けて、ここに創刊いたします。本の力を思いきり信じて、**みなさんと一緒に新しい時代の新しい価値観を創っていきたい。若い力で、世界を変えていきたいのです。**

本には、その力があります。読者であるあなたが、そこから何かを読み取り、それを自らの血肉にすることができれば、一冊の本の存在によって、あなたの人生は一瞬にして変わってしまうでしょう。**思考が変われば行動が変わり、行動が変われば生き方が変わります。**著者をはじめ、本作りに関わる多くの人の想いがそのまま形となった、文化的遺伝子としての本には、大げさではなく、それだけの力が宿っていると思うのです。

沈下していく地盤の上で、他のみんなと一緒に身動きが取れないまま、大きな穴へと落ちていくのか？　それとも、重力に逆らって立ち上がり、前を向いて最前線で戦っていくことを選ぶのか？

星海社新書の目的は、**戦うことを選んだ次世代の仲間たちに「武器としての教養」をくばることです。**知的好奇心を満たすだけでなく、自らの力で未来を切り開いていくための〝武器〟としても使える知のかたちを、シリーズとしてまとめていきたいと思います。

2011年9月

星海社新書初代編集長　柿内芳文

SEIKAISHA SHINSHO

日本語・日本文化

105 タテ社会の人間関係 中根千枝
293 日本人の意識構造――会田雄次
444 出雲神話――松前健
1193 漢字の字源――阿辻哲次
1200 外国語としての日本語――佐々木瑞枝
1239 武士道とエロス――氏家幹人
1262 「世間」とは何か――阿部謹也
1432 江戸の性風俗――氏家幹人
1448 日本人のしつけは衰退したか――広田照幸
1738 大人のための文章教室 清水義範
1943 なぜ日本人は学ばなくなったのか――齋藤孝
1960 女装と日本人――三橋順子
2006 「空気」と「世間」――鴻上尚史
2013 日本語という外国語 荒川洋平
2067 日本料理の贅沢――神田裕行
2092 新書 沖縄読本――下川裕治・仲村清司 著・編
2127 ラーメンと愛国――速水健朗
2173 日本人のための日本語文法入門――原沢伊都夫
2200 漢字雑談――高島俊男
2233 ユーミンの罪――酒井順子
2304 アイヌ学入門――瀬川拓郎
2309 クール・ジャパン!? 鴻上尚史
2391 げんきな日本論――橋爪大三郎・大澤真幸
2419 京都のおねだん――大野裕之
2440 山本七平の思想――東谷暁

経済・ビジネス

350 経済学はむずかしくない〈第2版〉——都留重人
1596 失敗を生かす仕事術 畑村洋太郎
1624 企業を高めるブランド戦略——田中洋
1641 ゼロからわかる経済の基本——野口旭
1656 コーチングの技術——菅原裕子
1926 不機嫌な職場——高橋克徳 河合太介 永田稔 渡部幹
1992 経済成長という病——平川克美
1997 日本の雇用——大久保幸夫
2010 日本銀行は信用できるか 岩田規久男
2016 職場は感情で変わる 高橋克徳
2036 決算書はここだけ読め！——前川修満
2064 決算書はここだけ読め！キャッシュ・フロー計算書編 前川修満
2125 ビジネスマンのための「行動観察」入門 松波晴人
2148 経済成長神話の終わり アンドリュー・J・サター 中村起子 訳
2171 経済学の犯罪——佐伯啓思
2178 経済学の思考法——小島寛之
2218 会社を変える分析の力 河本薫
2229 ビジネスをつくる仕事 小林敬幸
2235 20代のための「キャリア」と「仕事」入門——塩野誠
2236 部長の資格——米田巖
2240 会社を変える会議の力 杉野幹人
2242 孤独な日銀——白川浩道
2261 変わった世界 変わらない日本——野口悠紀雄
2267 「失敗」の経済政策史 川北隆雄
2300 世界に冠たる中小企業 黒崎誠
2303 「タレント」の時代——酒井崇男
2307 AIの衝撃——小林雅一
2324 〈税金逃れ〉の衝撃 深見浩一郎
2334 介護ビジネスの罠——長岡美代
2350 仕事の技法——田坂広志
2362 トヨタの強さの秘密 酒井崇男
2371 捨てられる銀行——橋本卓典
2412 楽しく学べる「知財」入門——稲穂健市
2416 日本経済入門——野口悠紀雄
2422 捨てられる銀行2 非産運用——橋本卓典
2423 勇敢な日本経済論——高橋洋一 ぐっちーさん
2425 真説・企業論——中野剛志
2426 東芝解体 電機メーカーが消える日 大西康之

「講談社現代新書」の刊行にあたって

教養は万人が身をもって養い創造すべきものであって、一部の専門家の占有物として、ただ一方的に人々の手もとに配布され伝達されうるものではありません。

しかし、不幸にしてわが国の現状では、教養の重要な養いとなるべき書物は、ほとんど講壇からの天下りや単なる解説に終始し、知識技術を真剣に希求する青少年・学生・一般民衆の根本的な疑問や興味は、けっして十分に答えられ、解きほぐされ、手引きされることがありません。万人の内奥から発した真正の教養への芽ばえが、こうして放置され、むなしく滅びさる運命にゆだねられているのです。

このことは、中・高校だけで教育をおわる人々の成長をはばんでいるだけでなく、大学に進んだり、インテリと目されたりする人々の精神力の健康さえもむしばみ、わが国の文化の実質をまことに脆弱なものにしています。単なる博識以上の根強い思索力・判断力、および確かな技術にささえられた教養を必要とする日本の将来にとって、これは真剣に憂慮されなければならない事態であるといわなければなりません。

わたしたちの「講談社現代新書」は、この事態の克服を意図して計画されたものです。これによってわたしたちは、講壇からの天下りでもなく、単なる解説書でもない、もっぱら万人の魂に生ずる初発的かつ根本的な問題をとらえ、掘り起こし、手引きし、しかも最新の知識への展望を万人に確立させる書物を、新しく世の中に送り出したいと念願しています。

わたしたちは、創業以来民衆を対象とする啓蒙の仕事に専心してきた講談社にとって、これこそもっともふさわしい課題であり、伝統ある出版社としての義務でもあると考えているのです。

一九六四年四月　野間省一

講談社現代新書　2585

証券《しょうけん》会社《がいしゃ》がなくなる日《ひ》　IFA《アイエフエー》が「株式投資《かぶしきとうし》」を変《か》える

二〇二〇年九月二〇日第一刷発行　二〇二〇年一〇月八日第三刷発行

著　者　浪川《なみかわ》　攻《おさむ》　© Osamu Namikawa 2020
発行者　渡瀬昌彦
発行所　株式会社講談社
東京都文京区音羽二丁目一二―二一　郵便番号一一二―八〇〇一
電　話　〇三―五三九五―三五二一　編集（現代新書）
〇三―五三九五―四四一五　販売
〇三―五三九五―三六一五　業務
装幀者　中島英樹
印刷所　株式会社新藤慶昌堂
製本所　株式会社国宝社
定価はカバーに表示してあります　Printed in Japan

N.D.C. 338　283p　18cm
ISBN978-4-06-520148-0